Heinrich [Robert] Zimmer s-a născut la Greifswald, la 6 decembrie 1890, ca fiu al indologului şi celtistului Heinrich Zimmer (1851–1910), şi a murit la New York, la 20 martie 1943, răpus, în plină putere creatoare, de o pneumonie. A fost profesor la Universitatea din Heidelberg, iar din 1939 şi până la moartea sa prematură a predat la universităţi din S.U.A. Influenţat de C.G. Jung, Heinrich Zimmer a făcut cercetări aprofundate în domeniul tantrismului, propunând interpretări îndrăzneţe ale culturii şi filozofiei indiene. Opere principale: *Kunstform und Yoga im indianischen Kultbild*, 1926; *Maya: Der indianische Mythos*, 1936; *Weisheit Indiens*, 1938. Postum, sub îngrijirea lui Joseph Campbell, au apărut: *Myths and Symbols in Indian Art and Civilization,* 1946 (*Introducere în arta şi civilizaţia indiană*, Meridiane, 1983, reeditată, în text integral, sub titlul *Mituri şi simboluri în civilizaţia indiană*, Humanitas, 1994); *The King and the Corpse: Tales of the Soul's Conquest of Evil*, 1948 (*Regele şi cadavrul: Povestiri despre biruinţa sufletului asupra răului*, Humanitas, 1994, 2007); *Philosophies of India*, 1951 (*Filozofiile Indiei*, Humanitas, 1997, 2012); *The Art of Indian Asia, Its Mythology and Transformations*, 1955.

„Prin toată fiinţa sa, Zimmer a rămas un *puer aeternus*, un veşnic adolescent, care, pe aripile unei limbi strălucitoare, a făcut să se deschidă toate florile din grădinile legendelor indiene. Le-a împărtăşit şi destinul, căci «moare tânăr cel iubit de zei»" (C.G. JUNG).

HEINRICH ZIMMER

REGELE
— și —
CADAVRUL

Poveste
despre biruința sufletului
asupra răului

Cuvânt înainte
de Joseph Campbell

Traducere
de Sorin Mărculescu

HUMANITAS
BUCUREȘTI

Redactor: Dragoş Dodu
Coperta: Ioana Nedelcu
Tehnoredactor: Manuela Măxineanu
Corector: Alina Dincă
DTP: Andreea Dobreci, Dan Dulgheru

Tipărit la Monitorul Oficial R.A.

Descrierea CIP a Bibliotecii Naţionale a României
Zimmer, Heinrich Robert
Regele şi cadavrul: poveste despre biruinţa sufletului asupra răului / Heinrich Zimmer; cuv. înainte de Joseph Campbell; trad. din engleză de Sorin Mărculescu. – Bucureşti: Humanitas, 2021
ISBN 978-973-50-7044-1
I. Campbell, Joseph (pref.)
II. Mărculescu, Sorin (trad.)
39
291.13

EDITURA HUMANITAS
Piaţa Presei Libere 1, 013701 Bucureşti, România
tel. 021.408.83.50, fax 021.408.83.51
www.humanitas.ro

Comenzi online: www.libhumanitas.ro
Comenzi prin e-mail: vanzari@libhumanitas.ro
Comenzi telefonice: 072.368.4194

Cuvântul înainte al editorului american

Când a survenit moartea sa neaşteptată, în primăvara anului 1943, Dr. Zimmer lucra încă la materialul pentru volumul de faţă. Toate povestirile figurau în mai mult de o singură versiune, unele în limba engleză, altele în germană. Marginile albe ale manuscrisului purtau numeroase note; trei capitole mai fuseseră publicate în alte versiuni, în Europa şi India, şi existau proiecte de amplificare a lor. Nici una dintre acestea nu se afla într-un stadiu final. Totuşi, în clipa în care editorul a început să lucreze coordonând notele dispersate, amplificând naraţiile pe baza izvoarelor originale şi procedând la revizii în lumina numeroaselor conversaţii purtate cu Dr. Zimmer însuşi în lunile premergătoare morţii sale – cartea a prins viaţă, s-a ordonat de la sine şi s-a dezvoltat sub forma ce pare acum singura direcţie inevitabilă.

Pentru sfaturi şi ajutor în această misiune, mulţumirile mele se adresează dnei Peter Geiger şi dnei Margaret Wing. Regretatul Dr. Ananda K. Coomaraswamy a citit cu dăruire corecturile în pagini, a făcut sugestii valoroase şi a furnizat câteva note suplimentare pentru a completa referinţele. Ele apar ca note de subsol, între paranteze drepte, cu iniţialele sale.

Pentru versiunile anterioare, cititorul e trimis la următoarele publicaţii: *Die kulturelle Bedeutung der komplexen Psychologie*, editată de Clubul Psihologic din Zürich, Julius Springer Verlag, Berlin, 1935, „Die Geschichte vom indischen König mit dem Leichnam“; Heinrich Zimmer, *Weisheit Indiens*, L. C. Wittich Verlag, Darmstadt, 1938, „Abu Kasems Pantoffeln“, „Die Geschichte vom indischen König mit dem Leichnam“; *Prabuddha Bharata*, Mayavati Almora, Himalayas, sept.-dec., 1938, „The Story of the Indian King and the Corpse“; *Corona*, Zweimonatsschrift, ed. Martin H. Bodner, Verlag der Corona, Zürich, 1936, „Abu Kasems Pantoffeln“, 1939, „Merlin“.

Joseph Campbell
New York, 9 septembrie 1947

Diletantul printre simboluri

Arta de a povesti a fost, de-a lungul vremurilor, atât o îndeletnicire profitabilă, cât şi un prilej de veselie. An de an, au fost născocite poveşti, aşternute în scris, devorate, uitate. Oare ce s-a ales de ele? Câteva au supravieţuit, şi acestea, ca o mână de seminţe, au fost răspândite în succesiunea generaţiilor, propagând noi povestiri şi furnizând hrană spirituală multor popoare. Cea mai mare parte a moştenirii noastre literare ne-a parvenit în felul acesta, din epoci pierdute în negura vremurilor, din colţuri îndepărtate şi tainice ale lumii. Fiecare nou poet adaugă ceva din substanţa propriei sale imaginaţii, şi seminţele, astfel hrănite, sunt readuse la viaţă. Forţa lor germinativă este perenă, nu aşteaptă decât să fie stimulată. Şi astfel, chiar dacă, din când în când, unele soiuri par a fi murit, ele reapar într-o bună zi, dându-şi încă o dată mlădiţele caracteristice, la fel de proaspete şi de verzi ca mai-nainte.

Povestirea tradiţională şi subiectele înrudite cu ea au fost discutate în mod exhaustiv din punctele de vedere ale antropologului, istoricului literar şi poetului, dar psihologul a avut de spus surprinzător de puţin – deşi e perfect îndreptăţit să-şi facă auzit glasul în acest simpozion. Psihologia radiografiază imaginile simbolice ale tradiţiei folclorice, aducând la lumină elemente structurale vitale rămase până atunci în întuneric. Singura dificultate este aceea că interpretarea formelor revelate nu poate fi redusă la un sistem fiabil. Căci adevăratele simboluri au în ele ceva ireductibil. Ele sunt inepuizabile ca forţă sugestivă şi instructivă. Din acest motiv, savantul, psihologul ca om de ştiinţă, simte că se află pe un teren foarte periculos, foarte nesigur şi ambiguu atunci când se aventurează în domeniul interpretării folclorului. Conţinuturile relevabile ale imaginilor distribuite pe scară largă i se schimbă mereu în faţa ochilor în necontenite permutări, după cum cadrul cultural se schimbă pretutindeni în lume şi de-a lungul istoriei. Semnificaţiile trebuie recitite permanent, înţelese din nou. Şi efortul acesta de a interpreta metamorfozele mereu imprevizibile şi uimitoare e orice altceva, numai muncă metodică nu. Nici un clasificator care pune mare preţ pe reputaţia sa nu s-ar arunca de bunăvoie şi neasigurat într-o aventură atât de riscantă. Ea va trebui să-i revină, aşadar, diletantului imprudent. De aici, cartea ce urmează.

Diletantul – de la it. *dilettante* (participiul prezent al verbului *dilettare* „a se desfăta, a se delecta cu") – este persoana care găseşte plăcere (*diletto*) în ceva. Eseurile de mai jos sunt destinate celor care savurează simbolurile, celor cărora le place să converseze cu ele şi să trăiască purtându-le mereu în minte.

În clipa în care abandonăm această atitudine de diletant faţă de imaginile folclorului şi mitului şi începem să ne simţim siguri în privinţa interpretării lor adecvate (ca nişte profesionişti ai înţelegerii, mânuind unealta unei metode infailibile), ne lipsim de contactul însufleţitor, de asaltul genial şi dătător de inspiraţie ce constituie efectul virtuţii lor intrinseci. Ne pierdem propria umilinţă şi receptivitate în faţa necunoscutului şi refuzăm să fim instruiţi, refuzăm să ni se arate ceva ce n-a fost niciodată spus cu adevărat nici nouă, nici altora. Şi încercăm în schimb să clasificăm conţinuturile unui mesaj obscur în clase şi categorii deja cunoscute. Asta împiedică ivirea oricărei noi semnificaţii sau înţelegeri proaspete. Basmul, legenda infantilă (adică purtătorul de mesaj) sunt metodic considerate ca prea modeste pentru a merita să ne aplecăm cu tot respectul asupra lor, atât povestirea propriu-zisă, cât şi zonele naturii noastre ce reacţionează la ea fiind comparativ imature. Şi totuşi tocmai prin interacţiunea dintre această inocenţă exterioară şi cea interioară ar fi putut fi activată forţa roditoare a simbolului şi revelat conţinutul ascuns.

Metoda – sau mai degrabă obişnuinţa – de a reduce nefamiliarul la bine cunoscut e o cale veche, foarte veche de frustrare intelectuală. Rezultatul e un dogmatism sterilizant, ermetic împachetat în autosatisfacţie mentală, într-o convingere neclintită de superioritate. Ori de câte ori refuzăm să ne lăsăm dezechilibraţi (violent sau blând) de vreo nouă concepţie expresivă precipitată din străfundurile imaginaţiei noastre de impactul unui simbol atemporal, ne amăgim în privinţa roadelor unei întâlniri cu înţelepciunea mileniilor. Dacă nu respectăm atitudinea de acceptare, nu primim nimic. Ne e refuzată favoarea unei conversaţii cu zeii. Nu mai suntem inundaţi, ca pământul Egiptului, de apele sfinte şi fertilizatoare ale Nilului.

Tocmai din cauză că sunt vii, capabile să revină la viaţă şi apte de o eficienţă mereu primenită, imprevizibilă, dar autocompatibilă în sfera destinului omenesc, imaginile din folclor şi din mit desfid orice încercare de sistematizare pe care am face-o. Ele nu au natură de cadavru, ci de spiriduşi. Cu un hohot de râs şi cu o rapidă schimbare de poziţie, ele îl ridiculizează pe specialistul care-şi imaginează că a izbutit să le ţintuiască pe diagrama sa. Ceea ce ne pretind ele nu e monologul din raportul unui judecător de instrucţie, ci dialogul unei conversaţii vii. Şi întocmai cum eroul povestirii-cheie din seria ce urmează (un rege nobil şi viteaz care se pomeneşte conversând cu spiriduşul sălăşluitor în ceea ce lui i se păruse a fi un simplu trup mort atârnat de un copac) e adus la o mai intensă conştiinţă de sine prin umilitorul schimb de cuvinte şi scăpat de la o moarte ruşinoasă şi total respingătoare, la fel şi noi am putea fi îndrumaţi, salvaţi pesemne şi chiar transformaţi spiritual, dacă ne-am smeri suficient ca să conversăm pe picior de egalitate cu divinităţile şi figurile folclorice care atârnă, nenumărate, în copacul miraculos al trecutului.

Abordarea psihologică a enigmei simbolului, intenţia de a-i smulge astfel secretul profunzimilor sale, e sortită să dea greş, dacă inteligenţa scrutătoare refuză să accepte şansa de a învăţa ceva din aspectul viu al obiectului aflat sub observaţia sa. Disecarea, sistematizarea şi clasificarea sunt toate foarte onorabile, dar nu presupun realizarea unei conversaţii cu specimenul. Cercetătorul psiholog trebuie să fie gata a face abstracţie de metoda sa şi să fie pregătit pentru un taifas prelungit. Apoi, poate, va constata că metoda şi-a pierdut şi hazul, şi utilitatea. Acesta e procedeul diletantului, spre deosebire de tehnica mai venerabilului domn cu deprinderi ştiinţifice.

Ceea ce-l caracterizează pe diletant e plăcerea pe care-o găseşte în natura mereu preliminară a acţiunii sale de înţelegere niciodată încheiate. Asta e însă în cele din urmă singura atitudine adecvată în faţa figurilor ajunse până la noi din trecutul cel mai îndepărtat, indiferent dacă în eposurile monumentale ale lui Homer şi Vyāsa ori în fermecătoarele basme ale tradiţiei folclorice. Ele sunt oracolele permanente ale vieţii. Ele trebuie interogate şi consultate din nou, odată cu fiecare epocă, fiecare epocă abordându-le cu propria-i varietate de ignoranţă şi înţelegere, cu propriul ei set de probleme şi cu propriile-i întrebări inevitabile. Căci modelele de viaţă pe care noi cei de azi trebuie să le ţesem nu sunt identice cu cele de odinioară, firele de manevrat şi nodurile de descâlcit se deosebesc în mare măsură de cele ale trecutului. Răspunsurile deja date, aşadar, nu ne pot fi de nici un folos. Puterile trebuie consultate direct, iarăşi şi iarăşi. Sarcina noastră primordială e să aflăm nu atât ce se spune că au spus, ci cum să le abordăm, cum să le provocăm o vorbire proaspătă şi cum să înţelegem această vorbire.

În faţa unei asemenea misiuni, trebuie, vrem, nu vrem, să rămânem diletanţi. Unii dintre noi – oameni de ştiinţă – tind să favorizeze anumite metode de interpretare foarte precise şi prin urmare limitate, admiţându-le numai pe ele în ţarcul influenţei noastre autoritare. Alţi interpreţi apără cu tot zelul numai cutare sau cutare linie ezoterică tradiţională, privind-o ca pe singura cheie adevărată, iar mănunchiul ei special de simboluri ca pe un oracol al ființei unic, atotcuprinzător și suficient sieși. Dar asemenea rigidități nu pot decât să ne lege de ceea ce cunoaștem și suntem deja, să ne înlănțuiască de un aspect particular al simbolizării. Prin asemenea crezuri inflexibile și neclintite ne izolăm de infinitele tipuri de inspirație care trăiesc înăuntrul formelor simbolice. Și astfel, până și interpreții metodici nu sunt până la urmă altceva decât tot niște amatori. Fie că se bizuie, ca oameni de știință, pe metode strict filologice, istorice și comparatiste sau că urmează pios, ca inițiați, doctrinele secrete și oracolele ale vreunei tradiții ezoterice autoproclamate, ei sunt nevoiți să rămână, în ultimă instanță, simpli începători abia angrenați în munca nesfârșită de a sonda bulboana obscură a sensului.

Plăcerea, pe de altă parte, eliberează în noi intuiția creativă, îi îngăduie să fie vitalizată prin contactul cu scenariul fascinant al vechilor povestiri și figuri simbolice. Nepăsători apoi la critica metodologiștilor (a căror cenzură e în mare măsură inspirată de ceea ce echivalează cu o agorafobie cronică: frică morbidă în fața infinității virtuale care se dezvăluie continuu din trăsăturile criptice ale scriiturii imagistice expresive pe care ar fi profesional obligați să o aibă în vedere), ne putem permite să dăm frâu liber oricărei serii de reacții creative ce i-ar putea fi sugerată înțelegerii noastre imaginative. Nu vom putea epuiza niciodată profunzimile – de asta putem fi siguri; dar nimeni altul, oricine ar fi el, n-o poate face. Iar o sorbitură din apele proaspete ale vieții este mai dulce decât un întreg rezervor de dogmă, transportată prin conducte și garantată.

„Belșugul e scos din belșug, dar belșugul rămâne.“ Așa sună o veche zicală din *Upanișadele* Indiei. Referința originară era ideea că plinătatea universului nostru – vast în spațiu și cu miriadele sale de sfere rotitoare, luminoase, mișunând de mulțimile făpturilor vii – provine dintr-un izvor supraabundent de substanță transcendentă și energie potențială: abundența lumii acesteia e extrasă din abundența ființei eterne, și cu toate acestea, de vreme ce potențialul supranatural nu poate fi diminuat, oricât ar fi de mare darul revărsat de el, abundența rămâne. Toate adevăratele simboluri, toate imaginile mitice se raportează însă, într-un fel sau altul, la ideea aceasta și sunt ele însele înzestrate cu proprietatea miraculoasă de a fi inepuizabile. Cu fiecare fragment extras din ele de către înțelegerea noastră imaginativă, minții îi e revelat un univers de semnificații, care reprezintă într-adevăr plinătatea, plinătatea rămânând însă neatinsă. Oricare ar fi lectura accesibilă viziunii noastre prezente, ea nu poate fi cea din urmă. Poate fi doar o ochire preliminară. Și suntem datori să o privim ca pe o inspirație și un stimulent, nu ca pe o definiție finală ce-ar face cu neputință alte intuiții și abordări diferite.

Următoarele eseuri, așadar, nu pretind a fi mai mult decât exemple de felul în care putem conversa cu figurile fascinante ale folclorului și ale mitului. Cartea constituie un abecedar de conversație, un manual de lectură pentru începători, o introducere în gramatica unei scriituri imagistice criptice, dar lesne savurate. Și deoarece, în legătură cu știința interpretării simbolurilor, chiar și cititorul avansat poate descoperi în mod inevitabil, de nenumărate ori, că și el continuă să fie doar un începător, eseurile ce urmează îi sunt destinate și lui. Acel *diletto*, plăcerea, pe care îl poate experimenta reparcurgând bine cunoscutele simboluri ale vieții (proporția dintre plăcere și rectitudinea sa cicălitoare) va reprezenta gradul în care contactul de o viață cu ele l-a impregnat cu belșugul lor de natură și spirit. Adevăratul *dilettante* va fi întotdeauna gata să o ia de la capăt. În el își vor înfige rădăcinile și vor crește în chip miraculos minunatele semințe din trecut.

PARTEA ÎNTÂI

Papucii lui Abu-Cassem

Cine ştie povestea lui Abu-Cassem şi a papucilor lui? Papucii erau la fel de faimoşi – ba mai mult, proverbiali – în Bagdadul vremii sale ca şi marele avar şi hrăpăreţ în persoană. Fiecare îi privea ca pe semnul vizibil al dezgustătoarei lui lăcomii. Căci Abu-Cassem era bogat şi încerca să o ascundă, şi până şi cel mai zdrenţăros cerşetor din oraş s-ar fi ruşinat să dea moartea peste el în asemenea papuci, atât erau de peticiţi şi cârpăciţi în fel şi chip. Spin în ochi şi poveste veche pentru toţi cizmarii din Bagdad, ei au devenit în cele din urmă o zicală pe buzele mulţimii. Oricine dorea un termen care să exprime ridicolul n-avea decât să-i pomenească.

Încălţat cu troacele astea mizerabile – inseparabile de figura sa publică – vestitul neguţător îşi tot târşâia picioarele prin bazar. Într-o bună zi încheie un târg deosebit de norocos: un transport uriaş de şipuri de cleştar pe care izbuti să le cumpere pe o nimica toată. Câteva zile mai târziu îşi încunună afacerea achiziţionând o mare cantitate de ulei de trandafir de la un negustor de parfumuri falit. A dat într-adevăr lovitura cu aceste două cumpărături şi faptul a fost îndelung comentat în bazar. Oricare altul ar fi sărbătorit împrejurarea în felul obişnuit, dând un aldămaş câtorva parteneri de afaceri. Abu-Cassem s-a simţit însă îndemnat să facă ceva pentru sine însuşi. Se hotărî să facă o vizită la baia publică, loc unde nu mai fusese zărit de o bună bucată de vreme.

În vestibul, unde se lasă veşmintele şi încălţămintea, se întâlni cu un cunoscut, care-l luă la o parte şi-i trase un perdaf despre starea papucilor lui. Tocmai se descălţase de ei şi tot omul putea vedea cât de oribili erau. Prietenul îi atrase atenţia cu mare îngrijorare că ajunsese de râsul întregului oraş; un negustor atât de iscusit ca el putea fi în stare să-şi cumpere o pereche de papuci cuviincioşi. Abu-Cassem privi lung monstruozităţile de care se ataşase atât de mult. Apoi spuse: „Mă gândesc la treaba asta de mulţi ani, dar nu sunt chiar atât de ponosiţi încât să nu-i mai pot folosi.“ După care cei doi, dezbrăcaţi cum erau, intrară în baie.

În vreme ce zgârcitul îşi savura fericirea cea rară, cadiul, adică judecătorul Bagdadului, veni şi el să facă baie. Abu-Cassem isprăvi înaintea luminăţiei sale şi se întoarse în vestiar ca să se îmbrace. Dar ia papucii de unde nu-s. Dispăruseră de-a binelea şi-n locul lor era altă pereche – frumoşi, făţoşi, după toate aparenţele nou-nouţi. Să fi fost oare un dar surpriză de la prietenul acela care nu mai suporta să-şi vadă cunoscutul mai bogat mergând în aceiaşi papuci uzaţi şi dorea să intre în graţiile amicului înstărit cu ajutorul unei atenţii delicate? Nemaizăbovind asupra explicaţiei, Abu-Cassem îi încălţă. Îl scuteau oricum de buclucul căutării şi tocmelii pentru o pereche nouă. Cu gândurile astea şi cu cugetul împăcat, plecă de la hamam.

La revenirea cadiului a fost o adevărată dandana. Robii lui răscoliră peste tot, dar nu izbutiră să-i găsească papucii. În locul lor era o pereche de gioarse scârboase, pe care toţi le recunoscură numaidecât ca fiind bine-cunoscutele încălţări ale lui Abu-Cassem. Cadiul se făcu foc şi pară, trimise după vinovat şi-l aruncă în închisoare, întrucât slujitorii lui îl găsiseră pe avar încălţat cu papucii lipsă. Şi bietul om trebui să cheltuiască o groază de bani ca să scape din ghearele legii, deoarece toţi cei de la judecătorie ştiau prea bine cât de bogat este. Cel puţin îşi recăpătă şi odoarele lui de papuci vechi.

Trist şi înciudat, Abu-Cassem se întoarse acasă şi, într-o izbucnire de mânie, îşi aruncă minunăţiile pe fereastră. Papucii căzură cu un plescăit în Tigru, care curgea leneş şi mâlos pe lângă casa lui. După câteva zile, nişte pescari îşi închipuiră că prinseseră un peşte neobişnuit de greu, dar după ce traseră năvodul, să vezi şi să nu crezi, erau vestiţii papuci ai zgârcitului! Ţintele (una din ideile despre economie ale lui Abu-Cassem) sfâşiaseră în mai multe locuri ochiurile plasei şi oamenii erau, fireşte, furioşi. Ei zvârliră gioarsele înnămolite şi leoarcă de apă printr-o fereastră deschisă care s-a întâmplat să fie a lui Abu-Cassem. Zburând prin văzduh, obiectele recuperate aterizară violent pe masa unde el aşezase rânduri-rânduri preţioasele şipuri de cleştar atât de ieftin cumpărate şi devenite acum cu atât mai preţioase datorită valorosului ulei de trandafiri cu care le umpluse, fiind numai bune de vândut. Toată măreţia aceea sclipitoare şi parfumată a fost răsturnată pe podea şi zăcea acolo într-o bălăcăreală de cioburi amestecate cu noroi.

Naratorul care ne-a transmis povestirea nu s-a simţit în stare să descrie el însuşi amploarea supărării zgârcitului. „Blestemaţii ăştia de papuci", strigă Abu-Cassem (şi asta e tot ce ni se spune), „n-o să-mi mai pricinuiască nici un rău." Şi zicând acestea, luă un hârleţ, merse iute şi pe tăcute în grădină şi săpă acolo o groapă ca să vâre-n ea papucii. S-a întâmplat însă ca vecinul lui Abu-Cassem să stea la pândă – profund interesat desigur de tot ce se petrecea în casa bogătaşului de alături, pe lângă faptul că, aşa cum e deseori cazul cu vecinii, nu avea nici un motiv deosebit să-i vrea binele. „Zgârcitul ăla bătrân are destule slugi", îşi spuse el, „şi totuşi se duce să sape singur o groapă. Trebuie să fi ascuns acolo o comoară. Păi sigur, e limpede ca lumina zilei!" Şi aşa, vecinul dădu fuga la palatul valiului şi-l pârî pe Abu-Cassem, deoarece orice comoară găsită aparţine prin lege califului, pământul şi tot ce e îngropat într-însul fiind de drept ale conducătorului binecredincioşilor. Abu-Cassem a fost adus prin urmare înaintea valiului şi povestea lui, cum că săpase în pământ numai ca să îngroape o pereche de papuci vechi, îi făcu pe toţi să se prăpădească de râs. Un om vinovat se acuzase oare vreodată în chip mai bătător la ochi decât el? Cu cât stăruia mai mult, cu atât mai incredibilă devenea povestea cunoscutului zgârcit şi cu atât apărea mai vinovat. Hotărându-i pedeapsa, valiul luă în considerare comoara îngropată şi Abu-Cassem rămase ca trăsnit auzind la cât se ridica amenda.

Negustorul era deznădăjduit. Îşi blestemă în fel şi chip afurisiţii de papuci. Cum să scape însă de ei? Singura soluţie era să-i scoată cumva din oraş. Aşa că o porni la drum prin ţară şi-i aruncă într-un iaz, undeva departe. Când îi văzu cufundându-se în străvezimea adâncurilor, răsuflă uşurat. Se descotorosise, în sfârşit, de ei. Cu siguranţă însă că dracul îşi vârâse aici coada, căci iazul era un rezervor care alimenta reţeaua de apă a oraşului, iar papucii se rostogoliră până la gura conductei şi o blocară. Paznicii veniră să repare stricăciunea, găsiră papucii şi, recunoscându-i – cine oare n-ar fi făcut-o, la drept vorbind? – îl reclamară pe Abu-Cassem valiului că spurcă alimentarea cu apă a oraşului, drept care se văzu din nou azvârlit în temniţă. A fost pedepsit cu o amendă şi mai usturătoare decât cea anterioară. Ce să facă? A plătit. Şi şi-a recăpătat şi drăgălaşii de papuci vechi, deoarece strângătorul de biruri nu vrea nimic din ce nu-i aparţine.

Papucii făcuseră destule pagube. De astă dată chiar că avea să scape de ei, ca să nu-i mai joace nici un fel de renghiuri. S-a hotărât să-i ardă. Dar cum erau încă uzi, i-a scos pe terasă ca să se usuce. Un câine de pe terasa de alături zări gioarsele cele ciudate şi ele îi stârniră interesul, aşa încât sări şi înhăţă un papuc. Pe când se juca însă cu el, afurisitul papuc îi scăpă, se prăvăli prin văzduh de la o înălţime considerabilă şi se opri în capul unei femei care tocmai trecea pe stradă. Femeia, întâmplător, era însărcinată. Izbitura bruscă şi forţa loviturii o făcură să lepede copilul. Soţul ei dădu fuga la cadiu şi pretinse despăgubiri de la zgârcitul cel bătrân. Abu-Cassem fu cât pe ce să-şi iasă din minţi, dar a fost nevoit să plătească.

Înainte de a porni spre casă, distrus de-a binelea, ridică nenorociţii de papuci deasupra capului cu toată solemnitatea şi strigă cu o seriozitate care-l făcu pe cadiu să-l treacă fiorii:

„Domnia ta, papucii ăştia sunt pricina tuturor belelelor sortite mie. Încălţările astea blestemate m-au adus la cerşetorie. Binevoieşte şi dă poruncă să nu mai fiu niciodată socotit răspunzător de relele pe care cu siguranţă au să mi le mai pricinuiască." Şi naratorul oriental încheie cu următoarea morală: Cadiul nu putu respinge rugămintea, iar Abu-Cassem învăţă, cu un preţ uriaş, ce pacoste se poate abate asupra ta dacă nu-ţi schimbi papucii destul de des[1].

Acesta însă e oare singurul gând ce poate fi cules dintr-o poveste atât de faimoasă? E, desigur, un sfat absolut banal, să nu devii robul zgârceniei. Nu s-ar fi putut spune oare ceva despre misterioasele capricii ale sorţii care îi aducea mereu înapoi papucii stăpânului lor legiuit? S-ar părea că în această repetiţie maliţioasă a aceluiaşi eveniment, ca şi în crescendoul cu care obiectele duşmănoase afectează întreaga natură a posesorului lor vrăjit se ascunde un sens. Şi oare nu tot un sens e şi în remarcabila îmbinare a tuturor oamenilor şi lucrurilor ce se prind în mâinile şansei în această împrejurare – vecini, câine, funcţionari şi reglementări detot felul, băi publice şi aducţiuni de apă –, dându-i posibilitate întâmplării să-şi ducă la bun sfârşit lucrarea şi să lege şi mai strâns nodul destinului? Moralistul a avut în vedere numai pe avarul care a găsit ce merita şi viciul care a ajuns să fie destinul celui ce-l practica. El a tratat povestea ca pe o pildă a felului în care cineva se poate pedepsi pe sine prin intermediul propriei

1. Din *Thamarat ul-Awrak* (*Roadele Frunzelor*) de Ibn Hijjat al-Hamawi. Altă transpunere în engleză poate fi găsită în H. I. Katibah, *Other Arabian Nights*, Charles Scribner's Sons, New York, 1928, „The Shoes of Abu Kasim". Richard F. Burton dă o versiune foarte mult scurtată şi mult diferită a povestirii în cartea sa *Supplemental Nights to the Book of the Thousand Nights and a Night*, vol. IV, Benares, 1887, pp. 209–217, „How Drummer Abu Kasim became a Kazi", şi „The Story of the Kazi and his Slipper". Aici găsim că, după ce s-a descotorosit de papuci, Abu-Kassem a călătorit în ţări străine şi a devenit el însuşi cadiu. [În româneşte, *O mie şi una de nopţi*, trad. de H. Grămescu, Minerva, BPT, vol. 11, 1974, pp. 5–10, „Papucii care nu se mai prăpădesc" – *n. t.*]

înclinaţii favorite. Dar ca să ajungă la această concluzie, nu era nevoie ca povestea să fie atât de spirituală, atât de profundă; moralitatea nu comportă nimic misterios. Relaţia dintre Abu-Cassem şi papucii săi şi experienţele sale cu ei sunt în realitate foarte misterioase, la fel de obscure, de fatale şi de semnificative ca şi inelul lui Policrat[1].

O simplă înlănţuire de accidente maliţioase, dar, luate laolaltă, ele se combină şi alcătuiesc o configuraţie stranie, numai bună pentru generarea poveştii, rezultatul fiind o povestire care nu se uită uşor. Această pacoste a papucilor indestructibili care-l costă pe posesorul lor mult mai mult decât valorează ei, nepreţuind nimic prin ei înşişi, dar capabili să-i secătuiască averea, această temă, cu variaţiunile ei, se amplifică până la dimensiunile unei hieroglife sau ale unui simbol de mari proporţii, pentru care sunt posibile multiple şi variate interpretări.

Dintr-o înlănţuire de simple întâmplări se ţese un destin. Fiecare efort pe care-l face victima spre a pune capăt necazului său nu face decât să mărească bulgărele de zăpadă până când ajunge să fie o avalanşă care îl îngroapă sub greutatea ei. Un mucalit încurcă papucii doar ca să facă haz de stinghereala avarului. Întâmplarea îi aduce înapoi în dreptul casei de unde fuseseră azvârliţi în fluviu. Întâmplarea îi proiectează în mijlocul şipurilor preţioase. Întâmplarea atrage atenţia unui vecin asupra activităţii avarului din grădină. Întâmplarea rostogoleşte papucii în conducta de apă. Întâmplarea îl aduce pe câine pe terasa alăturată şi-l face să scape unul din papuci în capul femeii gravide care trecea din întâmplare pe acolo. Dar ce anume face oare ca accidentele acestea să fie atât de fatidice? Pe stradă trec mereu femei gravide, câinilor din vecini le place

1. În timp ce Policrat, tiranul Samosului, îl întreţinea pe oaspetele său, regele Egiptului, dovezile despre norocul său extraordinar curgeau necontenit. Regele Egiptului se alarmă şi-l rugă pe Policrat să sacrifice de bunăvoie un lucru valoros spre a evita invidia zeilor. Policrat îşi aruncă inelul în mare. A doua zi acesta a fost găsit de bucătar într-un peşte pe care tocmai îl pregătea pentru masa regală. Regele Egiptului, îngrozit, plecă acasă.

întotdeauna să înşface lucrurile altora, apa curge mereu prin conducte şi când şi când acestea se înfundă. Galoşi încurcaţi, umbrele schimbate: genul acesta de lucruri se întâmplă zi de zi, fără ca din asemenea evenimente inofensive să se dezvolte vreo poveste semnificativă. Văzduhul e plin de firele de praf ale sorţii; ele alcătuiesc atmosfera vieţii şi toate evenimentele ei. Cele care au contribuit la nenorocirile lui Abu-Cassem au fost o simplă grămăjoară din nenumărate altele.

Cu papucii lui Abu-Cassem păşim direct într-una din cele mai cuprinzătoare dintre toate întrebările referitoare la viaţa şi destinul omului, una din cele pe care India le-a privit fără ezitare atunci când a formulat concepte precum „karma" şi „māyā". Tot ceea ce un om aduce în contact nemijlocit cu el însuşi din vârtejul masei de atomi ai posibilităţilor se contopeşte în acelaşi tipar cu propria-i fiinţă. În măsura în care admite că un lucru îl afectează, acesta îl afectează cu adevărat şi, dacă e corelat cu cele mai profunde ţeluri şi dorinţe, cu temerile şi cu gândurile sale încâlcite, el poate deveni o piesă importantă a destinului său. Şi, în sfârşit, dacă simte că acest lucru îi atacă temeliile vieţii, însuşi faptul acesta reprezintă punctul lui vulnerabil. Pe de altă parte însă, şi tocmai de aceea, în măsura în care te poţi detaşa de propriile pasiuni şi idei, eliberându-te astfel de tine însuţi, eşti eliberat în mod automat de toate lucrurile care apar ca fiind accidentale. Acestea sunt uneori prea semnificative, iar alteori aduc prea mult a exprimare pertinentă ca să merite numele uzat de simplu „accident". Ele sunt materia destinului. Şi ar fi o formă sublimă şi senină a libertăţii să fii despovărat de obligaţia naturală de a alege dintre ele – de a alege, din roiul de atomi ai simplei posibilităţi, ceva ce s-ar implica în tine ca un destin posibil, atacând poate chiar temelia propriei fiinţe. Există două lumi speculare, şi omul se află între ele: lumea din exterior şi cea din interior. Ele sunt ca două emisfere de Magdeburg, dintre care aerul a fost eliminat prin pompare şi care aderă una la cealaltă prin aspiraţie, astfel încât nici toţi caii regelui nu le pot desface. Ceea ce le uneşte exterior – înclinaţia, repulsia, interesul intelectual – e reflecţia unei tensiuni lăuntrice, de care nu devenim lesne conştienţi deoarece, vrând, nevrând, suntem noi înşine înăuntrul nostru.

Abu-Cassem s-a concentrat asupra papucilor săi la fel de pornit şi de încăpăţânat ca şi asupra negustoriei şi averii sale. E la fel de ataşat de sărăcia lor ca şi de propriile-i bogăţii. Ei sunt masca impenetrabilă a prosperităţii sale, cealaltă faţă a ei. Absolut semnificativ este faptul că el însuşi trebuie să ia toate măsurile necesare pentru a se debarasa de ei, nu poate lăsa nimic în seama slugilor. Asta înseamnă că nu poate fi despărţit de ei, papucii sunt un fetiş, îmbibat de toată posesia lui demonică. Ei au absorbit într-înşii toată pasiunea vieţii lui, şi această pasiune este lucrul secret de care nu se poate desprinde. Chiar şi când e înclinat să-i distrugă, rămâne legat pătimaş de ei. E ceva de *crime passionnel* în bucuria feroce pe care o resimte rămânând singur cu ei când îi ucide.

Şi pasiunea e reciprocă, aici e marele tâlc al poveştii. Papucii drăceşti sunt ca doi câini puşi în libertate şi care, după o viaţă întreagă petrecută în tovărăşia stăpânului lor, se întorc la el iară şi iară. Abu-Cassem îi aruncă cât colo, dar ei devin independenţi doar atâta cât să-şi găsească drumul înapoi la el. Şi însăşi fidelitatea lor se transformă într-un soi de maliţiozitate inocentă. Devotamentul lor dispreţuit se răzbună pentru trădarea lui Abu-Cassem care încearcă să se despartă de ei, paznicii credincioşi ai pasiunii lui dominante. Oricum am privi lucrurile, asemenea obiecte neînsufleţite au de jucat un rol viu. Treptat şi fără s-o ştim, ele se încarcă de propriile noastre tensiuni, până când, în cele din urmă, devin magnetice şi stabilesc câmpuri de influenţă care ne atrag şi ne fixează.

Realizarea de o viaţă a omului, personalitatea lui socială, masca definită care îi ecranează caracterul interior: iată ce reprezintă papucii lui Abu-Cassem. Ei sunt edificiul personalităţii conştiente a posesorului lor. Mai mult, ei reprezintă impulsurile tangibile ale inconştientului său: suma totală a acelor dorinţe şi realizări sub care el se etalează în faţa sa şi a lumii şi în virtutea cărora a devenit un personaj social. Ei sunt suma unei vieți pentru care el a luptat. Dacă nu au o atare semnificație secretă, de ce sunt atunci atât de divers și de unic recognoscibili, de ce au devenit proverbiali și prieteni atât de vechi și de credincioși? Întocmai după cum reprezintă pentru o lume întreagă personalitatea lui Abu-Cassem și avariția lui, tot așa ei semnifică pentru el însuși virtutea lui cea mai mare, cea mai conștient cultivată, zgârcenia lui de negustor. Și toate acestea l-au dus departe, având însă asupra lui mai multă putere decât bănuiește el. Nu atât Abu-Cassem poseda virtutea (sau viciul), cât viciul (sau virtutea) îl posedă pe el. Aceasta a devenit un motiv suveran al ființei sale, ținându-l sub vraja sa. Deodată, încălțările încep să-i joace renghiuri – în chip răutăcios, crede el. Dar nu cumva el însuși își joacă singur renghiuri?

Mortificarea lui Abu-Cassem e consecința firească a faptului de a fi silit să târască după sine ceva ce a refuzat să abandoneze la momentul oportun, o idee despre sine care ar fi trebuit lepădată. El este unul dintre aceia care nu se resemnează să treacă și ei odată cu trecerea vremii, ci se agață de propria lor pulpană și-și tezaurizează sinele pe care și l-au fabricat chiar ei. Ei se cutremură la gândul morților consecutive și periodice care ți se dezvăluie, prag după prag, pe măsură ce parcurgi încăperile vieții, și care reprezintă secretul vieții. Se atârnă cu aviditate de ceea ce sunt – de ceea ce au fost. Și apoi, în cele din urmă, personalitatea uzată, care ar fi trebuit înlăturată prin năpârlire asemenea penetului anual al unei păsări, li se lipește de trup atât de puternic, încât nu și-o mai pot scutura, chiar dacă a ajuns să-i exaspereze de-a binelea. Urechile le-au fost surde când a bătut ceasul, și asta s-a întâmplat cu mult timp în urmă.

În unele culturi există formule sacramentale pentru debarasarea de vechiul Adam – inițieri ce pretind și provoacă o totală prăbușire a tiparului existent care și-a vrăjit și legat purtătorul. Acesta e înveșmântat cu un costum pe de-a-ntregul nou ce-l aduce sub puterea unui nou farmec și-i deschide drumuri noi. India, bunăoară, are, cel puțin ca formulă ideală, cele patru vârste sau stadii sacre ale vieţii: cea de învăţăcel sau neofit, cea de cap de familie, cea de pustnic şi cea de pelerin – fiecare cu costumul caracteristic, mijloacele de trai şi sistemul de drepturi şi datorii proprii. Neofitul, ca adolescent şi tânăr, trăieşte în castitate, urmează supus îndrumarea învăţătorului său şi-şi cerşeşte pâinea. Apoi, avansat sacramental în fruntea propriei sale familii, bărbatul îşi ia o soţie şi se consacră datoriei de a aduce pe lume copii; el munceşte, câştigă bani, îşi conduce gospodăria şi le asigură slujitorilor săi hrană şi adăpost. Apoi, se retrage în pădure, nu mai munceşte, nu mai are legături sau îndatoriri domestice şi-şi dirijează întreaga atenţie spre interiorul său, pe când mai înainte datoria sa era să se dăruiască pe sine pentru binele familiei, al satului şi al comunităţii. În sfârşit, ca pelerin, părăseşte sihăstria din pădure şi, nemaidepinzând de nici o locuinţă, fără cămin, îşi cerşeşte pâinea ca în zilele tinereţii, cu deosebirea că acum împarte înţelepciune, în timp ce atunci o primea. Nimic din ceea ce a avut, tovărăşie omenească sau posesiuni lumeşti, nu-i mai rămâne. Toate i-au zburat din mâini, ca şi cum i-ar fi fost date doar cu împrumut pentru o vreme.

Civilizaţiile precum cea a Indiei, întemeiate pe un element de magie, îşi ajută fiii să treacă prin aceste transformări necesare pe care oamenii le găsesc greu de realizat din interior. Ei fac asta cu ajutorul unor sacramente necontestate. Acordarea de veşminte, instrumente, inele cu sigilii şi cununi speciale îl re-creează efectiv pe individ. Schimbările în alimentaţie şi reorganizarea ceremonialului exterior al vieţii fac cu putinţă anumite lucruri noi, anumite acţiuni şi sentimente, interzicând altele. Toate seamănă mult cu ordinele date unui subiect hipnotizat. Inconştientul nu mai găseşte în lumea exterioară lucrul la care reacţionase atâta timp, ci altceva, ceva ce trezeşte în el noi reacţii, aşa încât se smulge din tiparele încremenite ale trecutului propriu.

În aceasta constă marea valoare pe care o au sferele magice ale vieţii pentru călăuzirea sufletului. Puterile spirituale fiind simbolizate ca zei şi demoni sau ca imagini şi locuri sfinte, individul este pus în legătură cu ele prin procedeele de învestitură şi apoi menţinut lângă ele prin noile rutine ritualice. Un sistem sacramental netulburat şi perfecţionat de acest tip constituie o lume speculară, care captează toate razele emanate din adâncurile inconştientului şi le prezintă ca pe o realitate exterioară susceptibilă de manipulare. Cele două emisfere, cea interioară şi cea exterioară, se îmbină apoi perfect. Şi orice schimbare de decor avută în vedere în sfera oglinditoare netulburată determină, aproape automat, o schimbare corespunzătoare în câmpul şi punctul de vedere interior.

Câştigul pe care l-a adus omului modern respingerea acestei condiţionări magice – exorcizarea de către noi a tuturor demonilor şi zeilor din lume şi amplificarea subsecventă a puterii noastre raţional direcţionate asupra forţelor materiale ale pământului – este plătit cu pierderea acestui control specular asupra forţelor sufletului. Omul de azi e neajutorat în faţa magiei propriului său psihism invizibil. Acesta îl împinge încotro vrea. Şi dintre numeroasele posibilităţi existente, el invocă în chip pervers pentru om mirajul unei realităţi exterioare diabolice, fără a-l înzestra şi cu o contramagic sau cu o anumită înţelegere reală a vrăjii care l-a amăgit. Suntem stânjeniţi la fiecare pas de soluţii insuficiente ale marilor probleme ale vieţii. Rezultatul e un teritoriu incert de suferinţă fizică şi spirituală provocată de ceea ce este multiplu insolubil şi atingând o intensitate atroce prin absenţa oricărei ieşiri. Unui ochi lipsit de înţelegere, toate acestea îi pot părea amuzante şi, în domeniul artei, aşa ceva produce comedia – opere de genul prezentei comedii cu Abu-Cassem.

Basmele şi miturile au de obicei un sfârşit fericit: eroul ucide balaurul, o eliberează pe fecioară, îmblânzeşte calul înaripat şi intră în posesia armei fermecate. Asemenea eroi sunt însă rari în viaţă. Conversaţiile zilnice din bazar, clevetelile din piaţă şi judecătorii ne spun o poveste diferită: în locul miracolului rar al succesului, avem comedia obişnuită a eşecului; în locul lui Perseu învingător al Meduzei şi salvator al Andromedei din ghearele monstrului marin, îl avem pe Abu-Cassem venind cu papucii lui mizerabili. Abu-Cassem e fără îndoială personajul mai des întâlnit în lumea de toate zilele. Faptul ţine mult mai mult de tragicomedie decât de opera mitologică. Iar cleveteala care l-a înconjurat pe Abu-Cassem toată viaţa şi l-a făcut nemuritor ca figură comică este mitologia cotidianului. Anecdota ca produs finit al clevetelii corespunde mitului, chiar dacă ea nu atinge niciodată asemenea culmi sublime. Ea prezintă comedia nodului gordian pe care numai sabia fermecată a eroului mitic îl poate tăia.

Prin urmare, să ne schimbăm pantofii. Ce bine ar fi dacă ar fi aşa de simplu! Din păcate, pantofii cei vechi, îndrăgiţi şi peticiţi cu afecţiune o viaţă-ntreagă, se întorc totdeauna – aşa ne învaţă povestea – cu încăpăţânare şi neabătut, chiar dacă, în cele din urmă, ne-am decis să ne descotorosim de ei. Şi chiar dacă ne punem aripi şi zburăm peste mări şi ţări, ei sunt acolo cu noi. Elementele nu-i vor accepta, marea îi aruncă înapoi, iar pământul refuză să-i primească şi, înainte de a-i putea distruge prin foc, ei vor cădea din văzduh ca să ne ruineze total. Nici chiar strângătorul de biruri nu are nevoie de ei. De ce oare s-ar împovăra cineva sau ceva pe lumea asta cu demonii ajunşi la deplină maturitate ai eului nostru, numai pentru că, în sfârşit, ne simţim incomodaţi în prezenţa lor?

Cine trebuie să-l elibereze pe Abu-Cassem de el însuşi? Calea pe care şi-a căutat el izbăvirea era evident inutilă: nu scapi de propriul eu iubit numai aruncându-l pe fereastră când începe să-ţi joace feste. În cele din urmă, Abu-Cassem l-a conjurat pe cadiu ca măcar să nu-l mai considere pe el răspunzător pentru nici una dintre nelegiuirile pe care le-ar mai putea săvârşi în viitor papucii lui. Cadiul s-a mulţumit să râdă însă de el. Şi oare judecătorul nostru nu va face acelaşi lucru, să râdă de noi? Doar noi suntem răspunzători pentru acest inocent proces de o viaţă ce constă în construirea propriului nostru eu. Involuntar şi cu drag am tot peticit încălţările ce ne poartă prin viaţă şi vom rămâne supuşi, în cele din urmă, constrângerii exercitate incontrolabil de ele.

Ceva de genul acesta ne e deja cunoscut din observarea constrângerii incontrolabile ce acţionează asupra altora – de pildă când le citim gesturile neintenţionale. E o forţă care se manifestă de jur-împrejurul nostru, în tot felul de expresii spontane: scrisul de mână, actele ratate, visele şi imaginile inconştiente ale oamenilor. Şi ea are mai multă autoritate asupra unui ins decât îşi poate închipui el însuşi sau ar crede oricare altul – infinit mai multă decât voinţa sa conştientă. Pulsiunile ei incontrolabile sunt caii demonici înhămaţi la carul vieţii noastre, eul conştient fiind doar vizitiul. Astfel încât nu putem face nimic altceva decât să ne resemnăm, ca Egmont al lui Goethe, „să ţinem hăţurile strâns şi să conducem roţile nepoticnit, când la stânga, când la dreapta, ferindu-le aici de o piatră, dincolo de o prăpastie".

Soarta se sedimentează singură în vieţile noastre mai întâi prin nenumăratele noastre mişcări mărunte, prin acţiunile şi neglijenţele noastre zilnice prea puţin conştiente; apoi, prin alegerile şi refuzurile noastre, ea se densifică treptat, până când soluţia atinge un punct de saturaţie şi e coaptă pentru cristalizare. La sfârşit, e suficient un mic vas, şi ceea ce multă vreme a alcătuit un lichid tulbure, ceva indefinit, fiind doar gata să reacţioneze, se precipită sub formă de destin, cristalin şi dur. În cazul lui Abu-Cassem, euforia de după tranzacţia comercială încununată de succes, ameţeala provocată de dubla lovitură miraculoasă prin care achiziţionase şipurile de cleştar şi uleiul de trandafiri au fost elementul care l-a înălţat în ochii săi şi i-a pus în mişcare roata destinului. El şi-a închipuit că treaba poate continua tot aşa, cu mici hatâruri ale norocului, mici chilipiruri plăcute pe care viaţa lui cumpătată şi harnică i le agonisise mereu. „Ia te uită, Abu-Cassem, câine norocos ce eşti, ce caută papucii ăştia luxoşi şi nou-nouţi în locul celor vechi! Or fi de la prietenul ăla cârcotaş care nu mai suporta să te tot vadă în gioarsele tale vechi."

Zgârcenia lui Abu-Cassem, umflată în pene de norocul lui trecător, s-a răzvrătit un pic. Şi-ar fi ofensat sentimentul de triumf şi şi-ar fi compromis înălţătoarea stare sufletească dacă s-ar fi văzut nevoit să accepte ideea umilitoare de a-şi vârî mâna în buzunar ca să-şi cumpere o pereche de încălţări noi. Ar fi putut prea bine să-şi găsească şi papucii cei vechi în vestiar, aşa cum au şi făcut-o robii judecătorului imediat după aceea, dacă şi-ar fi dat câtuşi de puţin osteneala să-i caute, pornind de la presupunerea întemeiată, dar sâcâitoare, că cineva a vrut să-şi bată joc de el. El, în schimb, s-a autoflatat şi i-a luat pe cei noi, ameţit şi orbit oarecum de frumuseţea lor, mai ales că ei îi satisfăceau realmente nebănuitele porniri inconştiente. A fost un act infantil de feerică uitare de sine, o pierdere momentană a autocontrolului; astfel s-a putut însă exprima un element trecut de mult cu vederea. Ceva ce, pe tăcute, devenise copleşitor de puternic a putut ieşi în fine pe scenă, fiind pus în mişcare bulgărul de zăpadă care se amplifică până la proporţiile unei avalanşe.

Aceeaşi plasă cu care-şi pescuise câştigurile tenebroase din bazar, Abu-Cassem şi-o răsucise acum, fără a-şi da seama, chiar în jurul său, o plasă împletită din sforile propriei sale avariţii. Şi astfel s-a pomenit într-un bucluc de toată frumuseţea, prins şi imobilizat în mrejele lui însuşi. Ceea ce îi acumulase în interior, vreme îndelungată, o tensiune ameninţătoare se descărcase acum imprevizibil în lumea exterioară şi-l aruncase în ghearele legii, căreia îi fusese abandonat fără speranţă într-un vârtej de umilire publică, şantaj al vecinilor şi necazuri cu autorităţile. Însuşi comportamentul lui Abu-Cassem, prosperitatea lui hrăpăreaţă şi supralicitarea avidă a propriei persoane începuseră de mult să ascută dinţii acestei maşinării şi să-i monteze la locul cuvenit.

Potrivit formulei indiene, omul seamănă, dar nu acordă nici o atenţie felului cum se dezvoltă sămânţa. Ea încolţeşte şi se coace, iar apoi fiecare trebuie să mănânce din rodul propriului său ogor. Nu numai acţiunile, ci şi omisiunile noastre ne devin destin. Chiar şi lucrurile pe care n-am reuşit să le dorim sunt contabilizate printre intenţiile şi realizările noastre şi se pot transforma în evenimente grave. Aceasta e legea

Karmei. Fiecare își devine propriul călău, fiecare își devine propria victimă și, exact ca în cazul lui Abu-Cassem, propriul măscărici. Râsul judecătorului este râsul diavolilor din infern în fața osândiților care și-au rostit propriile sentințe și ard în propriile lor flăcări.

Povestea lui Abu-Cassem arată cât de fin e împletită plasa Karmei și cât de delicate îi sunt sforile. Eul său, ai cărui demoni îl țin acum strâns în gheare, îl poate oare elibera, își poate oare da moartea? În disperarea lui, nu a și ajuns el oare pe punctul de a recunoaște că nimeni nu-l poate izbăvi de papuci, că nici o putere de pe pământ nu i-i poate distruge, ci numai el trebuie cumva să găsească o cale de a se descotorosi de ei? Ce bine ar fi fost ca ei să-i fi devenit neesențiali, bucățică cu bucățică, la fel cum îi deveniseră tot mai valoroși odată cu fiecare cârpăceală! Ce bine ar fi fost să se fi eliberat de bălțătura lor, petic după petic, până când n-ar mai fi rămas decât o pereche de troace indiferente![1]

---

1. Strindberg a conceput acest drum înapoi în perioada sa de *inferno*. A descoperit în Swedenborg ideea despre pedeapsa pe care omul și-o strânge în jurul grumazului, producându-și-o din propriul inconștient, și a văzut din propria sa experiență în ce mod straniu ne pot juca renghiuri obiectele neînsuflețite – lucruri ciudate, case și străzi indiferente, instituții și toate nimicurile de fiecare zi.

Ajuns la bătrânețe, foarte obosit, Strindberg a scris un basm întemeiat pe vechea poveste a papucilor lui Abu-Cassem („Abu Casems Toffler“, *Samlade Skrifter*, Del. 51, Stockholm, 1919). Versiunea lui nu îndeplinește însă făgăduința titlului. Au fost modificate numeroase amănunte esențiale și în basmul lui s-au insinuat numeroase altele neesențiale. Papucii ponosiți nu sunt munca de o viață a lui Abu-Cassem, ci i-au fost dăruiți de calif ca să-i pună la încercare avariția. În unele scrieri mai timpurii, pe de altă parte, el s-a ocupat cu mai mult succes de această problemă a destinului autogenerat – teatrul autoconstruit al vieții, care se animă și începe să se joace cu noi din cauză că recuzita și culisele lui constituie expresii ale propriei noastre ființe lăuntrice. O prezentase ca pe o fază a propriei sale călătorii în infern în *Către Damasc* (1898), unde arată cum lumea noastră materială e produsă din materia propriilor noastre constrângeri involuntare – atât cele dușmănoase, cât și cele tăcut favorabile.

În poveste se spune că judecătorul nu i-a putut refuza lui Abu-Cassem acest hatâr, ceea ce înseamnă că nu avea să mai fie obsedat de papucii lui groaznici. Lumina noii sale zile, cu alte cuvinte, începuse să mijească. Acea lumină putea însă răsări, în ultimă analiză, dintr-un singur loc, şi anume din craterul profund al propriului său interior, care până atunci îi întunecase vederea cu emanaţiile-i tulburi. *Nemo contra diabolum nisi deus ipse*. Eul cuprinzător şi misterios pe care şi-l ţesuse atât de trudnic în jur ca pe propria sa lume – cadiul, vecinii, pescarii, elementele (căci până şi ele luau parte la jocul eului său îndrăgit în secret), papucii puturoşi şi averea sa – îi trimisese mereu semne după semne. Ce ar fi putut pretinde mai mult de la sfera sa oglinditoare exterioară? Ea i se adresase în felul ei, aplicându-i lovitură după lovitură. Descătuşarea finală trebuia să vină acum din el însuşi, din interior. Cum însă?

Tocmai într-un asemenea moment poate fi de ajutor semnul unui vis ori o viziune intuitivă ca răspuns la oracolul vreunei poveşti eterne. Căci magicianul ascuns care proiectează deopotrivă eul şi lumea lui oglinditoare poate face mai mult decât orice forţă exterioară pentru a destrăma noaptea pânza ţesută ziua. El poate şopti: „Schimbă-ţi încălţările.“ Şi cu asta nu ne rămâne decât să privim şi să vedem din ce anume ne-au fost confecţionaţi papucii.

Un erou păgân și un sfânt creștin

1

Au fost odată ca niciodată un rege mitic și regina sa – regele Conn al Irlandei și regina Eda a Britaniei, și căsătoria lor a fost o unire atât de desăvârșită, încât a egalat-o pe cea dintre Cer și Pământ, care este arhetipul macrocosmic al tuturor nunților. Istoricii afirmă că perfecțiunea caracterului și comportării lor se reflecta în binecuvântările aduse de domnia lor: „Pământul dădea recolte îmbelșugate și pomii de nouă ori mai multe roade; râurile, lacurile și marea mișunau de peștii cei mai aleși; cirezile și turmele se înmulțeau neobișnuit de mult."

Asemenea descrieri ale abundenței naturale nu sunt neobișnuite în legendele despre domnii binefăcătoare, deoarece atunci când doi cârmuitori ireproșabili se conformează legilor divine ale universului și-și călăuzesc poporul prin propria lor conduită model, ei fac să acționeze puterea însuflețitoare a perfecțiunii. Cei doi monarhi desăvârșiți fac să se manifeste ceea ce chinezii numesc *Dao*: virtutea ordinii universale. Ei îl fac pe *Dao* să se manifeste ca *Teh:* virtutea propriei lor naturi. Și această virtute are capacitatea de a radia. Influența ei pătrunde ca magia în centrii vitali a tot ce e în jurul lor, așa încât până și spiritul țării pare a fi afectat. Din ea emană armonia și fericirea. Ogoarele rodesc, cirezile se înmulțesc și orașele prosperă, ca în Vârsta de Aur.

Și regele Conn și regina Eda au avut un fiu și întrucât druizii au prezis că la naștere va moșteni bunele însușiri ale ambilor părinţi, el a primit ambele lor nume şi i s-a zis Conn-eda. Şi era, într-adevăr, un copil extraordinar. S-a făcut mare fiind idolul regelui şi al reginei şi mândria poporului său. Era nespus de respectat şi iubit.

Un fapt trist însă, în timpul tinereţii lui Conn-eda marea făgăduinţă a carierei sale a fost brusc întunecată, deoarece mama sa a murit, iar tatăl său, urmând sfatul druizilor, s-a recăsătorit. Noua nevastă era fiica arhidruidului, avea proprii ei copii şi, prevăzând că moştenitor al tronului avea să fie Conn-eda, şi-a propus, din pizmă şi ură, să găsească un mijloc de a-l pierde. Îi dorea moartea sau, în cel mai rău caz, surghiunul din ţară, şi, pentru a-şi atinge ţelul mârşav, a început să răspândească vorbe calomnioase. Tânărul era însă mai presus de orice bănuială. Aşa că, numaidecât, ea a recurs la mijloace supranaturale şi s-a dus la o vrăjitoare vestită.

Regina cea rea a fost obligată să îndeplinească un număr de condiţii ciudate şi foarte costisitoare, dar în cele din urmă a primit un joc de şah fermecat în aşa fel, încât posesorul lui câştiga neapărat prima partidă. Ea avea să-l provoace pe prinţul nebănuitor şi să-i facă propunerea ca acela care va câştiga o partidă să poată impune orice *geis* sau „condiţie" i-ar plăcea şi, după ce va fi câştigat ea, avea să-l oblige, sub pedeapsa exilului, să aducă în termen de un an anumite trofee mitice: trei mere de aur de pe tărâmul zânelor, ca şi armăsarul negru şi câinele de vânătoare năzdrăvan aparţinând regelui zânelor. Aceştia erau atât de preţioşi şi de bine păziţi, încât, dacă prinţul s-ar fi încumetat să-i ia, şi-ar fi găsit fără nici o îndoială moartea.

Jocul a fost pus la cale. Prinţul nu bănuia nimic rău, iar regina a câştigat. Era însă atât de doritoare să pună cu totul stăpânire pe el, încât l-a provocat şi la a doua încercare, dar de data asta, spre uluirea şi umilinţa ei, a pierdut. Nu a mai vrut să joace încă o dată. Şi-a anunţat *geis*-ul şi, auzindu-l, Conn-eda şi-a dat seama că fusese trădat. Al doilea *geis* era însă la dispoziţia lui. A hotărât să o ţină pe regină nemişcată pe timpul absenţei lui. Astfel, i-a cerut să stea pe turnul cel mare al castelului şi să rămână acolo, bătută de soare şi vânt şi trăind din cel mai sărăcăcios tain, până la întoarcerea sa – ori până la expirarea anului prescris plus o zi.

Conn-eda avea acum mare nevoie de un sfat. A recurs la un druid puternic, dar după ce înţeleptul şi-a consultat divinitatea particulară pe care o adora, s-a văzut că nici druidului, nici zeului său nu le stătea în putere să-l ajute. Exista însă – după cum i-a sugerat druidul – o anume Pasăre cu cap de om, o făptură aparte vestită pentru ştiinţa ei despre trecut, prezent şi viitor, care trăia ascunsă într-o pustie plină de primejdii, dar pe care, chiar de ai fi găsit-o, ar fi fost foarte greu s-o înduplеci. Druidul era încredinţat că acea pasăre, cu condiţia de a o convinge să vorbească, îi putea fi de nepreţuit ajutor. „Ia căluţul acela miţos“, spuse el, „şi încalecă numaidecât pe el, fiindcă peste trei zile pasărea are să se lase văzută şi micuţul bidiviu miţos are să te ducă la sălaşul ei. Dacă s-ar întâmpla însă ca pasărea să refuze a-ţi răspunde la întrebări, ia piatra asta scumpă şi arată-i-o şi aproape sigur nu trebuie să te mai temi că nu-ţi va da un răspuns neîntârziat.“

Conn-eda încălecă pe armăsarul prea puţin arătos şi lăsă hăţurile să-i atârne pe grumaz, astfel încât animalul să poată alege singur drumul. Era un cal năzdrăvan, înzestrat cu darul vorbirii, şi şi-a purtat călăreţul nevătămat printr-un şir de aventuri. La timpul cuvenit, prinţul a ajuns la ascunzătoarea păsării celei ciudate, i-a înfăţişat piatra scumpă şi i-a spus despre căutarea lui, întrebând-o ce să facă. Atunci, creatura, drept răspuns, a zburat până pe o stâncă inaccesibilă aflată ceva mai încolo şi din înaltul ei i-a poruncit cu glas omenesc puternic şi dogit: „Conn-eda, fiu al regelui din Cruachan, dă la o parte piatra aflată chiar sub piciorul tău drept şi ia bila de fier şi cupa pe care le vei găsi sub ea, apoi încalecă pe cal, aruncă bila în faţa ta şi, după ce vei fi făcut toate astea, calul are să-ţi spună tot ce va trebui să mai ştii.“

Ridicând piatra, Conn-eda luă bila de fier şi cupa, încălecă pe cal şi aruncă bila în faţa lui. Ea se rostogolea drept înainte cu o iuţeală măsurată şi calul cel miţos începu a se ţine după ea. Ajunseră, în felul acesta, pe malul lacului Erne. Bila nu se opri însă, se rostogoli în apă și dispăru.

În această împrejurare, calul îi dădu cel dintâi sfat al său. „Descalecă acum“, spuse el, „și vâră-ți mâna în urechea mea; ia de-acolo sticluța cu «Leac-la-toate» și coșulețul pe care ai să le găsești acolo și încalecă iarăși cât mai iute, căci acum încep pentru tine primejdii și greutăți mari.“

Intrară în apă, urmând calea pe care o apucase bila, și lacul li se întindea doar ca un soi de văzduh deasupra capetelor. Acolo au regăsit și bila care se rostogolea liniștită înainte. Ea ajunse la un râu lat, traversat de un vad, care însă era păzit de trei șerpi groaznici cu gurile căscate șuierând înspăimântător și cu dinți veninoși cât toate zilele.

„Acum“, zise calul cel mițos, „deschide coșul și aruncă din el câte o halcă de carne în gura fiecărui șarpe; după ce faci asta, prinde-te bine în șa, ca să putem face toate pregătirile cuvenite pentru a trece. Dacă arunci bucățile de carne fără greș în gura fiecărui șarpe, o să trecem nevătămați, dacă nu, suntem pierduți.“

Conn-eda zvârli bucățile fără greș, ca la țintă. „Fii binecuvântat și biruitor“, spuse călutul, „căci un tânăr ca tine e menit să aibă parte de izbânzi mai presus de fire.“ Își luă apoi avânt și, dintr-un singur salt puternic, trecu și râul, și vadul. „Te mai ții în șa, prinței Conn-eda?“

„Mi-a trebuit doar jumătate din putere ca să mă țin“, îi răspunse Conn-eda.

Merseră mai departe, pe urmele bilei până când li se ivi în față un munte mare acoperit de foc. „Pregătește-te acum“, îl preveni calul, „pentru încă o săritură primejdioasă.“ Și țâșni de la pământ și zbură ca o săgeată pe deasupra muntelui în flăcări. „Mai ești în viață Conn-eda, fiu al regelui?“

„Abia mă mai țin în viață, căci sunt pârjolit rău“, răspunse prințul.

„Dacă ai mai rămas în viață“, zise călutul, „sunt încredințat că un tânăr ca tine e menit să aibă parte de izbânzi și binecuvântări mai presus de fire. Pentru noi, cele mai mari primejdii au trecut şi trag nădejdea că o vom birui şi pe următoarea şi cea din urmă."

Sfătuit de bidiviul druidic, Conn-eda îşi unse arsurile cu elixirul „Leac-la-toate" şi-şi recăpătă puterea şi prospeţimea dintotdeauna. Apoi o porniră iarăşi după bila de fier şi-n cele din urmă ajunseră la fortăreaţa zânelor – o cetate vastă, împrejmuită de ziduri înalte şi apărată nu de arme, ci de două turnuri de foc.

„Descalecă aici pe câmp", spuse calul, „scoate-mi din cealaltă ureche un cuţitaş, şi cu el ucide-mă şi jupoaie-mă. După ce faci asta, înfăşoară-te în pielea mea şi aşa ai să poţi trece pe poartă nevătămat şi nestingherit. După ce-o să intri, o să poţi ieşi după plac, deoarece, dacă apuci să intri odată, nu mai e nici o primejdie şi o să poţi trece pe-acolo ori de câte ori doreşti; şi află că tot ce am să-ţi cer în schimb este ca, odată intrat pe poartă, să te întorci numaidecât şi să alungi păsările de pradă care s-ar putea să vină-n zbor ca să se-nfrupte din hoitul meu, iar apoi să torni până la ultima picătură, dacă a mai rămas ceva în sticlă, «Leacul-la-toate» cel puternic pe carnea mea, ca să mi-o fereşti de putreziciune."

Prinţul a fost de-a dreptul şocat. „Uite, preanobilul meu cal", spuse el, „deoarece până acum mi-ai fost atât de credincios şi deoarece şi de acum încolo mi-ai putea fi încă de folos, eu unul socotesc că o asemenea propunere îmi jigneşte sentimentele de om şi se bate cap în cap cu un cuget care înţelege preţul recunoştinţei, ca să nu mai vorbim de simţămintele mele ca prinţ. Dar, ca prinţ, pot spune: întâmple-se ce s-o întâmpla – fie şi moartea în cele mai groaznice şi înspăimântătoare chipuri – eu nu voi sacrifica niciodată prietenia în folosul meu. Şi uite, jur pe armele mele neînfricate, sunt pregătit pentru tot ce poate fi mai rău – fie şi moartea – mai curând decât să încalc legile omeniei, onoarei şi prieteniei!"

Calul stărui şi mai mult. „Niciodată, niciodată!" repeta nobilul prinţ.

„Bine, atunci, o, fiu al marelui monarh din Apus", spuse calul cu o umbră de mâhnire, „dacă te împotriveşti să-mi urmezi sfatul în împrejurarea de față, află că și tu, și eu vom pieri și nu ne vom mai întâlni niciodată, pe când, dacă faci cum te-am învățat, lucrurile vor lua o întorsătură mai fericită și mai plăcută decât ți-ai putea închipui. Nu te-am îndrumat greșit până acum și, de vreme ce n-am făcut-o, ce te-ar putea face oare să pui la îndoială cea mai însemnată parte a povețelor mele? Fă întocmai ce ți-am arătat, căci de nu, din pricina ta mă va lovi o soartă mai cruntă decât moartea. Și mai mult încă, nu voi mai avea de-a face cu tine pe veci."

În cele din urmă, călcându-și pe inimă, prințul scoase cuțitul din urechea calului și, cu o mână tremurătoare, îi îndreptă vârful spre grumazul lui. Și atunci, ca și cum ar fi fost împinsă de o putere magică, lama i se înfipse brusc în gât până-n plăsele, ucigându-l. Scos din minți, tânărul se aruncă la pământ lângă leș și plânse în hohote până ce nu mai știu de sine.

După ce-și reveni în simțiri, se asigură că bietul căluț este mort și apoi, cu ezitări și lacrimi îmbelșugate, se înhămă la jupuit. Odată împlinită datoria, se înfășură în pielea lui și, înnebunit, intră pe poartă. Nimica nu l-a supărat și nu i s-a-mpotrivit. Dar splendoarea cetății zânelor nu-i spunea nimic, pășea buimac, cufundat tot în marea lui durere.

Când își aminti de ultima rugăminte a calului, se întoarse la stârvul acestuia, izgoni păsările de pradă și unse cu alifia cea prețioasă rămășițele sfârtecate. Spre mirarea lui, carnea neînsuflețită prinse a suferi o schimbare ciudată și, în câteva clipe, spre bucuria lui de nespus, luă înfățișarea celui mai chipeș și mai nobil tânăr pe care și l-ar fi putut închipui și reveni la viață. Cei doi se îmbrățișară cuprinși de fericire.

„Prea nobile și puternice prinț", grăi proaspăt ivitul tânăr, „ești priveliștea cea mai încântătoare hărăzită vreodată ochilor mei, și eu sunt cel mai fericit dintre muritori pentru că te-am întâlnit! Privește-l în mine, revenit la înfățișarea-i firească, pe călușul tău mițos. Eu sunt fratele regelui din cetatea zânelor. Am fost ținut vreme îndelungată în robie de către druidul cel rău, care însă era gata să mă elibereze când ai venit tu să-i ceri sfatul, fiindcă atunci fusese sfărâmată condiţia, *geis*-ul, robiei mele. Totuşi nu-mi puteam recăpăta înfăţişarea dintâi decât dacă făceai ceea ce ai şi făcut cu atâta prietenie. Chiar sora mea a îndemnat-o pe regină, mama ta vitregă, să te trimită în căutarea merelor, a armăsarului şi a câinelui de vânătoare neîntrecut, care sunt acum în păstrarea fratelui meu. Soră-mea, fii sigur, n-are de gând să-ţi facă nici cel mai mic rău, ci numai bine, după cum ai să vezi mai târziu, pentru că, dacă ţi-ar fi purtat sâmbetele, şi-ar fi putut atinge scopul fără nici o bătaie de cap. Pe scurt, ea a vrut doar să te scape de orice primejdie şi nenorocire viitoare, iar pe mine să mă smulgă cu ajutorul tău din jugul duşmanilor mei necruţători. Vino cu mine, prietene şi eliberator al meu, şi armăsarul, câinele de vânătoare cel năzdrăvan şi merele de aur vor fi ale tale, şi vei fi primit din toată inima în casa fratelui meu."

Sfârşitul fericit e relatat cu rapiditate. Conn-eda a obţinut cele trei trofee şi a fost invitat stăruitor să-şi petreacă restul perioadei sale de încercare în ţara zânelor ca oaspete al regelui. Când i-a venit timpul să plece, a fost implorat să se întoarcă cel puţin o dată pe an. Pe drumul spre casă n-a mai întâmpinat nici o piedică şi, la timpul cuvenit, ajunse să o zărească pe regina cea rea. Ea continua să stea cocoţată neconfortabil în vârful turnului, fiind însă plină de speranţă, căci pentru ea începuse ultima zi de calvar. Prinţul, cu siguranţă, nu avea să ajungă şi astfel avea să-şi piardă toate drepturile la tron.

Dar vai, ce să vezi! I se păru că-l zăreşte. Se întorcea călare pe un cal negru, ducând cu el un câine de vânătoare într-un lanţ de argint. Cuprinsă de disperare, regina se aruncă din vârful turnului şi se făcu bucăţele. Şi când fu înştiinţat despre comportarea ei mârşavă, regele porunci ca rămăşiţele pământeşti ale reginei să fie arse.

Prinţul semănă cele trei mere de aur în grădină. Răsări pe loc un pom măreţ, încărcat cu poame de aur, şi care a făcut ca întreg regatul să aibă parte de recolte nemaipomenite. Dacă anii de domnie ai tatălui lui Conn-eda fuseseră străluciţi, ai lui au fost şi mai străluciţi, iar lunga lui domnie e renumită până în zilele noastre pentru îmbelşugarea ei. Regatul cârmuit de către Conn-eda îi poartă şi astăzi numele: este provincia Connacht din vestul Irlandei[1].

Astfel glăsuieşte vechiul mit păgân, aşa cum ne-a parvenit în vorbirea simplă a casei ţărăneşti din secolul al XIX-lea şi, cu toate că a supravieţuit de-a lungul multor veacuri de prefaceri, imaginile lui încă mai păstrează forţa învăţăturii primitive, precreştine, despre suflet. Ele se conformează unor tipare bine cunoscute din numeroase alte mituri şi basme, tipare adaptate din bogatul tezaur mondial de forme simbolice, şi care, asemenea căluţului miţos, când sunt disecate şi privite cu simpatie, suferă o transformare remarcabilă.

Tânărul prinţ Conn-eda este vlăstarul desăvârşit al cuplului mitic ideal al bărbatului şi al femeii, întrupând virtuţile ambilor săi părinţi, fapt reprezentat prin numele său dublu. El e salutat ca succesorul perfect al tatălui său deoarece el reprezintă de fapt perfecta întrupare omenească a lui *Dao*. Energiile vieţii, atât în om cât şi în natură, trebuie să funcţioneze armonios şi să rodească abundent sub influenţa lui; o conjuncţie ideală de procese cosmice şi umane trebuie să se manifeste pretutindeni în condiţiile regatului său. El e menit să fie conducătorul perfect, deopotrivă generos şi puternic, verificând, echilibrând şi coordonând toate elementele reciproc antagoniste care asigură viaţa, deopotrivă pe cele creative şi pe cele distructive, pe cele rele şi pe cele bune.

Cu toate acestea, deşi nimeni nu este conştient de acest fapt (cel mai puţin fiind însuşi Conn-eda), el încă nu e cu ade-

---

1. „The Story of Conn-eda; or the Golden Apples of Lough Erne", traducere de Nicholas O'Kearney din irlandeza originară a povestitorului, Abraham McCoy, şi publicată de W. B. Yeats, *Irish Fairy and Folk Tales*, New York, Modern Library, f.d. Povestea a fost tipărită mai întâi în *The Cambrian Journal*, 1855. O poveste paralelă despre un prinţ irlandez şi un cal miţos poate fi găsită în Jeremiah Curtin, *Myths and Folk-lore of Ireland*, Boston, Little, Brown and Co., 1890: „The King of Ireland and the Queen of the Lonesome Island".

vărat pregătit; căci deşi e desăvârşit în virtuţile tinereţii, el încă ignoră posibilităţile răului prezente pretutindeni în regatul său şi în lume, atât în natura umană, cât şi în forţele elementare subumane ale cosmosului. Puritatea şi splendoarea naturii băiatului i-au ferit inima de toate motivele mai sumbre ale existenţei. El nu ştie nimic despre cealaltă jumătate funestă, nimic despre puterile distructive nemiloase ce contrabalansează virtutea – silniciile egoiste, dezagregante şi diavoleşti ale ambiţiei şi agresivităţii. Ele, sub cârmuirea lui blândă, ar fi ieşit la suprafaţă spre a distruge armonia regatului. Este atât de inocent, la drept vorbind, încât nu e conştient nici măcar de răutatea mamei sale vitrege cu care îşi ducea viaţa sub acelaşi acoperiş.

Ceea ce înseamnă că prinţul Conn-eda are totul de învăţat. Înainte de a putea înfrunta multitudinea forţelor vieţii, el trebuie iniţiat în legea universală a contrariilor coexistente. El trebuie să realizeze că totalitatea constă din contrarii ce conlucrează prin conflict şi că armonia este în primul rând o rezolvare a tensiunilor ireductibile. Căci el încă nu înţelege că tiparul existenţei e ţesut din conlucrare antagonistă, din alternări de înălţare şi declin, că el e construit din lumină *şi* întuneric, din zi *şi* noapte – *Yang* şi *Yin*, în formularea chinezească. Spre a deveni regele perfect, aşadar, el trebuie să se întregească şi, în acest scop, trebuie să înfrunte şi să integreze realitatea cea mai contrară şi mai antagonistă în raport cu propriul său caracter. El trebuie să se confrunte cu forţele răului, de aici necesitatea de a parcurge drumul ascuns al căutării sale dureroase. Mitul, basmul său, este o alegorie a autoperfecţionării prin stăpânirea şi asimilarea contrariilor conflictuale. Procesul e descris în termenii simbolici tipici de lupte, primejdii, isprăvi vitejeşti şi încercări.

Conn-eda se confruntă mai întâi cu principiul contradictoriu sub forma obstinaţiei şi poftei de putere a nemiloasei mame vitrege, care-l izgoneşte din ţară, adică din regatul vieţii. Intrigile şi calomniile ei anterioare ar fi trebuit să-l avertizeze, dar buna lui credinţă adolescentină îl face să cadă în cursa jocului amical[1]. Dovedindu-se astfel incapabil să recunoască răul şi să se măsoare cu el pe planul vieţii omeneşti, el e silit să-i ţină piept sub forma subumană, mult mai crudă şi nedeghizată, a elementelor distructive ale naturii. Acesta e sensul coborârii lui în lacul miraculos. Acolo el suportă furia oarbă a puterilor vieţii sub înfăţişarea lui nepacifică, pur distructivă, aspect total opus celui al cooperării lor armonioase din regatul terestru al tatălui său, unde ele erau temperate sub înrâurirea magică a virtuţii omeneşti. Interacţiunea contrariilor conflictuale sub controlul meşteşugit al regelui perfect nu era câtuşi de puţin dezastruoasă, ci integral creativă, manifestând contrarietăţile dintre *Yang* şi *Yin* ca integrate în plenitudinea ordinii lui *Dao*.

Puterile de pe nivelul infrauman sunt reprezentate de către elementele apei şi focului. Ele sunt indispensabile şi utile dacă sunt înhămate în slujba nevoii umane şi supuse controlului inteligent, dar oarbe şi coleric indiferente în sine şi prin sine. Apa şi focul, energii ale naturii reciproc antagoniste, se remarcă amândouă prin efectele lor ambivalente. Deopotrivă susţinătoare ale vieţii şi distructive (într-o măsură mult mai evidentă decât celelalte două elemente, aerul şi pământul), ele reprezintă întregul domeniu şi forţa lumii extraumane ca şi caracterul ei creator, prielnic şi funest totodată. Ele reprezintă totalitatea energiei vitale şi întregul procesului vieţii, acţiunea şi interacţiunea constantă a contrariilor conflictuale.

Conn-eda, prin urmare, trebuie să-şi croiască drum prin urgia apei şi a focului şi prin groaza de ele ca o iniţiere în latura haotică, inumană a vieţii. Într-un mod asemănător, în misterele antice patronate de Isis şi Osiris, iniţiatului i se pretindea să treacă prin apă, el era obligat cu alte cuvinte să treacă prin ameninţarea şi experienţa morţii, din care urma să iasă renăscut ca un „Cunoscător", ca un „Ştiutor", dincolo de frică

1. Pentru şah sub aspectul său originar de conflict în care jucătorii se pun ca miză *pe ei înşişi*, *cf.* Otto Rank, *Art and Artist*, New York, 1932, cap. X, „Game and Destiny".

şi eliberat de orice ataşament faţă de personalitatea eului pieritor. Aceasta e calea tradiţională a iniţierii – cale atestată abundent în mitologiile şi literaturile populare ale lumii[1].

Conn-eda scapă de distrugere atât prin curajul şi virtutea proprie, cât şi datorită sprijinului şi sfaturilor unor ajutori miraculoşi. Puterile fatale ale apei sunt reprezentate extrem de adecvat în povestea lui (ca şi îndeobşte în mitologie) prin şerpii uriaşi. El îi îmbunează executând – fără frică, cu dibăcie şi grijă – un ritual de ofrande; ca substitute sacrificiale pentru propriu-i trup, el le aruncă bucăţi de carne în fălcile căscate. Aceasta echivalează cu recunoaşterea realităţii puterilor haotice, cu o acceptare a caracterului lor *divin* ca prezenţe demonice îndreptăţite să constituie obiectul unui cult. În loc să reziste, să lupte sau să fugă, eroul adoptă o atitudine afirmativă. El se confruntă cu realitatea lor înspăimântătoare şi tratează cu ea, devenind astfel un Cunoscător, care nu dă îndărăt în faţa cruzimii lor diabolice, ci le acordă atenţia necesară, ţinând seama de natura lor ambivalentă, căci ele sunt neîndurătoare, dar şi susceptibile de îmbunare, diavoleşti, şi totuşi pretinzând să fie înţelese şi abordate ca divine.

Conn-eda îşi leapădă astfel inocenţa. O asemenea stare infantilă de graţie trebuie depăşită prin experienţă, şi anume experienţa a însuşi caracterului intrinsec dublu, ambivalent pe care-l are tot ceea ce alcătuieşte urzeala şi bătătura vieţii. O atare trezire atrage după sine pericolul de a pierde orice credinţă în virtutea şi în valorile binelui – pericolul indiferenţei sau insensibilităţii faţă de distincţia dintre bine şi rău şi faţă de competiţia lor necurmată, ori poate aduce cu sine catastrofa spirituală contrară – deznădejdea neputincioasă, neîncrederea absolută în capacitatea omului de a realiza marile idealuri eterne. Conn-eda însă e mai presus de aceste două pericole, deoarece, prin naştere, prin natură, el este eroul ales,

1. Mozart prezintă o alegorie a aceluiaşi mod de iniţiere în *Flautul fermecat*, operă inspirată de descrierea misterelor Isidei şi ale lui Osiris din romanul latin al lui Apuleius, *Măgarul de aur*.

predestinat căutării de reînsufleţire a vieţii. El e „un tânăr menit să aibă parte de izbânzi şi binecuvântări mai presus de fire".

Totuşi, din cea de-a doua încercare, trecerea prin flăcările muntelui cumplit, el „abia scăpă cu viaţă" şi iese „pârjolit rău". De astă dată, el însuşi a fost, într-un mod simbolic, oferit puterilor, dar răzbate dincolo şi iese la lumină ca să fie uns cu balsamul magic. „Leac-la-toate" e acelaşi elixir ca şi „Ambrozia" grecească şi „Amrita" vedică. E licoarea vieţii, băutura şi hrana eternităţii de care se bucură zeii în sălaşul lor: ei îşi susţin cu ajutorul ei nemurirea şi o împart şi eroilor preferaţi, pe care ea îi întăreşte şi-i reface. Ea a fost păstrată pentru Conn-eda de către forţa miraculoasă care-l călăuzeşte şi-l susţine şi, odată uns cu ea, el renaşte simbolic „din apă şi spirit". E înlesnită moartea vechiului Adam şi resurecţia celui nou, iar alesul devine „Cel-de-două-ori-născut". Întrucât ochii i-au fost spălaţi în moarte, el devine apt să vadă cetatea zânelor – adică împărăţia lui Dumnezeu, care se află înăuntrul tuturor oamenilor şi lucrurilor.

Pe parcursul încercărilor, Conn-eda e asistat de fiinţe miraculoase care-i sar în ajutor şi-l călăuzesc, sub masca unor animale. Avem aici un exemplu al motivului de basm folcloric şi mitic etern recurent al „animalelor îndatoritoare". Aceste figuri simbolice întrupează şi reprezintă forţele instinctive ale naturii noastre, distincte de calităţile omeneşti superioare ale intelectului, raţiunii, voinţei şi bunăvoinţei. Şi e un prim semn că eroul e pregătit să învingă atunci când aceşti soţi ciudaţi şi neverosimili îşi fac apariţia, iar el se supune sfatului lor. Facultăţile omeneşti superioare ar fi fost inadecvate ca să-l îndrume şi să-l susţină pe Conn-eda de-a lungul încercărilor lui de un tip esenţialmente incompatibil atât cu puterile încrederii, cât şi cu cele ale judecăţii, caracteristice intelectului omenesc conştient. El are însă umilinţă şi credinţă, şi tocmai datorită acestei dispoziţii a inimii îi stau la dispoziţie acele „alte forţe" întrupate în „animale serviabile". Tânărul prinţ acordă credit implicit sugestiilor criptice, nu prea încurajatoare, ale bătrânului druid, şi crede smerit şi în calul miţos neîmbietor. Cu aceste talismane stranii şi nerezonabile şi călare pe căluţul miţos, el triumfă în situaţii în care un erou înzestrat mai atrăgător şi mai raţional ar fi dat greş. Nici vorbă de un nobil cal de luptă, de un bidiviu strălucit cum i-ar fi stat bine curajului princiar al lui Conn-eda, şi totuşi el are implicit încredere în isteţimea şi puterea căluţului.

În limbajul plastic al folclorului şi mitului, figura simbolică a calului înşeuat şi a călăreţului reprezintă caracterul centaurin al omului, compus în mod fatal din instinct animal şi virtute umană. Calul este aspectul „inferior", pur instinctiv şi intuitiv, al fiinţei omeneşti, cavalerul călare e porţiunea „superioară": bravura lucidă, simţul moral, voinţa şi raţiunea. În mod normal, călăreţul e privit ca membrul director, decident al scopului şi discernător al asociaţiei, iar calul ca simplu vehicul subordonat, deşi nu lipsit de demnitate. Aici însă, în mitul acesta irlandez păgân, cavalerul e cel ce se supune, umil, fidel, lăsând frâul să atârne liber pe grumazul animalului[1]. Conn-eda, acest erou al eroilor, în trecerea lui asaltată de încercări prin tărâmul imprevizibil al forţelor haotice ale naturii (trecerea sa iniţiatică prin secretele întunecate ale lumilor de forme deopotrivă cosmice şi umano-sociale), urmează fără crâcnire îndrumarea înţelepciunii sale „inferioare", aspectul subordonat şi dispreţuit al naturii sale centaurine, impulsurile iraţionale şi instinctive ale fiinţei sale compuse. Şi sfatul acesta îi parvine nu numai prin intermediul calului său, ci şi prin cel al Păsării cu cap de om şi al bilei de fier care se rostogoleşte.

Druidul la care s-a dus mai întâi Conn-eda era înţelept mai presus de înţelepciunea ştiinţei sale, căci ştia cu exactitate ce anume nu ştia. Şi e într-adevăr o mare înţelepciune să fii lămurit

---

1. [„Şi Zeii, înălţându-se, nu cunoşteau drumul către lumea cerească, dar calul îl cunoştea" (*Ś atapatha Brāhmana* 13.2.8.1). *Cf.* René Guénon, *Aperçus sur l'initiation*, 1946. – AKC]

Nota editorului: Dr. Ananda K. Coomaraswamy a avut bunăvoinţa să adauge câteva note de subsol spre a întregi materialul lăsat de Dr. Zimmer. Acestea sunt plasate între paranteze drepte şi poartă iniţialele AKC.

despre limitele propriei tale informaţii, e o mare înţelepciune să ştii unde şi de la cine poate fi obţinută ştiinţa deficitară, după cum e o înţelepciune să ştii ce anume ritualuri, ce anume exigenţe de abordare trebuie împlinite înainte de a-ţi putea însuşi înţelegerea dorită. Astfel de înţelepciune era înţelepciunea druidului, Bătrânul Înţelept, învăţătorul arhetipal, gurul şi prietenul lui Conn-eda.

Pasărea cu cap de om trebuie înţeleasă ca aspectul animal al ştiinţei atotomenescului druid – întocmai cum, în simbolul calului şi călăreţului, animalul reprezintă aspectul „inferior" al cavalerului. Această „pasăre neasemuită" este mai ştiutoare decât Bătrânul Înţelept, deoarece ea este nemijlocit o parte din natură, glasul pustietăţii neatinse de cultura umană, stăpânul tainei pădurii în care locuieşte[1]. Un cap de om cumpănit pe un trup aeropurtat, foarte dificil de abordat, evaziv, greu de întâlnit, putând fi îmbunat printr-un plocon, dar gata să se retragă când te aştepţi mai puţin, vocea semiumană straniu întrupată, croncănind sfaturi măsurate şi decisive, pretinde o supunere oarbă şi absolută faţă de cele mai multe forţe: Conn-eda e pus de ea sub tutela unei bile de fier care se rostogoleşte[2].

Bila urmează forţa gravitaţiei şi ca atare se rostogoleşte către centrul tuturor lucrurilor, către tărâmul fermecat al forţelor universale, către sânul lui Dumnezeu. Ea urmează, şi urmând-o o face vizibilă, cea mai generală dintre toate legile, legea care controlează mişcările corpurilor cereşti, legea care dirijează orbita fiecărei sfere în conformitate exactă cu greutatea masei sale, astfel încât pământul se roteşte în mod neabătut în jurul soarelui, iar luna în jurul pământului. Bila deschide calea direct prin gravitaţie către Mişcătorul Nemiş-

---

1. [Trebuie să ne reamintim că „graiul păsărilor" este limbajul comunicării angelice. – AKC]

2. Această bilă în rostogolire aminteşte de roata şi mărul care se rostogoleau urmate de eroul epic irlandez Cuchullin în drumul său către regatul Scathach dincolo de „punte". *Cf.* Eleanor Hull, *The Cuchullin Saga in Irish Literature*, Londra, 1898, pp. 57–84.

cat, acel Principiu Prim de care se ocupă Giordano Bruno în tratatul său *De la causa, principio et uno* – centru din care totul purcede, în jurul căruia totul se roteşte şi întru care totul trebuie să se întoarcă în cele din urmă.

A fi capabil, asemenea eroului Conn-eda, să te laşi în voia drumului, abandonându-te încrezător legii fundamentale care constă în simţul secret al propriei greutăţi şi care, cu toate acestea, răsună pretutindeni – în armonia sferelor, melodia primordială a Totului, „al sferelor acord fratern“, „trecerile necesare ca bolţi de tunet“ ale soarelui, în imnul nemuritor al celei mai tainice pulsaţii a inimii şi în circulaţia organismului lumii – înseamnă a rezolva în chip absolut totul dintr-odată. Căci asta înseamnă a întâlni pe neaşteptate vastul ritm al universului şi a te mişca odată cu el. Aceasta înseamnă a urma cel mai orb, cel mai inexpresiv, cel mai mut impuls – gravitaţia pură – pentru ca astfel să descoperi totuşi centrul tuturor lucrurilor: acel punct în care sălăşluieşte cea mai mare linişte; acel punct în jurul căruia trebuie să circule totul, tocmai pentru că el îşi păstrează nemişcarea[1].

Conn-eda acceptă la fiecare pas ordinele date de către înţelepciunea naturii. El recunoaşte şi primeşte călăuzirea instinctuală sub orice mască, sub orice veşmânt i s-ar înfăţişa: cal vorbitor, pasăre vorbitoare sau bilă de fier care se rostogoleşte. Şi tocmai datorită acestei deschideri faţă de nonraţional e în măsură să urmeze drumul dificil. Fiind irlandez – şi mai mult încă, irlandez din perioada timpurie – el e scutit de

1. Acesta e secretul formulei chinezeşti *Wu Wei*: evitarea rezistenţei şi a autoafirmării. Toate stelele trebuie să se rotească în jurul Stelei Polare, din cauză că aceasta rămâne nemişcată. Toţi vasalii şi toate creaturile pe crugurile lor respective se mişcă spontan supunându-se împăratului, deoarece el ştie cum să-şi menţină inima goală şi nemişcată în timp ce şade perfect calm pe tronul său. El nu săvârşeşte nici un act de ingerinţă. Nu ştie nimic despre conducere sau planuri. Atitudinea lui senină e îndreptată spre sud şi el radiază către omenire şi întreaga lume a naturii virtutea propriei lui armonizări cu legea jocului de rotiri a cerului şi pământului.

eroarea caracteristică omului modern, bizuirea prea exclusivă pe intelect, rațiune și voință conștient direcționată. În ceea ce-l privește pe Conn-eda, baza problematicii moderne nu există, el nu opune nici un fel de rezistență călăuzirii de către inconștient. Spontan și din toată inima, el se supune tuturor comenzilor impenetrabile și agenților bizari care-l dirijează.

Ezită să săvârșească însă o faptă ce presupune nerecunoștință și cruzime. Printre virtuțile sale se numără o trăsătură de bunătate omenească ce trebuie contracarată pentru a evita propria-i distrugere și cea a regatului său, căci orice impuls către violență e atât de străin naturii sale, orice motiv de nedreptate e atât de departe de înțelegerea lui, încât în fața lor este de-a dreptul dezarmat. Ele l-au și surprins total nepregătit. Încercarea lui ultimă, prin urmare – proba supremă și cea mai necesară – îi va pretinde să-l ucidă, cu o ingratitudine rece și neomenească, pe cel mai apropiat prieten al său, pe acest căluț mițos și călăuză credincioasă, cu ajutorul căruia a realizat ceea ce puterile lui omenești de acțiune și înțelegere nu i-ar fi putut aduce niciodată.

Dificultatea probelor a crescut până la acest punct culminant. La început, șerpii au fost potoliți cu ajutorul unei ofrande de substituție. La cea de-a doua încercare, eroul însuși a devenit victima simbolică și a suferit arsuri periculoase. Dar la aceasta din urmă, moartea nu mai poate fi păcălită și, mai mult, Conn-eda însuși trebuie să se transforme în agentul ei. Lui Conn-eda i se pretinde să fie ingrat, nemilos și inuman, i se pretinde să-și încalce virtutea cavalerească, acea virtute cavalerească și umană pentru care, în perioada tinereții și a adolescenței lui model, era atât de mult prețuit. I se pretinde, cu alte cuvinte, să fie nu numai sacrificatorul, ci și victima, căci ceea ce trebuie să anihileze el e însuși caracterul său cultivat cu atâta grijă, și nu există cucerire de sine mai dificilă pentru cel cu adevărat virtuos decât aceea care constă în abjurarea naturii superioare, în sacrificarea idealului, în negarea rolului model pe care te-ai străduit întotdeauna să-l reprezinți.

Conn-eda trebuie să se împace cu necesitatea de a fi nemilos. Căci cum oare ar putea prinţul să ajungă un rege desăvârşit fără a înţelege, din interior, crima şi calitatea inumanului? Cum ar putea oare prezida regele în chip de judecător suprem dacă nu ar fi capabil să-şi depăşească cele mai dragi sentimente personale, înclinaţia către mila şi compasiunea oarbă? Tânărul inocent trebuie să-şi desăvârşească iniţierea întru înţelepciunea răului prin punerea în scenă a unei crime, şi acest act sacramental simbolic îl va face apt să împartă nu numai milă, ci şi justiţie – va face din el un adevărat Ştiutor, capabil să controleze forţele întunericului. Fără aşa ceva, el nu ar fi avut niciodată competenţa de a institui, păstra sau reprezenta el însuşi armonia lui *Dao*. Ignorând întunericul, tânărul rege n-ar fi înţeles niciodată interacţiunea dintre întuneric şi lumină, antagonismul mutual cooperant al celor două, care este universal atât în cosmos, cât şi în societate: jocul reciproc al zilei şi nopţii, al creşterii şi descreşterii. Şi, ca semn al transformării sale, al accesului său prin crimă la o statură şi la o putere nouă şi supraomenească, tânărul cel inocent este obligat în cele din urmă să îmbrace pielea sângerândă a victimei sale nevinovate. Cu ajutorul ei, apoi, ca veşmânt protector, izbuteşte să treacă indemn printre turnurile în flăcări, turnurile urgiei naturale, turnurile care slujesc intrarea în regatul supranatural, unde-şi au izvorul energiile atotmenţinătoare, atotdistrugătoare ale existenţei[1].

Dar asta nu reprezintă întreaga semnificaţie a sacrificiului. Debarasându-se de calul druidic, Conn-eda îşi anihilează nu numai virtutea omenească, ci şi puterea aceea instinctivă, intuitivă, care până atunci îi fusese călăuza indispensabilă – natura animală înţeleaptă şi blândă întrupată în bidiviul călăreţului. Bravul animal, cu ingeniozitatea atotştiutoare şi

1. Pentru motivul jupuirii, *cf.* Ananda K. Coomaraswamy, „Sir Gawayne and the Green Knight“, *Speculum*, XIX, ian. 1944, p. 108, n. 3; de asemenea, Paul Radin, *The Road of Life and Death*, The Bollingen Series V, 1945, p. 112.

cu puterea sa supranaturală, l-a purtat prin două încercări terifiante. A sărit peste genunea apei, trecând neînfricat pe sub nasul şerpilor, şi s-a avântat ca o rachetă prin flăcările craterului învăpăiat, totul cu norocul acela miraculos ca dintr-un vis. Şi totuşi acum, la ultimul obstacol, animalul cere propria-i imolare.

Conn-eda nu va atinge niciodată perfecţiunea, cu alte cuvinte, decât dacă zona instinctivă a caracterului centaurin este radical schimbată. Trebuie să aibă loc o separare critică a *Eului* responsabil şi raţional de partea inconştientă şi instinctivă. Până în prezent, călăuzirea exercitată de către inconştientul profund nu cunoscuse o contrapondere morală – personalitatea morală conştientă nejucând nici un rol nici în formularea, nici în aprecierea actelor eroului. Trebuie să se producă deci acum o dezintegrare momentană a tovărăşiei unitive dintre prietenii ideali, o disociere hotărâtoare între aspectul raţional şi cel instinctual ale acestei naturi umane unice. Acesta e motivul pentru care bunul călăuzitor îşi pretinde propria sacrificare cu sânge rece. Acesta e motivul pentru care Conn-eda trebuie să devină mâna sacrificială, fumegând de sângele făpturii pe care a iubit-o şi căreia îi datorează propria sa viaţă. Înfigând cuţitul în grumazul calului, el îşi anihilează nu numai virtutea omenească, ci şi înţelepciunea şi sprijinul animal. Oricât ar fi de criminal, fără inimă, irevocabil şi inexplicabil sacrificiul, el efectuează o prefacere şi o renaştere miraculoasă.

Nimic nu moare, nimic nu piere, nimic nu e complet nimicit. Nici o virtute, nici o energie nu se pierde. Distrugerea – moartea – nu e decât o mască exterioară a transformării în ceva mai bun sau în ceva mai rău, superior sau inferior.

Sacrificiul miraculos e săvârşit asupra unei victime benevole care l-a şi cerut şi care i se supune ca pentru o slujire supremă. Şi opera e săvârşită cu înfricoşare şi regret profund: acesta e amănuntul de mare însemnătate. Deşi aparent fără inimă, egoist şi plin de ingratitudine, actul e contrabalansat de fapte şi dispoziţii compensatoare diametral opuse: căinţa şi mila, iar apoi ungerea cu preţiosul elixir „Leac-la-toate". Prinţul determină producerea unei integrări de antiteze. Biruindu-şi propria bunătate, el totuşi nu şi-a pierdut-o. Neutralizându-şi-o, el nu i-a îngăduit să moară. Şi tocmai această împrejurare – bilateralitatea aceasta – a făcut cu putinţă producerea miracolului.

Reînviat, călăuzul ia înfăţişarea unui făt-frumos ca însuşi Conn-eda – moştenitor prezumtiv la tronul regatului fermecat al vieţii. Şi în măsura în care posedă o înfăţişare umană, prinţul este egalul lui Conn-eda, dar în măsura în care posedă un caracter supranatural, îi e superior. Pe de altă parte, căluţul era inferior ca înfăţişare, dar superior prin înţelepciunea sa instinctivă, forţa neobosită şi buna dispoziţie în încercări, ca şi prin faptul că stăpânea uneltele vindecării şi salvării pe care le purta în urechi. Semnificaţia fericitei transformări constă tocmai în integrarea acestei superiorităţi pe un plan superior.

Atâta timp cât şi-a păstrat forma animală, principiul călăuzitor era nevoit să acţioneze pe nivelul inconştient – clarvăzător, dar mut şi instinctiv, întocmai ca mintea unui somnambul mergând în echilibru pe muchea unui acoperiş. Obscur, eventual demonic, iresponsabil, indiferent (deşi nu atunci când s-a aflat în slujba călăreţului de elecţie), el a fost supus în strălucirea sa potenţială. Odată cu moartea şi dezvrăjirea, „sub" conştientul devine însă numaidecât „supra" conştientul. Nemaifiind animal, ci uman ca expresie şi caracteristici, puterea fermecată e restabilită în deplinătatea gloriei sale. Natura scoate la lumină prezenţa înăbuşită de la rădăcina sa. Şi Conn-eda e întâmpinat de un frate chipeş la fel de conştient ca şi el, dar superior prin putere şi înţelepciune.

Morala poveştii, în acest stadiu, este una general exprimată de miturile şi basmele irlandeze: urmează-ţi orbeşte şi cu încredere nestrămutată forţele intuitive inconştiente; ele te vor purta prin încercările primejdioase ce te aşteaptă. Îndrăgeşte-le, crede în ele, nu le frustra cu neîncredere şi criticism intelectual, ci dă-le voie să te dinamizeze şi să te susţină. Ele te vor duce prin oprelişti, peste praguri şi dincolo de pericole ce n-ar putea fi înfruntate cu ajutorul nici unui alt ghid şi n-ar putea fi depăşite călare pe vreun alt fel de cal. Şi până când nu-ţi cer ele singure să împlineşti ceea ce ar putea fi resimţit ca o separare dureroasă, nu le ucide. Când va veni timpul, ele vor marca momentul şi vor indica drumul, deoarece, mai bine decât călăreţul, aceste forţe mute înţeleg că moartea, despărţirea dureroasă, e un preludiu la renaştere, transmutaţie şi reunire, şi ele ştiu când se înfăţişează posibilitatea miracolului. Ele ştiu ceea ce eul nostru, conştient şi raţional, nu va pricepe niciodată, ba chiar nici nu trebuie să încerce a pricepe înainte de clipa evenimentului însuşi: şi anume, ele ştiu că nu există moarte.

Moartea, anihilarea: aceasta e una dintre ideile fundamentale, limitate şi limitative, care ne circumscriu conştiinţa, constituie temeiul lumii eului şi furnizează motivaţia necesară organizării personalităţii noastre. Personalitatea, conştiinţa şi lumea eului apar şi se dezvoltă în timp şi spaţiu; ele sunt pasibile de distrugere şi prin urmare sunt îndreptăţite să se teamă de moarte. Dacă însă admitem că ceea ce ele sunt şi presupun constituie totalitatea existenţei noastre, atunci greşim. Conştientizarea şi capacitatea lor de acţiune constituie doar o fază, o expresie, un reflex sau o manifestare a energiei vitale în compoziţia individului.

Există înăuntrul nostru şi altă fiinţă, dedesubtul eului născut şi perisabil, care, ignorând totul despre anihilare, se simte absolut în siguranţă în valea şerpilor şi-n saltul peste apa plină de primejdii. Aceasta e prezenţa care, în felul său blând şi neinsistent, îl întreabă pe călătorul care abia se mai ţine: „Mai eşti în şa?... Mai eşti în viaţă?“ Neînfricoşată de ameninţările stihiilor, nepârjolită de flăcările muntelui, jertfită, renăscută, virtual nepieritoare, această creatură nepreţuită se împărtăşeşte din virtutea nemuritorului. Ea nutreşte cele mai măreţe speranţe pentru călăreţul ei: „Un tânăr ca tine e menit să aibă parte de izbânzi şi binecuvântări mai presus de fire.“ Dar împlinirea călăreţului va depinde de acţiunea sacrificială. Energia noastră vitală inconştientă, subzistând separat de conştiinţa individuală şi infailibil instinctivă, reflectă latura divină a naturii noastre umane, dar numai transmutând-o pe ea prin lucrarea noastră conştientă în forma superioară a supraconştiinţei intuitive vom izbuti să obţinem cândva darurile magice care constituie răsplata căutării.

Merele de aur, câinele de vânătoare năzdrăvan şi bidiviul negru constituie darurile şi semnele virtuţilor din tărâmul fermecat al vieţii fără de moarte. Merele sunt identice cu merele nordice din grădina Freyei, cu merele clasice ale Hesperidelor şi cu fructul biblic al pomului vieţii, pe care primii noştri părinţi au neglijat să-l culeagă[1]. Afrodita, zeiţa dragostei, cea de pe tronul de aur, i-a dat trei asemenea talismane din grădinile ei, aflate în insula sacră a Ciprului, tânărului Hippomenes, când el şi-a pus viaţa în joc în întrecerea cu fecioara Atalanta. Ori de câte ori fata cea iute de picior, dispreţuitoare şi castă ca zeiţa fecioară Artemis, o lua niţel înainte în cursă, tânărul îi arunca în faţă, unul câte unul, acele irezistibile farmece de aur, şi ea se oprea ca să le culeagă de pe jos. Aşa i-a câştigat el, şi fata şi-a pierdut-o, virginitatea sălbatică. Căci merele de aur rup vraja spaimei de moarte – spaima de a trece odată cu trecerea timpului – şi unesc voinţa cu scopul său cuvenit. Ele sunt hrana care face să năpârlească firea muritoare. Ele constituie subzistenţa nemuritorilor. Cei care gustă din ele se identifică cu latura nepieritoare a naturii lor şi sunt asemenea zeilor.

Câinele de vânătoare năzdrăvan, adulmecând, urmărind, nepierzând niciodată pista şi atingându-şi fără greş ţinta, reprezintă prepelicarul ideal, o întrupare a înţelepciunii şi conştiinţei instinctive, prada sa hăituită fiind orice fel de căprioară din codrul vieţii şi al inconştientului. Este şi el o întrupare a instinctului şi intuiţiei căluţului miţos. Iar bidiviul negru, şi el, un superb cal de luptă, e tot o întrupare: o supremă transfigurare cavalerească a celui dintâi foarte modest cal. Aceasta e forma cuvenită pentru bidiviul şi însoţitorul regelui erou[2].

1. *Facerea*, 3, 22.

2. „Nu e cal mai viguros decât un cal negru“, spune bunica eroului Finn McCool, pe când fuge cu el din faţa unei şarje de cavaleri. „Calul

Astfel, Conn-eda nu a pierdut nimic despărţindu-se de lacul fermecat şi de prinţul acestuia, deoarece pe planul superior al existenţei suprapersonale nu există despărţire, moarte, pierdere. Sub forma merelor, câinelui şi armăsarului negru, el îşi păstrează puterile care anterior, prin slujirea umilă a căluţului miţos, îl susţinuseră şi călăuziseră. Ele reprezintă celălalt aspect „inferior" al naturii sale centaurine care s-a revelat acum sub forma ei preeminentă. Ele fac cunoscută acum semnificaţia elevată a primei călăuze, calul miţos, care nu fusese nici alb, nici negru, nici murg, ci îmbinarea perfectă a tuturor calităţilor şi contradicţiilor – vehiculul mai modest al aceleiaşi forţe vitale care şi-a revelat acum forţa.

Pentru căutarea în care porneşte către tărâmul superior, eroul petrece perioada ritualică de un an, care e simbolul unei vieţi sau al unei încarnări, un ciclu complet al existenţei – de la primăvară la iarnă, de la naştere la moarte. În timpul acestui eon, el împărtăşeşte viaţa nemuritorilor. Este acceptat de ei ca o rubedenie, prin ritul sacru al ospitalităţii, ceea ce-l face până la urmă să fie ca unul de-al lor. Ajunge să se statornicească în calităţile modului lor mai înalt de a fi şi să fie pătruns de ele. Esenţa divină adormită mai înainte în el fiind astfel trezită, el dobândeşte un caracter dual şi devine locuitor al celor două sfere, cea muritoare şi cea divină[1]. Aşa se prezintă dublul caracter şi îndoita cetăţenie conferite iniţiatului desăvârşit prin sacramentul suprem al Înălţării sau Transfigurării, amândouă simbolizând şi manifestând Apoteoza Omului.

Când omul-zeu se întoarce în cele din urmă, renăscut şi purtând semnele înţelepciunii şi puterii sale, forţele răului se prăbuşesc automat şi de la sine. Regina maşteră se aruncă din turn. Un atare sfârşit e singura înfrângere reală pe care o pot

alb nu are rezistenţă;... nu e cal murg, dar e sperios." Jeremiah Curtin, *op. cit.*, pp. 208–209.

1. [„Acest sine se dă acelui sine, acel sine se dă acestui sine. Aşa se câştigă unul pe altul. Sub această formă el câştigă lumea de dincolo, sub acea formă el cunoaşte lumea aceasta" (*Aitareya Āranyaka* II, 3.7). – AKC]

cunoaşte forţele răului: autodistrugerea, autoanihilarea în faţa unei superiorităţi calitative (nu cantitative) – superioritate care a fost realizată prin sacrificiu de sine, autobiruinţă şi o integrare efectivă, sub o formă reconciliată şi reconciliabilă, a esenţei puterii răului însuşi. Căci fiecare minus de integrare din sfera umană pretinde pur şi simplu apariţia, undeva în spaţiu şi timp, a contrariului lipsă. Şi personificarea, întruparea acelui antagonist predestinat îşi va arăta inevitabil faţa.

Acesta e modul în care dragonul se pune în slujba vieţii. El face să se exprime într-o manieră incontestabilă puterea factorului absent, neintegrat încă, şi-i obligă pe custozii societăţii să ţină seama de acest factor. În modul acesta se desfăşoară „conlucrarea antagonistă" a dragonului. Înainte de a-l putea nimici, eroul însuşi, eroul-societate, trebuie să sufere o transformare, o criză de dezintegrare şi apoi de reintegrare pe o bază mai largă, pornind de la care raţiunea de a fi a dragonului va fi fost depăşită, şi, adus la disperare de neantul său acum inutil şi pur distructiv, el se va rarefia, va exploda şi va dispărea. Pe de altă parte însă, dacă e biruit doar printr-o pondere a armelor, necesitatea reapariţiei lui nu va fi fost eliminată şi, după un timp de recuperare, el va sfărâma lanţurile oricărei închisori subterane în care va fi fost transferat, va reveni forţând fisura din pereţii sistemului curent şi va declanşa „alt război".

Cei inocenţi se străduiesc întotdeauna să excludă din ei şi să tăgăduiască posibilităţile răului în lume. Aceasta e raţiunea persistenţei răului – şi acesta e secretul răului. Funcţia răului e de a menţine în stare de funcţionare dinamica schimbării. Conlucrând cu forţele benefice, deşi în mod antagonist, forţele răului vor da o mână de ajutor la ţeserea tapiseriei vieţii; experienţa răului, şi într-o anumită măsură numai această experienţă, produce, aşadar, maturitate, viaţă reală, control real asupra puterilor şi misiunilor vieţii. Fructul oprit – fructul culpei prin experienţă, cunoaşterea prin experienţă – a trebuit să fie ingurgitat în Grădina Inocenţei pentru ca abia după aceea să poată începe istoria omenească. Răul a trebuit să fie acceptat şi asimilat, nu evitat. Şi aceasta e cea de-a doua mare lecţie a acestei poveşti păgâne.

O semnificaţie foarte profundă ţine, în sfârşit, de ideea că tărâmul zânelor are nevoie de fapta de vitejie a unui erou uman desăvârşit ca să-şi poată recâştiga prinţul pierdut şi să fie salvat de la dezastru – ca să-şi poată recâştiga, cu alte cuvinte, deplinătatea strălucirii sale. Printr-o catastrofă mitologică anterioară, nerelatată complet în povestea noastră, fratele regelui din tărâmul puterilor fermecate, regele însuşi în duplicat aşa-zicând, a ajuns să fie îndepărtat din sălaşul său transcendental şi osândit la forma de existenţă inferioară a calului mitos. Prin aceasta, domeniul său a rămas oarecum privat de rege (deşi condus totuşi de regele său), lipsit de putere, invalidat şi deposedat.

Prinţul zânelor îşi doreşte să scape de acest surghiun, iar regatul lui îi aşteaptă reîntoarcerea; i se îngăduie să facă însă călătoria necesară numai ducându-l în spinare pe călăreţul uman. Numai ajutându-l pe eroul muritor să ajungă la viaţa nemuritoare îşi poate săvârşi prinţul supraumam propria lui salvare. Fiinţa omenească obţine astfel şi ea salvarea, deplinătatea şi puterea de a depăşi nenorocirea, în timp ce regatul zânelor, reintegrându-l pe cel pierdut în sistemul său, e vindecat de năpastă, readus la starea de perfecţiune şi copleşit de bucurie.

Semnificaţia este, după cum am mai văzut, aceea că e necesară o conlucrare între forţele conştiente şi cele inconştiente ca să poată fi cunoscută starea de perfecţiune supraconştientă. În căutarea periculoasă a simbolurilor divine ale vieţii, facultăţile mute, instinctive ale psihismului conlucrează cu personalitatea conştientă. Ele tind de la sine să se întoarcă în sfera supraumană superioară din care au izvorât. Duc dorul mult amânatei lor restaurări, îşi pun nădejdea în ea şi se străduiesc pentru ea. Cu toate acestea, ele au nevoie de fapta vitejească a făpturii omeneşti. Aşa cum sună avertismentul animalului: „Dacă nu-mi urmezi sfatul, şi tu, şi eu vom pieri.“ Orice acţiune depinde de erou. Ca protagonist al principiului conștient, lui îi revine să săvârșească actele decisive. Conn-eda trebuie să o descopere și să o îmbuneze pe pasărea vorbitoare, să dezgroape talismanele, să facă uz de uneltele magice din urechile calului. Și totuși nu el este principiul director. Rolul său e de a fi numai un instrument. Menirea sa e de a salva și răscumpăra înseși acele puteri din regatul divin care-l călăuzesc și-l salvează pe el însuși.

Acest motiv paradoxal deschide o perspectivă extraordinară, revelând una din problemele majore ale mitologiei și teologiei. În fapt, el e identic cu tema fundamentală a credinței noastre iudeo-creștine: aceea a izbăvirii zeului de către mântuitorul omenesc. Isus Cristos, Mesia, cea de-a doua persoană, umană, a Treimii, aduce izbăvirea prin îmbunarea Dumnezeului Tată vindicativ, Iehova, care a ajuns să fie absorbit într-o atitudine strict negativă față de omenire, poporul său ales. Eroul universal se supune propriei sale sacrificări, moare, dar se înalță transfigurat din mormânt. Și, în virtutea sângelui atotvindecător al acelui Miel, Tatăl însuși ajunge să fie transformat. Acel Iehova iudaic tribal, eliberat de vraja mâniei sale, devine Sfântul Duh universal, iar binecuvântarea creștină se adresează întregii lumi, însuflețind viața omenească în vederea noii dezlegări.

Richard Wagner prezintă și dezvoltă aceeași temă ca problemă centrală a operelor sale târzii. Și ceea ce constatăm este că mântuitorul, Isus Cristos al *Noului Testament*, trebuie să fie acum el însuși mântuit: Parsifal restaurează puterea principiului divin din sângele lui Cristos aflat în cupa Graalului. Ceea ce ajunsese să fie letargic și ineficient este redinamizat de către el. Iar corul îngerilor exultă. *Erlösung dem Erlöser!* „Mântuire Mântuitorului!“ Acestea sunt ultimele cuvinte ale operei mistice. Eroul sub formă omenească a însuflețit esența însuflețitoare a Sfântului Duh. Omenescul a restaurat încă o dată puterea divinului.

La fel și Brunhilda lui Wagner – simbol reprezentativ al umanității întrupate, „zeița căzută“, îndurerată și plină de compasiune – îl mântuie pe Tatăl Universal Wotan de blestemul neputinţei lui spirituale. Dezinteresată şi gata să se sacrifice, ea sare în flăcările purificatoare şi, înaintea actului ei de autoextincţie, îşi cântă aria finală: *Ruhe, ruhe, du Gott*! „Odihneşte-te, odihneşte-te, Doamne!" – cuvinte cu valoare deopotrivă de recviem şi de incantaţie eliberatoare.

Iehova, haina divinitate tribală, era proiecţia arhetipală a pulsiunii reproductive paterne a lui Avraam însuşi, patriarhul patriarhilor, care năzuia să dea naştere unei mulţimi de descendenţi, numeroşi ca firele de nisip din mare. Aceasta era probabil o dorinţă compensatoare care a pus stăpânire pe el după ce Sara, soţia lui, a rămas stearpă atât de multe decenii. Acel Iehova al lui Avraam, foarte personal şi particular, de fapt exclusiv familial – gelos, susceptibil, irascibil, pedant şi vindicativ – a trebuit să fie metamorfozat în Sfântul Duh universal, suprapersonal, mai presus de toate legăturile de rasă şi limbă, pentru ca dulcea rouă a cerului să poată fi împărţită tuturora. Progresul a însemnat trecerea de la o religie tribală, naţională şi şovinistă, plină de orgoliu (ca şi cum ar exista vreun popor ales, ca şi cum nu toate ar fi alese de Providenţă să-şi îndeplinească misiunile singulare în conformitate cu virtuţile lor specifice!) la o religie care ar trebui să fie universală: transformarea comparabilă cu cea efectuată în India prin dezvoltarea de la hinduism la budismul mahāyāna. Această miraculoasă metamorfoză a fost desăvârşită pentru noi pe plan spiritual prin mijlocirea lui Isus Cristos. Pe planul fizic al naţiunilor care alcătuiesc civilizaţia noastră creştină, efectele sunt însă aproape imperceptibile – chiar şi în pofida Paştelui, a comuniunii săptămânale, „Înainte, oşteni creştini", şi a mântuirii mântuitorului a lui Wagner.

2

Problema mântuirii noastre prin integrarea răului este luminată şi din alt unghi surprinzător de o legendă medievală germană din secolul al XV-lea, o versiune sumbră şi stranie a vieţii Sfântului Ioan Hrisostomul, sau Ioan Gură de Aur, vestitul episcop al Constantinopolului, născut la Antiohia pe la 345 d.Cr. Şi-a câştigat dragostea poporului său prin darul elocinţei, iar ura multora de la curte şi din cercurile mânăstireşti prin zelul său pentru reforma ascetică. După ce a îngenuncheat sinoduri, împăraţi şi papi, a murit în exil la vârsta de şaizeci şi doi de ani.

Ciudata povestire spune că la Roma trăia cândva un papă care obişnuia să călătorească peste tot călare împreună cu cavalerii săi. Şi mai avea un obicei, şi anume ca, în cursul acestor excursii, să se izoleze de suita sa şi, rămânând în şa, să-şi spună rugăciunile de unul singur. Cu unul dintre prilejurile acestea pioase, el a auzit un glas plângând şi s-a gândit: „Ce jalnic glas!“ Şi o porni călare în direcţia lui. Când însă îl auzi iarăşi şi privi în jurul său, nu văzu pe nimeni.

Papa îşi dădu seama că surprinsese tânguirile unei stafii. Aşa încât îi porunci duhului, în numele lui Dumnezeu, să-şi arate adevărata fire. „Sunt un suflet nefericit“, răspunse glasul, „şi mă chinuiesc în flăcările iadului.“

Cuprins de milă, papa îl întrebă pe bietul spectru cum i-ar putea alina suferinţa. „Tu nu mă poţi ajuta“, veni răspunsul. „Dar în Roma trăieşte un om evlavios, însurat cu o femeie virtuoasă, şi ştiu că ea a zămislit cu el un prunc care o să fie un om binecuvântat, pe nume Ioan, şi el o să ajungă preot. Ei, dacă preotul acesta o să spună pentru mine şaisprezece liturghii, am să fiu slobozit din focurile iadului.“ Sufletul îi spuse apoi pe ce stradă puteau fi găsiţi părinţii şi cum îi chema pe amândoi şi, după aceea, scoţând un ţipăt de să-ţi îngheţe sângele în vine, dispăru.

Papa se întoarse în oraş şi puse să fie luată urma perechii celei evlavioase. Odată găsiţi, le ceru să-i spună când avea să se nască copilul. Porunci ca pruncul să fie adus la curte, unde îl boteză cu numele de Ioan şi-l luă sub protecţia sa, purtându-i de grijă ca propriului său fiu.

La vârsta de şapte ani, Ioan a fost trimis la şcoală, dar, după cum s-a văzut, mergea foarte prost cu învăţătura. Ceilalţi băieţi începură să-şi bată joc de el, şi Ioan se ruşină. Aşa că, în fiecare dimineață când se ducea la biserică, se ruga la icoana Maicii Domnului ca ea să-l ajute în munca lui. Într-o bună zi, buzele chipului din icoană se mişcară şi Fecioara vorbi. „Ioane, sărută-mă pe gură", zise ea, „şi-ai să fii plin de ştiință şi o să-ți însuşeşti toate artele. O să ajungi mai învățat decât oricare alt om de pe pământ." Băiatul se înfricoşă, dar icoana îl îmbărbătă. „Sărută-mă, Ioane. Hai, nu-ți fie teamă." Tremurând, băiatul îşi lipi gura de buzele Maicii Binecuvântate, o sărută, şi prin sărutul acesta sorbi într-însul înțelepciune şi o cunoaştere miraculoasă a artelor.

Ioan se întoarse la şcoală şi şezu, cu gândul de a asculta şi învăța. Se vădi însă că el ştia mai mult decât toți ceilalți laolaltă şi că nu mai era nevoie să i se dea nici o învățătură. Avea în jurul gurii un cerculeț de aur care strălucea ca o stea. Colegii lui erau uluiți. „Cum se face că acuma ştii totul?" îl întrebau ei. „Până şi ieri, nici cu bătaia nu ți se putea vârî nimic în cap!" El le descrise minunea datorită căreia îşi dobândise semnul de aur, iar ei i-au zis Gură de Aur. „Meriți porecla asta", ziseră ei, „deoarece vorbele din gura ta sunt ca aurul." Şi de atunci Ioan Gură de Aur a fost cel care a dat toată învățătura în şcoală.

Bunul papă nutrea o mare iubire pentru Ioan Gură de Aur şi, întrucât era nerăbdător să slobozească sufletul cel căznit din iad, îl hirotoni pe băiat cât mai curând cu putință. Ioan şi-a slujit prima liturghie la şaisprezece ani. Dar pe când era la altar îl nelinişti un gând: „O, Doamne, sunt încă prea tânăr. Cred că e ceva cu totul împotriva voinței cerului ca eu să devin preot şi să mă împărtăşesc cu Dumnezeu înainte să fiu cu adevărat pregătit. O să mă căiesc pentru ziua aceasta câte zile voi avea." Continuă să spună liturghia, dar în minte i se înstăpânea un gând. „Posesiunile lumeşti sunt rele pentru suflet, aşa că mă leg să fiu sărac, de dragul lui Dumnezeu. După ce se va isprăvi ospățul în cinstea primei mele liturghii, o să mă retrag în pustie şi o să rămân acolo ca pustnic toată viața. O, de s-ar termina mai repede liturghia!" gândi el. „Vai, dar e tare lungă!"

Papa, plin de bucurie, dădu un ospăţ în cinstea lui Ioan Gură de Aur şi se bucurară cu toţii de acea hirotonire timpurie, dar tânărul preot rămase neclintit în hotărârea sa. De îndată ce asistenţa se risipi, el plecă pe furiş, îmbrăcat în haine sărăcăcioase şi neluând cu sine decât un codru de pâine.

Când află de întâmplarea asta, papa se tulbură tare rău şi, împreună cu suita lui, îl căută pretutindeni pe copilul minune. Ioan însă îşi ridicase o colibă din scoarţă de copac într-un loc ferit din pustie, lângă un izvor şi pe buza unui perete de stâncă. Sihăstria nu i-a putut fi dibuită. Hrănindu-se cu rădăcini şi ierburi, el a rămas acolo şi l-a slujit pe Dumnezeu zi şi noapte. Se ruga, postea şi se ţinea mereu treaz, cu nestrămutată cucernicie.

Acum, nu departe de pădurea unde-şi durase Ioan sihăstria, trăia un împărat într-un castel şi într-o bună zi fata acestui împărat plecă împreună cu însoţitoarele ei să culeagă flori. Pe neaşteptate se stârni o vijelie care mătură tot ţinutul, fiind atât de teribilă şi de puternică, încât le ridică sus în văzduh pe toate fetele înspăimântate. După ce se văzură iarăşi pe pământ, îşi dădură seama că prinţesa nu mai era în mijlocul lor şi nici nu se putură dumiri în ce parte fusese purtată de vânt. Împăratul, fireşte, scos din minţi la aflarea veştii, răscoli toată ţara, stăruitor şi neobosit. Dar frumoasa odraslă regească nu a putut fi găsită.

De fapt, ea fusese dusă de vijelie chiar în pragul sihăstriei lui Ioan, teafără şi nevătămată. Se simţea pierdută şi dezorientată, dar când văzu coliba cea micuţă şi pe Ioan înăuntru îngenuncheat la rugăciunile lui, simţi că-i vine inima la loc. Şi strigă. Auzindu-i glasul cristalin, tânărul cel evlavios întoarse capul şi, zărind-o, se tulbură. Fata căzută din cer îl imploră să nu o lase afară ca să moară de foame sau să cadă pradă fiarelor pădurii, şi în cele din urmă el se lăsă înduplecat să o primească în chilie, căci se gândi că s-ar fi făcut vinovat în faţa lui Dumnezeu dacă ar lăsa-o să moară.

Ioan îşi luă însă toiagul şi, trăgând o linie de-a curmezişul pe pardoseala chiliei, o împărţi în două, o parte atribuindu-i-o fetei. Şi-i porunci să nu treacă cu nici un chip peste linie, ci să ducă, în partea din chilie cuvenită ei, o asemenea viață cum i s-ar cădea unei adevărate schimnice. Așa au dus-o mai departe o vreme, unul lângă altul, în rugăciuni, post și slujire a lui Dumnezeu, dar Ispititorul i-a pizmuit pentru viața lor petrecută în sfințenie. Izbuti într-o noapte să-l împingă pe Ioan să treacă peste linie și să o ia în brațe pe fată, drept care amândoi căzură în păcat. Și după aceea au fost copleșiți de remușcări.

Lui Ioan îi era teamă că, dacă fata rămânea cu el, o să păcătuiască iarăși, astfel încât a dus-o la marginea stâncii și i-a dat brânci. Dar chiar în clipa când făcu asta, înțelese că păcătuise chiar mai cumplit decât înainte. „Vai mie, nenorocit și blestemat ce sunt!“ strigă el. „Am ucis-o acum pe fata asta nevinovată. Ei nici nu i-ar fi dat prin gând să păcătuiască, dacă n-aș fi dus-o eu în ispită. Și-acuma i-am mai luat și viața. Dumnezeu o să mă pedepsească pe tot restul vieții pentru păcatul ăsta groaznic.“

Ioan își părăsi deznădăjduit sihăstria și plecă din pustie. „Doamne Dumnezeul meu“, se tânguia el, „Tu ți-ai întors fața de la mine.“ La o vreme îi miji o nădejde. „Trebuie să mă spovedesc“, se hotărî el, și așa, se duse la papă, își mărturisi păcatul și-și arătă căința, dar nașul său, care nu-l recunoscu, îl izgoni într-o adevărată izbucnire de indignare. „Să lipsești din fața ochilor mei, te-ai purtat ca o fiară cu fata aceea nevinovată“, zise papa, „și păcatul să cadă asupra ta.“

„Să nu-mi pierd încrederea în Dumnezeu“, gândi Ioan, și se întoarse, adânc îndurerat, la coliba lui, unde căzu în genunchi și rosti rugăciunea aceasta solemnă dimpreună cu un legământ: „Binevoiască Domnul, a cărui milostivire e mai mare decât păcatul meu, să primească penitența la care mă voi sili. Fac legământ să merg în patru labe, ca o fiară, până când voi dobândi iertarea lui Dumnezeu. Dumnezeu, în mila sa, îmi va îngădui să știu când voi fi ispășit.“

Și se lăsă jos în mâini și începu să se miște de-a bușilea, iar când ostenea, se târa în colibă și zăcea acolo ca un animal. A dus viața asta mulți ani la rând, neridicându-se niciodată în picioare. Veșmintele i-au putrezit și-au căzut de pe el, pielea i s-a înăsprit şi i s-a acoperit cu păr, iar el a devenit de nerecunoscut ca fiinţă omenească.

Între timp se întâmplă că soţia împăratului dădu naştere altui copil şi papa a fost chemat să-l boteze. A venit şi a luat pruncul în braţe, dar acesta strigă în gura mare: „Nu tu se cade să mă botezi." Papa s-a minunat şi s-a speriat, încercând să-l liniştească pe copil, dar acesta stărui în refuz şi, când fu întrebat care-i este voia, răspunse: „Sfântul Ioan, omul cel sfânt, el are să mă boteze. Dumnezeu îl va trimite la mine din pustie." Papa i-l înapoie doicii pe copil şi, ducându-se la împărăteasă, încercă să afle: „Cine e Sfântul Ioan, care trebuie să-l boteze pe copil?" Dar nu ştia nimeni.

Cam tot pe-atunci, câinii vânătorilor împăratului încolţiră o fiară nespus de ciudată. Oamenii nu-şi puteau da seama ce anume este. Dar de vreme ce nu opuse nici o rezistenţă, ei o prinseră numaidecât şi, aruncând peste ea o mantie, o legară de picioare. Apoi o aduseră la castelul împăratului şi, răspândindu-se vestea, lume multă se adună ca să o vadă, dar animalul se târî sub o bancă şi încercă să se ascundă.

Doica ţinând copilul în braţe era şi ea printre gură-cască, şi tot acolo erau de faţă şi numeroşi cavaleri şi doamne. Copilul porunci: „Arătaţi-mi animalul acela." O slugă îl sili să iasă din ascunzătoare şi de două ori făcu fiinţa aceea cale întoarsă, dar a treia oară rămase în văzul lumii.

Atunci, nou-născutul i se adresă. „Ioane, iubite doamne", spuse el cu un glas limpede şi răspicat, „trebuie să primesc botezul din mâna ta."

La care Ioan îl chemă cu glas tare pe Dumnezeu: „Îngăduie-mi să aflu prin glasul acestui copil dacă mi-am ispăşit păcatele."

Şi copilul urmă: „Iubite Ioane, bucură-te, căci Dumnezeu ţi-a iertat toate păcatele. Ridică-te, aşadar, şi, în numele lui Dumnezeu, botează-mă."

Ioan îşi săltă trupul de la pământ şi-şi îndreptă statura ca o fiinţă omenească. Necurăţenia şi murdăria care i se lipiseră de piele îi căzură numaidecât, ca o coajă uscată, şi trupul îi redeveni curat, luminos şi neted. I se aduseră veşminte. Papa şi nobilii îi urară bun venit. După ce Ioan îl boteză pe prunc, papa îl pofti să şadă.

„Tată dragă", întrebă Ioan, „oare nu mă cunoşti?"

„Nu", răspunse papa. „Nu te cunosc."

Ioan spuse: „Sunt finul tău. Tu însuţi m-ai botezat cu mâinile tale, m-ai dat la şcoală şi, pe când eram încă băieţaş, m-ai hirotonit. Dar în timp ce îmi celebram prima liturghie, m-am gândit că nu se cuvine să iau sfintele daruri în mâinile mele nepregătite, aşa că, după liturghie şi după ospăţul care a urmat, am plecat pe furiş în pustie, unde, în toţi anii aceştia lungi, m-am rugat, am suferit, am păcătuit şi m-am pocăit." Ioan descrise cu toată sinceritatea cum o sedusese şi-o omorâse pe fată şi-şi mărturisi păcatul papei însuşi.

Împăratul a fost înştiinţat de cele întâmplate şi inima i s-a înnegurat. „Ea a fost fiica mea cea iubită", gândi el, şi-l rugă pe Ioan să-l conducă la stânca unde fusese ucisă fata. „S-ar putea", spuse el, „să-i adunăm oasele şi să le cinstim cu o înmormântare creştinească, după cuviinţă." Şi Ioan i-a condus pe vânători până la coliba unde-l prinseseră ei, iar apoi s-au dus cu toţii călare prin pădure până la stâncă. Aruncându-şi privirea peste marginea prăpastiei, zăriră o tânără femeie şezând în linişte dedesubt.

Ioan strigă către figura singuratică: „De ce şezi aşa, singură, la poalele stâncii?"

Ea răspunse: „Oare nu vezi cine sunt eu?"

„Nu", spuse Ioan, „nu văd."

„Sunt cea care a venit la tine în chilie", spuse ea, „şi tu m-ai aruncat în prăpastie."

Ioan rămase uluit.

„Dumnezeu m-a ajutat", spuse ea, „şi aşa se face că am ajuns jos nevătămată." Şi printr-o mare minune, ea era la fel de frumoasă ca mai înainte şi era îmbrăcată în veşminte regeşti.

Împăratul şi împărăteasa o primiră cu braţele deschise, aducându-i mulţumiri lui Dumnezeu că o regăsiseră, iar papa plecă apoi spre Roma, cerându-i lui Ioan să-l însoţească.

„Câte liturghii ai ţinut până acum, dragă fiule?“ întrebă papa.

„Numai una“, răspunse Ioan.

„Vai!“ spuse papa.

„Ce este, iubite tată?“

„Sunt tare-ndurerat la gândul că acel biet suflet încă se mai chinuieşte în flăcările iadului.“

Ioan spuse: „O, sfântul meu tată, ce vrei să zici?“

Atunci naşul lui îi descrise întâlnirea cu glasul în suferinţă, şi Ioan află că-l putea mântui pe suflet celebrând şaisprezece liturghii. „Iată de ce“, spuse papa, „te-am crescut ca să ajungi preot.“

Ioan sluji o liturghie pe zi vreme de şaisprezece zile, şi sufletul în suferinţă a fost mântuit de chinul lui. La timpul cuvenit, papa l-a făcut pe Ioan episcop, şi acesta şi-a făcut datoria cu smerenie, slujindu-l pe Dumnezeu cu cea mai mare evlavie. Predicile lui erau ca nişte mătănii de aur, drept care a fost iarăşi poreclit „Ioan Gură de Aur“. Şi a scris multe cărţi despre Dumnezeu. Când i se isprăvea cerneala, continua să scrie din gură, iar scrisorile care îi izvorau atunci din pană erau din aurul cel mai curat[1].

---

1. Richard Benz, ed., *Alte deutsche Legenden*, Jena, 1922. Această culegere se bazează pe o sursă medievală, o culegere populară de legende întâlnite în manuscrise în numeroase ediţii începând din 1471, sporită cu piese din *Vieţile Părinţilor* (*Vitae Patrum*) şi *Vieţile Sfinţilor* (*Heiligenleben*), compilate de Hermann din Fritzlar.

O versiune diferită a biografiei şi legendei Sfântului Ioan Hrisostomul apare în *Legenda aurită* de Iacob din Voragine (Jacobi a Voragine), cap. CXXXVIII, „De Sancto Johanne Chrysostomo“, *Legenda Aurea, vulgo Historica Lombardica dicta*, ed. Th. Graesse, Breslau, 1890, pp. 611–620. *Cf.* şi „St. John Chrysostom“, *The Golden Legend of Jacobus de Voragine*, translated and adapted from the Latin by Granger Ryan and Helmut Ripperberger, New York, Longmans, Green and Co., 1941, vol. I, pp. 137–145. Sfântul, aşa cum e descris aici, e lipsit de un element care l-ar face fascinant, şi anume de o biografie interioară, cu o evoluţie a caracterului prin încercări şi triumfuri, ispite, prăbuşire şi mântuire finală prin harul dumnezeiesc. El nu e decât un soldat ideal al bisericii militante, întrucât creştinismul câştigase deja bătălia pentru o

E o poveste specific germană (ca şi multe dintre basmele din culegerea fraţilor Grimm), sinistră, dar plină totuşi de un sens profund mângâietor. Prima ei apariţie tipărită datează din 1471, cu optsprezece ani înainte de naşterea lui Martin Luther, dar enunţând încă de pe atunci anumite motive luterane. Acestea circulau deja pe atunci, difuzate de spiritul vremii. Şi Martin Luther a fost mintea magistrală, inima incandescentă, marea personalitate care a recepţionat, amplificat şi proiectat aceste idei în viitor. Învăţătura lui e una din cele mai timpurii, mai semnificative şi explozive dintre expresiile istorice prin care omul occidental s-a afirmat şi s-a descoperit pe sine: o discreditare radicală a *harismei* religiei tradiţionale, moştenite, aşa cum e ea reprezentată de sistemul sacerdotal romano-catolic – acea transferare magică, automată a puterii preoţeşti, pentru a absolvi păcatul, a comunica iertarea şi a elibera sufletele din focul purgatorial.

Papa din povestea de faţă e incapabil atât să salveze un biet suflet, cât şi să-l boteze pe prunc; magia instituţionalizată şi canalizată a sacramentelor, chiar dacă e administrată de către

---

împărăţie pământească, iar „viaţa" este doar istoria unui ofiţer clerical prins în zăngănitul de arme şi larma unor dihonii partizane uitate, fără a dezvălui nici un secret al sufletului omenesc. Apogeul martirilor timpurii trecuse. Cum noua ordine creştină se impusese, idealismul agresiv şi furia sfântă erau acum orientate spre interior, ecleziaşti zeloşi denunţându-se şi purificându-se unii pe alţii de erezie. Printre aceşti polemişti, Sf. Ioan Hrisostomul s-a luptat vitejeşte, acceptând orice provocare venită de la adversari din afara turmei, dar şi din partea rivalilor intriganţi şi invidioşi, din interior. În definitiv, el nu a fost decât un demnitar de mare succes, rigid şi neconcesiv, intrigant şi agresiv, dificil, de acelaşi soi cu rivalii săi complotişti. Pentru amatorul de povestiri ciudate, precum istorisirile despre experienţele sufletului în căutarea sa necurmată şi relatările despre vieţi exemplare pline de semnificaţie, figura acestui om al Bisericii arogant, ameninţător şi bătăios e cu totul lipsită de interes. Biografia lui Ioan din *Legenda aurită* nu sugerează nimic din rândurile ameninţătoare ale Gradualului: „Binecuvântat omul supus ispitei, căci dacă e încercat, el va primi cununa vieţii pe care Domnul a făgăduit-o acelora care-l iubesc."

cel mai înalt reprezentat al rutinei ecleziastice – blajinul, binevoitorul mare preot al Romei – nu reuşeşte să acţioneze în marile urgenţe ale vieţii. Sfântul Ioan, eroul, prefigurează vorba cutezătoare şi paradoxală a lui Martin Luther... *Fortiter peccal* „Păcătuieşte curajos!". Nimeni altul decât păcătosul nu poate deveni sfânt, căci numai prin experienţa individuală, printr-un proces de păcat personal, suferinţă şi pocăinţă poate fi dobândită puterea de a împărţi harul lui Dumnezeu, de a conjura cu apa binecuvântată a Duhului Sfânt şi cu sângele Mielului. Harul trebuie să fie câştigat. Şi înseşi potenţialităţile naturii noastre omeneşti pe care le catalogăm drept „diavoleşti" constituie aripile de vultur desfăşurate care ne poartă în slavă către împărăţia suprafirească a harului.

Ioan din legendă a fost împins prea repede pe cărarea desăvârşirii sfinte; puterile cerului şi infernului colaboraseră cu autorităţile de pe pământ spre a lucra în chip miraculos în favoarea lui, dar astfel încât nici ispita, nici experienţa nu erau necesare. Drumul lui a fost deschis de strigătul insistent al sărmanului suflet din iad; învăţătura şi înţelepciunea bisericească i-au fost hărăzite prin gratificaţia Mariei; papa l-a adoptat ca fiu spiritual cu consimţământul prompt al părinţilor săi, i-a supravegheat progresul şi, cu cel mai timpuriu prilej posibil, l-a hirotonit preot. Cu toate acestea, autorităţile nu au procedat foarte corect şi Ioan însuşi nu a putut să nu-şi dea seama de asta. El a priceput că cea mai înaltă funcţie omenească – cea de a intra în comuniune cu Dumnezeu şi de a-i distribui harul sub forma Euharistiei – trebuie să fie deţinută nu de către un „inocent", ci de cineva care avusese parte de „experienţă". „Sunt încă prea tânăr. Cred că e ceva cu totul împotriva voinţei cerului." Cu alte cuvinte, trebuie să fie împotriva legilor vieţii – regulile jocului la care am fost provocaţi de forţe impenetrabile. Şi experienţa necesară, după cum a aflat Ioan ulterior, era cea a acelor forţe întunecoase şi rele ce pot fi biruite de Sfântul Sacrament. Senzaţia lipsei de merit resimţită de către tânărul preot l-a trimis în pustie – numai că era vorba de pustia vieţii.

Ioan Gură de Aur, sfântul creştin, e superior lui Conn-eda întrucât, în timp ce eroul păgân a fost trimis pe drumul aventurii în mod accidental, în totală ignoranţă şi din neatenţie, Ioan a fost împins de propriul sentiment conştient al unei insuficienţe personale. Oficial, sacramentul este valabil când e acordat de orice preot corect hirotonit în linia drept-credincioasă a succesiunii apostolice – indiferent de caracterul său personal, indiferent dacă e respectabil sau nu, ştiutor sau ignorant. Ioan simte însă că preotul trebuie să fie un Ştiutor şi că, în ce-l priveşte pe el însuşi, în pofida ungerii mâinilor sale, el nu este potrivit. Se presupune că poate absolvi de păcat, şi totuşi el nu ştie ce anume este păcatul – el nu a păcătuit niciodată. În pofida aprobării lumii, el e în realitate necalificat. Asta simte el. Şi sentimentul acesta îl salvează de soarta comună a deţinătorului obişnuit de funcţii clericale, simplul demnitar al bisericii; sentimentul său îl mântuie şi-i deschide drumul către sfinţenie.

Deşi favoarea papei şi admiraţia populară pe care i le-au adus ştiinţa şi darul vorbirii i-ar fi putut dezvolta iluzii automăgulitoare, înţelegerea intuitivă de către Ioan a stării sale spirituale reale şi smerenia sinceră a caracterului său exclud posibilitatea de a fi sedus. Geniul său ştie cât e de important să integreze înţelepciunea forţelor întunecate împotriva cărora a fost apărat atât de educaţia clericală, cât şi de inocenţa naturii sale nepretenţioase. Şi totuşi el nu poate prevedea umilinţele, suferinţele şi nedreptăţile pe care le va atrage după sine drumul accidentat al integrării prin experienţă. Nimeni nu poate prevedea niciodată aşa ceva. Şi în această privinţă el e la fel de ignorant ca şi prinţul păgân, Conn-eda, care şi-a încredinţat pur şi simplu destinul bilei de fier mute şi s-a bizuit fără şovăire pe sfatul calului miţos. O atare ignoranţă e fundamentală – şi nu numai fundamentală, ci şi de-a dreptul salvatoare, căci fără ea nu poate avea loc nici un impact rodnic cu experienţa, nimic „nou“ nu poate să prindă rădăcini, să crească şi să se maturizeze prin viaţă întru înţelepciune. Doar cine este cu sinceritate ignorant poate deveni cu adevărat înţelept.

Ioan e totuşi mai avansat decât Conn-eda întru cât el însuşi îşi prescrie tratamentul de care are nevoie. Dacă se poticneşte pe drumul cel plin de primejdii, el e apărat de calităţile morale iraţionale ale umilinţei, sincerităţii, onestităţii şi altruismului. Mulţumită lor, instrucţiunile intuiţiei i se pot face auzite, iar instinctul inimii îi poate înainta bâjbâind şi punând la cale pedeapsa autoaplicată şi ispăşirea pentru propria vindecare. Ioan îşi hotărăşte singur plecarea în indispensabila căutare necesară a experienţei prin fuga în pustia vieţii. Apoi, după ce a urmat impulsul fiarei ce stătea la pândă sub straiul lui de nevinovăţie, el îşi inventează propria cură de ispăşire. Adoptă literalmente însăşi înfăţişarea fiarei, până când cuvântul lui Dumnezeu îi spune să înceteze. Astfel, forţele călăuzitoare, care în mitul păgân erau pe de-a-ntregul exteriorizate sub diferite măşti, în această legendă creştină se contopesc cu actorul în care acţionează ele. Instinctul, intuiţia, reacţiile morale şi forţele simţirii sale, toate acestea provin dintr-o singură şi profundă rădăcină lăuntrică.

Conn-eda a acceptat şi şi-a asumat aspectul animalic îmbrăcându-se în pielea sângerândă a calului inocent şi blând, şi prin acest semnificativ gest simbolic de asumare şi identificare, virtuţile divine ale naturii sale animale umane au fost dezrobite de întuneric. Înţelepciunea doctrinei păgâne reprezentate în această imagine se întemeia pe o intimitate cu virtuţile subumane, instinctuale, ale omului, şi din această intimitate se dezvoltaseră simpatia şi credinţa. Dar pentru sfântul creştin nici nu putea fi vorba de o astfel de acceptare directă. Forţele elementare ale naturii fuseseră de mult şi în chip deliberat excluse din sistemul său de integrare, nu fuseseră niciodată invitate să participe în calitate de călăuze. Ioan şi-a început călătoria de pe ultima treaptă a scării evoluţiei spirituale, unde stătea (mulţumită conlucrării în folosul său a favorii umane şi deopotrivă supraumane) într-un rol de cea mai înaltă demnitate omenească, cel de preot. S-a pomenit împărţind harul Atotputernicului, reînnoind jertfa Mântuitorului, în virtutea puterii magice conferite lui când fusese hirotonit. Şi această putere era total disproporţionată faţă de realizarea sa individuală. Derivată din tezaurul meritului supraîmbelşugat al Mântuitorului însuşi, Isus Cristos, şi canalizată de-a lungul veacurilor prin succesiunea apostolică a episcopilor Bisericii Romano-Catolice, ea fusese pur şi simplu adusă şi aruncată asupra sa. Dar, la drept vorbind, cine oare era el ca să poată conţine şi distribui taina aceasta teribilă a harului care biruie păcatul? Cine anume era el ca să poată produce prin cuvântul său transmutaţia alchimică a materiei de rând în Cel Preaslăvit şi să-l ridice astfel pe om din abisul exilului în prezenţa nemijlocită a Domnului şi Dumnezeului său? Deşi înzestrat cu darul vorbirii meliflue şi binecuvântat cu toată înţelepciunea clericală, Ioan ştia în sufletul său candid că nu ştia totuşi nimic. Şi avea perfectă dreptate, întrucât înţelepciunea cu adevărat corespunzătoare cu operaţia sacramentului e sigur că nu poate fi dobândită printr-o evitare monastică şi celibatară a impactului cu puterile vieţii, ci printr-un compromis curajos cu lumea creată, printr-o aventură în pustia vieţii, printr-o coborâre în adâncurile infernale ale sufletului.

Ioan coboară, aşadar, de pe treapta de aur, descinde în tărâmurile de jos, îşi scoate masca inconsistentă de sfinţenie şi devine o fiară. Şi acolo, forţele primare ale existenţei, necunoscute vechii sale atitudini inocente, se năpustesc asupra lui cu o furie irezistibilă. Conştient că va păcătui iarăşi şi iarăşi dacă n-o îndepărtează pe fată de lângă el, îşi rezolvă problema în cea mai brutală manieră posibilă: o proiectează fizic afară din sfera lui vitală, într-un gest primitiv de disperare neputincioasă, eliminând astfel pur şi simplu obiectul ispititor, ocazia nemijlocită a tentaţiei, şi efectuând un soi de autocastrare. Se simte după aceea şi mai rău decât înainte, experimentează impactul deplin al elementarului, descoperă prăpăstiile cele mai josnice ale naturii diabolice dinlăuntrul său şi îşi pune masca animalului abject aşa cum a constatat că este el însuşi. Straiele preoţeşti putrezesc, sihăstria sfântă ajunge să fie bârlogul unui monstru spectral. Ioan duce această existenţă murdară, animalică, până când forţele superioare îi vorbesc încă o dată cu o putere de convingere egală cu cea a revelaţiei din clipele primei sale liturghii.

Ioan fusese aclamat la zămislirea sa ca un mântuitor ce avea să se nască, dar a trebuit să *devină* ceva înainte de a-şi putea împlini misiunea. El a trebuit să treacă printr-o iniţiere iraţională, nebunească, josnică şi subumană a înfrângerii. Forţele superioare nu l-au abandonat. Ele i s-au vestit a doua oară prin glasul unui prunc nebotezat, deocamdată, aşa-zicând, neumanizat complet, şi preotul a fost dezlegat de ispăşirea purificatoare autoimpusă a respingătoarei sale încarnări animale, spre a deveni renăscut sfântul[1].

---

1. Ioan Hrisostomul produce conştient criza de transformare care l-a dominat pe regele Nabucodonosor în *Cartea lui Daniel*. „Când regele Nabucodonosor se plimba în palatul regal din Babilon, a prins a grăi zicând: «Oare nu este acesta Babilonul cel mare pe care l-am zidit eu întru tăria puterii mele şi spre cinstea strălucirii mele, ca reşedinţă regală?» Pe când cuvântul era încă în gura regelui, un glas s-a coborât din cer: «Ţie, rege Nabucodonosor, ţi se spune: Regatul s-a luat de la tine. Şi dintre oameni vei fi izgonit, vei locui cu animalele câmpului şi vei paşte iarbă şi vor trece şapte ani peste tine, până ce vei recunoaşte că Cel Preaînalt are putere peste împărăţia oamenilor şi că o dă cui voieşte!» Îndată s-a împlinit cuvântul asupra lui Nabucodonosor, căci a fost alungat dintre oameni şi a mâncat iarbă ca animalele şi trupul lui era udat de rouă până când părul i-a crescut ca penele vulturilor şi unghiile ca ghearele păsărilor. «Şi după trecerea acestui timp, eu, Nabucodonosor, am ridicat ochii mei la cer şi mintea mi-a venit din nou şi am binecuvântat pe Cel Preaînalt şi Celui veşnic viu I-am adus laudă şi preamărire, că puterea Lui este putere veşnică, iar împărăţia Lui din neam în neam… şi nimeni nu poate să-L împiedice la lucrul Lui şi să-I zică: «Ce faci Tu?» În acelaşi timp mi-a venit mintea la loc şi, spre gloria regatului meu, mi-a venit iarăşi măreţia şi strălucirea şi sfetnicii mei şi dregătorii cei mari m-au chemat şi regatul mi-a fost dat în stăpânire, iar puterea mea a crescut şi mai mult“ (*Daniel*, 4, 26–33). Asemenea metamorfoze şi eclipse temporare îi ameninţa întotdeauna pe cei mari în momentele lor de încredere exagerată în sine. *Cf.* de asemenea Apuleius, *Măgarul de aur*.

Patru romane cavalereşti din ciclul Regelui Arthur

I. SIR GAWAIN ŞI CAVALERUL VERDE

1

În ajunul Anului Nou, când anul cel vechi îşi trăia ultimele clipe, iar viaţa, după ce a străbătut noaptea ei cea mai lungă, începe să se desprindă din ghearele morţii hibernale, în acel răstimp dintre sărbătorile Crăciunului şi Bobotează, când se spune că strigoii şi stafiile bântuie peste tot, şi-a făcut apariţia fără de veste la curtea Regelui Arthur Cavalerul Verde. A intrat călare până în sala de primiri; era un bărbat de statură uriaşă, armura şi calul, faţa şi arma îi erau verzi, şi-n mână purta nu o spadă, ci o secure de luptă străveche. A aruncat către cavalerii Mesei Rotunde adunaţi acolo provocarea să se înfrunte cu el potrivit condiţiilor impuse de el însuşi, ori de nu, să se facă de ocară în ochii lumii.

Condiţiile erau însă foarte ciudate. Cavalerul care cuteza să intre în luptă şi să apere reputaţia curţii Regelui Arthur trebuia să ia securea nălucii şi să încerce a-l decapita dintr-o singură lovitură. În schimb, în ajunul următorului An Nou, acelaşi luptător trebuia să se înfăţişeze la „Capela Verde" şi acolo să-l întâlnească încă o dată pe autorul provocării, numai că atunci el, iar nu Cavalerul Verde, va trebui să-şi ofere grumazul securii.

Uriaşul îşi formulă condiţiile şi întreaga adunare din jurul Mesei Rotunde încremeni de uimire. Uimirea fu urmată de o stânjeneală generală, deoarece nici unul din cavaleri nu se ridicase să accepte. Atunci, Regele Arthur însuşi dădu să se urnească pentru a salva onoarea curţii sale, dar nepotul lui, Sir Gawain, interveni cu grăbire. Tânărul bărbat ieşi în faţă ca să dea piept cu oaspetele cel nefiresc şi se legă să-i îndeplinească întocmai cerinţele. Cavalerul Verde descălecă, îi dădu securea sa lui Sir Gawain, îşi plecă grumazul şi aşteptă. Gawain apucă temuta armă, o cumpăni în mâini şi, în sfârşit, cu o singură lovitură nemaipomenită, îi reteză capul, astfel încât acesta căzu la pământ, se rostogoli un pic şi rămase nemişcat. Dar Cavalerul Verde se purtă de parcă nimic nu s-ar fi întâmplat. Aplecându-se liniştit, îşi recuperă capul, înşfăcându-l de părul vâlvoi, şi, luându-şi înapoi securea din mâinile celuilalt, care nu-i opuse nici o rezistenţă, încălecă pe armăsarul cel verde şi mare. Capul, din care picura sânge, îşi mişcă buzele încet şi-şi făcu din nou auzit glasul pentru a-l ruga stăruitor pe Gawain ca nu cumva să nu se înfăţişeze peste un an la capelă. Apoi, uriaşul descăpăţânat îşi luă capul sub braţ şi-şi văzu de drum.

Când anul se apropia iarăşi de sfârşit, puţin după Ziua Tuturor Sfinţilor, Sir Gawain era gata să plece către necunoscuta Capelă Verde. Încălecă pe calul său de luptă însoţit de tânguirile curţii, deoarece nimeni nu mai trăgea nădejde să-l mai vadă întors vreodată. Cât despre tânărul cavaler, el era însă destul de voios. „De ce oare să mă tem?“ întreba el. „Ce alta i s-ar putea întâmpla unui om dacă nu să meargă în întâmpinarea scrisei sale?“ Şi cu asta îşi văzu de drum.

Gawain călărea singur. O apucă spre miazănoapte, prin pustietate şi iarnă. Nimeni din ţinuturile aproape părăsite nu putu să-i arate drumul sau să-i spună ceva despre capelă. Nimeni nu o văzuse vreodată sau nu auzise de aşa ceva. Era silit să-şi urmeze glasul interior. Aventura era lungă şi frigul tot mai aspru, aşa încât Gawain se văzu curând la mare ananghie şi călărea la întâmplare.

În ajunul Crăciunului, pe când rătăcea printr-o pădure întunecoasă, se rugă lui Cristos şi Fecioarei să-i scoată-n cale un adăpost unde să poată sărbători naşterea Mântuitorului. Atunci se pomeni pe neaşteptate în faţa unui castel impunător, izolat în pustie, şi unde i se făcu cea mai ospitalieră primire.

Gazda, un bărbat foarte înalt şi cu o înfăţişare sinistră, îşi dădu toată silinţa spre a-l face să se simtă bine, iar soţia lui, o doamnă de o frumuseţe ce-ţi lua ochii, precum şi o matroană impunătoare mai în vârstă care locuia împreună cu ei la castel, păreau la fel de încântate să aibă ca oaspete un cavaler atât de vestit. Grija lui de a afla drumul către Capela Verde i-a fost luată, şi i s-a spus că locul căutat se afla în apropiere, într-o vale îngustă şi părăsită, unde putea ajunge cu uşurinţă. Dacă pleca în dimineaţa de Anul Nou, avea tot timpul să ajungă la întâlnire; până atunci fu insistent poftit să rămână la castel. Aşa că a poposit acolo, bucurându-se de toată cinstirea şi de cea mai plăcută ospeţie.

Cu trei zile înainte de dimineaţa în care era hotărâtă plecarea lui Gawain, gazda lui porni dis-de-dimineaţă la o vânătoare de o zi. Cei doi conveniseră din toată inima cu o noapte mai înainte, în vreme ce beau împreună la gura vetrei, că tot vânatul care avea să-i pice vânătorului de-a lungul întregii zile avea să-i aparţină oaspetelui, gazda urmând să primească în schimb orice pradă ar putea agonisi Gawain petrecându-şi ziua liniştit acasă. Fusese o învoială destul de nostimă şi amândoi râseseră din toată inima.

Plecarea-n zori a fost cu larmă mare, în lătratul câinilor, zgomotul de copite al cailor, sunetul cornilor de vânătoare şi strigătele oamenilor din alaiul impunător. După care, castelul, părăsit de locuitorii săi, s-a cufundat în tăcere. Gawain se întoarse pe partea cealaltă. Se simţi însă curând smuls din toropeală de certitudinea că cineva stătea pe marginea patului său. Era soţia gazdei. După ce castelul se golise, frumoasa femeie se strecură tiptil în odaie şi se aşeză pe patul lui Gawain, după polog.

I se adresa cu un glas scăzut, blând, bogat şi frumos, şi Gawain se simţi răscolit irezistibil. Fiind însă şi cavalerul care era, se simţi legat la fel de puternic şi de datoria faţă de gazda sa. Stăpânindu-şi pornirile cu un efort aproape supraomenesc, el rezistă irezistibilului, şi superba femeie se văzu nevoită să se mulţumească a-i da un sărut neputincios.

Stăpânul castelului se întoarse în amurg, şi oamenii săi abia duceau povara vânatului. Animalele fură aşezate rânduri, rânduri pe pardoseala sălii celei mari, iar gazda i le înfăţişă apoi lui Gawain, care, respectând învoiala, îi predă namilei de vânător sărutul primit de el. Şi apoi, iarăşi, cei doi bărbaţi râseră din toată inima. Ce neînsemnată era prada şederii acasă în comparaţie cu captura unei vânători de-o zi întreagă!

A doua zi de dimineaţă, stăpânul castelului iarăşi plecă, şi iarăşi doamna se strecură după polog. Fu mult mai insistentă decât în ajun, iar stăpânirea de sine a lui Gawain fu şi mai greu de cumpănit. Cavalerul era încă dibaci, nu numai că izbuti să ţină piept asiduităţilor gazdei sale, ci o şi întări şi alină, aşa încât, deşi respinsă, ea nu se simţi umilită şi-i dădu două săruturi de astă dată, înainte de a se despărţi de el.

Stăpânul se întoarse ceva mai târziu în acea zi, după ce ucisese un mistreţ cât toate zilele, pe care i-l dărui. Şi după ce primi şi el în schimb cele două pupături pe obraz, cei doi bărbaţi izbucniră iarăşi în râs ca de obicei.

În cea de-a treia dimineaţă, ultima înaintea plecării lui Gawain, lucrurile decurseră ceva mai puţin civilizat după pologul patului. Femeia stărui cu o deznădejde care făcea ca necurmata atitudine cavalerească a oaspetelui să pară ciudat de samavolnică. Împrejurarea era şi mai arzătoare din cauză că tânărul şi chipeşul Gawain avea o considerabilă reputaţie de amant. „Spune-mi măcar", îl rugă femeia cu cerul şi pământul, „că eşti îndrăgostit de altă doamnă şi că ai jurat să i păstrezi credinţă." Dar tânărul răspunse că în viaţa lui nu exista nici o asemenea iubită.

Apoi, femeia păru a încerca să găsească vreun semn, vreun lucru care, fie şi într-un chip de neatins, să-l facă oarecum al ei, şi-şi scoase de pe deget un inel impresionant, rugându-l stăruitor să-l primească. El se opuse însă iarăşi – deoarece inelul e un simbol al personalităţii şi dăruirea unui inel presupune abandonarea propriei fiinţe. A da în dar un inel înseamnă a dărui o putere, autoritatea de a vorbi sau acţiona în numele cuiva. Astfel, un rege îşi va încredinţa inelul sfetnicului împuternicit să facă cunoscute hotărâri şi să pecetluiască acte în numele său, iar o doamnă îi va da inelul său cavalerului care e cavalerul *ei*. Acceptarea unui asemenea semn presupune un angajament, un soi de obligaţie, şi Sir Gawain, consecvent cu caracterul său în calitate de cavaler al Mesei Rotunde a Regelui Arthur, era extrem de strict în privinţa implicaţiilor pe care le puteau avea pentru el asemenea îndatorări.

Tânărul, în aceste ultime ceasuri ale vieţii sale, era supus, după cum se poate vedea, unei încercări foarte delicate şi grăitoare. A doua zi în zori, el urma să plece la întâlnirea cu Cavalerul Verde şi să accepte să-şi piardă capul. Până atunci mai avea o zi – o zi în momentul apusului prematur aprins al tinereţii lui preţioase. Şi dacă trupul său de bărbat tânăr ar fi putut imagina un răspuns viu faţă de dorinţa lui de a trăi teribil de intensificată acum, el nu ar fi putut invoca nimic mai dezirabil decât pe femeia aceasta frumoasă, gingaşă şi atât de stăruitoare, ce venise la dânsul. Pentru cea din urmă oară atracţia lumii se afla acum în faţa lui, oferind buzelor sale o ultimă savoare, relativ scurtă, dar copleşitoare, a vieţii pe care avea să o piardă prea repede. Şi totuşi, cavalerul – acest iubit experimentat al atâtor doamne nobile şi frumoase, deloc nesimţitor la farmecele şi pretenţiile lor – refuza oferta, această cupă a plăcerii plină ochi.

Temeiurile mărturisite şi reale ale lui Sir Gawain pentru acest act nefiresc îi erau obligaţiile cavalereşti faţă de gazda absentă şi, dacă e să apreciem simbolismul impasului său, trebuie să încercăm a le înţelege aşa cum a făcut-o şi el. A fost ispitit să lepede, pentru o clipă de satisfacţie egoistă, consacrarea de o viaţă în slujba perfecţiunii cavalerismului. Dacă ar fi cedat, greşeala lui ar fi fost nu licenţiozitatea carnală (de la care, putem fi încredinţaţi, nu s-ar fi dat în lături), ci nesinceritatea şi infidelitatea, iar aşa ceva ar fi însemnat dezintegrarea logicii proprii a fiinţei sale. Căci Sir Gawain era un iniţiat – unul dintre iniţiaţii de frunte – în cercul sacru al Mesei Rotunde, consacrat în mod solemn şi serios vieţii model a idealului cavaleresc. Faptul de a fi sucombat la ademenirea unei aventuri erotice episodice cu preţul principiului de consecvenţă al carierei sale ar fi însemnat o trădare nu numai faţă de gazdă, ci şi faţă de sine însuşi. Viaţa îi era sortită să se sfârşească în scurt timp, fie, aşadar, să continue la fel până la sfârşit. Să nu se prăbuşească din pricina unui ceas trecător de prilej voluptuos.

Pentru femeia contrariată se punea însă o problemă de onoare de semn opus şi nu i se putea refuza total cererea ca propunerea ei nedisimulată să fie primită măcar cu o minimă concesie. Gawain nu-i accepta inelul. Atunci nu exista oare ceva care să oblige încă şi mai puţin şi pe care el să poată condescinde a-l primi din partea ei, un fleac oarecare, mai neînsemnat decât un dar, o nimica toată, dar o părticică totuşi din existenţa ei, şi care ar putea constitui o legătură secretă între ei doi? Plecându-şi ochii, privirea îi căzu pe o cureluşă verde, o simplă bucată de găitan pe care ea o purta în jurul taliei. Şi-o desprinse cu mâinile tremurânde şi-o puse cu hotărâre în palma eroului neprimitor din pat, spunându-i în şoaptă, ca şi cum pereţii ar fi avut urechi: „Ia-o, rogu-te. E o nimica toată, dar e înzestrată cu o putere minunată." Gawain încă nu-i îngăduise ispititoarei să-i strângă pumnul. „Oricine poartă asupra sa căpeţelul ăsta de găitan", îi spuse ea, „nu poate fi vătămat."

A fost o lovitură bine ţintită. Împotrivirea lui Gawain slăbi oarecum pentru o clipă, şi, insistentă, femeia începu să-i închidă pumnul. Umilindu-se ca să triumfe, ea pusese în joc un fleac, o nadă adresată ultimei rămăşiţe de frică ce ar mai fi putut subzista în inima neînfricatului tânăr care bătuse atâta drum ca să dea ochi cu moartea. Prea puţin, pesemne chiar nimic nu s-ar opune intereselor oaspetelui său dacă ar accepta un talisman atât de oportun. Femeia pleda cu un aer de îngândurare plină de iubire, preocupată de siguranţa tânărului – prevăzătoare, altruistă, maternă, nemaiurmărind să câştige partida prin ispitire. Şi strategia ei l-a captivat pe Gawain fără ca el să-şi dea seama. Pumnul i s-a închis singur pe neînsemnata cureluşă verde. Apoi a înşfăcat-o brusc şi a luat-o, iar femeia, în focul gratitudinii şi satisfacţiei, l-a sărutat fără codire de trei ori. Tânărul cavaler avea să plece mai încrezător în căutarea sa de a doua zi, ceva mai puţin deschis şi senin, mai puţin conştient de bravura sa, mai puţin făţiş decât ar fi făcut-o dacă n-ar fi tăinuit gazdei o nimica toată la ceremonialul schimbului lor zilnic, rămânând cu toate acestea acelaşi călăreţ neasemuit de viteaz.

Vânătorul se întoarse încă şi mai târziu decât în ajun şi nu-i putu oferi ca pradă decât o vulpe sfrijită şi urât mirositoare. Tolba lui devenise pe zi ce trecea tot mai goală, pe când cea a oaspetelui rămas la castel se umpluse tot mai mult. Cu prilejul schimbului, gazda, scuzându-se cu o înălţare din umeri, îşi prezentă jalnica ofrandă, iar oaspetele, cu o umbră de stinghereală, îi dădu trei săruturi. Capătul de găitan verde nu se ivi, şi femeia, după ce asistase la scenă cu îngrijorare, răsuflă uşurată cu o privire plină de bucurie recunoscătoare.

A doua zi de dimineaţă, un scutier îl conduse pe Sir Gawain către valea cea uitată de lume şi, după ce-i arătă drumul spre Capela Verde, îi ură călduros întoarcere bună. Nimeni, spuse el, nu se mai întorsese vreodată după ce se dusese la capela aceea. „Prin urmare, bunule Sir Gawain“, spuse el, „las-o în plata Domnului. Vezi-ţi de drum în altă parte şi eu unul jur să-ţi păstrez taina.“ Tânărul cavaler nu era speriat însă şi, cu ajutorul cureluşei verzi, avea toate şansele să supravieţuiască unei împrejurări în care ceilalţi îşi găsiseră sfârşitul.

Îşi continuă drumul singur şi la timpul cuvenit ajunse în dreptul unei cripte lugubre, afundate în pământ, surpate de vechime şi acoperite cu muşchi, un loc de întâlnire spectral, pustiu şi liniştit. Oprind calul în faţa ei, trase cu urechea şi, nu după mult timp, auzi un zgomot ca de tocilă, de parcă cineva ar fi ascuţit o secure, ce venea prin aerul glacial dinspre coasta împădurită de pe celălalt mal al pârâului. Gawain îşi rosti numele cu glas tare şi-şi vesti sosirea. Un glas îl pofti să mai aştepte şi iarăşi se făcu auzit acel zgomot înspăimântător de secure ascuţită. Apoi sunetul încetă brusc şi o clipă mai târziu uriaşul Cavaler Verde ieşi dintr-o peşteră şi începu să coboare povârnişul.

Salutul le-a fost scurt şi precis. Gawain a fost condus la locul de execuţie. Procedând asemenea modelului de mai an, el se opri în picioare liniştit, cu capul înclinat şi ceafa pregătită, dar în clipa în care securea îşi lua avânt ca să izbească, „strânse un pic din umeri“, instinctiv. S-ar putea spune că a fost un al doilea simptom al pornirii care-l făcuse să accepte capătul de găitan, şi e interesant de notat că şi dacă era protejat acum de talisman (sau poate tocmai de aceea), nu a putut accepta indiferent lovitura schiţată.

Cavalerul Verde, văzându-i tresărirea, lăsă jos fierul şi-l acuză pe Gawain de laşitate. Tânărul protestă. Nu se afla, după cum mărturisi el, în postura norocoasă de a-şi ridica de jos capul retezat. Se pregăti totuşi din nou, făgăduind ca de astă dată să nu mai tremure.

Cavalerul Verde înălţă iarăşi securea. Tăişul începuse să şi coboare, când nămetenia de călău, observând că de astă dată cavalerul stătea nemişcat, se opri iarăşi, întrerupându-şi avântul braţelor uriaşe, şi observă aprobator: „Aşa îmi placi. Acum am să dau lovitura. Dar mai întâi scoate-ţi bereta pe care ţi-a dat-o Regele Arthur, ca să-ţi pot ochi ceafa în chipul cel mai nimerit.“

Gawain era exasperat. „Dă o dată“, strigă el, „dacă nu vrei să cred că n-ai curaj să loveşti.“

„Adevărat grăieşti“, zise Cavalerul Verde, „căutarea ta îşi va găsi curând răsplata.“

Ridică securea pentru a treia oară, o înălţă sus, o cumpăni şi-o lăsă să cadă, dar în aşa fel, încât aproape greşi ţinta şi-i juli doar puţin pielea cu muchea, însemnându-i ceafa cu o zgârietură sângerândă subţire.

Gawain, simţind asta, sări în lături, îşi apucă iute armele şi se pregăti de luptă. „Te desfid!“ rosti el strigând. „Învoiala a fost doar o lovitură şi-atât!“

Cavalerul Verde surâdea, rezemându-se netulburat în secure. „Ţine-ţi firea“, spuse el, „ai primit lovitura pe care o meritai.“ Nu am să-ţi mai fac nici un rău. De două ori m-am pus la încercare pe mine însumi. Loviturile au fost fără urmări fiindcă de două ori ţi-ai ţinut legământul faţă de mine şi mi-ai dat înapoi sărutările pe care le-ai primit de la soţia mea. A treia oară însă nu te-ai ţinut de cuvânt. Cureluşa verde pe care o porţi îmi aparţine, nevasta mea a făcut-o pentru mine. Eu însumi am trimis-o la tine cu dezmierdările, săruturile şi ispita ei verde. Ştiu tot ce s-a petrecut între voi. Şi printre cavalerii lumii, Sir Gawain e ca un mărgăritar printre boabele de mazăre. Ai greşit doar un pic, atunci când ai fost pus la încercare pentru a treia oară, dar nu din îngăduinţă faţă de tine, ci din cauză că-ţi iubeai viaţa şi-ţi părea rău s-o pierzi."

Sir Gawain se înroşise de ruşine. „Blestemaţi fiţi amândoi", răcni el. „Frica şi Dorinţa! Voi sunteţi distrugătorii curajului şi ai eroismului bărbătesc." Scoţându-şi cureluşa, i-o dădu înapoi, dar Cavalerul Verde refuză să o ia. Îl linişti pe tânărul erou, îndemnându-l să păstreze găitanul verde ca dar, apoi îl pofti să accepte încă o dată ospitalitatea castelului.

Gawain refuză să-l mai însoţească, dar consimţi să păstreze legătura, pe care şi-o prinse cu un nod tainic la subsuoară. Ea avea să-i amintească mereu de-acum încolo de greşeala făcută. Şi astfel se întoarse nevătămat la Masa Rotundă de la curtea Regelui Arthur, unde îşi istorisi povestea. Cavalerilor nu prea le păsă de greşeală, dar puseră mare preţ pe eroismul biruinţei. Şi în amintirea remarcabilei întâmplări, convenită să poarte cu toţii de atunci înainte un capăt de şiret verde[1]

1. *Gawain and The Green Knight* ne-a parvenit într-un singur manuscris de la sfârşitul secolului al XIV-lea (Cotton MS. Nero A. x., fol. 91–124 v°, de la British Museum), care conţine încă trei celebre poeme medievale: *The Pearl, Cleanness* şi *Patience. Gawain* a fost editat pentru prima oară de Sir Frederic Madden, *Syr Gawayne*, The Bannatyne Club, Londra, 1839, apoi de Richard Morris pentru Early English Text Society, în 1864. A fost tradus în engleză modernă de dra Jessie L. Weston, Londra, 1898, (New York, 1905); de Rev. E. J. B. Kirtlan, Londra, 1912; şi de K.G.T. Webster (W. A. Neilson şi K.G.T. Webster, editori, *The Chief British Poets of the Fourteenth and Fifteenth Centuries*), Boston, 1916. Un studiu important despre surse şi variante apare în George Lyman Kittredge, *A Study of Gawain and the Green Knight*, Harvard University Press, Cambridge, Mass., 1916. Vezi şi Ananda K. Coomaraswamy, „Sir Gawain and the Green Knight", în *Speculum*, XXI, pp. 104–125, un studiu despre motivul decapitării cu paralele orientale.

2

Astfel ia sfârşit povestea; rămânem însă cu o întrebare. Cine anume era acea ființă nepământeană şi imperioasă, îndreptățită să provoace, să pună la încercare, să demaşte şi să pronunțe sentințe? Cavalerul Verde care putea să-şi ia capul la subsuoară şi să reapară cu el pus la loc, a cărui soție era cea mai frumoasă seducătoare din lume şi a cărui Capelă Verde era un soi de criptă bântuită, „cea mai blestemată biserică", după cum o socotea Gawain, „în care am intrat vreodată!" – cine oare este el şi cum îl cheamă?

În folclor şi în basme nu e neobişnuit ca morții să-şi poarte capul sub braț ca să-i sperie pe oamenii ce le ies în cale. Îşi azvârle-n aer capetele şi joacă popice cu hârcile lor. Mai mult, verdele deschis e culoarea cadavrelor livide: picturile aparținând artei budiste din Tibet, care se supun în simbolismul lor coloristic unei tradiții prescrise foarte precis, folosesc un asemenea verde spre a indica tot ceea ce ține de regatul Regelui Moarte[1]. Putem presupune fără teama de a greşi că apariția uriaşă, verde ca moartea, din valea cea părăsită a „celei mai blestemate biserici", purtând pe umăr o secure arhaică în locul

1. În eposurile irlandeze timpurii, care au fost după toate aparențele surse ale poveştii cavalereşti despre *Gawain şi Cavalerul Verde*, uriaşul nu e verde, ci negru sau mai degrabă îmbrăcat în negru (*Fled Bricrend* 16, 91–102, *Cf.* G. L. Kittredge, *op. cit.*, pp. 10–15). S-a sugerat că verdele a pătruns în legendă printr-o greşită traducere a cuvântului irlandez *glas*, care poate însemna atât „gri", cât şi „verde" (*cf.* Roger S. Loomis, *Celtic Myth and Arthurian Romance*, Columbia University Press, 1927, p. 59). Chiar dacă însă ea e un element târziu în narație, culoarea a fost adecvată caracterului originar al Instigatorului şi trebuie să fi fost privită ca atare atât de narator, cât şi de audiența sa. Originalul irlandez al figurii Instigatorului supraomenesc era zeul şi portarul Lumii de Dincolo, Curoi Mac Daire (Roger S. Loomis, *op. cit.*, cap. XI; vezi şi A. C. L. Brown, *Origin of the Grail Legend*, Harvard University Press, Cambridge, Mass., 1943, pp. 71, 357, 378). Într-una din aparițiile sale, Curoi era cunoscut ca „Groază, fiul Marii Frici" (*Fled Bricrend* 14, 75–78; G. L. Kittredge, *op. cit.*, pp. 17–18).

unei spade contemporane, creştine şi cavalereşti şi călare pe un armăsar la fel de remarcabil ca şi el atât din punctul de vedere al culorii, cât şi al dimensiunilor, era marele secerător, Moartea. Iar femeia orbitor de frumoasă, întrupând şi reprezentând fascinaţia lumii, oferind cupa dorinţei, ispitind cu plăcerea, este Viaţa, mireasa Morţii[1].

Legenda lui Buddha conţine un exemplu faimos al acestei teme mitologice aparent universale a încercării eroului de către personificările morţii şi vieţii. În timpul nopţii epocale când Salvatorul era cufundat în meditaţie sub pomul Bo, în locul nemişcat, şi la un pas de realizare, a fost abordat de supremul ispititor Māra, „cel care ucide“, „cel care aduce moartea“. Māra a venit sub înfăţişarea unui tânăr atrăgător purtând o lăută; celălalt nume al lui Māra este Kāma, „dorinţă“, „poftă“. Şi el a etalat în faţa ochilor lui Buddha trei fete voluptuoase (în legendă li se spune fiicele lui Māra) care au încercat să-l încânte cu frumuseţea lor, dar eroul a rămas impasibil. Atunci ispititorul, luându-şi înfăţişarea furioasă, şi-a ridicat oastea de demoni – ca în ispitirea lui Sir Gawain –, astfel încât atracţia vieţii şi teroarea anihilării să-l asalteze pe erou în acelaşi timp. Diavoli în dispozitiv de luptă au împresurat şi atacat figura solitară şi tăcută. Şi la fel cum Gawain a fost ispitit de trei ori de către femeie, aşa a fost şi Buddha de către cele trei fiice; aşa cum Gawain a înfruntat ameninţarea securii, la fel şi Buddha a înfruntat proiectilele hoardei. Diavolii îi ameninţau meditaţia cu însăşi teroarea chipurilor lor – multe din ele având înfăţişări de fiare sau păsări de pradă. Aruncau în el cu copaci în flăcări, stânci, munţi arzători, dar Salvatorul a rămas nemişcat; căci el ştia că tumultul din jurul său, furia armatei şi ademenirea fiicelor lui Māra, nu reprezenta altceva decât o răsfrângere în oglindă a forţelor lăuntrice elementare ale propriei sale naturi omeneşti primitive, care încă se mai agăţau de existenţa fenomenală, pretinzând satisfacţie carnală şi temându-se de

1. [„Viaţă“ şi „Moarte“ sunt deopotrivă *nomina Dei*. „Verde“ le simbolizează pe ambele. – AKC]

distrugerea cadrului fizic. Prin actul de înţelegere a terorii şi ademenirii ca dubla manieră de comportare a unui unic maestru al tentaţiei, Salvatorul Universal s-a eliberat de înrobirea cosmică a eului său doritor şi fricos. Recunoscând că contrariile, deşi opuse în forma lor aparentă, erau manifestările pereche ale unei realităţi unice, el a rămas neclintit la mijloc. Îşi stinsese în sine şi ultima licărire intermitentă de simţire personală. (Ca „Buddha", adică „Iluminatul", el era şi „Cel Stins", cel care trecuse în Nirvāna.) Şi astfel fetele şi-au etalat farmecele înaintea unor ochi goi, iar avalanşa de proiectile au fost transformate în flori de adoraţie. Adversarul, cu toată liota lui de diavoli şi fete, a fost silit în cele din urmă să se retragă.

Corespondenţa dintre ispitirile lui Gautama, care, potrivit tradiţiei budiste, au reprezentat pasul final al iniţierii sale în „Tronul regesc al Învăţătorului zeilor şi oamenilor", şi cele ale lui Sir Gawain sunt evidente. În ambele cazuri, moartea întrupează funcţii de maestru în iniţiere[1]. Atletul Mesei Rotunde se comportă mai puţin glorios decât Gautama, deoarece, la urma urmelor, el nu e un salvator al lumii, ci doar „cel mai bun dintre cavaleri"; cu toate acestea, povestea lui cavalerească e o versiune a aceluiaşi mister universal. Prin valea morţii el e condus la sanctuarul îndepărtat şi singuratic al vieţii reînnoite, şi acolo, după ce face faţă încercării, e renăscut. Aceasta e o versiune medievală cavalerească a misterului morţii ca individualitate trecătoare – care e alcătuită din dorinţă şi frică – şi al dobândirii învierii în viaţa superioară fără de moarte.

Darul acordat iniţiatului, legătura verde de culoarea morţii – cine altcineva dacă nu Moartea însăşi ar fi putut face o asemenea favoare? El conferă nemurire, îl eliberează pe purtător de puterea morţii şi e talismanul renaşterii[2]. Maniera

1. [„Ce este «decapitarea»? Uciderea sufletului-carnal *(nafs* = ebr. *nefesh)* în Războiul Sfânt" (Rūmī, *Mathnawī*, 2.2525). AKC]

2. Eroul suprem al ciclului epic irlandez din care derivă în mare măsură romanele Mesei Rotunde, Cuchullin, prototipul lui Sir Gawain,

lui Gawain de a-l primi a fost cu siguranţă discutabilă. L-a acceptat cu inima strânsă, pe furiş, ca pe o pradă smulsă în taină şi ascunsă. Dacă ar fi fost în stare să o înapoieze în momentul schimbului de seară, iniţierea lui ar fi putut îmbrăca pesemne o formă mai puţin înspăimântătoare; ar fi putut fi pesemne scutit de întâlnirea de la Capela Verde. Cu toate acestea, după încheierea încercării nu mai încăpea nici o îndoială că el merită trofeul, aşa încât Moartea i-l lasă ca pe un dar legitim.

În această aventură cavalerească târzie, Moartea joacă acelaşi rol ca şi în miturile şi eposurile antice despre Ghilgameş, Heracles, Teseu şi Orfeu. Aceşti eroi timpurii au ajuns şi ei în tărâmul de jos (sau în ţinuturi îndepărtate, interzise ori necunoscute) spre a câştiga prin misterul morţii comoara vieţii nesfârşite. În versiunea prezentă însă momentul provocării, al tentaţiei şi al încercării nu e clarificat prea bine. Poveştii pare a-i scăpa ceva din propria-i adâncime. Ea nu insistă asupra semnificaţiei sale. Nu putem fi siguri nici măcar că, în secolele al XIII-lea şi al XIV-lea, poeţii francezi şi englezi care au construit această poveste din materiale mai vechi au urmărit conştient interpretarea ce reiese inevitabil atunci când sunt analizate comparativ episoadele tradiţionale pe care ei le-au sintetizat atât de izbutit[1]. Cavalerul Verde, bunăoară, înainte de a-l lăsa pe Gawain să plece, îşi deschide viziera şi-şi dezvăluie adevărata faţă, caracterul şi semnificaţia sa ascunsă; şi totuşi numele pe care şi-l declară nu-i e adevăratul *nomen*. El se prezintă pur şi simplu ca *Bernlak de Hautdesert*, „Bern-

---

a purtat şi el, după cum se spune, o centură magică ce-l făcea invulnerabil.

1. Cazul lor e similar cu cel al unui om care visează fără să înţeleagă simbolurile pe care i le înfăţişează geniul creativ al interiorului său. Ei ştiu cum să adune, să combine şi să modifice motive tradiţionale conform spiritului şi legilor tradiţionale ale artei lor narative tradiţionale, dar de aici nu rezultă că au înţeles pe deplin ce anume înseamnă combinaţiile.

lak din Pustia Înaltă". Încă o farsă a deghizării, făcută de astă dată nu numai eroului, ci şi cititorilor şi poeţilor deopotrivă[1].

Impunătoarea matroană mai în vârstă se dovedeşte a fi Morgan the Fay (Zâna Morgana), cândva iubita înţeleptului şi puternicului Merlin, de la care a învăţat vrăjitoria şi pe care l-a închis apoi prin farmece într-un mormânt viu[2]. Se spune că ea a fost cea care l-a trimis pe Cavalerul Verde în misiune la curtea Regelui Arthur şi l-a înzestrat cu puterea de a face scamatoria cu capul. Unuia dintre fiii ei i se refuzase admiterea în cercul foarte închis al Mesei Rotunde şi ea, fiind o femeie vindicativă, voise să discrediteze reputaţia de vitejie a cavalerilor. Tot ea sperase că Regina Guinevere va sucomba de spaimă şi ruşine. Ea însăşi este sora vitregă a regelui şi, ca atare, mătuşă a lui Sir Gawain, care e nepotul Regelui Arthur etc. etc. E evident că interesul aventurii a degenerat la nivelul pur social şi genealogic. Teme care altădată trebuie să fi fost aduse pe o scenă mitică superioară apar acum eclipsate şi covârşite de ornamentele mândriei cavalereşti şi ale intrigii de familie. Aşa stau lucrurile, într-adevăr, în întreg ciclul lui Sir Gawain – nu doar în episodul întâlnirii cu Cavalerul Verde. Numeroase legende despre Gawain sunt pline de imagini mitologice minunate, aventuri în castele singuratice vrăjite şi pe îndepărtate insule de basm, dar toată mitologia a ajuns să fie transformată conform formulelor dragostei şi competiţiilor cavalereşti medievale. Un ochi atent poate totuşi detecta şi descifra iarăşi mai vechiul simbolism cu semnificaţia lui eternă.

Aflăm, de exemplu, despre Castelul Minunilor, *Le Château Merveil*[3]: un loc al încercărilor înspăimântătoare şi al

---

1. Pentru o discuţie despre acest nume, *cf.* Roger S. Loomis, *Romanic Review*, XV, pp. 275 şi urm.

2. Poetul ciclului Gawain o identifică aici pe Morgan le Fay (Fata Morgana), sora vitregă a Regelui Arthur, cu Niniane, iubita lui Merlin; în alte locuri din poveştile arthuriene, cele două sunt distincte. Povestea Ninianei şi a lui Merlin poate fi găsită *infra*, pp. 182–202.

3. Chrétien de Troyes, *Conte del Graal*, şi Wolfram von Eschenbach, *Parzival*, furnizează principalele versiuni, dar şi câteva texte mai mici

experienţelor uimitoare, comparabil cu „Valea fără de întoarcere“ a lui Merlin. Trei regine şi nenumărate tinere sunt prizonierele lui; stăpână îi este o doamnă de o frumuseţe supraomenească; Castelul e o veritabilă „insulă a femeilor“. Ca şi în infernul Antichităţii, la ea se ajunge într-o luntre, sub paza unui barcagiu, sau, conform altei versiuni, cu o insuliţă plutitoare[1]. Apele care o împrejmuiesc sunt greu de traversat, nu oricine poate pune piciorul pe malul opus, iar luntraşul îl avertizează în acest sens pe eroul care apelează la el pentru a fi trecut dincolo. „Oricine este dus dincolo“, spune el, „trebuie să rămână pentru totdeauna pe tărâmul acela.“ Ca şi insula feacienilor vizitată de către Ulise (care, în esenţă, era o insulă fermecată a răposaţilor fericiţi), castelul femeilor din legenda lui Gawain nu poate fi atins decât cu ajutor dumnezeiesc sau prin puterea vreunui farmec. Cine reuşeşte să intre şi să supravieţuiască încercărilor demonstrează că este eroul ales, le eliberează pe toate femeile de vraja robiei şi devine stăpânul consort al reginei. Devine, în fapt, stăpânul şi soţul tuturor femeilor şi fecioarelor din tărâmul binecuvântat.

Potrivit uneia dintre versiunile acestei aventuri[2], trei regine maiestuoase de vârste diferite, pe care Gawain le întâlneşte pe insula fermecată, îi dezvăluie că sunt bunica, mama şi sora lui, adică tărâmul pe care l-a descoperit e cel al „Mumelor“, misterioasa zonă de umbră unde avea să coboare mai târziu Faust cu cheia lui magică pentru a descoperi şi elibera năluca Elenei din Troia[3]. Aceasta e sfera eternă a feminităţii, simbo-

---

întregesc ceea ce ştim despre legenda privitoare la *Le Château Merveil*. *Cf.* Jessie L. Weston, *The Legend of Sir Gawain*, Londra, 1897, pp. 27–28.

1. Heinrich von dem Türlin, *Diu Krône*.

2. *Conte del Graal* de Chrétien.

3. Goethe, *Faust* II, 1, v. 6213–6216: „Göttinnen thronen hehr in Einsamkeit, / Um sie kein Ort, noch weniger eine Zeit, / Von ihnen sprechen ist Verlegenheit. / Die *Mütter* sind es!“ („Mari Zeie domină-n singurătate, / De loc şi mai ales de timp uitate. / Vorbim de ele în perplexitate. / Sunt *Mumele*!“ – trad. Şt. A. Doinaş – *n. t.*)

lizând sălașul atemporal al vieții inepuizabile, izvorul morții din care viața se revarsă întru renașterea perenă. E o așezare misterioasă ce a fost vizitată de nenumărați eroi legendari și romantici ai lumii și care poate fi recunoscută sub numeroase transformări istorice și aparține tezaurului nostru universal de imagini simbolice arhetipale. Reprezentările care ne-au parvenit în basmul celtic și în povestea arthuriană revelă trăsături derivând din civilizația matriarhală primitivă ce a înflorit pe tot cuprinsul Franței occidentale și în Insulele Britanice în veacurile preceltice. Printre femeile fără de număr ale descendenței imemoriale pe linie maternă, coborând generație după generație din stră-străbunica primordială a clanului matriliniar, cavalerul, tânărul bărbat, băiatul erou (*puer aeternus*[1]), simțindu-se obosit de lunga sa aventură, își găsește în fine odihna. El a venit aici – în sanctuarul ascuns al izvorului primar – în căutarea unei soluții la enigma vieții și a morții. Și aici va dobândi mult doritul răspuns refuzat. Oracolul său va fi feminitatea maternă, înțelepciunea intuitivă neexprimată a forței vitale care, prin prezența ei vie, îl va face să înțeleagă misterul propriei ei renașteri repetate de-a lungul generațiilor trecătoare.

Tărâmul însă, așa cum e descris în romanele cavalerești, nu e deloc unul al fericirii. E o regiune a unei anumite beatitudini, dar lipsită de acțiune și aventură, o lume a celor duși, un soi de exil, dincolo de luptă și efort. Regele Arthur și cavalerii săi, ni se spune, au jelit dispariția lui Gawain ca și cum el ar fi murit și, cu puțin timp înaintea morții, regele, într-o viziune, l-a văzut pe erou ca pe un fel de spectru înconjurat de femeile de la curtea tărâmului fermecat, de natură magică[2]. Acel ținut miraculos, deși idilic, este, ca să folosim expresia lui Nietzsche, *tot vor Unsterblichkeit*, „mort de nemurire“: femeile de acolo, ca și consortul lor masculin, sălășluiesc în melancolia stării sufletești a morților. Ei tânjesc să se întoarcă în lumea omului și a vieții obișnuite, dar nu pot părăsi

1. Sanscr.: *sanatkumāra*.
2. Malory, *Morte d'Arthur*, XXI, 3.

niciodată insula. Barcagiul, ca şi anticul Caron care conducea ambarcaţia sufletelor răposate, îşi transportă călătorii într-o singură direcţie. Şi în locul acela nu e nici zi, nici noapte. Este tărâmul din care nici un pribeag nu se mai întoarce, *li reaume don nus éstranges ne retorne*[1].

Această formulă lipsită de speranţă (cum spune Hamlet, „tărâmul neaflat de unde nimeni nu se întoarce“[2]) are o foarte mare vechime ca termen pentru împărăţia morţilor. Ea derivă din tradiţia mesopotamiană, apărând pentru prima dată, după cum o atestă documentele existente, pe o serie grav deteriorată de tablete cuneiforme (cca 2000 î.Cr.) ce relatează coborârea zeiţei sumeriene Inanna (în babiloniană Ishtar) în lumea de jos[3]. Acest domeniu întunecat a constituit vreme de milenii ţinta sacră a tuturor marilor eroi căutători, de la Ghilgameş la Faust, deoarece el este locul de păstrare a tezaurului spiritual de înţelepciune mistică privitoare la renaştere. Cheile care deschid tabernaculul vieţii fără de sfârşit acolo pot fi descoperite, împreună cu darul nemuririi înseşi. Eroul descoperă însă apoi că este legat (aşa cum întreaga omenire e legată) de principiul matern al Mamei Glii, al Mamei Vieţi, legat de roata în veşnică rotire a vieţii-prin-moarte, şi atunci e învăluit în melancolia eroică familiară tuturor vitejilor exploratori din vremurile vechi care au coborât în abisul ţării de

1. Chrétien de Troyes, *Le chevalier de la charrette*, vv. 644–645 (ediţia Foerster, Halle, 1899, p. 25).

[De confruntat cu punctul de vedere din *Jaiminiya Upanişad Brāhmana* 3.28.5: „Cine oare, după ce-a lepădat lumea aceasta, ar mai dori să se întoarcă iarăşi? Ar vrea să fie doar *acolo*!“ Întoarcerea Eroului în peşteră (ca în *Republica* lui Platon) e o coborâre deliberată, un *sacrificiu* voluntar, nu înseamnă că el ar prefera „să fie doar *acolo*“. Ţara fără întoarcere = Brahmaloka (*Upanişade*, *passim*). Cum spune însă Dante, trebuie să murim ca să trăim sus acolo. – AKC]

2. *Hamlet*, III, I, 79–80 (trad. de Leon D. Leviţchi şi Dan Duţescu – *n. t.*).

3. S.N. Kramer, *Sumerian Mythology*, Memoirs of the American Philosophical Society, vol. XXI, 1944, p. 90.

dincolo. Gawain e unul dintre ei. Gawain e cuprins de tristeţea combinată a lui Ghilgameş şi a lui Eneas. El este eternul erou peregrin care ajunge la izvorul vieţii prin iniţierea deziluzionantă a renaşterii în moarte.

Mai există însă şi altă versiune[1]: Gawain, eroul, se poate întoarce; Moartea nu e capabilă să-l reţină, el poate reveni din tărâmul fermecat. Şi aduce atunci cu el – odată cu începutul Noului An renăscut – un balsam magic de viaţă invulnerabilă. Dar ca să-l poată dobândi, a fost nevoit să reziste la alinturile stăpânei acelui regat al morţii. La fel ca în castelul Cavalerului Verde, aşa şi pe insula vrăjită, Sir Gawain, refuzând să devină stăpânul consort al uluitor de frumoasei regine-năluci, rezistă ispitei care l-ar transforma într-un spectru nemuritor, vrăjit şi de esenţă divină. Necapitulând în faţa principiului generator al vieţii care e legat de moarte, eroul se eliberează din ciclul autodevorator. Şi astfel devine apt şi indicat să ducă cu sine trofeul mistic (corespunzător legăturii verzi a Cavalerului Verde) care oferă la rândul lui eliberarea.

Naşterea şi moartea şi renaşterea într-un ciclu fără sfârşit constituie caracteristica permanentă a procesului vieţii. Ea este ilustrată în ciclurile anului şi zilei, precum şi în perindarea generaţiilor şi în metamorfozele individului pe durata unei vieţi. Povestea cea mai veche a sufletului, iată ce redă elementul mitic păstrat în naraţiile cavalereşti despre curtea Regelui Arthur. Şi tocmai aceasta e ceea ce dă vechilor povestiri (oricât ar fi ele de diluate şi de condimentate după gustul unui cavalerism relativ modern, deşi acum de mult demodat) puterea de a ne frapa intuiţia cu o semnificaţie miraculoasă. Căutările lor sunt căutarea milenară a omului după răspunsuri extraordinare la stăruitoarele enigme ale existenţei sale în lumea aceasta.

Vechimea elementului mitic din aceste eposuri datând din secolele al XII-lea – al XIV-lea şi aparţinând poeţilor de pe lângă curţile medievale este sugerată de arma curioasă pe care

1. *Diu Krône*, vv. 17329 şi urm.

o poartă Moartea aşa cum e ea personificată în Cavalerul Verde. El li se înfăţişează luptătorilor Mesei Rotunde, ale căror turnire şi bătălii mondene erau purtate cu spade şi lăncii, ducând pe umăr o secure de luptă arhaică de mari dimensiuni, armă grosolană, care evocă de mult uitata epocă de piatră. Moartea, absolut indiferentă la progres şi la creaţiile inventivităţii omeneşti, rămâne inalterabilă şi, în ciuda a tot ce poate face omul ca să se schimbe, se agaţă de propria-i tradiţie.

Gawain însă, şi el, trădează simptome inconfundabile ale unei provenienţe din trecutul îndepărtat. Puterea lui, bunăoară, sporeşte până la amiază, apoi scade. Într-adevăr, din deferenţă faţă de Sir Gawain, la curtea Regelui Arthur a domnit o vreme obiceiul de a programa toate turnirele în primele ceasuri ale dimineţii. După toate aparenţele, cavalerul era un zeu solar, deghizat sub vestimentaţia de luptă medievală, osândit să expire odată cu fiecare crepuscul şi să treacă în „Tărâmul fără întoarcere". Ca şi Osiris, acolo el devenea regele, soarele lumii de jos, dar, ca şi discul solar rotitor, el traversa şi părăsea eliberat „marele tărâm inferior", făcându-şi iarăşi apariţia, renăscut, la răsărit, în chip de luminător al noii zile. Gringalet, armăsarul lui Gawain, avea urechi roşii strălucitoare, iar spada sa, Escalibor, radia lumină[1].

În *Château Merveil*, Gawain a fost supus unor încercări şi mai ciudate decât cele din castelul Cavalerului Verde. Principala luptă a fost cu un anumit pat primejdios, *Liz de la Mervoille*, „Patul minunilor", o piesă de mobilier deloc agreabilă. Deşi la prima vedere el arăta că oricare alt pat, paşnic şi îmbietor pentru erou, la capătul unei călătorii lungi şi aventuroase, în clipa când acesta s-a întins în el ca să doarmă, obiectul şi-a ieşit din

1. Weston, *op. cit.*, pp. 12–17. Ca şi animalele zeilor solari din alte mitologii (Vitele Soarelui, bunăoară, în cea grecească şi în cea hinduistă), Gringalet era foarte preţios şi expus necontenit primejdiei de a fi furat sau de a se rătăci. Spada Escalibor (Escalibur) era atribuită de romanele cavalereşti şi Regelui Arthur. În vechiul roman francez *Roman de Merlin*, cap. XXI, ed. Sommer, p. 270, se spune că Arthur i-a înmânat spada Escalibor nepotului său când l-a consacrat cavaler.

minţi. Galopa de colo colo prin încăpere, se dădea de pereţi, sărea şi se zguduia de parcă nu suporta să fie posedat de către călăreţul care-şi îngăduise să se încreadă în aparenţa lui liniştit binevoitoare. Se comporta asemenea unei mirese nărăvaşe care se revoltă împotriva îmbrăţişării impuse. Izbea şi ricoşa până când, biruit de tăria răbdătoare a eroului, s-a potolit în cele din urmă. Dar lupta nu se sfârşise. Nu se instaurase nicidecum pacea. Prin draperiile patului s-a declanşat o ploaie de pietre, apoi un nor de săgeţi trase din nenumărate arcuri invizibile. Din fericire, Sir Gawain îşi băgase bine în cap un sfat al luntraşului şi nu-şi scosese armura când îşi încredinţase oasele ostenite aşternutului moale, căci acum se dezlănţuise iadul de jur-împrejurul său. Viaţa şi-o salvase vârându-se sub scut.

După ce a trecut cu bine prin aceste aspre încercări preliminare la care i-au fost supuse statornicia şi stăpânirea de sine (virtuţi indispensabile pentru cineva care vrea să trăiască în armonie cu principiul feminin, să-i câştige stima şi să-i smulgă îngăduinţa), eroul a fost trecut printr-un al treilea exerciţiu de către prevăzătoarea populaţie feminină a castelului invadat. Uşa odăii s-a dat de perete şi un leu puternic, cu un răget înspăimântător, s-a năpustit asupra aventurierului gata maltratat. Regescul animal, întrupare a curajului, a pus la grea încercare cutezanţa lui Gawain. Târnosit şi ciopârţit, plin de răni sângerânde, viteazul cavaler a biruit în cele din urmă fiara, a omorât-o şi s-a prăbuşit apoi pe hoitul ei, cufundându-se într-un somn frate cu moartea. N-avea cum să ştie că satisfăcuse şi potolise, în sfârşit, recalcitrantul element feminin al castelului. Îşi dusese cauza la bun sfârşit. Prezenţa feminină care, înainte de a se îmbuna, ţinuse să-l încerce pe nou-venitul prin toate mijloacele, îşi făcu acum apariţia. Reginele şi toate domniţele intrară în odaie şi se apropiară de figura inconştientă a alesului, întins neajutorat peste leu, îl unseră cu balsam, îi alinară şi-i tămăduiră rănile şi-i redară numaidecât puterile. Numeroasele doamne, mai tinere şi mai bătrâne, după ce fuseseră atât de arogante, acum nu mai pridideau să-l slujească şi să-l întărească, întrucât ele fuseseră scăpate de vraja superiorităţii şi izolării lor amazoniene mulţumită curajului său răbdător. Acum îl recunoşteau bucuros drept domnul şi stăpânul lor.

În acest tablou fermecător şi amuzant, cucerirea neamului femeiesc reprezintă şi e reprezentată ca împlinirea misiunii de o viaţă. Înţelegerea de către eroul bărbat a principiului feminin (distanţat de masculin şi opus lui) prin recunoaşterea şi acceptarea trăsăturilor sale intrinseci, semnifică o reconciliere şi o unire în el a contrariilor, având ca rezultat final eliberarea lui de orice unilateralitate, ca şi de toate fricile şi dorinţele subsecvente. Victoria înseamnă accesul la plenitudinea conştiinţei umane, dobândirea unei maturităţi care echilibrează termenii de viaţă-moarte, masculin-feminin şi celelalte contrarietăţi care ne scindează exprimarea şi experienţa comună a realităţii singulare care este viaţa. Înseşi virtuţile care i-au dat lui Gawain posibilitatea să o mântuiască pe femeie de vraja propriei ei naturi – răbdarea, statornicia, cutezanţa, dăruirea de sine – l-au condus şi la sanctuarul morţii, i-au desferecat poarta şi i-au deschis tezaurul de luminare. Ele sunt cheile către înţelepciunea de dincolo de punctele terminus ale vieţii şi morţii temporale, cheile către înţelegerea vieţii veşnice. Prin recunoaşterea identităţii ascunse a contrariilor şi prin desconsiderarea aparenţelor conflictuale care în mod normal bombardează spiritul şi stârnesc neliniştile reacţiilor noastre cotidiene ignorante, eroul supus încercărilor se vede eliberat de groaza naturală a extincţiei din schimbare. El îşi atinge totalitatea, este unit cu permanenţa fiinţei, e inundat de o cunoaştere nemărginită şi de o înţelepciune imperturbabilă. Astfel, povestea aceasta plastică împreunează şi identifică, într-un mod cum nu se poate mai simplu şi mistic, cele două fapte – îndeobşte separate –, şi anume cucerirea femeii şi realizarea nemuririi.

3

Mai există un roman cavaleresc remarcabil despre Sir Gawain care săvârşeşte o fuziune şi mai strânsă a celor două iniţieri. Este mai degrabă o aventură enigmatică şi amuzantă în care o parte din ispravă îi revine Regelui Arthur. Dar fapta supremă e cea a lui Sir Gawain. El este alter ego-ul tânăr al regelui şi, ca atare, factorul activ în actul mistic al dezvrăjirii. Leal şi curajos, lui îi revine sarcina critică şi cea mai dificilă.

Regele plecase cu o mică suită alcătuită din tinerii săi cavaleri ca să petreacă o zi la vânătoare în pădure; printre ei se afla şi Sir Gawain. Ţinutul le era familiar şi nimeni nu se aştepta la vreo întâmplare miraculoasă. La un moment dat, regele dădu pinteni calului şi le-o luă niţel înainte celorlalţi, stârnind deodată un cerb mare. Porni în urmărirea lui şi nu străbătu nici o jumătate de milă că-l şi doborî. Descălecă, îşi legă calul de un copac, îşi scoase cuţitul de vânătoare şi se apucă de pregătirea prăzii. Dar în timp ce se apleca asupra vânatului, într-un luminiş cu ferigi, îşi dădu seama că-l urmăreşte cineva şi, ridicând privirea, zări în faţa sa un cavaler cumplit la chip şi înarmat până-n dinţi, „vânjos şi prea puternic".

„Bun găsit, rege Arthur!" zise uriaşul. „Mi-ai făcut rău mulţi ani, şi ţi-o voi plăti aspru aici; îţi socotesc viaţa aproape încheiată."

Ameninţat astfel cu moartea imediată, regele s-a grăbit să-i răspundă că o asemenea faptă l-ar onora pe celălalt prea puţin: „Tu arme ai, eu am doar straie verzi." Şi l-a întrebat pe gâlcevitor cum îl cheamă.

„Numele meu", răspunse omul acela, „este Gromer Somer Joure." Numele nu-i spunea nimic regelui.

Argumentul regelui atinsese însă un punct delicat al onoarei cavalereşti, şi astfel uriaşul în armură a fost silit să o lase mai moale, nu detot, doar un pic. Şi condiţia pusă de el spre a-l lăsa pe rege să plece constituie tema şi firul acestei povestiri groteşti.

Sir Gromer Somer Joure a cerut ca victima sa lipsită de apărare să jure că se va întoarce în acelaşi loc şi în aceeaşi zi din anul următor, neînarmat ca şi acum – îmbrăcat doar în straiele lui verzi de vânător – şi să aducă drept răscumpărare a vieţii sale răspunsul la următoarea cimilitură: Ce doreşte cel mai mult femeia pe lume?

Regele a făgăduit solemn că aşa va face şi s-a întors tare mâhnit la soţii săi cavaleri. Sir Gawain, nepotul său, i-a citit tristeţea de pe chip şi l-a luat deoparte spre a-l întreba ce i se-ntâmplase. Regele i-a explicat între patru ochi. Cei doi se sfătuiră, răzleţindu-se puţin de ceata celorlalţi, şi numaidecât Gawain îi veni în întâmpinare cu o sugestie excelentă.

„Porunceşte să-ţi fie pregătit calul pentru o călătorie în ţări străine şi ori de câte ori întâlni-vei pe drum un bărbat sau o femeie, întreabă-i ce răspuns pot da la cimilitură. Şi oi pleca şi eu pe alt drum şi voi iscodi şi eu pe fiecare bărbat şi femeie şi voi obţine ce voi putea, şi toate răspunsurile le voi aşterne-n scris într-o carte."

Regele porni pe-un drum, şi Gawain pe altul,
Şi purceseră să-ntrebe bărbaţi şi femei
Oare ce doresc femeile cel mai mult.
Unii răspunseră că să se-mbrace-ales,
Unii spuseră că le place-a fi slăvite,
Unii spuseră că le place un bărbat voinic
Să le strângă-n braţe şi să le sărute,
Unii au spus una, alţii au spus alta,
Şi-adună răspunsuri multe Gawain.
Sir Gawain adunase răspunsuri multe-atâtea,
Că, iscusit, făcu din ele-o carte mare;
Apoi făcu la curte cale-ntoarsă,
Când s-a întors şi regele cu cartea lui,
Şi fiecare cărţulia celuilalt citit-a.
„Nimica nu prea este", spuse Gawain.
„Zău", spuse regele, „mi-e tare teamă
Că trebuie oleacă să mai caut."

Mai rămăsese o lună. Regele, tot neliniştit în ciuda numărului mare de răspunsuri adunate, dădu iarăşi zor şi se aventură în pădurea Inglewood, unde dădu peste cea mai pocită ciumă de cotoroanţă pe care o văzuse vreodată: stacojie la faţă, başca nas mucos, gură lătăreaţă, dinţi galbeni încălecaţi peste buze, grumaz lung şi subţiratic şi ţâţe grele, lăbărţate. Purta la spate o lăută şi călărea pe un buiestraş bogat înşeuat.

Era o privelişte de-a dreptul revoltătoare să vezi o asemenea ciumă călărind pe un cal atât de elegant.

Ea se duse drept la rege, îi dădu bineţe şi-i spuse fără multă vorbă că nici unul dintre răspunsurile găsite de el şi de Gawain nu-i era de folos. „Dacă nu te ajut eu, eşti ca şi mort", zise ea. „Acordă-mi, Sire, doar un lucru, şi eu mă prind să-ţi scap viaţa, altminteri ai să-ţi pierzi capul." „Ce vrei să spui, Doamnă?", întrebă regele. „Spune-mi care ţi-e gândul şi de ce mi-e viaţa în mâinile tale, iar eu îţi făgăduiesc orice vei cere." „Aferim", răspunse oribila cotoroanţă, „va trebui să-mi dai ca soţ pe un cavaler, numele lui e Sir Gawain. Şi fac legământul ca, dacă viaţa nu-ţi va fi salvată de răspunsul meu, dorinţa să-mi rămână neîmplinită, dar dacă răspunsul meu te va salva, îmi vei îngădui să fiu soţia lui Gawain. Alege acum, şi iute, căci ori e cum spun eu, ori eşti ca şi mort." „Pe Sfânta Fecioară!" spuse regele „n-aş putea să te asigur că Sir Gawain s-ar căsători cu tine. Doar el are cădere să hotărască." „Bine", spuse ea, „întoarce-te acum acasă şi vorbeşte-i frumos lui Sir Gawain. Oi fi eu scârboasă, dar mi-s voioasă." „Vai mie!" spuse el. „Ce nenorocire pe capul meu!"

Regele Arthur se întoarse la castel, şi nepotul său, Gawain, răspunse plin de curtenie. „Nici vorbă", spuse Gawain, „mai bucuros mi-aş vrea moartea mie decât ţie. Am să mă-nsor cu ea o dată şi încă o dată, fie ea şi o diavoliţă mai hâdă decât Belzebut, căci altminteri nu ţi aş fi prieten." „Nespus îţi mulţumesc, Gawain", spuse atunci Regele Arthur; „eşti floarea tuturor cavalerilor pe care i-am întâlnit vreodată."

Doamna Ragnell era numele baborniţei. După ce Regele Arthur, întorcându-se, îi dădu făgăduinţa sa şi pe-a nepotului său, ea răspunse, „Sire, află atunci ce anume jinduiesc femeile mai mult sub soare. Un lucru doar ne stă-n închipuire, şi care-anume ai să afli-acum: mai mult decât orice, dorim stăpânirea asupra bărbaţilor."

Şi apoi îi spuse regelui că nămetenia de cavaler o să fie mânios la auzul acestor vorbe. „Şi o va blestema pe cea care te-a învăţat asta, căci truda lui a fost zădărnicită."

Regele Arthur porni în galop peste mlaştini, turbării şi lunci la întâlnirea cu Sir Gromer Somer Joure, şi-n clipa când ajunse la locul stabilit, văzu că celălalt ajunsese înaintea lui.

„Hai, Sir Rege“, spuse adversarul înarmat, „ia să vedem care-ţi va fi răspunsul.“

Regele Arthur îşi scoase cele două cărţi şi i le-nfăţişă în speranţa că vreunul din mai vechile răspunsuri l-ar putea mulţumi, el şi nepotul său fiind dezlegaţi de făgăduinţa cea neplăcută.

Sir Gromer se uită la răspunsuri, la toate. „Nu, nu Sir Rege“, zise el, „eşti ca şi mort.“

„Un bob zăbavă, Sir Gromer“, zise regele, „mai am încă un răspuns.“ Sir Gromer stătu să asculte. „Mai presus de orice“, spuse regele, „femeile doresc stăpânirea, căci asta-i placul lor şi asta-şi doresc cel mai mult.“

„Pe cea care ţi-a spus asta, Sir Arthur, deie Domnul s-o pot vedea mistuită de flăcări, căci nu poate fi decât sora mea, Doamna Ragnell, cotoroanţa aia bătrână, bătu-o-ar Dumnezeu s-o bată – altminteri te-aş fi îngenuncheat... Păi atunci, ziua bună.“ Năbădăiosul cavaler îi purta de mult sâmbetele Regelui Arthur, fiindcă regele îl lipsise cândva de pământuri şi i le dăduse, „cu mare silnicie“, lui Sir Gawain. Acuma însă prilejul de răzbunare i se irosise, aşa încât o luă din loc furios, căci n-avea să mai aibă norocul de a-şi întâlni duşmanul de moarte neînarmat.

Regele Arthur îşi struni calul către câmpie şi curând o întâlni iar pe Doamna Ragnell. „Sir Rege“, spuse ea, „sunt bucuroasă c-ai dat zor; ţi-am spus cum o să meargă. Şi-acum, de vreme ce ţi-am salvat viaţa, Gawain trebuie să mă ia de nevastă. E un cavaler nespus de nobil. Căsătoria vreau să fie de faţă cu toată lumea şi-abia pe urmă o să te las să te desparţi de mine. Ia-o înainte, şi eu am să te urmez până la curtea ta, Rege Arthur.“

Şi regelui îi era tare ruşine cu ea, dar când sosiră la curte şi toţi se minunau de unde răsărise o asemenea hoaşcă, Sir

Gawain, cavalerul, le ieşi în întâmpinare fără a da vreun semn de împotrivire, reîntărindu-şi cuvântul de onoare.

„Fie Domnul lăudat“, făcu Doamna Ragnell atunci,
„De dragul tău frumoasă-aş vrea să fiu,
Căci gândul văd că-l ai atât de bun.“

Toate doamnele de la curte şi toţi cavalerii îl căinau mâhniţi pe Sir Gawain, şi doamnele plângeau prin iatacuri că-l vedeau silit să se însoare cu o asemenea arătare, atât de hâdă şi de groaznică era. Avea câte doi dinţi asemeni colţilor de mistreţ, de-o parte şi de alta, lungi de-o şchioapă, un colţ în sus şi altul în jos, şi avea o gură lătăreaţă şi umbrită toată de peri deşi. Şi nu s-a mulţumit cu o nuntă restrânsă şi liniştită (după cum era dorinţa reginei), ci a cerut insistent o liturghie mare şi un ospăţ în sala de primiri la care să ia parte toată lumea. La masă a înfulecat trei claponi şi-o groază de corle şi nenumărate hălci de carne friptă, sfâşiind-o pe toată cu colţii ei lungi şi cu unghiile până când n-au rămas decât oasele. Sir Kay, însoţitorul lui Gawain, dar om obraznic şi necurtenitor, dădu din cap. „Oricine o va săruta pe doamna asta“, spuse el, „o să-l treacă răcorile de-aşa sărut.“ Şi mireasa îşi văzu mai departe de hăpăit, până ce isprăvi carnea.

Noaptea, în pat, Sir Gawain nu izbuti la început nici să-şi întoarcă privirea spre râtul ei respingător. La o vreme însă ea îi spuse: „Ah, Sir Gawain, de vreme ce m-am măritat cu tine, arată-ţi curtenia în pat. Dacă aş fi frumoasă, nu te-ai purta aşa, nu ţii deloc seama de cununie. De dragul lui Arthur, dă-mi măcar o sărutare, rogu-te, fă ce-ţi cer. Vino, ia să văd cât de iute poţi fi!“

Cavalerul şi nepotul leal al regelui îşi luă inima în dinţi şi-şi chemă toată bunătatea-n ajutor. „Am să fac mai mult“, spuse el cu toată duioşia, „am să fac mai mult decât să-ţi dau doar un sărut, martor mi-e Dumnezeu!“ Şi se întoarse către ea. Şi văzu că ea era cea mai frumoasă făptură pe care-i fusese dat s-o vadă vreodată.

Şi ea spuse: „Care ţi-e voia?“

„Ah, Isuse!“ spuse el, „cine eşti tu?“

„Stăpâne, sunt soţia ta, de bună seamă, de ce eşti atât de aspru?“

„O, doamnă, eu port toată vina, nu am ştiut. Eşti frumoasă pentru ochii mei, pe când astăzi erai cea mai hâdă făptură din câte-mi fusese dat să văd vreodată! Să-mi fii aşa, o, doamna mea, tare-mi place.“ Şi-o luă în braţe şi-ncepu să o sărute, şi tare se mai veseliră.

„Stăpâne“, spuse ea, „frumuseţea mea nu va dura. Mă poţi avea aşa, dar numai o jumătate de zi. Şi mai e o întrebare, şi va trebui să alegi dacă vrei să mă ai frumoasă noaptea şi urâtă ziua sub privirile tuturora, sau frumoasă ziua şi urâtă noaptea.“

„Vai“, răspunse Gawain, „alegerea e tare grea. Ca să te am frumoasă noaptea şi atât, mi s-ar amărî inima; dar dacă m-aş hotărî să te am frumoasă ziua, atunci noaptea mi-ar fi scârbă de patul meu. Cu dragă inimă aş alege ce-i mai bine, dar mi-e cu neputinţă să spun ce anume. Iubită doamnă, fie dar după dorinţa ta, las în seama ta alegerea. Trupul şi avuţiile mele, inima şi tot îţi aparţin şi poţi face ce vrei cu ele, ţi-o mărturisesc în faţa lui Dumnezeu.“

„Oh, îţi mulţumesc nespus, curtenitorule cavaler!“ spuse doamna. „Fii binecuvântat mai presus de toţi cavalerii din lume, căci acum sunt eliberată de vrajă şi mă vei putea avea frumoasă şi strălucitoare şi noaptea, şi ziua.“

Şi apoi îi povesti soţului ei fericit că mama ei vitregă (Dumnezeu să-i miluiască sufletul!) o vrăjise cu ajutorul necromanţiei, osândind-o să rămână sub înfăţişarea ei dezgustătoare până când cel mai bun cavaler din Anglia se va căsători cu ea şi-i va da ei stăpânire deplină asupra trupului şi avuţiilor lui toate. „Aşa am fost sluţită“, spuse ea. „Şi tu, Sir Gawain, curtenitorule Gawain, mi-ai dat neîndoios stăpânirea asupra ta. Sărută-mă, Sir Cavalere, mintenaş şi-aici, rogu-te; veseleşte-te şi benchetuieşte după pofta inimii.“ Şi se bucurară până la uitare de sine.

Aşa se scurse-o zi până-n amiaz.
„Dragi domni“, regele zise, „haide să vedem
Dacă Sir Gawain mai trăieşte încă;
Mi-e tare teamă pe Sir Gawain
Să nu-l fi omorât cumva drăcoaica,
Acum aş vrea să văd cu ochii mei.
Să mergem dar, le spuse Arthur Rege.
„Hai să vedem dacă se-aude zgomot,
Dacă-a dormit, cât a dormit de bine.“
Sosiră la iatac cu toţii-n păr.
„Sus“, lui Sir Gawain regele-i strigă,
„De ce te-a tras la somn atâta patul?“
„Fecioară sfântă“, zise Gawain, „Sire,
M-am veselit, îngăduit de-mi este,
Că tare bine-mi este şi-s tihnit;
Staţi, uşa s-o deschid şi să vedeţi
Cum sunt şi dac-am pricini să fiu bine,
Deşi n-am chef să mă dau jos din pat.“
Sir Gawain se sculă, de mână-şi prinse
Frumoasa doamnă, uşa le-o deschise,
Ea în cămaşă lângă foc şedea,
Păr de-aur până la genunchi avea,
„Priviţi, tămăduită-mi este ea,
Priviţi!“ lui Arthur Gawain îi vorbi,
„E soaţa mea, Doamna Ragnell, o ştii,
Măria ta, ea viaţa ţi-a salvat-o.“[1]

---

1. Din *The Weddynge of Sir Gawen and Dame Ragnell*, poem din secolul al XV-lea, păstrat într-un manuscris de la începutul secolului al XVI-lea (Rawlinson C 86). Aceeaşi poveste e istorisită, cu variante, în balada *The Marriage of Sir Gawaine* (păstrată în ms. folio al Episcopului Percy, mijlocul secolului al XVII-lea), unde cavalerul care provoacă la luptă e descris ca „un baron cutezător... cu o măciucă mare în spate, neclintit şi puternic“, iar prima întâlnire are loc în perioada Crăciunului, cea de-a doua fiind fixată în ziua de Anul Nou. *Cf.* Gower, *Tale of Florent* (*Confessio amantis*, I, 1396–1861), şi Chaucer, *Tale of the Wyf of Bathe*.

O reunire comodă a acestor materiale se poate găsi în Bartlett J. Whiting, „The Wife of Bath's Tale“, publicată în W. F. Bryan şi Germaine Dempster, *Sources and Analogues of Chaucer's' Canterbury Tales*, The

II. CAVALERUL CU LEUL

Romanele Mesei Rotunde au fermecat vreme de sute de ani sufletul Europei. Plăsmuite în secolele al XII-lea şi al XIII-lea de poeţi din Franţa, Germania şi Britania pe baza unor materiale derivate în mare măsură din comorile vechi ale celţilor, aceste legende de basm, căutare şi dezvrăjire şi-au pus adânc pecetea pe conştiinţa (ca şi pe inconştientul) descendenţilor acelora care s-au bucurat primii de ele. Nu vom insista asupra circumstanţelor care m-au îndemnat să arunc o privire din domeniul meu de specialitate, mitologia hindusă veche, către această tradiţie ce aparţine celui mai îndepărtat cotlon al Europei antice, nici nu ne vom opri şi intra în amănunte asupra tehnicii de interpretare comparativă care ne influenţează în această aventură diletantă de elucidare experimentală. Nu intenţionăm şi nici nu ne aşteptăm ca metoda să dea rezultate importante din punct de vedere filologic; paralelele indicate nu sunt prezentate ca probe pentru o istorie comparativă a motivelor şi versiunilor. Ţinta acestei resuscitări nu e decât aceea de a lăsa vechile personaje şi aventuri simbolice să acţioneze asupra imaginaţiei vii şi să o stimuleze, de a le reînsufleţi şi de a deştepta în noi înşine aptitudinea de a citi cu înţelegere intuitivă acest scenariu plastic care odinioară a fost purtătorul subzistenţei spirituale a propriilor noştri strămoşi. Răspunsurile la enigmele existenţei pe care le încorporează poveştile – indiferent dacă suntem sau nu conştienţi de faptul acesta – continuă să ne modeleze vieţile.

Secolele s-au perindat însă şi, cu toate că în accepţiunea cea mai profundă e fără îndoială adevărat că mesajele acestor ro-

University of Chicago Press, Chicago, 1941, pp. 223–264. Versurile din relatarea de mai sus sunt citate din această prezentare a textului. Pentru un studiu despre sursele şi atmosfera irlandeză ale ciclului lui Gawain, vezi G. H. Maynadier, *The Wife of Bath's Tale*, Londra, 1901, Jessie L. Weston, *op. cit.*, şi Roger S. Loomis, *Celtic Myth and Arthurian Romance*, New York, 1927. Vezi de asemenea Ananda K. Coomaraswamy, „On the Loathly Bride“, *Speculum*, XX, oct. 1945, pp. 391–404.

mane vechi sunt foarte aproape de noi, din alt unghi ele sunt îndepărtate. Cei mai mulţi dintre noi le-am savurat în copilărie într-una sau alta din acele ediţii ilustrate încântător şi cu belşug de culoare, destinate celor foarte tineri, iar câţiva dintre noi ne-am afundat în opere de autentică tradiţie: *Morte d'Arthur* a lui Malory, de pildă. În general însă nu putem găsi decât prea puţin sau nimic de însemnătate contemporană în aceste documente adeseori interminabile ale unei epoci dispărute. Poeţii medievali insistau atât de stăruitor asupra problemelor sociale şi psihologice specifice propriei lor societăţi feudale, încât ele ni se par acum învechite şi plicticoase, aparţinând în foarte mare măsură trecutului. Şi astfel, chiar dacă ele ne au încântat o clipă copilăria precum şi veacurile formative ale civilizaţiei noastre, suntem bucuroşi să le lăsăm (luându-ne rămas-bun, ca adulţi, de la lectura lor) în seama filologilor şi a acelor studenţi nefericiţi care sunt obligaţi să-şi instruiască minţile cu ajutorul limbilor moarte şi să-şi obişnuiască urechile cu complicaţiile metrilor ce şi-au pierdut sonoritatea. Chrétien de Troyes, Wolfram von Eschenbach şi poetul lui Gawain şi-au găsit locul de odihnă într-un ungher prăfuit al podului modern împreună cu restul antichităţilor pe care noi, occidentalii moderni, le-am depozitat pios la loc ferit atunci când am depăşit convenţiile cavalereşti ale lumii medievale.

Şi totuşi generaţiile care au plămădit aceste romane sunt nu numai strămoşii noştri spirituali, ci oarecum şi cei fizici. Ei există în oasele noastre – neştiuţi nouă, şi când ascultăm noi, şi ei ascultă. În timp ce citim noi, cine ştie ce obscur eu ancestral de care nu avem cunoştinţă o fi dând din cap aprobator când îşi aude iarăşi vechea poveste, bucurându-se să recunoască iarăşi ceva ce făcea parte din propria-i înţelepciune străveche. Şi dacă suntem atenţi, această prezenţă lăuntrică ne mai poate învăţa şi cum să ascultăm, cum să reacţionăm la romanele cavalereşti, cum să le înţelegem şi să le utilizăm în lumea de fiecare zi.

Una din cele mai populare poveşti de acest gen era cea despre Owain sau Yvain, „Cavalerul cu leul şi Doamna

Fântânii"[1], o istorisire realmente minunată despre felul în care un tânăr şi eroic căutător de aventuri a reuşit să ajungă la fântâna vieţii şi să o cucerească, despre cum a câştigat-o pe Doamna Fântânii şi cum a pierdut-o iarăşi, dar apoi, trecând prin nebunie şi mizerie, încercări decisive şi triumfuri, a regăsit-o şi a devenit, de astă dată pentru totdeauna, stăpânul deopotrivă al fântânii şi al reginei acesteia. Aventurile reprezintă în mod evident un soi de iniţiere în maturitate – calea urmată de către un erou onest şi înzestrat cu puteri intuitive, dar orb din cauza inconştienţei.

„Regele Arthur era la Caerleon-pe-Usk şi într-o zi a rămas să şadă în odaia sa, şi cu el erau Owain fiul lui Urien, şi Kynon fiul lui Clydno, şi Kai fiul lui Kyner, şi Guinevere şi slujitoarele ei care-şi vedeau de lucrul lor de mână lângă fereastră. Şi dacă

---

1. Chrétien de Troyes, *trouvère* la curtea rafinată a contesei Marie de Champagne (fiica Eleonorei d'Aquitaine şi a regelui Ludovic al VII-lea al Franţei), şi-a dat propria versiune a acestui roman pe la 1173 (data nu e cunoscută exact). Chrétien pare a fi fost cel dintâi care a introdus în Franţa majoritatea povestirilor despre cavalerii Mesei Rotunde. Pe la 1300, romanul său *Yvain ou Le chevalier au lion* a fost tradus în germană de Hartmann von Aue, cel mai proeminent dintre romancierii-poeţi germani ai epocii, ceva mai târziu în engleză (sub titlul de *Yvain and Gawain*) de către un poet anonim din comitatul de nord înzestrat cu un talent remarcabil, iar pe parcursul secolului al XV-lea din nou în germană, de către bavarezul Ulrich Furterer. Sunt cunoscute traduceri în suedeză, daneză şi islandeză.

Relatarea care urmează nu se va baza însă nici pe Chrétien şi nici pe vreunul din traducătorii săi, ci pe versiunea galeză, aşa cum a fost păstrată în *Red Book of Hergest* din secolul al XIV-lea. Deşi tradiţia continentală despre cavalerii Mesei Rotunde a avut urmări asupra micii regiuni muntoase de origine a Regelui Arthur şi a modificat legendele indigene, calitatea şi spiritul celtic originar se menţin totuşi în această poveste şi aventurile sunt redate cu o viguroasă decizie şi înţelegere. Romanele cavalereşti din *Red Book of Hergest* au fost traduse la începutul secolului trecut de Lady Charlotte Guest, şi publicate sub titlul de *The Mabinogion* (1838–1849), accesibile acum în Everyman's Library No. 97. Povestea lui Owain apare acolo sub titlul de „The Lady of the Fountain".

ai fi zis că la palatul lui Arthur era un portar, ei bine, nu era nici unul. Era acolo Glewlwyd Gavaelvawr, făcând pe portarul, ca să întâmpine pe oaspeţi şi străini şi să-i primească cu toată cinstea şi să-i înştiinţeze despre manierele şi obiceiurile curţii, precum şi ca să-i îndrume pe cei ce veneau în sala cea mare sau în sala de audienţe sau pe cei ce veneau să-şi ocupe odăile pentru musafiri.

În mijlocul odăii, Regele Arthur şedea pe un divan verde din papură, pe care era întinsă o învelitoare de satin purpuriu, iar sub umăr avea o pernă de satin roşu.

Atunci Arthur cuvântă. «Dacă aş şti că nu mă dispreţuiţi», spuse el, «aş trage un pui de somn în aşteptarea mesei, iar voi aţi putea petrece spunându-vă poveşti şi cerând o carafă de mied şi ceva carne de la Kai.» Şi regele se cufundă în somn."

Kai se duse la bucătărie şi în pivniţă şi se întoarse cu o carafă de mied şi un pocal de aur şi cu frigărui înşirate pe o vergea. Apoi mâncară frigăruile şi începură a bea miedul. Şi într-o clipă tânărul cavaler Kynon a fost înduplecat să spună o poveste. Şi-a povestit cum s-a încumetat el într-o anumită căutare şi cum a dat greş.

Kynon se echipă şi porni la drum prin deşerturi şi ţinuturi îndepărtate; şi într-un târziu ajunse în vârful unui povârniş, unde găsi un luminiş, iar în mijlocul lui un copac înalt, sub copac o fântână, şi lângă fântână o lespede de marmură cu un potir de argint legat de un lanţ de argint. Kynon luă potirul şi vărsă apa din el pe lespede; atunci, numaidecât, un tunet puternic zgudui văzduhul, se dezlănţui o furtună grozavă şi o ploaie cu grindină puse în primejdie viaţa eroului. Cu scutul, el puse la adăpost atât capul calului, cât şi pe-al său. Şi după ce trecu ploaia, văzu că toate frunzele din copac fuseseră smulse. Cerul se însenină însă apoi şi teribila pustiire fu urmată de un fel de nouă primăvară, care a fost mai mult decât o simplă despăgubire pentru spaima trasă. Mari stoluri de păsări multicolore se aşezară pe copac şi prinseră a cânta, acoperindu-i crengile goale, ca un frunziş melodios. „Şi zău,

Kai“, mărturisi Kynon, „n-am auzit niciodată vreo melodie la fel cu aceea, nici înainte, nici mai târziu.“

Dar când era mai fermecat Kynon de cântecul păsărilor, se auzi murmurul unui glas din vale, ajungându-l şi spunându-i: „O, cavalere, ce vânt te-aduse pe-aici? Oare ce rău ţi-am făcut ca să te porţi aşa cu mine şi cu avuţiile mele, aşa cum ai făcut-o azi? Nu ştii oare că ploaia de astăzi n-a lăsat în viaţă pe domeniile mele pe nimeni, om sau animal, lovit de ea?“ Şi, ce să vezi, chiar atunci se ivi un cavaler călare pe un cal negru, înveşmântat în catifea neagră ca tăciunele şi înfăşurat într-o mantie de in neagră. Şi porniră amândoi la atac; ciocnirea a fost cumplită, şi Kynon a fost doborât din şa. Apoi cavalerul îşi trecu coada lăncii prin căpăstrul calului celuilalt şi se îndepărtă cu amândoi caii, lăsându-l pe Kynon acolo unde căzuse. Şi aşa se face că tânărul şi preacurajosul luptător de la curtea Regelui Arthur a făcut cale-ntoarsă pe unde venise.

Tânărul Owain, în timp ce asculta povestea prietenului său, luă în sinea sa hotărârea de-a încerca şi el să înfrunte aventura aceea fără seamăn. A doua zi, în revărsatul zorilor, îşi puse armura şi încălecă pe armăsarul său şi străbătu ţinuturi îndepărtate şi trecu munţi pustii. Într-un târziu ajunse la cea dintâi aventură din calea sa, tocmai aceea descrisă de către Kai: cea mai mândră vale din lume, în care creşteau copaci tot unul şi unul de înalţi, şi-un râu de-a lungul văii, străjuit de o cărare; în cele din urmă, un castel măreţ, la poalele căruia se prăvălea un torent. Şi stăpânul castelului îi făcu o primire mărinimoasă tânărului cavaler rătăcitor. Erau acolo fete, îndeletnicindu-se cu broderii pe satin, şezând pe scaune de aur, şi toate se ridicară ca să-l slujească pe Owain; scoaseră de pe el straiele murdare şi-l înveşmântară-n altele; şi masa pe care o întinseră în faţa lui era alcătuită din toate soiurile de cărnuri şi băuturi câte-i fusese dat să vadă. Când află scopul călătoriei oaspetelui, gazda surâse binevoitor şi spuse: „Dacă nu m-aş teme să te îndurerez, ţi-aş arăta ceea ce cauţi. Dar dacă ai vrea să-ţi arăt mai degrabă daunele decât foloasele tale, aşa voi face.“ Şi el îi descrise lui Owain desfăşurarea aventurii. După un somn de-o noapte, Owain îşi găsi calul gata pregătit pentru el de către fete, şi porni la drum.

Ispita de a rămâne acolo şi de a-şi irosi viaţa la masa cea îmbelşugată printre fiicele ademenitoare ale stăpânului din Castelul Belşugului („cea mai puţin frumoasă dintre ele era mai frumoasă decât cea mai frumoasă fecioară din câte ai văzut vreodată în Insula Britaniei") era acum în urma lui, dar o a doua ispită, şi anume cea a fricii, i-a răsărit curând în faţă. Ţinând drumul descris atât de Kynon, cât şi de gazdă, purcese în pustie şi ajunse la un luminiş întins unde văzu un om negru neobişnuit de înalt care stătea în vârful unui dâmb. Era de două ori mai înalt decât un om obişnuit. O pocitanie, doar cu un picior şi-un singur ochi în mijlocul frunţii. Purta asupră-i o măciucă de fier de o mărime nemaipomenită. Era pădurarul acelei păduri. Owain zări o mulţime de animale sălbatice strecurându-se pe lângă el. Şi când fu pălit cu măciuca de către omul acela, un cerb începu să mugească puternic, se adunară toate animalele, la fel de numeroase ca stelele cerului, aşa încât anevoie găseai loc în luminiş ca să stai printre ele. Şi erau şerpi şi balauri şi tot felul de fiare. Owain însă nu se sfii în faţa acestei împrejurări înspăimântătoare, ci urcă până la uriaş şi-i ceru lămuriri despre drumul său. Şi dându-şi seama că tânărul era neînfricat, stăpânul pustiei îi arătă pe unde s-o apuce. Şi cavalerul merse mai departe, lăsând în urmă şi acea ispită: ispita fricii în faţa groazei de pustietate şi a forţelor neîndurătoare ale regnului animal.

Owain ajunse la fântâna minunată şi, urmând toate instrucţiunile, luă potirul de argint şi turnă apa pe lespede. Şi vai, tunetul se făcu numaidecât auzit, iar apoi se dezlănţui ploaia, mai năprasnică decât o zugrăvise Kynon. Când cerul deveni iarăşi strălucitor, văzu copacul de la fântână despuiat de frunze, şi păsările sosiră, se aşezară pe copac şi-şi cântară cântecul ceresc.

Scoţând apele vieţii şi turnându-le pe jos, eroul provocase un spor de viaţă, dar şi de moarte, căci ele două se cumpănesc una pe cealaltă într-o proporţie misterioasă. Furia vijeliei aruncase pomul vieţii în condiţia hibernală, dar îi urmase o primăvară cu flori de pene ce cântau şi zburau. Apoi însă avea să apară Cavalerul Negru, stăpânul Doamnei Fântânii. Înveşmântat în negrul morţii, el avea să atace cu aceeaşi forţă ca şi furtuna morţii înseşi, iar pe cel care se-ncumetase să vină acolo, avea să-l pună la pământ.

Owain îl auzi şi-l zări pe Cavalerul Negru venind către el pe vale, se pregăti să-l primească şi-l atacă năprasnic. Lăncile amândouă li s-au frânt; şi-au tras spadele şi le-au încrucişat. Apoi Owain îi dădu o lovitură prin coif, prin apărătoarea de creştet şi viziera cavalerului, răzbind prin piele, carne şi os până la creier. Cavalerul Negru simţi că fusese rănit de moarte, drept care întoarse calul şi o luă la fugă. Şi Owain porni în urmărirea lui. Ţinându-se îndeaproape de el, zări în depărtare un castel, strălucitor şi vast, prin a cărui poartă Cavalerului Negru i se îngădui să treacă, dar gardul de fier căzu chiar pe Owain. I-a lovit calul în spatele şeii şi l-a retezat în două, smulgând şi rotiţele pintenilor de la călcâiele lui Owain. Gardul de fier a coborât până la pământ[1]. Şi rotiţele pintenilor şi jumătatea dinapoi au rămas afară, în timp ce Owain cu partea din faţă a calului a rămas între cele două porţi; şi poarta interioară fiind închisă, Owain n-a mai putut pleca de-acolo, aflându-se într-o situaţie parcă fără ieşire.

Printr-o deschizătură în poartă putea vedea chiar în faţa lui o stradă cu câte un şir de case de fiecare latură. Şi zări o fată cu părul blond şi buclat şi cu o diademă de aur pe cap; era îmbrăcată într-o rochie de satin galben, iar în picioare purta pantofiori multicolori de piele. Şi se apropie de poartă şi tare ar fi vrut să o poată deschide. „Dumnezeu ştie, doamnă“, spuse Owain, „că la fel de puţin îmi este mie cu putinţă să o deschid de aici, pe cât îţi este ţie să mă pui în libertate.“ Ea îi

1. *Cf.* Ananda K. Coomaraswamy, „Symplegades“, în *Studies and Essays in the History of Science and Learning offered in Homage to George Sarton on the Occasion of his Sixtieth Birthday*, ed. M. F. Ashley Montague, New York, 1947, pp. 463–488.

vorbi frumos şi-l măguli ca pe un cavaler deosebit de credincios în slujba doamnelor, după care îi înmână un inel ce avea să-l facă nevăzut şi-l sfătui cum să se poarte, descriindu-i şi locul unde avea să-l aştepte ea însăşi.

Oamenii din castel veniră să-l dea morţii, dar când nu găsiră acolo decât jumătate din calul lui, se mâhniră cum nu se poate mai mult. El dispăru din mijlocul lor, merse nevăzut la întâlnirea cu fata, îşi puse mâna pe umărul ei aşa cum ea i-o ceruse şi fu condus într-un iatac mare şi frumos. Fata făcu focul, îi dădu lui Owain apă de spălat şi-i aduse hrană în vase de aur şi argint. Şi Owain mâncă şi bău până după ceasul amiezii, când, ce să vezi, în castel se auzi o mare larmă, iar Owain o întrebă pe fată ce e cu vaierul acela. „Îi dau ungerea de pe urmă", spuse ea, „nobilului care stăpâneşte castelul." Şi Owain merse să se culce.

În toiul nopţii auziră un strigăt de jale. „Nobilul care stăpânea castelul a murit acum", spuse fata.

Şi dimineaţa Owain putu să urmărească de la fereastra lui un mare număr de femei, atât călare, cât şi pe jos, şi toate feţele bisericeşti din oraş cântând, şi o oaste ca frunza şi ca iarba care umplea străzile, astfel încât răsuna cerul de tăria tânguirilor. Duceau la biserică trupul Cavalerului Negru. Şi, tot urmărind procesiunea, zări o doamnă plină de sânge şi cu hainele sfâşiate pe ea. Şi e de mirare cum de nu i se stâlciseră vârfurile degetelor din pricina violenţei cu care-şi izbea mâinile una de cealaltă. Şi bocetul ei răsuna mai tare decât strigătul oamenilor şi vuietul surlelor.

Atunci Owain o iscodi pe fată cine era doamna, căci nici nu o zărise bine, că se şi aprinsese de iubire pentru ea. „I se spune Contesa Fântânii", spuse fata, „soţia celui pe care tu l-ai ucis." „Adevărat zic", spuse Owain, „ea e femeia pe care o iubesc cel mai mult." „Adevărat zic", spuse fata, „şi ea are să te iubească, şi nu puţin." Şi fata se ridică, făcu focul, umplu o oală cu apă şi-o puse la încălzit, aduse un ştergar de in alb şi-l spălă pe Owain pe cap, îl bărbieri, îl şterse pe cap şi pe gât cu ştergarul, îi aduse de mâncare şi-i pregăti culcuşul. „Vino aici", zise ea,

„şi dormi, iar eu am să mă duc în peţit pentru tine." Owain se întinse în pat, iar fata ieşi din odaie şi zăvorî uşa.

Căci aceasta, după cum rezultă, era legea care domnea la Castelul Fântânii: oricine îl ucidea pe paznic, devenea el însuşi paznicul, Cavalerul Negru, stăpânul şi consortul Doamnei Fântânii. E aceeaşi străveche lege pe care Sir James G. Frazer a descoperit-o când şi-a orientat atenţia către crângul şi sanctuarul antic de lângă Lacul Nemi, în imediata apropiere a Romei, şi pe care o descrie în studiul său monumental *The Golden Bough*[1]. „În această dumbravă sacră creştea un arbore în jurul căruia putea fi văzut furişându-se în tot ceasul zilei, şi poate şi târziu în noapte, un personaj cu înfăţişare ameninţătoare. În mână ţinea o sabie scoasă din teacă şi scruta bănuitor împrejurimile, ca şi cum în fiecare clipă s-ar fi aşteptat să fie atacat de un duşman. Era preot şi ucigaş; şi omul pe care se străduia să-l zărească urma să-l ucidă mai curând sau mai târziu şi să deţină sacerdoţiul în locul său. Aceasta era legea sanctuarului. Un candidat la sacerdoţiu nu putea urma în funcţie decât asasinându-l pe preot, şi, după ce îl asasina, îşi păstra funcţia până când era asasinat la rându-i de un nou candidat, mai puternic sau mai îndemânatic." Aşa cum demonstrează Frazer, preotul, care era numit „Regele Pădurii", era privit ca o întrupare a zeului consort al Dianei, zeiţa lacului şi a dumbrăvii, iar unirea lor prin căsătorie era izvorul fertilităţii pământului, a tuturor animalelor şi a omenirii[2].

Comparabil e cazul Cavalerului Negru şi al Doamnei Fântânii. Ea nu poate fi condamnată permanent la doliu prin moartea cavalerului consort, deoarece ea simbolizează puterea perenă a vieţii, perpetuă şi neîngrădită. Ea nu poate fi înstrăinată de circumstanţă de propriul său caracter, care e tocmai

---

1. Sir James G. Frazer, *The Golden Bough*, 1890, reeditată în 12 vol., 1907–1915; ediţie abreviată într-un vol., 1922. [V. ed. românească, *Creanga de aur*, trad. de Octavian Nistor, 5 vol., Minerva, B. P. T., 1980, vol. 1, p. 9 – *n. t.*]

2. *Ibid.*, pp. 139–142 [ed. rom., vol. I, p. 9 – *n. t.*].

persistenţa prin toate vicisitudinile nenorocirii şi dezastrului. Prin urmare, supravieţuitorul, cel mai puternic, cavalerul învingător în luptă, devine stăpânul ei şi duce mai departe datina castelului.

Fata care-l ajutase pe Owain şi-l introdusese în domeniul castelului, acţionând în slujba puterilor imemoriale ale sanctuarului miraculos, zăvorî cu grijă uşa, lăsându-l să se odihnească, şi dădu zor să ajungă în apartamentul stăpânei sale, proaspătă văduvă. Când ajunse acolo, nu găsi decât doliu şi jale, iar contesa, în camera ei, nu suporta să vadă pe nimeni de supărare. Fata intră şi o salută, dar contesa nu-i răspunse. Şi fata se înclină în faţa ei şi-i spuse: „Ce te mâhneşte oare de nu mai răspunzi nimănuia astăzi?"

„Luned", spuse contesa cu o privire mânioasă, „ce schimbare s-a petrecut în tine de n-ai venit să mă vizitezi în clipele astea de durere? A fost urât din partea ta."

„Adevărat", zise Luned, fata, „credeam că judecata îţi e mai bună decât văd că-ţi este. Îţi stă oare bine să jeleşti după bărbatul acela vrednic sau după orice altceva nu-ţi mai stă-n putinţă să ai?"

„O spun în faţa cerului", zise contesa, „că nu e-n toată lumea un bărbat ca el."

„Nu-i aşa", spuse Luned, „căci până şi un bărbat urât ar fi la fel de bun, dacă nu chiar mai bun decât el."

„O spun în faţa cerului", zise contesa, „că, dacă nu mi-ar fi peste mână să fiu pricina osândirii la moarte a unei fiinţe pe care am crescut-o eu însumi, aş pune să fii executată ca pedeapsă pentru comparaţia pe care-o faci. Aşa că o să te surghiunesc".

„Sunt bucuroasă", spuse Luned, „că nu ai alt motiv să procedezi aşa, decât că eu una aş fi putut să-ţi fiu de folos într-o împrejurare în care tu nu ştii ce e spre binele tău. Şi atunci s-o lovească relele pe oricare dintre noi două ar face primul pas către împăcarea cu cealaltă, fie că aş umbla eu după o poftire din partea ta, fie că tu singură, de bunăvoie, ai trimite să mă pofteşti."

Şi zicând acestea, fata dădu să plece, iar contesa se ridică şi merse după ea până la uşă şi începu să tuşească tare. Şi când Luned întoarse privirea, contesa îi făcu semn şi ea reveni.

„Adevărat", spuse contesa, „răul îţi stă-n fire, dar dacă ştii ce anume e spre binele meu, fă bine şi spune-mi."

„Aşa o să fac", grăi ea.

Iar apoi, fata se întrebă cum să mai fie apărată fântâna aşa cum se cuvine. „Dacă nu poţi să aperi fântâna, nu poţi să-ţi păstrezi stăpânirile, şi nimeni altul nu poate apăra fântâna, fără numai un cavaler din preajma lui Arthur, şi am să mă duc la curtea lui Arthur şi să mă bată Dumnezeu dacă mă-ntorc fără un războinic care să poată apăra fântâna la fel de bine, dacă nu chiar şi mai bine decât acela care-a apărat-o înainte."

„E greu de făcut", spuse contesa. „Continuă însă şi dovedeşte-mi ce mi-ai făgăduit."

Când Owain i-a fost prezentat la vremea cuvenită, contesa l-a privit fix şi a spus: „Luned, cavalerul acesta nu arată a călător."

„Şi ce e rău în asta, doamnă?" spuse Luned.

„Sunt sigură", spuse contesa, „că nimeni altcineva decât omul acesta n-a izgonit sufletul din trupul domnului meu."

„Cu atât mai bine pentru tine, doamnă", spuse Luned, „căci dacă n-ar fi fost mai puternic decât domnul tău nu l-ar fi putut lipsi de viaţă. Nu mai e leac pentru ceea ce nu mai e, orice-ar fi."

„Du-te la tine-acasă", spuse contesa, „şi eu am să ţin sfat."

A doua zi contesa ceru să i se-adune toţi supuşii; comitatul ei, le spuse ea, rămăsese fără apărare şi el nu putea fi proteguit decât cu cal, şi arme, şi pricepere militară.

„Prin urmare", spuse ea, „iată ce las la alegerea voastră: fie mă ia unul dintre voi de soţie, fie îmi îngăduiţi să-mi iau eu un soţ din altă parte ca să-mi apere pământurile."

Astfel hotărâră cu toţii că era mai bine să i se încuviinţeze să se mărite cu cineva din altă parte, după care ea îi chemă pe episcopi şi pe arhiepiscopi ca să-i celebreze nunta cu Owain. Şi bărbaţii din comitat îi prezentară omagiul lor lui Owain. Şi Owain apără fântâna cu lancea şi spada.

Dacă Doamna Fântânii, contesa, ar fi fost o ființă omenească, un eu, o personalitate care ar fi reacționat la împrejurări ca un individ, ar fi fost foarte firesc să se abandoneze tristeţii provocate de pierderea personală în care o cufundase moartea consortului său. Ar fi putut renunța la viața şi bucuriile feminităţii şi dragostei. Dar, în calitate de stăpână supranaturală a Fântânii Vieţii, ea nu e nimic altceva decât întruparea forţei vitale oarbe, ea nu poate renunța. Şi, respectând datina Castelului Vieţii, ea şi viteazul care l-a ucis pe fostul ei soţ îşi aparţin unul altuia. Răposatul Cavaler Negru este legătura dintre ei. Ea a fost cucerită de către Cavalerul Negru şi Cavalerul Negru a fost biruit de către Owain. Doamna Fântânii trebuie să-şi fi întâmpinat noul soţ cu o expresie foarte asemănătoare cu aceea cu care nimfa sanctuarului antic de lângă Lacul Nemi îşi primea noul preot. Sângele fostului preot ucis, picurând de pe mâinile ucigaşului său sacru, era unguentul de iniţiere care-l instala sacramental ca succesor la serviciul sfânt al slujitorului sacrificat ritual.

Astfel Owain intră în lumea supranaturalului, în sfera transcendentală a puterilor cosmice superioare. În calitate de consort al Doamnei Fântânii şi de paznic al Apelor Veşnice, desăvârşitul cavaler trece dincolo de limitele condiţiei sale umane şi devine iniţiat în misterele originare ale forţei vitale, vrăjit de misiunea cu care l-a învestit biruinţa lui supraomenească. În calitate de stăpân al fântânii, Owain este acum o ființă aparte, eliberată şi separată de curentul atotconţinător al vieţii care poartă în curgerea sa existenţa omenească obişnuită. El este strămutat din lumea cu care era obişnuit – cea a cunoaşterii normale a făpturilor omeneşti, reprezentată în limbajul plastic utilizat de romanele Mesei Rotunde sub forma comunităţii cavalerilor, sub forma aventurilor, turnirelor şi serbărilor galante. Curajosul căutător de aventuri este pierdut, pierdut pentru lume în general. El a fost fermecat de magia sferei forţelor invizibile de care numai cel ales poate să se apropie şi numai lui îi e dat să pătrundă în ea.

Cu toate acestea, el este o creatură din sfera omului. Owain e uman. Şi lumea nu va renunţa la copilul căruia i-a dat naştere, nu-şi va domoli pretenţia. Ea va insista asupra părţii sale, sfidând chiar sfera transcendentală care l-a extras şi-l ţine acum captiv ca pe preotul ei fermecat, întrucât cele două sfere – cea a cunoaşterii noastre umane comune şi cea superioară a forţelor primordiale şi a iniţierilor respective – ridică pretenţii, în opoziţie mutuală, asupra sufletului omenesc. Şi efortul central al dezvoltării sufletului este acela de a face reală cumpăna corectă dintre cele două, de a da fiecăreia ce i se cuvine. Prin urmare, dacă sufletul, răpit întru farmec printr-o iniţiere în misterele sferei divine şi superioare, renunţă la lumea de fiecare zi în asemenea măsură, încât nici o dorinţă nu-l mai stimulează să se întoarcă, atunci însăşi acea sferă mundană îşi va trimite portărelul să bată la uşă, să scuture vraja supralumească şi să-l trezească pe cel vrăjit din visul său magic.

Aşa s-a întâmplat şi în cazul lui Owain. Căci Regele Arthur şi cavalerii săi s-au neliniştit de absenţa prelungită a camaradului lor plecat şi, după trei ani de îngrijorare crescândă, au hotărât să organizeze o expediţie de căutare. Kynon, care-i povestise lui Owain istoria Cavalerului Negru al Fântânii, bănuia că el s-ar fi putut încumeta în aventura aceasta, astfel încât, în clipa când ceata de mari luptători părăsi sălile şi curţile castelului regal de la Caerleon – Regele Arthur însuşi, înarmat până-n dinţi, numărându-se printre ei – rolul de călăuză i-a fost încredinţat tocmai lui Kynon.

Făcură popas la Castelul Belşugului şi, cu toate că suita Regelui Arthur era mare, prezenţa lor abia a fost observată în castel, atât de vast era acesta. Ajunseră la luminişul din pustietate unde înfricoşătorul uriaş cu un singur ochi stătea pe dâmbul său în mijlocul animalelor, statura lui fiind şi mai surprinzătoare pentru Arthur decât îi fusese zugrăvită. În cele din urmă ajunseră la fântână, şi Kai, cu încuviinţarea regelui, vărsă o cupă de apă pe lespede. Numaidecât urmă tunetul, şi după tunet ploaia. Mulţi dintre slujitorii ce se aflau în alaiul lui Arthur au fost ucişi de ploaia torenţială. După ce încetă ploaia, cerul se limpezi şi, când se uitară la copac, văzură că e pe de-a-ntregul desfrunzit. Apoi se lăsară pe copac păsările, şi cântecul lor a fost mult mai suav decât orice melodie le mai fusese dat să asculte vreodată. Apoi zăriră un cavaler pe un cal negru corb, îmbrăcat în satin negru, venind în grabă spre ei. Şi Kai i-a ieşit în întâmpinare şi l-a atacat, şi în scurt timp Kai a fost doborât din şa. Cavalerul s-a retras, iar Arthur şi oastea sa au ridicat tabără de noapte.

Şi când s-au trezit în zori, au observat semnul de luptă pe lancea cavalerului. Şi Kai iarăşi s-a dus către cavaler. Şi pe loc el l-a răsturnat pe Kai şi l-a lovit cu vârful lăncii în frunte, aşa încât i-a sfărâmat coiful şi obrăzarul şi i-a străpuns pielea şi carnea, cât era vârful lăncii de lat, până la os. Şi Kai s-a întors la tovarăşii săi.

Apoi, toată suita lui Arthur ieşi la iveală, unul după altul, să-l înfrunte pe cavaler, până când n-a mai rămas nici unul nedoborât de el, fără numai Arthur şi Gawain. Şi Arthur se înarmă ca să se lupte cu cavalerul. „O, măria ta", spuse Gawain, „îngăduie-mi să lupt întâi eu cu el." Şi Arthur îi îngădui. Şi Gawain ieşi să-l întâmpine pe cavaler, îmbrăcat şi el şi calul într-un veşmânt de paradă din satin. Şi se năpustiră unul asupra celuilalt şi luptară toată ziua până seara, şi nici unul nu fu în stare să-l dea jos de pe cal pe celălalt.

A doua zi luptară cu lănci grele şi nici unul dintre ei nu putu dobândi întâietatea.

Şi-n cea de-a treia zi luptară cu lănci neobişnuit de grele. Erau foc şi pară şi au luptat cu furie până la amiază. Şi s-au izbit atât de tare, încât chingile şeilor li s-au rupt şi ei au căzut la pământ peste crupele cailor. Şi s-au ridicat grabnic de jos, şi şi-au tras spadele, şi au reluat lupta, iar cei mulţi care asistau la încleştarea lor jurară că nu mai văzuseră niciodată doi bărbaţi viteji şi puternici ca ei. Şi miezul nopţii să fi fost, s-ar fi făcut lumină de la focul ce scăpăra din armele lor.

Şi cavalerul îi dădu lui Gawain o lovitură care-i smulse coiful de pe faţă, astfel încât îşi dădu seama că era Gawain.

Atunci Owain spuse: „Nobile Gawain, nu l-am recunoscut în tine pe vărul meu, din pricina veşmântului de paradă ce te înfăşura; ia-mi spada şi armele."

Zise Gawain: „Tu, Owain, eşti învingătorul, ia-mi tu mie spada."

Şi aşa văzu Arthur că stăteau de vorbă şi se apropie de ei.

„Nobile Arthur", spuse Gawain, „iată-l pe Owain care m-a învins şi nu vrea să-mi ia armele."

„Măria ta", spuse Owain, „el e cel care m-a învins şi nu vrea să-mi ia spada."

„Daţi-mi mie spadele", spuse Arthur, „şi-atunci nici unul dintre voi nu l-a învins pe celălalt."

Apoi Owain îşi puse mâinile pe după grumazul lui Arthur şi se îmbrăţişară. Şi toată oastea se năpusti să-l vadă pe Owain şi să-l strângă în braţe, şi-a fost cât pe ce să se facă moarte de om, atât de mare a fost îmbulzeala.

Owain îi invită pe Regele Arthur, pe cavaler şi marea suită să şadă cu el şi cu doamna sa în Castelul Fântânii până când aveau să-şi revină din ostenelile călătoriei celei lungi. „Căci am lipsit de lângă tine ultimii trei ani", spuse Owain, „şi-n tot acest răstimp şi până azi, am pregătit un ospăţ pentru tine, ştiind că ai să vii să mă cauţi." Şi purceseră cu toţii la castelul Contesei Fântânii, iar ospăţul a cărui pregătire ţinuse trei ani a fost isprăvit în trei luni.

Fiind gata de plecare, Regele Arthur trimise o solie contesei spre a o implora să-i dea voie lui Owain să vină cu el vreme de trei luni. Şi contesa îşi dădu consimţământul, cu toate că-i era nespus de greu. Astfel Owain îşi luă rămas-bun de la sfera magică a Fântânii Vieţii şi reveni la viaţa sa anterioară de cavaler în mijlocul nobililor şi frumoaselor doamne din insula Britaniei, la curtea Regelui Arthur. Şi revăzându-se printre rudele şi prietenii săi, rămase cu ei trei ani în loc de trei luni. Şi aşa a rămas fântâna fără paznic şi doamna fără stăpânul ei consort.

Acest al doilea caz de uitare e corespondentul celui dintâi. Fiind complet absorbit de către sfera superioară, funcţionând ca paznic iniţiat al Fântânii Vieţii şi ca soţ fermecat al Doamnei Fântânii în domeniul ei de veşnicie, cavalerul neglijase în chip nejustificat exigenţele impuse de lumea comportării omeneşti obişnuite, sub forma vieţii sociale a cavalerilor Mesei Rotunde. Absorbit lăuntric – după ce răzbise până la izvorul şi fântâna ultimă – Owain abandonase pe de-a-ntregul fluxul existenţei, dezinteresându-se complet de sfera relaţiilor sale personale şi de îndeletnicirile cavalerismului contemporan. Acum, sfera aceasta, ca răzbunare, îl smulge din sinea lui, îi pune stăpânire total pe fiinţă şi-l implică într-un asemenea grad în evenimentele intense ale sferei normale a exteriorizării, încât orice amintire despre calea integral lăuntrică este pierdută. Şi astfel iniţiatul îşi pierde orice aducere-aminte a ungerii sale, personalitatea mistică superioară şi rolul pentru care fusese pregătit, în calitate de Cavaler Negru, se eclipsează, iar alesul nu mai este alesul.

Putem prevedea că Owain mai are de înfruntat o criză – şi încă un calvar dureros – până să descopere secretul unirii echilibrate a celor două sfere ce-i alcătuiesc umanitatea sufletului său. Căci sfera superioară, ca şi sfera inferioară, după ce aşteaptă mult timp în zadar, ştie cum să-l convoace din nou pe delincvent. Metoda ei însă e oarecum mai puţin directă şi bărbătească.

Iată că într-o bună zi, la curtea Regelui Arthur îşi făcu apariţia o domnişoară călare pe un cal murg cu coama buclată şi acoperit de spumă, iar căpăstrul şi cât se vedea din şa erau de aur. Şi domnişoara era înveşmântată într-o rochie de atlaz galben. Şi ea se apropie de Owain şi-i scoase din deget inelul pe care i-l dăruise Contesa Fântânii ca semn al legământului lor. „Aşa“, spuse ea, „se cade să fie tratat un amăgitor, un trădător, un sperjur şi un om fără onoare, ruşine să-ţi fie!“ îşi întoarse calul în loc şi plecă.

Atunci Owain şi-a amintit de aventura lui şi l-a cuprins mâhnirea. Legătura inconştientă ce-l unise în chip tainic de sfera magică fiind atât de brutal tăiată, a fost basculat în starea de conştiinţă; zeiţa îşi retrăsese până şi ultimul indiciu al prezenţei şi existenţei ei. Apele fiinţei pe care le descoperise, care-l absorbiseră, care-l scoseseră la iveală renăscut şi apoi îl susţinuseră în chip obscur până şi în anii săi de uitare, se retrăseseră acum în întregime şi el rămăsese aruncat la ţărm şi singur. Owain plecă de la curte acasă la el şi se pregăti chiar în noaptea aceea, şi se lumină de ziuă, dar el nu se mai întoarse la curte. O luă razna, părăsind Caerleonul, către tărâmurile depărtate ale pământului şi către munţi golaşi.

Siegfried, în *Amurgul zeilor*, e supus unei încercări identice. Ca şi Owain, tânărul Siegfried e un simbol al sufletului eroic neîntinat, îndreptăţit prin natura lui să intre în comuniune cu forţele cosmice şi făcut pentru împlinirea supremă. Ca numeroase alte personaje din tradiţiile mitologice ale lumii, el nu era produsul unei căsătorii omeneşti, ci al unei naşteri oarecum discutabile şi misterioase; ca şi Zeus, ca şi Krishna, el a fost crescut în taină şi, asemenea lui Perseu, a ucis balaurul, deoarece, ca Owain, ca Gawain, ca Buddha – el nu cunoştea frica. Siegfried poseda inelul de aur care ar fi declanşat, dacă mintea lui tânără ar fi cerut-o, nemărginirea puterii cosmice. Spada lui era spada lui Wotan, Tatăl zeilor; făurind-o din nou, eroul şi-a justificat pretenţia de a o poseda. Ca şi Ahile, fiul unei zeiţe, el era invulnerabil. Şi, asemenea înţelepţilor eroi ai Orientului, el înţelegea limba păsărilor.

Marea victorie şi păcatul lui Siegfried au fost în esenţă aceleaşi ca ale lui Owain. După ce şi-a ucis balaurul, şi-a croit drum printr-un foc cosmic ce încercuia vârful muntelui divin şi a eliberat-o pe Brunhilda din somnul ei vrăjit. Ea era fiica favorită a lui Wotan şi a devenit mireasa eroului care o eliberase. Astfel, el a fost alăturat forţelor transcendentale întocmai ca şi Owain, devenind stăpânul consort al unei femei supranaturale. Şi întocmai ca Owain, când a coborât din nou de pe munte în căutare de aventuri în lumea inferioară a treburilor omeneşti, Siegfried a uitat-o cu desăvârşire pe doamna superioară a sufletului său. Şi mai grav încă, după ce a băut o poţiune a uitării, el a schimbat-o fără să-şi dea seama pe o fată obişnuită de pământean. Răzbunarea împotriva lui a fost nemiloasă şi nelimitată.

În cazul lui Siegfried, vina a fost fără intenţie: inocenţă, dar în acelaşi timp vină[1]. Căci în sfera supraumanului, alesul nu e scuzat pe motiv de ignoranţă sau bunăvoinţă. El este judecat în funcţie de adecvarea şi de actele sale. Şi de vreme ce puterile acestei sfere pătrund invizibil totul din lumea vizibilă, tot ce iese în calea alesului constituie în cele din urmă o încercare. De fiecare dată propriile lui decizii sunt un mod de a-l pune la încercare, şi ori de câte ori eşuează, el moare sau suferă ceva echivalent cu moartea. Pura forţă vitală supraumană este pe cât de vindicativă, pe-atât de oarbă în atacul ei teribil, de îndată ce se simte înşelată şi trădată.

Conformându-se acestei legi înfricoşătoare, frumoasa Luned, fata care-l prezentase pe Owain Doamnei Fântânii, a fost aruncată şi ea, odată cu Owain, în întunericul exterior, deoarece ea îl ajutase pe omul cel rău să ajungă la condiţia de stăpân şi paznic suprem al fântânii. Doi vasali ai contesei veniseră într-o bună zi şi o târâseră către o temniţă depărtată din pustietate, în care o aruncaseră brutal, ameninţând-o cu moartea dacă Owain însuşi nu va veni să o elibereze până într-o anumită zi. Şi ea, săraca, nu avea pe cine să trimită după el. Iar cavalerul pe care era silită să-l aştepte era cuprins de nebunie.

Owain, după ce-şi pierduse inelul şi-şi reamintise starea sa anterioară, fusese incapabil să mai revină în compania

1. În cazul lui Perceval, eroul clasic al Căutării Graalului, găsim tot această temă sumbră a vinii inconştiente. Crescut de către o mamă văduvă în pustietate, departe de curtea Regelui Arthur şi în totală neştiinţă despre lumea cavalerismului, el zăreşte într-o zi o trupă de cavaleri în trecere şi, urmărindu-i, îşi lasă mama să moară de inimă rea. Aceasta a fost cea dintâi mare crimă a inocenţei sale. Cea de-a doua a fost săvârşită atunci când, în apogeul carierei sale, a ajuns la Castelul Graalului şi a avut privilegiul să ia parte la misterul sacru. A omis să întrebe care era semnificaţia tainică a ceea ce i se înfăţişa ochilor, şi a atras astfel asupra sa blestemul tărâmului mistic.

cavalerilor Mesei Rotunde, căci vraja pe care conştiinţa superficială a existenţei pur sociale în mediul cavaleresc o aruncase temporar asupra lui fusese împrăştiată. Ca paznic şi apropiat al puterilor cosmice, el pierduse de fapt obişnuinţa cu acel mod de viaţă. Scurta vizită fusese numai temporară – o basculare violentă către versantul uitat. Acum însă nu se mai putea întoarce nici la celălalt mod de existenţă, deoarece zeiţa îl repudiase, îşi luase înapoi inelul. Dispăruse astfel luciditatea anterioară a intuiţiei lui Owain, care odinioară îl călăuzise inconştient şi cu paşi neşovăitori întru comuniunea cu forţele supranaturale. Deşi lumea instituţiei cavalereşti dispăruse, comitatul fântânii nu mai putea fi găsit şi nici măcar căutat. Owain fusese exclus şi din omenesc, şi din supraomenesc. Romanul relatează cum s-a prăbuşit, ajungând la ultima extremă posibilă.

Stă scris că eroul, în starea sa de mizerie, s-a oploşit şi a rătăcit în pustietate „până când straiele i s-au făcut praf, trupul i-a slăbit detot şi părul i-a crescut lung. Şi el s-a înhăitat cu fiarele sălbatice şi s-a hrănit aidoma lor, până când s-au obişnuit şi ele cu dânsul".

Puterile se răzbunaseră cu o cruzime teribilă. Părăsindu-le îndrumarea, Owain fusese lăsat să se cufunde până la cel mai de jos nivel al existenţei, cel al inconştientului obscur şi instinctiv şi al supravieţuirii intuitive a lumii animale. Ne amintim astfel de calvarul şi metamorfoza lui Ioan Gură de Aur şi de acea menţiune ciudată din *Cartea lui Daniel*, despre Regele Nabucodonosor, care a coborât de pe tronul său şi, în patru labe, s-a dus să se alăture animalelor (pp. 57–69 *supra*). Atât sfântul cât şi regele şi-au redobândit în cele din urmă deplinul uz al raţiunii. Putem anticipa o dezvoltare asemănătoare şi pentru cavalerul Owain.

El se înhăită cu fiarele sălbatice şi se hrăni aidoma lor, până când se obişnuiră şi ele cu dânsul, dar cu timpul el slăbi atât de rău, încât nu le mai putu ţine tovărăşie. Atunci coborî din munţi la şes şi ajunse la o grădină de pe moşia unei contese rămase văduvă. Şi contesa aceasta, într-o bună zi, însoţită de slujitoarele ei, ieşi să se plimbe pe malul unui lac aflat în mijlocul grădinii. Văzură acolo o arătare cu trăsături omeneşti şi se speriară. Se apropiară totuşi, şi-l atinseră, şi-l priviră cu luare-aminte, şi văzură că încă mai pâlpâia viaţa în el, deşi era sfârşit de arşiţa soarelui. Contesa se întoarse la castel, luă un şip plin cu un balsam preţios şi i-l dădu uneia din slujnicele sale. „Du-te cu asta“, zise ea, „şi ia cu tine acolo un cal şi nişte veşminte şi pune-le lângă omul pe care l-am văzut adineauri. Şi unge-l cu elixirul acesta pe lângă inimă, şi dacă mai e ceva viaţă într-însul, o să se pună pe picioare datorită puterii balsamului. Apoi ia aminte la ce face.“

Şi fata plecă de lângă ea şi vărsă tot balsamul pe Owain, şi lăsă calul şi straiele nu departe de el, şi se trase niţel mai la o parte, şi se ascunse ca să-l supravegheze. Curând văzu că-ncepe să-şi mişte braţele, după care se ridică în picioare şi se privi, ruşinându-se de necuviinţa înfăţişării sale. Apoi zări calul şi straiele din apropiere. Şi se furişă către ele până ce izbuti să tragă straiele de pe şa. Şi se îmbrăcă, iar apoi încălecă pe cal cu chiu, cu vai. După care domnişoara i se arătă şi-l salută. Şi el se bucură văzând-o şi o-ntrebă pe ce pământ şi-n ce ţinut se află.

„Adevăr grăiesc“, zise domnişoara, „o contesă văduvă stăpâneşte castelul de colo. La moartea soţului ei a primit două comitate, dar până-n ziua de azi numai lăcaşul acesta nu i l-a smuls încă, din pricină că a refuzat să-i fie soţie, un tânăr conte, vecin cu ea.“

„E foarte trist“, spuse Owain.

Şi el şi fata o porniră către castel, şi acolo el se dădu jos din şa, iar fata îl conduse într-o încăpere frumoasă, făcu focul şi-l lăsă singur. Şi apoi se înfăţişă contesei şi-i înmână şipul.

„Ei, fetiţo“, zise contesa, „unde-i balsamul?“

„Păi nu l-am folosit pe tot?“ zise ea.

„Vai, fato“, spuse contesa, „nu mi-e uşor să-ţi iert una ca asta; mare păcat să irosesc un elixir preţios ce m-a costat o sută patruzeci de lire pe un străin necunoscut. Totuşi veghează asupra lui până ce se reface detot.“ Şi slujnica făcu întocmai, şi se-ngriji să nu ducă lipsă de carne şi de băutură, de căldură, de lucruri şi doctorii, până când îl văzu însănătoşit. Şi după trei luni, Owain îşi reveni la starea dintâi, făcându-se chiar mai chipeş decât mai-nainte.

Owain o scăpă pe contesă de peţitorul ei nedorit. Porni călare către el când îl văzu sosind cu o oaste numeroasă, se repezi la el şi-l doborî fără cruţare din şa, iar apoi se întoarse cu el umilit la poarta castelului, unde i-l prezentă contesei ca pe un dar. „Iată o despăgubire pentru balsamul tău cel preţios."

Ea se bucură nespus. Şi contele îi dădu înapoi contesei, în chip de răscumpărare pentru viaţa lui, cele două comitate pe care i le luase cu japca, iar pentru punerea lui în libertate îi dădu jumătate din propriile-i domenii, tot aurul, argintul şi bijuteriile, başca alte zăloguri.

Şi Owain se pregăti să plece. Contesa şi toţi supuşii ei îl implorară să rămână, dar Owain preferă să-şi continue rătăcirea prin ţinuturi şi pustietăţi îndepărtate. După ce fusese paznicul Fântânii Vieţii şi consort vreme de trei ani al zânei acesteia, nu putea fi ispitit acum să se mulţumească cu starea unui nobil de ţară, putred de bogat, cu o feudă măreaţă şi o soţie fermecătoare. Călare pe un armăsar negru dăruit de contesă, Owain plecă mai departe, rătăcitor fără adăpost, continuându-şi căutarea fără nici o ţintă palpabilă dintre cele două sfere ştiute, dar inabordabile. Aceasta e calea eternă către reintegrarea Sinelui.

Apoi, într-o bună zi, tot călătorind aşa, se întâmplă să audă un urlet puternic şi groaznic într-o pădure alăturată. Şi-l auzi repetându-se a doua şi a treia oară. Dădu pinteni ca să ajungă mai grabnic la faţa locului şi zări în mijlocul pădurii o prăpastie mare şi lângă ea o stâncă. Stânca avea o despicătură şi-n despicătură era un şarpe. Şi lângă stâncă stătea un leu negru, şi ori de câte ori leul încerca să plece de-acolo, şarpele se repezea să-l atace.

Owain îşi scoase spada din teacă şi se trase lângă stâncă, iar când şarpele ţâşni afară, el îl izbi cu spada şi-l reteză în două.

Şi-şi curăţă spada şi-şi văzu mai departe de drum. Ce să vezi însă, leul se ţinu după el gudurându-se, de parcă ar fi fost un ogar crescut de el.

Seara Owain descălecă şi-şi lăsă calul slobod pe o pajişte netedă şi-mpresurată de arbori. Şi scăpără din amnar, iar când se aprinse focul, leul îi aduse lemne destule şi pentru trei nopţi. Şi leul dispăru. După care leul se întoarse cu o mândreţe de căprior, pe care-l lepădă în faţa lui Owain.

Astfel cavalerul îşi dobândise un tovarăş, un ajutor, un al doilea eu, ca să spunem aşa. Acest leu avea să-l salveze în viitor dintr-o serie de înfruntări extrem de inegale, pe care Owain le-ar fi pierdut dacă s-ar fi bătut singur. Duşmanii erau mai puternici decât el şi necinstiţi pe deasupra, iar cavalerul ţinea să se măsoare întotdeauna cu ei făţiş, ca de la bărbat la bărbat, potrivit codului cavaleresc. Leul însă, nesolicitat, ba chiar îndepărtat de Owain, îşi făcea în cele din urmă apariţia, şi anume când era mai mare nevoie, ivindu-se înspăimântător pe câmpul de luptă. A fost nevoie de câteva asemenea intervenţii salutare pentru a-l convinge pe cavaler că e bine să se supună în deciziile sale vitejeşti intuiţiei superioare a regescului animal aflat alături de el. În etapele finale ale căutării sale, el a acceptat îndrumarea mută a acestui alter ego animal ca pe un soi de sfat superior.

Uciderea şarpelui corespunde, simbolic vorbind, cu uciderea balaurului de către Siegfried, Tristan, Perseu, Indra şi ceilalţi mari ucigători de balauri din legendele lumii. Owain, prin această ispravă, a dat expresie unei decizii în favoarea leului. Răsplata i-a fost tovărăşia leului – o varietate aparte şi o manifestare a hatârului divin făcut de puterea supraomenească totdeauna şi pretutindeni ca urmare a isprăvii de a ucide balaurul. Căci, fără să-şi dea seama, Owain a ales, dintre toate fiarele, pe cea regească spre a-i fi însoţitor şi contraparte inseparabilă. El şi-a recunoscut propria înrudire biologică şi spirituală cu nobilul mamifer cu sânge cald prin hotărârea de a-l salva de ameninţarea şarpelui veninos şi viclean, cu sângele rece. Actul acesta l-a înzestrat cu putere animală în cea mai elevată formă a acesteia – îmbinând mândria și forța cu generozitatea și prevederea. Și-a descoperit astfel, așa-zicând, animalul totem și a integrat puterea instinctuală a acelui animal în personalitatea sa umană ca pe o funcție salutară și obedientă, adăugând la vigoarea calității sale renăscute de cavaler ceva din forța ce l-a supus orbește când a devenit asemenea animalelor și și-a dus viața printre făpturile pădurii. Puterea și înțelepciunea leului regesc i-au devenit călăuze. Obedientă, dar acționând de la sine ca un fel de intuiție superioară, această exteriorizare a aspectului fizic al ființei sale avea să-l reconducă la stăpâna pe care o trădase când se implicase și se lăsase absorbit în rutinele pur mundane ale vieții sociale așa cum erau ele reprezentate de mediul și formalismele deșarte ale Mesei Rotunde.

Cea dintâi aventură ce i s-a ivit lui Sir Owain după descoperirea și salvarea leului a fost de bun augur pentru viitor. Fiara recunoscătoare s-a ținut după el ca un câine credincios tot restul zilei, iar în seara aceea i-a adus căpriorul pentru cină. Owain a luat prada și a jupuit-o, înșirând hartane din carnea ei pe frigări în jurul focului. Ce-a rămas din căprior i-a dat leului să-l devoreze. Și-n timp ce ședea și se îngrijea de friptul cărnii, auzi un oftat adânc de pe undeva din apropiere, și-apoi încă unul, și încă unul. Strigă atunci ca să-și dea seama dacă sunetul venea de la un muritor, și primi răspunsul afirmativ.

„Cine ești tu?" întrebă Owain.

„Adevăr grăiesc", spuse glasul, „sunt Luned, slujitoarea Contesei Fântânii."

„Și ce faci aici?" spuse Owain.

„Sunt întemnițată", zise ea, „din pricina cavalerului care a venit de la curtea Regelui Arthur și s-a căsătorit cu contesa. Și el a rămas cu ea câtva timp, iar apoi a plecat la curtea lui Arthur și de atunci nu s-a mai întors. El îmi era prietenul cel mai drag de pe lumea asta. Iar doi dintre pajii contesei l-au ponegrit și l-au făcut amăgitor. Și eu le-am spus că ei doi la un loc nu fac cât el singur. Atunci ei m-au închis într-un beci de piatră şi mi-au spus că o să mă omoare dacă el nu vine să mă pună în libertate până într-o anumită zi, şi ziua asta cade chiar poimâine. Şi n-am pe nimeni ca să-l înştiinţeze din partea mea. Iar numele lui e Owain fiul lui Urien.

„Şi eşti sigură că dacă ar şti ce se-ntâmplă, cavalerul acela ţi-ar sări în ajutor?“

„Cum nu se poate mai sigură“, zise ea.

După ce s-au fript bucăţile de carne, Owain le-a împărţit în două, pentru el şi pentru fată. Şi nici o santinelă nu şi-a păzit mai cu atenţie stăpânul decât a făcut-o leul în noaptea aceea cu Luned şi cu Owain.

Pornind apoi la drum, cu Luned pe acelaşi cal cu el şi cu leul păşind ca un câine alături, Owain a poposit la un castel foarte asemănător cu vechiul Castel al Belşugului, numai că prezentul lăcaş idilic zăcea sub un văl de tristeţe, întrucât cei doi fii ai castelanului fuseseră răpiţi de către un uriaş înspăimântător – foarte asemănător cu uriaşul negru şi cu un singur ochi, Pădurarul din Pădure – şi erau în pericol de a fi devoraţi. Owain porni în întâmpinarea monstrului, iar leul se ţinu după el. Şi când văzu că Owain era înarmat, uriaşul se năpusti către el şi-l atacă. Şi leul luptă cu uriaşul mai înfocat decât Owain. „Adevăr grăiesc“, protestă uriaşul, „nu mi-ar fi deloc greu să mă lupt cu tine, dacă n-ar fi animalul care te însoţeşte.“

Auzind asta, Owain îl duse pe leu înapoi la castel şi-l lăsă în spatele porţii închise, iar apoi se întoarse să-l înfrunte pe uriaş ca mai înainte. Şi leul răgi cumplit de tare, deoarece auzise că lui Owain îi mergea rău. Şi se căţără până ce ajunse deasupra sălii contelui, iar de acolo în vârful castelului, de unde, sărind pe ziduri şi apoi în afara lor, i se alătură lui Owain. Şi leul îi aplică uriaşului o lovitură cu laba, sfâşiindu-l de la umăr până la şold, de i se vedea inima, şi uriaşul se prăbuşi fără viaţă. Apoi Owain îi restitui tatălui lor pe cei doi tineri salvaţi.

În calitatea sa de cavaler din cercul solemn al Mesei Rotunde, Owain, asemenea lui Gawain şi Lancelot, este bărbatul desăvârşit conform concepţiei curteneşti a Evului Mediu, cu alte cuvinte el e însăşi încarnarea cavalerismului, ca fiinţă socială şi gentilom mundan. Pe de altă parte, leul inarticulat, ca forţă animală a vieţii sub aspectul ei cel mai măreţ şi mai generos, reprezintă, ca şi calul fermecat din povestea lui Conn-eda, principiul călăuzitor intuitiv care-l conduce pe erou către sfera puterii supranaturale, aflându-se deopotrivă deasupra şi dedesubtul planului social. Conştiinţa umană desăvârşită a cavalerului, împreună cu instinctul sub- şi supraman al regelui dobitoacelor, se dovedeşte mai puternică chiar decât titanul pustiei şi triumfă în situaţii în care cavalerismului uman i-ar fi lipsit atât sagacitatea cât şi puterea.

După ce l-a biruit pe uriaşul cel fioros, cavalerul cu leul a fost implorat să rămână, dar el a refuzat şi, luându-şi rămasbun de la familia recunoscătoare, a pornit-o către pajiştea unde-l aştepta Luned. Odată ajuns însă acolo, zări un foc mare şi doi tineri cu păr castaniu frumos ducând-o pe fată ca s-o arunce în flăcări. Erau pajii cei nemiloşi din castelul Contesei Fântânii, care, cu un an înainte, o duseseră pe Luned în pustietate şi veniseră acum să-şi îndeplinească ameninţarea. Owain îşi strigă provocarea, cei doi se năpustiră călare asupra lui, leul răgi, iar bătălia fu grea. Owain era ostenit după lupta cea lungă cu uriaşul. Totuşi, cu ajutorul leului, tânăra a fost salvată de la moartea în foc. Şi după aceea, Owain se întoarse cu Luned pe domeniile Contesei Fântânii.

Amănuntele regăsirii şi reconcilierii cavalerului cu doamna sa supranaturală nu sunt descrise de textul galez pe care l-am urmat, şi anume cel din *Red Book of Hergest*, ci apar, cu un nou formalism francez al etichetei, în versiunea romanului alcătuit din Chrétien de Troyes. Potrivit acestei relatări curteneşti, doamna însăşi fusese de faţă împreună cu cei doi paji ai ei atunci când aceştia veniseră să o dezgolească şi să o ardă pe Luned (al cărei nume acum, în franceză, este Lunette), şi asistase la victoria cavalerului cu leul, fără însă a-l recunoaşte, deoarece armura purtată de el îi era străină şi ea nu-i cunoştea numele. După înfrângerea lor, cei doi paji au fost arşi pe rugul aprins de ei pentru domnişoară, „căci e întemeiat şi drept ca acela care l-a judecat nedrept pe altcineva să îndure aceeaşi moarte la care el îl osândise pe celălalt".

Şi Lunette se bucură nespus împăcându-se cu stăpâna sa. Fără a-l recunoaşte pe cavaler, toţi cei de faţă îi oferiră să se pună-n slujba lui atâtea zile câte vor mai fi având, şi chiar şi doamna, ce-i ţinea inima în stăpânire fără s-o ştie, îl rugă să rămână la ea până ce el şi leul îşi vor fi refăcut forţele.

Cavalerul replică: „Eu nu pot rămâne nicăieri până când doamna mea nu-şi smulge din suflet supărarea şi mânia faţă de mine. Abia atunci va veni sfârşitul muncilor mele."

„Într-adevăr", spuse ea, „mă mâhneşte ceea ce-mi spui. Nu cred că e foarte curtenitoare doamna ce-ţi poartă gând rău. Ar trebui să nu-şi închidă uşa pentru un cavaler atât de viteaz ca domnia ta, fără numai dacă n-ai făcut un mare rău."

„Doamnă", răspunse el, „cât de mare ar fi vitregia, sunt fericit oricare ar fi voia doamnei mele. Dar să nu mai vorbim despre asta, căci nu voi spune nimic despre cauză sau crimă, decât acelora ce au ştiinţă despre ea."

„Ştie prin urmare şi altcineva, pe lângă voi doi?"

„Da, aşa e, doamnă."

„Bine, spune-mi măcar numele domniei tale, nobile domn, şi apoi vei fi liber să pleci."

„Chiar liber, doamna mea? Nu, nu voi fi liber. Datorez mai mult decât pot plăti: Da, n-ar trebui să-mi ascund numele de tine. Nu vei auzi niciodată de «Cavalerul cu Leul» fără să auzi de mine, căci sub numele acesta doresc să fiu cunoscut."

„Pentru numele Domnului, sir, ce-nseamnă numele acesta? Căci noi nu te-am mai văzut niciodată până acum şi nici n-am auzit pomenit vreodată numele acesta al domniei tale."

„Doamnă, poţi trage de aici încheierea că faima mea nu e răspândită."

Apoi doamna spuse: „Încă o dată, dacă nu e împotriva voinţei domniei tale, te-aş ruga să mai zăboveşti aici."

„Zău, doamnă, n-aş îndrăzni, atâta timp cât nu voi şti cu siguranţă că mi-am recâştigat bunăvoinţa doamnei mele."

„Bine, du-te atunci cu Dumnezeu, nobile domn, şi dacă aşa îi va fi voia, facă să ţi se schimbe tristeţea şi supărarea în bucurie."

„Doamnă", spuse el, „să-ţi audă Dumnezeu rugăciunea." Apoi adăugă în şoaptă: „Doamnă, domnia ta ţii cheia şi, cu toate că nu ştii, domnia ta ţii lăcriţa în care stă sub cheie fericirea mea." Plecă apoi cu inima tare grea, dar nimeni nu-l recunoscuse afară de Lunette, care veni cu el călare, petrecându-l o bucată de drum.

Numai Lunette îl însoţi şi el îi ceru stăruitor să nu dezvăluiască niciodată numele salvatorului ei. „Messire", spuse ea, „n-o voi face niciodată." Apoi el o mai rugă să nu-l dea uitării şi să păstreze un locşor pentru el în inima stăpânei lui ori de câte ori se va ivi prilejul. Ea îl îndemnă să fie pe pace în privinţa asta, căci niciodată nu va fi uitătoare, infidelă sau trândavă. El îi mulţumi apoi de mii de ori şi se despărţi de ea, trist şi ostenit din pricina leului pe care era nevoit să-l poarte cu sine, întrucât era rănit şi incapabil să-l urmeze pe jos. Făcuse pentru el o targă din scut, aşternută cu muşchi şi ferigă. După ce-i întocmi un pat acolo, îl aşeză în el cât mai grijuliu cu putinţă şi-l purtă în faţa şeii întins cât era de lung în scobitura scutului[1].

Romanul lui Chrétien de Troyes descrie o serie de alte aventuri, ilustrând lealitatea reciprocă a leului şi a stăpânului său, iar apoi îl aduce pe cavalerul rătăcitor în pragul ultimei sale misiuni – dificila reunire cu Zeiţa Vieţii. Tot însoţit de tovarăşul său necuvântător, ajunse într-o bună zi la fântâna miraculoasă de sub arborele fermecat şi, repetând misteriosul şi bine-cunoscutul ritual, scoase apă şi o vărsă pe lespede. Bubuitul tunetului cutremură ţinutul, făcând să se prăbuşească

---

1. Chrétien de Troyes, *Le Chevalier au Lion* (Yvain), vv. 4533 şi urm., ed. Foerster, Max Niemeyer Verlag, Halle, 1877; tradus de W. Wistar Comfort, *Arthurian Romances by Chrétien de Troyes*, Everyman's Library No. 698, pp. 239–241. [Ed. românească *Yvain – Cavalerul cu Leul*, traducere de Mihai Stănescu, Albatros, 1977 – *n. t.*]

ziduri în domeniul castelului. Marele copac fu dezgolit de frunziş, iar după furtună sosiră păsările cele numeroase şi cântară minunat. Owain stătu şi aşteptă. Dar nu mai era nici un Cavaler Negru care să apere fântâna. Locuitorii castelului şi-ai oraşului erau atât de îngroziţi, încât nu ştiau ce să facă. „Blestemat fie primul om“, spuneau ei, „care şi-a durat casă în această ţară, şi huliţi fie cei care au ridicat castelul. În lumea întreagă n-ar fi găsit vreun loc mai nenorocit ca acesta, căci un singur om poate să ne cuprindă ţara şi să ne jefuiască.“ Şi doamna însăşi era tare speriată.

Lunette slujitoarea, care vreme de săptămâni îşi pregătise doamna pentru întoarcerea cavalerului, folosi prilejul favorabil iute şi în chip strălucit. „Sigur“, insistă ea, „sunteţi la grea ananghie, doamna mea, dacă nu născociţi o ieşire.“

Contesa replică: „Tu care ştii atâtea, spune-mi, ce să fac? Îţi jur că-ţi voi urma întocmai sfatul.“

„Doamnă“, spuse Lunette, „dacă aş şti, v-aş ajuta bucuros. Aveţi însă nevoie de un sfătuitor mai destoinic decât mine. De aceea, nu îndrăznesc să mă amestec. Voi îndura alături de ceilalţi ploaia şi vântul până ce voi vedea venind la curtea voastră, de se va milui Cel de Sus, vreun viteaz care să ia asupra lui întreaga povară a acestei lupte.“

Dar contesa insistă să audă o sugestie oarecare, iar Lunette îşi dădu cu părerea că un apărător nimerit ar putea fi Cavalerul cu Leul. Contesa încuviinţă, încă nebănuind câtuşi de puţin că el era chiar soţul ei. Lunette încălecă pe un cal şi se duse să-l întâlnească pe cavaler care tot mai aştepta la fântână. Şi-i dădu liberă trecere către castel. Şi cu toate că fu indignată când, la ridicarea vizierei, descoperi că acel cavaler faţă de care se legase ea însăşi era chiar soţul ei vinovat şi repudiat, contesa îşi lepădă semeţia şi-şi dădu consimţământul când îl văzu umilindu-se[1]. Cei doi soţi se împăcară şi, după un timp de mare fericire, Owain văzu că Doamna Fântânii era doritoare să se întoarcă împreună cu el în lumea galantă a Mesei

1. Chrétien de Troyes, *op. cit.*, vv. 6527–6813.

Rotunde. „Când plecă de-acolo", citim, „o luă cu el pe contesă la curtea lui Arthur."[1] Şi-n felul acesta, el îşi atinse ţinta şi integră cele două sfere contrare – ceea ce constituise dintotdeauna obiectivul obscur al căutării sale.

Căci cele două sfere sunt una, în ciuda aparentei dualităţi a manifestărilor lor fenomenale. Şi, într-un fel preliminar, Owain le reunise deja când îşi realizase şi statornicise tovărăşia tăcută şi misterioasă cu leul. Acesta fusese secretul capacităţii sale de a se întoarce. Noul nume pe care şi l-a atribuit, *Le Chevalier au Lion*, masca, noua personalitate cu ajutorul căreia a domolit-o pe contesă, era simbolul unei renaşteri spirituale. Zeiţa nu l-ar fi acceptat niciodată pe cavaler sub înfăţişarea lui anterioară. Acum însă el fusese îmbogăţit printr-o relaţie mută şi profundă cu principiul instinctiv din el însuşi şi din domeniul naturii. El devenise Omul-Leu irezistibil – stăpânul, apărătorul desăvârşit al celor două lumi.

Mitologia în general cunoaşte mai multe exemple de Om-Leu – nemaivorbind de o multitudine de alte figuri impresionante ce combină trăsături animale cu altele umane. Vishnu[2] în India, de pildă, a adoptat forma monstruoasă cunoscută sub numele de „Jumătate-Om, Jumătate-Leu" (Narasimha – corp omenesc, dar cu cap şi gheare de Leu) în scopul de a-l nimici pe un anumit demon copleşitor, pe nume Strai de Aur, care tulburase ordinea universului. Şi în miturile Greciei ni se vorbeşte de alt mare Om-Leu – mai aproape de imaginaţia noastră şi prin urmare mai lesne de descifrat – şi anume Heracles, care, prin isprăvile sale eroice, a devenit un model pentru Antichitate, la fel ca Owain pentru popoarele lumii esenţialmente celtice din Nordul medieval. Heracles însă se lega cu principiul „leu" în stilul grecesc – o manieră exact opusă celei celtice. El nu era urmat de sălbăticiunea sa ca de un câine credincios, ci a biruit-o, a ucis-o şi a jupuit-o

1. *Red Book of Hergest*, ed. cit., pp. 174–175.

2. Pentru numele mitologice indiene larg răspândite, păstrăm transliterarea comună propusă aici de H. Zimmer – *n. t.*

în ipostaza leului monstruos invincibil din Nemeea; apoi a îmbrăcat pielea, pe care a purtat-o de-atunci încolo ca pe costumaţia sa caracteristică, atât ca să-şi glorifice victoria, cât şi ca să-şi înspăimânte prietenii şi duşmanii. Cu ghearele teribile încrucişate pe pieptu-i eroic, cu botul feroce căscat deasupra capului şi cu coada atârnându-i la spate, străbătea impunător ţara ca un superleu biped, bărbatul biruitor al leonităţii, adică omul biruitor al întregului regn animal în virtutea biruinţei asupra regelui acestuia.

Heracles a ucis însă şi Hidra, şarpele titanic. În imagistica vechilor mitologii aceasta echivalează cu afirmaţia că alesul dintre oameni, în ascensiunea sa către perfecţiune, a pus stăpânire pe *ambele* sfere reciproc antagoniste ale regnului animal. Eroul ideal al civilizaţiei greceşti – netezind calea către creştinism şi către era omului modern – a debarasat spiritul de reverenţa sa arhaică faţă de aceste caracteristici şi forme animale atât de frapantă în mitologiile şi religiile mai vechi ale Mesopotamiei şi Egiptului. Moise şi profeţii, stabilind credinţa iudaică a Vechiului Testament, au efectuat o transformare comparabilă atunci când s-au luptat hotărât, în repetate rânduri, împotriva recăderii poporului lor în cultul divinităţilor tauromorfe ale mediteraneenilor: „viţelul de aur“ biblic şi ceilalţi zei zoomorfi ai lumii păgâne înconjurătoare. Grecii şi evreii au iniţiat o umanizare a sferei divinului, ceea ce a reprezentat aurora unei ere noi şi avea să ducă la omul modern, o ruptură decisivă cu tradiţia devenită de atunci arhaică, moştenită de lumea antică de la omul primitiv, care trăia şi venera în sinea lui o rudenie intrinsecă cu domeniul animal.

Omul arhaic se considera pe sine însuşi ca parte a lumii animale naturale, identificându-se cu trăsăturile şi puterile celor mai impresionanţi dintre vecinii săi zoologici înconjurători. Tradiţia celtică (aşa cum putem aprecia din povestea lui Conn-eda ca şi din cea a lui Owain) era din acest punct de vedere arhaică. Şi de-a lungul întregului Ev Mediu acest foarte vechi sfătuitor al simţirii şi credinţei, exprimându-se prin intermediul a nenumărate basme, legende romantice şi eposuri curteneşti de aventuri, îşi repeta lecţia bătrânească adresată omului medieval, care era supus atunci unui proces de umanizare sub dubla influenţă a credinţei creştine şi a idealului cavaleresc, indicând calea „cealaltă“, calea opusă către perfecţiune, anume aceea de a nu ucide sufletul animal din noi şi de a nu ne rupe de el, ci de a converti fiara la cauza umană, câştigând-o de partea noastră, astfel încât să poată sluji ca ajutor în marea şi foarte dificila sarcină de făurire a unirii dintre puterile umane şi extraumane ce sălăşluiesc nu numai în cosmos, ci şi în noi înşine. Romanul arthurian al Cavalerului cu Leul semnifică un acord între umanitatea creştină cavalerească, aşa cum e ea simbolizată în spiritul cavaleresc al Mesei Rotunde, şi puterile pure ale vieţii, aşa cum sunt ele reprezentate de către fântâna secretă sacră (sursa din care izvorăsc peren toate puterile vieţii), de Doamna Fântânii şi de leul regal călăuzitor care l-a asistat pe erou întru atingerea scopului său.

Dacă animalul lăuntric este ucis printr-o moralitate superintransigentă sau fie şi numai redus la hibernare printr-o rutină socială perfectă, personalitatea conştientă nu va fi niciodată însufleţită de către forţele ascunse care o subîntind şi o susţin în mod obscur. Animalul interior cere să fie acceptat, să i se îngăduie să trăiască împreună cu noi, în calitatea sa de campion bizar şi adeseori derutant. Deşi mut şi îndărătnic, el ştie mai mult decât personalităţile noastre conştiente, şi am putea şti că ştie mai mult dacă ne-am da osteneala să-i ascultăm glasul abia perceptibil. Glasul e vocea şi apelul instinctului, şi acea voce e singurul lucru ce poate să ne salveze din impasurile în care personalităţile noastre conştiente ne vor conduce mereu atâta timp cât rămânem înfăşuraţi în orgoliul de a fi integral umani, dispreţuitori şi lipsiţi de orice contact intuitiv cu fântâna ocultă a vieţii universului.

Owain, astfel, este un Om-Leu diametral opus idealurilor tradiţiilor greceşti şi moderne. Ca simbol al perfecţiunii umane, el a fost modelat de sufletul şi spiritul celţilor, în consonanţă cu o atitudine faţă de supraumanul-demonic care evocă limpede mai mult Orientul arhaic decât Occidentul ulterior. Motivul leului negru în conjuncţie cu şarpele uriaş evocă tot Răsăritul, anume Siria şi Mesopotamia. Iar simbolul unui izvor ce furnizează preţioasa apă a vieţii e unul de mult familiar ţărilor pârjolite de soare din Orientul Apropiat, veşnic obsedate de spaima secetei şi de ameninţarea morţii din cauza setei; ea nu e o imagine inspirată, în primă instanţă, de climatul saturat de ploi al Insulelor Britanice.

Cu mult înainte de cucerirea romană, bătrâna Mamă Asia a dăruit o parte din îmbelşugata ei moştenire mitologică îndepărtatelor popoare din insulele occidentale. Fenicienii, navigând de pe coasta Palestinei, au trecut printre Coloanele lui Heracles şi au ancorat în Cornwall pentru a exploata minele de cositor de acolo, material atât de preţios pentru marile civilizaţii ale bronzului din vremea lor. Simbolurile şi poveştile civilizaţiilor egipto-babiloniene preclasice au fost transmise astfel direct populaţiilor preceltice şi celtice din Britania, Ţara Galilor şi Irlanda. Şi cu toate că aceste domenii îndepărtate au fost copleşite ulterior de invaziile creştine, anglo-germanice şi normande-cavalereşti, val după val, înţelepciunea timpurie a supravieţuit totuşi. Până în zilele noastre geniul rasei celtice rămâne inegalabil în capacitatea sa de a ţese tapiseriile magice ale veşnicei poveşti mitice a inimii omeneşti. Europa continentală a fost fermecată veacuri de-a rândul de vraja lui, până chiar în zorii Renaşterii. Iar astăzi el ne afectează încă o dată, fermecând sufletul omului modern (suflet de altminteri foarte vechi) printr-o poezie precum cea a lui William Butler Yeats, Fiona Macleod (William Sharp), John Synge şi a altor reprezentanţi ai Redeşteptării celtice, ca şi prin Parsifalul şi Tristanul de extracţie arthuriană ai lui Richard Wagner.

E greu de estimat gradul de înţelegere cu care erau compuse şi receptate redactările medievale ale poveştilor simbolice arhaice, dar există argumente puternice în legătură cu ele care par a sugera dăinuirea unei tradiţii conştiente efective. Nu toţi poeţii ştiau ce fac, desigur, pe de altă parte însă erau unii, fără îndoială, care ştiau. Romanele inechivoc curteneşti trădează multe simptome ale unei derivaţii nu prea îndepărtate din trecutul precreştin şi, am putea spune, chiar preeuropean.

Cavalerul, Sir Owain, în aventura sa, depăşeşte ca pe o simplă probă preliminară cele două încercări care au constituit totalitatea aventurii lui Sir Gawain. La Castelul Belşugului el supravieţuieşte ispitei de autocomplacere senzuală, care constituia şi semnificaţia întâmplării lui Gawain dindărătul pologului de la pat, iar în faţa Paznicului celui negru al Pădurii şi cu un singur ochi el îşi domină groaza de moarte pe care Gawain a cunoscut-o când şi-a prezentat gâtul spre a-i fi lovit de secure. Lunga aventură a lui Owain, după aceea, urmăreşte o semnificaţie diferită şi superioară. Printr-un proces de reintegrare trudnică, el recâştigă treptat ceea ce posedase iniţial, atunci când, mişcându-se ca într-un vis parcă, ajunsese pentru prima oară la Fântâna Vieţii. El realizează o fuziune armonioasă a personalităţii conştiente şi a celei inconştiente, cea dintâi specializată în problemele şi posibilităţile de control ale lumii fenomenale vizibile, cea de-a doua intuind acele izvoare mai adânci ale fiinţei din care purced permanent atât lumea fenomenală, cât şi martorul ei conştient. Un asemenea stil de viaţă armonios integrat reprezintă favoarea pe care natura o acordă fiecărui prunc, într-un mod preliminar, nedecisiv, şi pe care, crescând, copilul o pierde ulterior odată cu dezvoltarea individualităţii sale conştiente de sine. Povestea lui Owain ne învaţă, prin scenariul ei plastic, cum să recâştigăm acea favoare pe treapta maturităţii, fericirea împărăţiei cereşti: inocenţa renăscută şi puterea restaurată după tiparul acelei stări primitive de copilărie luminată pe care Cristos a indicat-o drept model pentru cei desăvârşiţi.

III. LANCELOT

1

Când cumperi un pachet de cărţi de joc franţuzeşti, la Paris sau oriunde în Franţa, descoperi, poate cu o anumită surprindere, că figurile au toate câte un nume. Regii sunt numiţi după patru monarhi vestiţi din trecut: David, Alexandru, Cezar şi Carol cel Mare. Reginele sunt Rahila şi Iudita din Vechiul Testament (maternitatea şi, respectiv, eroismul feminin), şi două zeiţe greceşti. Cavalerii sau valeţii îl au ca precursor pe Lancelot, valetul de treflă. El e urmat de unul din paladinii lui Carol cel Mare, Roger Danezul, ca valet de pică, apoi de Hector din Troia, valet de caro[1], şi de La Hire, valetul sau cavalerul de cupă[2]. Într-o serie de jocuri din secolele al XVI-lea–al XVIII-lea (*bésigue*, bunăoară), aceşti patru cavaleri burlaci curtenitori au rolul de a tulbura armonia vieţii conjugale a regilor şi a reginelor. Astfel, Lancelot îşi păstrează până azi în imaginaţia populară franceză reputatul rol ilicit.

Lancelot du Lac este, fără doar şi poate, cel mai atractiv şi mai splendid dintre cavalerii Mesei Rotunde arthuriene, chiar dacă el îşi trădează loialitatea faţă de regele său, întinează idealul cavalerismului nepătat şi devine, prin păcatul de adulter în care se complace toată viaţa, incapabil de căutarea culminantă, cavaleresc-creştină, a Sfântului Graal. Un glas misterios i-a adresat un avertisment când a încercat să se apropie de sanctuar: „Tu, Sir Lancelot, tu care eşti mai împietrit

1. Fiul lui Hector, Astyanax sau Francillon, a scăpat după cât se spune din ruinele Troiei şi a devenit strămoşul mitic al stirpei regeşti a regilor Franţei. La fel, se presupune că Eneas a fugit în Italia şi a întemeiat Roma.

2. La Hire sau Étienne de Vignolle (c. 1390–1443) a fost unul dintre ofiţerii superiori de la curtea regelui Carol al VII-lea al Franţei. Regele Carol, ajutat de Ioana d'Arc, a pus capăt Războiului de o sută de ani, şi regele Carol a fost cel care a atribuit aceste nume figurilor din cărţile de joc franţuzeşti.

decât piatra, mai amar decât lemnul amar şi mai neroditor decât smochinul sălbatic; pentru toate acestea pleacă de aici şi îndepărtează-te de aceste sfinte locuri." Şi auzind acestea, nu mai ştia ce să facă, şi plecă de acolo plângând şi blestemând clipa în care s-a născut: Păcatul şi ticăloşia mea m-au făcut să-mi pierd onoarea de care mă bucuram. Pentru că tot timpul eu n-am făcut altceva decât să caut aventuri lumeşti ca să-mi potolesc dorinţe lumeşti şi atâta amar de vreme tot eu am ieşit biruitor şi n-am fost învins niciodată în luptă; iar aceasta fără deosebire că am luptat pentru o cauză dreaptă sau pentru una nedreaptă. Iar acum tocmai eu am luat asupra mea sarcina de a căuta acele lucruri sfinte, fără să văd şi să-mi dau seama că vechile mele păcate mă împiedică să o îndeplinesc, aducându-mi în schimb numai ruşine."[1] Lancelot se îndreaptă temporar sub inspiraţia căutării, şi astfel se apropie de succes atâta cât îi e îngăduit unui păcătos, dar după ce Graalul a fost dobândit de către fiul său nelegitim, Sir Galahad, şi după ce el însuşi se întoarce la curtea lui Arthur, el recade în vechea sa dragoste, care în curând aduce nenorocire asupra comunităţii Mesei Rotunde. Din pricina ei, regina este dezonorată, mulţi cavaleri sunt ucişi, Sir Gawain e omorât de către Sir Lancelot, şi Lancelot însuşi e surghiunit. E declanşată o serie catastrofică ce duce, în cele din urmă, la moartea regelui şi la expirarea ciclului.

Legenda acestui strălucit războinic şi îndrăgostit, fascinat toată viaţa de pasiunea sa, secretă şi în acelaşi timp atât de notorie, pentru Regina Guinevere, a trezit un interes mai viu în rândul generaţiilor ulterioare decât faptele şi suferinţele celorlalţi cavaleri din anturajul lui Arthur. Acest personaj extrem de popular, extrem de curajos s-a încărcat cu o atracţie magică specială. El reprezenta ceva foarte diferit de idealurile eroice medievale ale tovarăşilor săi, ceva mult mai puţin oca-

---

1. Malory, *Morte d'Arthur*, XIII, 19. [Thomas Malory, *Moartea Regelui Arthur*, traducere de Ion Larian Postolache şi Charlotte Filitti, Minerva, B. P. T., 5 vol., 1979 – *n. t.*]

zional, mai profund omenesc şi mai durabil[1]. Sir Lancelot e o întrupare a idealului de bărbăţie care există nu în lumea acţiunii sociale masculine, ci în nădejdile şi închipuirile imaginaţiei feminine. E un exemplu, ca să spunem aşa, de ceea ce psihanalistul modern denumeşte „arhetipul animus", imaginea onirică a virilităţii care populează psihismul feminin. Gawain şi Owain, pe de altă parte, şi majoritatea celorlalţi cavaleri ai Mesei Rotunde, simbolizează însuşi psihismul masculin medieval, în convulsiile aventurilor şi deciziilor sale caracteristic virile[2].

---

1. Sir Gawain este eroul *real* al cavalerismului englez timpuriu (după cum adesea o subliniază J. L. Weston).

2. În contrast cu puţinătatea personajelor-animus din romanele arthuriene, reprezentările opusului, arhetipul-anima, abundă. Apariţiile „femeii din vis" a bărbatului – acea iubită ambiguă, evazivă, atractivă şi primejdioasă, răutăcioasă şi binevoitoare, obiect al dorinţei lui inconştiente – sunt omniprezente în acele zâne ale lacului ce acţionează ca ajutoare ale eroului, regine mârşave care-l vrăjesc şi-l hărţuiesc, doamne fermecătoare şi domnişoare frumoase ce-i solicită necurmat şi pretutindeni asistenţa: Nimue, Doamna Lacului, care dăruieşte Regelui Arthur spada infailibilă, Excalibur, şi teaca ei, ce-şi face posesorul invulnerabil; Morgan le Fay, al cărei farmec îi cuprinde pe rege şi pe mulţi dintre cavalerii lui; Niniane, care-l închide pe vrăjitorul Merlin, cel mai inspirat şi mai inspirator personaj al întregului ciclu, într-un mormânt viu.

Fiindcă veni vorba, Merlin e un exemplu perfect de arhetip al Bătrânului Înţelept, personificarea înţelepciunii intuitive a inconştientului. Prin inspiraţia şi sfatul său tainic, el ghidează personalitatea conştientă, care e reprezentată de cavaleri şi rege. Figura lui Merlin coboară, prin druizii celtici, din străvechiul preot şi vindecător tribal, înzestrat în mod supranatural cu înţelepciune cosmică şi putere vrăjitorească, poetul şi teologul care poate conjura prezenţe invizibile prin magia cântecelor sale. Ca Orfeu, cântăreţul şi magistrul misterelor şi iniţierilor din Grecia antică, ale cărui armonii îmblânzeau animalele sălbatice şi înduplecau pietrele mute să se aranjeze singure sub formă de ziduri şi clădiri, Merlin poate porunci pietrelor. Prin magie, el a transportat ansamblul megalitic circular de Stonehenge, „dansul uriaşilor", tocmai din Irlanda până în câmpia de la Salisbury. Merlin e magistrul Pădurii fermecate, cu alte cuvinte al tărâmului inconştientului cu toate puterile şi enigmele sale;

Numele lui Lancelot a devenit proverbial pentru îndrăgostitul curtenitor şi necugetat, drept care el se situează în aceeaşi categorie cu numele lui Tristan, iubitul prinţesei irlandeze, Regina Isolda. Amândoi au fost eroi de aceeaşi factură, blestemaţi şi binecuvântaţi de destin cu aceeaşi pasiune interzisă, amândoi vrăjiţi de dragostea pentru soţia suzeranului lor. Ei s-au întâlnit o dată într-un mare turnir, cu blazoane adverse, şi, cu toate că Tristan a fost momentan doborât de pe cal de Lancelot, el a reluat lupta cu asemenea vigoare şi tărie, încât în cele din urmă cei doi şi-au predat spadele reciproc şi s-au îmbrăţişat[1]. A fost astfel pecetluită o prietenie veşnică, întrucât cei doi erau atraşi de identitatea naturii lor, fiind conduşi de acelaşi farmec demonic. Dante îi celebrează pe amândoi în cântul al V-lea al *Infernului* său, în cercul al doilea (cel al desfrânaţilor), unde Tristan, alături de Paris troianul, apare pentru o clipă prin fum purtat de cumplitul vânt al dorinţei nestinse. Câteva versuri mai jos, Francesca da Rimini, legată de fratele soţului ei în osânda unei îmbrăţişări insaţiabile, mărturiseşte jalnic cum a fost mânată în păcat şi dezastru când a citit împreună cu iubitul ei despre primul sărut dintre Guinevere şi Lancelot:

---

castelul său cu nenumărate ferestre se deschide unei vederi către toate acestea. Omniscient, el cunoaşte trecutul şi viitorul. Privirea sa străbate până-n adâncurile pământului şi poate zări acolo balauri ascunşi zguduind temeliile unui turn. În repetate rânduri, sub înfăţişarea unui bătrân de „optzeci de ani“, el îi acostează inopinat pe cavaleri şi pe Regele Arthur, elevul său favorit, prezicând evenimente ce urmau să se întâmple şi împărţind avertismente şi sfaturi. El poate apărea şi sub formă de copil de paisprezece ani, revărsând înţelepciune dincolo de vârstă şi timp. Astfel el seamănă cu Bătrânul chinez, Lao zi, „Cel vechi de zile“, al cărui nume înseamnă totodată „Copilul Bătrân“. În rolul său de supraveghetor şi ghid al carierei şi curţii Regelui Arthur, Merlin seamănă foarte mult cu tipul indian al *gurului* sau al preotului casei, magicianul şi învăţătorul spiritual al capilor de familie şi al regilor. Creând el însuşi Masa Rotundă şi îndrumându-l pe Arthur din copilărie până la regalitatea supremă, el a fost principiul dinamic al întregii legende.

1. *Morte d'Arthur*, X, 67–86.

Noi singuri doi şi făr' să bănuim.
Făcu să ne privim ades citirea,
şi ne-am surprins cu-obraz decolorat,
ci-un punct făcut-a să ne pierdem firea.
Când am cetit cum zâmbetu-aşteptat
de mult, amantul şi-l sărută-n fine,
atunci în tremur tot, m-a sărutat
acest ce-acum în veci va fi cu mine.
Galeot fu basmul şi-autorul lui
şi-aici am pus cetirii pe-astăzi fine.[1]

Iniţierea spirituală a lui Sir Lancelot nu este calea înaltei căutări întru sfinţenie. Nimbul său e cel al păcătosului nestins, semnul iniţierii capricioase şi ambigue administrate de forţele necugetate ale pasiunii insaţiabile. Patima sa oarbă pentru hrana interzisă a sufletului său, insolenţa şi abilitatea lui miraculoasă de a eluda opinia şi dizgraţia publică au ceva inuman, demonic, diavolesc. Şi tocmai asta îi prilejuieşte faima, aici e secretul ascendentului său asupra noastră. Căci el nu e un simplu viteaz de extracţie umană, ci unul supranatural, un soi de copil schimbat, care şi-a câştigat de partea sa puterile secrete ale împărăţiei zânelor şi e binecuvântat de forţele prohibite ale sufletului.

Sir Lancelot era de obârşie omenească, fiu al Regelui Ban din Benwick, şi a fost botezat nu Lancelot, ci Galahad, nume care i-a fost trecut în cele din urmă fiului său. Dar Lancelot, acest prim Galahad, aflat încă la vârsta pruncieі, a fost luat şi crescut de către Doamna Lacului – aceeaşi care i-a dăruit Regelui Arthur Excaliburul, spada fermecată. Şi a fost crescut într o ţară miraculoasă, neomenească, de sub unde, împărăţia mitică a purei forţe vitale elementare, a fost educat de zâne şi elfi, nu de făpturi omeneşti, rămânând acolo până la vârsta de optsprezece ani. Doamna Lacului, patroana lui, i-a dăruit un inel fermecat care era înzestrat cu puterea de a risipi vrăjile şi-l făcea apt să înfrunte balaurii şi toate celelalte entităţi

1. *Infernul*, V, 129–138 (trad. de G. Coşbuc – *n. t.*).

suprafireşti asemănătoare. Şi el însuşi şi-a luat numele de Lancelot du Lac, Lancelot din Lac. Numele dă seama despre caracterul lui secund, umanitatea lui potenţată de forţele elementare ce-i saturaseră personalitatea în timpul adolescenţei petrecute în Ţara de sub Unde.

2

Legenda spadei lui Sir Lancelot e încă un semn al caracterului său dublu. Potrivit convenţiilor limbajului plastic universal al mitului şi legendei, arma cu ajutorul căreia un erou îşi săvârşeşte isprăvile e o replică a lui însuşi, simbolizând forţa pe care o exercită. Spada lui Sir Lancelot – acea armă invincibilă cu care aplică lovitura mortală fostului său tovarăş de luptă, Sir Gawain – provenea, după cum era şi de aşteptat, din domeniul misterios al fantasticului. Primul ei posesor uman a fost tragicul, straniul şi fatalul erou din Northumbria, Sir Balin, însufleţit de intenţii nobile, dar făcând întotdeauna răul, care nu numai că a aplicat teribila Lovitură Dureroasă, „de pe urma căreia se va prăvăli o mare răzbunare", ci l-a şi provocat la luptă şi ucis pe fratele său iubit, Sir Balan, în „cea mai minunată bătălie de care s-a auzit vreodată, şi-au fost amândoi îngropaţi în acelaşi mormânt". Sir Balin era numit „Cavalerul cu două spade", titlu simptomatic pentru personalitatea sa scindată, iar fratele său cu care s-a bătut, care poartă aproape acelaşi nume ca şi el şi e „cel mai bun prieten", „omul cel mai iubit de pe lume", este practic tot el însuşi sub altă formă. Amândoi năzuiesc necurmat să se vadă şi să fie uniţi, dar printr-o şiretenie magică proprie specificului şi destinului fatal al spadei, care avea să-i fie mai apoi transmisă lui Lancelot (cu tot cu puterea ei primejdioasă şi perversă), s-au întâlnit nu în dragoste, ci în luptă, descoperindu-şi prea târziu greşeala.

Povestea lui Sir Balin merită să fie reparcursă în întregul ei, nu doar pentru frumuseţea ei grea de fatalitate, ci pentru că dezvăluie ceva din fatalitatea întregului ciclu. Malory o plasează aproape la începutul marii sale compilaţii, unde apare ca o prefigurare şi o prevestire a catastrofei melancolice pe care păcatul moştenitorului spadei lui Balin urmează să o declanşeze. Notabil e şi rolul jucat de Merlin în admirabila poveste. Începem să cunoaştem şi să simţim forţa prezenţei permanente şi încurajatoare. Apariţiile ocazionale şi oportune ale lui Merlin s-ar zice că sunt condensările unei atmosfere învăluitoare într-o figură umană; el este farmecul, Providenţa care populează, pune în mişcare, cunoaşte individul şi indică; el este Destinul tuturor acestor iniţieri, probe, catastrofe şi iluzii de fericire.

La curtea Regelui Arthur venise o domnişoară, şi ea era încinsă chiar cu sabia cu pricina, şi era pentru prima oară când o vedea lumea. Domnişoara fusese „trimisă în solie de marea doamnă Lile de Avelion“. Şi regele se minună foarte tare şi întrebă: „Domnişoară, din ce pricină te-ai încins cu această sabie? Nu ţi se potriveşte deloc.“ „Îţi voi spune îndată“, a răspuns domnişoara. „Această spadă cu care sunt încinsă îmi dă multe griji şi necazuri, căci nu pot fi eliberată de ea decât de un cavaler. Dar acesta trebuie să fie un om fără pereche în braţe şi fapte, nepătat de ticăloşie sau înşelăciune şi nici de trădare. Dacă aş întâlni un asemenea cavaler care să aibă toate aceste virtuţi, el ar putea trage spada din teaca ei.“

„Mare minune“, rosti Arthur, „dacă acesta e adevărul. Voi încerca eu însumi să trag sabia din teacă, necutezând să cred că eu sunt cel mai bun cavaler, ci voi începe eu însumi să-ţi trag sabia din teacă doar ca să le dau o pildă tuturor nobililor mei, pentru ca fiecare dintre ei să încerce pe rând după ce voi încerca eu.“

Atunci Arthur apucă spada de teacă şi de cingătoare şi trase de ea cu înverşunare, dar spada nu vru să iasă.

„Sire“, spuse domnişoara, „nu e nevoie să tragi atât de tare; cel care o va trage din teacă o va face cu puţină strădanie.“

„Ai dreptate“, spuse Arthur. „Acum încercaţi şi voi toţi, nobili ai mei, dar băgaţi de seamă să nu fiţi pângăriţi de vreo ruşine, trădare sau înşelăciune.“

Cei mai mulţi dintre nobilii Mesei Rotunde aflaţi atunci acolo au încercat, dar fără izbândă.

„Vai!“ spuse domnişoara, „îmi închipuiam că la această curte sunt cei mai buni cavaleri, nepătaţi de înşelăciune sau trădare.“

„Pe legea mea“, spuse Arthur, „aici sunt cavaleri buni, după socotinţa mea, cum nu mai sunt pe lume, dar nu le e dat să te ajute, drept care sunt nemulţumit.“

S-a nimerit ca atunci să se afle acolo la Regele Arthur un cavaler sărac care fusese prizonier la el ceva mai mult de-o jumătate de an, din pricină că ucisese un cavaler ce mai era şi văr cu Regele Arthur. Numele acestui cavaler era Balin, şi prin bunele oficii ale nobililor fusese eliberat din închisoare; şi aşa se face că el s-a dus în taină la curte şi a văzut cele întâmplate. Şi în timp ce domnişoara îşi lua rămas-bun de la Arthur şi de la toţi nobilii, fiind pe picior de plecare, cavalerul acesta Balin strigă după ea şi zise: „Domnişoară, fii bună, rogu-te, şi îngăduie-mi şi mie să încerc la fel ca şi ceilalţi domni.“

Domnişoara îl măsură cu privirea pe cavalerul cel sărac şi văzu că era chipeş, dar ţinând seama de straiele-i sărăcăcioase, gândi că nu se putea să nu fie atins de înşelăciune sau trădare. Şi atunci îi spuse cavalerului: „Sir, nu cred că e nevoie să mă mai chinuieşti, căci nu s-ar zice că o să izbuteşti dumneata când ceilalţi au dat greş.“

„O, frumoasă domnişoară!“ spuse Balin, „valoarea, însuşirile şi faptele bune nu stau doar în veşminte, ci bărbăţia şi respectul sunt ascunse în persoana omului, şi mulţi cavaleri vrednici de respect nu sunt cunoscuţi de toată lumea, şi prin urmare respectul şi îndrăzneala nu stau în veşminte.“

„Pe Dumnezeu“, spuse domnişoara, „e adevărat ce spui. Aşa că vino şi încearcă, atâta cât poţi.“

Balin apucă spada de cingătoare şi de teacă şi o scoase uşor şi, privind spada, îi plăcu mult. Atunci regele şi toţi nobilii se minunară peste poate.

„Nu-ncape îndoială“, zise domnişoara, „acesta e un cavaler destoinic şi viteaz, cel mai bun pe care l-am întâlnit vreodată, şi cel mai vrednic de respect, nepătat de trădare, înşelăciune sau mişelie, şi multe minuni va săvârşi. Acum, nobile şi curtenitorule cavaler, dă-mi înapoi spada."

„Nici gând", spuse Balin, „căci spada o păstrez eu şi nu-mi poate fi luată decât cu forţa."

„Află", spuse domnişoara, „că nu eşti înţelept luându-mi spada, căci cu spada asta îl vei ucide pe cel mai bun prieten pe care-l ai şi pe omul pe care-l iubeşti cel mai mult pe lumea asta, şi spada aceasta îţi va aduce pieirea."

„Mă voi supune", spuse Balin, „la tot ce-mi va porunci Dumnezeu."

Domnişoara plecă foarte mâhnită, iar Balin trimise să i se aducă armura şi calul şi se pregăti să plece de la Regele Arthur. Între timp sosi la curte o doamnă ce se numea Doamna Lacului; ea veni călare, bogat înveşmântată, şi-l salută pe Regele Arthur. Apoi îi ceru darul pe care i-l făgăduise el când ea îi dăduse spada Excalibur.

„E adevărat", spuse Arthur, „ţi-am făgăduit un dar. Cere-mi ce vrei şi-l vei avea, dacă-mi stă în putere să ţi-l dau."

„Bine", spuse doamna, „atunci îţi cer capul cavalerului care a câştigat spada sau, dacă nu, capul domnişoarei care a adus-o, pentru că el l-a ucis pe fratele meu, iar femeia aceea a fost vinovată de moartea tatălui meu."

„Adevărul", spuse Regele Arthur, „e că nu-ţi pot da nici unul din cele două capete, mi-e cinstea-n joc. Aşadar, cere-mi orice altceva, şi-ţi voi îndeplini dorinţa.

„Nu vreau să-ţi cer nimic altceva", spuse doamna.

Când Balin fu gata de plecare, o zări pe Doamna Lacului. Ea o ucisese prin vrăjile ei pe mama lui Balin, iar el o căuta de trei ani. Şi când i s-a spus că-i ceruse Regelui Arthur capul lui, s-a dus drept la ea şi i-a zis: „Ai dat de rău; tu ai vrut capul meu şi de aceea ţi-l vei pierde pe-al tău." Şi cu spada sa îi reteză lesne capul în faţa Regelui Arthur.

„Vai, ruşine!" exclamă Regele Arthur, „de ce ai făcut asta? M-ai acoperit de ruşine pe mine şi toată curtea mea, căci ea era o doamnă căreia îi eram îndatorat, şi ea se bucura aici de protecţia mea. N-am să-ţi iert niciodată ofensa aceasta."

„Sire", spuse Balin, „regret din suflet că te-am mâhnit, dar această doamnă a fost cea mai mincinoasă dintre toate femeile şi prin farmece şi vrăji a dus la pieire mulţi cavaleri destoinici şi din pricina ei a fost arsă mama mea, prin neadevărurile şi înşelăciunile ei."

„Orice motiv ai fi avut, ar fi trebuit să te reţii în prezenţa mea. Aşa că să nu-ţi închipui că nu te vei căi pentru asta, căci la curtea mea nu s-a mai văzut vreodată o asemenea sfruntare. Prin urmare, lipseşte de la curtea mea cât mai grabnic cu putinţă."

Atunci Balin a ridicat de pe jos capul acelei doamne şi a părăsit călare oraşul.

Sir Balin, izgonit de la curte în chip atât de nevrednic, dar având asupra sa spada fermecată, o porni în aventură. Şi oricărui vrăjmaş ce-i ieşea în cale îi dădea o lovitură de moarte, dar, fără a-şi da seama, cu aceeaşi lovitură provoca şi câte o mare nenorocire. L-a doborât astfel pe fiul regelui Irlandei care l-a atacat ca să răzbune uciderea Doamnei Lacului, şi o domnişoară ce-l iubea pe prinţ s-a aruncat în sabia lui când l-a văzut pe prinţ omorât. Atunci a apărut şi Merlin şi a profeţit că pe locul unde fuseseră îngropaţi cei doi îndrăgostiţi, Tristan şi Lancelot du Lac aveau să dea „cea mai mare bătălie dintre doi cavaleri din câte se vor fi dat vreodată". Şi Merlin i se adresă lui Balin. „Ţi-ai făcut mare rău ţie însuţi", zise el. „Din pricina morţii acestei doamne vei da lovitura cea mai dureroasă din câte a dat omul vreodată, lăsând la o parte doar lovitura dată Mântuitorului nostru, deoarece îl vei lovi pe cel mai cinstit cavaler şi pe omul cel mai vrednic de respect din câţi trăiesc azi, iar prin această lovitură, trei regate vor ajunge în mare sărăcie, jale şi împovărare vreme de doisprezece ani, iar cavalerul nu se va vindeca de urmările rănii ani de zile."

Iar Balin spuse: „Dacă aş şti că spusa ta e adevărată şi că voi săvârşi o faptă atât de primejdioasă, aş prefera să mă omor ca să ieşi tu mincinos." Dar aici, Merlin se făcu deodată nevăzut.

Cumplita Lovitură Dureroasă prezisă astfel de către Bătrânul Înţelept a fost prilejuită de o aventură aparte. Într-o bună zi, în timp ce Balin îl însoţea, acordându-i protecţie, pe un tânăr îndrăgostit, trecu pe lângă ei un călăreţ invizibil care-l izbi pe tânărul cavaler ce mergea cu Balin, străpungându-i trupul cu o lance. „Vai", spuse tânărul cavaler, „am fost ucis sub protecţia ta de către un cavaler pe nume Garlon. Aşa că ia calul meu care e mai bun decât al tău şi du-te la domnişoară, şi mergi pe urmele mele cum te va îndruma ea, şi răzbună-mi moartea când ai să poţi."

„Aşa voi face", spuse Balin, „şi fac legământ pe onoarea de cavaler." Şi se despărţi cu mare mâhnire de cavalerul acesta.

Balin o găsi pe domnişoară şi călări împreună cu ea într-o pădure. Şi acolo se întâlniră cu un cavaler care fusese la vânătoare, iar după ce li se alătură, în timp ce călăreau pe lângă un schit durat alături de un cimitir, trecu pe lângă ei cavalerul Garlon, tot invizibil, şi-l lovi şi pe-acest de-al doilea cavaler, Perin de Mountbeliard, cu o lance, străpungându-i trupul.

„Vai", spuse Balin, „nu e prima ofensă pe care mi-a adus-o."

Şi apoi pustnicul şi Balin îl îngropară pe cavaler. Iar Balin şi domnişoara călăriră mai departe. Şi după multe zile sosiră la un castel unde Regele Pellam, „omul cel mai vrednic de cinste din câţi trăiesc azi", dădea o serbare. Garlon era şi el acolo, printre mulţi alţi cavaleri vrednici de cinste, şi el era fratele bunului Rege Pellam, iar faţa lui era neagră. El i-a fost arătat lui Balin şi când şi-a dat seama că Balin îl supraveghează, Garlon s-a dus la el şi l-a plesnit pe Balin cu dosul palmei peste obraz, spunându-i: „Cavalere, de ce mă priveşti aşa? Ruşine să-ţi fie. Mănâncă friptura şi îndeplineşte lucrul pentru care ai venit."

„Adevărat grăieşti", spuse Balin. „Aceasta nu e prima ofensă pe care mi-ai adus-o, aşa încât voi îndeplini lucrul pentru care am venit aici. Şi se ridică de la locul lui cu înverşunare şi-i reteză capul de pe umeri.

Toţi cavalerii se ridicară de la masă repezindu-se la Balin, iar Regele Pellam se ridică şi el furios şi spuse: „Cavalere, mi-ai ucis fratele. Pentru asta vei plăti cu viaţa şi vei pleca dintre cei vii."

„Bine", spuse Balin, „fă-o tu însuţi."

„Da", spuse Regele Pellam, „nimeni nu va avea de-a face cu tine în afară de mine însumi, şi asta din dragoste pentru fratele meu."

Atunci Regele Pellam apucă o spadă înfricoşată şi-l lovi cu sete pe Balin, dar acesta îşi feri capul de lovitura cu sabia, care se frânse în două. Şi văzându-se dezarmat, Balin dădu fuga în altă încăpere ca să-şi caute o armă, dar trecea dintr-o încăpere-n alta fără a găsi nici una, şi Regele Pellam era tot pe urmele lui.

Şi, în cele din urmă, intră într-o cameră minunat şi bogat împodobită, cu un pat aşternut cu cea mai bogată ţesătură din fir din câte ţi-ai fi putut închipui, în care era întins cineva, iar alături era o masă de aur curat cu patru picioare de argint ce susţinea tăblia mesei, iar pe masa aceea se afla o suliţă minunată lucrată într-un chip neobişnuit. Şi văzând suliţa, Balin o luă în mână, se răsuci către Regele Pellam şi-l lovi necruţător cu ea, aşa încât Regele Pellam căzu pierzându-şi cunoştinţa, după care acoperişul şi zidurile castelului crăpară şi se prăbuşiră la pământ, iar Balin căzu şi el, fără a mai putea mişca nici mână, nici picior. Şi aşa, cea mai mare parte a castelului, care se prăbuşise din pricina loviturii dureroase, zăcu peste Pellam şi Balin trei zile.

Apoi veni Merlin acolo şi-l ridică pe Balin, îi dădu un cal bun, întrucât al lui murise, şi-i porunci să plece din ţara aceea.

„Aş vrea s-o iau şi pe domnişoara aceea", spuse Balin.

„Uite", zise Merlin, „zace moartă acolo."

Şi Regele Pellam zăcu aşa, greu rănit, mulţi ani, şi nimic nu l-a putut pune pe picioare până când nu l-a vindecat Galahad, mândrul prinţ, pornit în căutarea Sfântului Graal.

Apoi Balin se despărţi de Merlin şi spuse: „Nu ne vom mai întâlni niciodată pe lumea asta." Călări mai departe prin ţinuturi şi oraşe frumoase şi văzu locuitorii morţi, ucişi peste tot. Iar toţi cei rămaşi în viaţă strigau: „O, Balin, mare năpastă ai adus în ţările acestea, din pricina dureroasei lovituri pe care i-ai dat-o Regelui Pellam, au fost nimicite trei ţări şi nu-ncape îndoială că până la urmă te va ajunge şi pe tine răzbunarea."

O aventură cu totul remarcabilă! Acesta e preludiul sumbru al legendei despre căutarea Sfântului Graal. Sir Galahad, fiul lui Sir Lancelot, avea să îndrepte răul abătut asupra Regelui Graalului, castelului şi regatului de către purtătorul iniţial al puterii magice a lui Sir Lancelot aşa cum era ea întrupată şi simbolizată de spada fermecată. Căci forţele supranaturale alăturate muritorilor sunt echivoce în modurile lor de manifestare. Dacă la Galahad ele îşi vor arăta puterea izbăvitoare şi Regele Pellam va fi vindecat, la Balin ele sunt distructive. Sir Balin e în raport cu Sir Galahad ceea ce moartea e faţă de renaştere, amurgul faţă de auroră, noiembrie faţă de mai, iar între cele două aventuri ale lor se întinde noaptea cea lungă, hibernarea sufletului, care este viaţa noastră în păcat. Acest interimat este perioada lui Sir Lancelot şi a misiunii atribuite comunităţii Mesei Rotunde pentru salvarea lumii.

Prin puterea demonică dobândită prin spadă, Balin a reuşit în împrejurări în care altul ar fi dat greş; el a scăpat lumea de Garlon, ticălosul cavaler invizibil. Dar biruind, el a declanşat ravagii, deoarece forţa supraomenească pe care a acumulat-o refuzând să înapoieze spada i-a scăpat de sub control. Ea l-a înălţat mai presus de eroismul omenesc normal, dar i-a presărat calea isprăvilor cu dezastre şi a continuat să o facă atâta timp cât el a urmat aceeaşi cale atât de teribilă. Despărţirea tăioasă de Bătrânul Înţelept, Merlin, vrăjitorul profetic ce-l avertizase, a însemnat până la urmă o separare finală de supunerea faţă de sfatul inconştientului. Era o reiterare a aceleiaşi obstinaţii ce provocase ruptura dintre el şi fecioara-zână când ea se ivise la curte cu spada devenită între timp diabolică. Această exagerată încredere în sine era o atitudine foarte diferită de acceptarea curtenitoare cu care Sir Gawain primise exigenţele prezenţelor misterioase venite din tărâmul transcendental, ceva ce nu putea duce nicicând la fericirea şi gloria alesului-erou, ci doar la distrugerea lumii, la distrugerea de sine şi la distrugerea omului celui mai iubit de pe lume.

Sir Balin plecă din cele trei ţări pe care le distrusese şi, după ce ieşi din ele, călări opt zile înainte de a întâlni iarăşi aventura. Atunci dădu peste un cavaler frumos care zăcea la pământ şi se jeluia de moarte. Şi cavalerul acesta se plângea de doamna sa care-i făgăduise să se întâlnească acolo cu el şi nu venise. Era pe punctul de a se omorî cu spada pe care ea însăşi i-o dăduse, dar Balin îi opri braţul, promiţându-i ajutorul său ca s-o caute. Şi călăriră împreună până când sosiră în faţa castelului ei. „Am să intru în castel", spuse Balin, „ca să văd dacă e acolo." Şi aşa făcu. Căută dintr-o încăpere-n alta. Apoi aruncă o privire într-o grădiniţă încântătoare şi, sub un dafin, o zări culcată cu un cavaler în braţe, cel mai dezgustător lucru ce-i fusese dat să vadă vreodată. Şi cei doi dormeau duşi.

Balin se întoarse la îndrăgostitul trădat, îi spuse ce descoperise şi-l conduse în grădina aceea. Şi când o văzu culcată acolo, de atâta supărare pe cavaler îl podidi sângele pe gură şi pe nas şi cu sabia le reteză amândurora capetele şi apoi prinse a se jelui peste măsură. „O, Balin", spuse el, „mare necaz mi-ai adus, căci dacă nu mi-ai fi arătat priveliştea asta, supărarea mi-ar fi trecut." Şi deodată îşi împlântă sabia în sine până-n plăsele.

Încă o dată, şi la fel de inocent, Balin adusese dezastrul. Oriunde apare şi intervine cu bunele lui intenţii, ori de câte ori leagă o prietenie sau vrea să dea o mână de ajutor, fără să vrea aduce numai ruină pe lume. El îşi distruge noua prietenie şi se izolează iarăşi de omenire în singurătatea sa de cavaler rătăcitor răzleţit. Şi astfel, oriunde se duce e cunoscut acum sub numele de Balin le Savage, pentru că darul reţinut de el din tărâmul magic l-a singularizat. Este un om posedat. Trecuse mult timp de când se despărţise de fratele său Balan, corespondentul lui, purtător al unei singure spade, pe care-l pierduse din vedere, iar acum nu mai putea scăpa de arma fatală la fel cum nu putea scăpa Abu-Cassem de papucii lui vrăjiţi şi malefici.

Când îi văzu morţi pe doamnă şi pe cei doi cavaleri, Sir Balin dădu pinteni calului şi plecă, altminteri s-ar fi putut spune că el îi ucisese. Şi astfel călări mai departe, iar după trei zile ajunse la o cruce, pe care stătea scris cu litere de aur: „Nici un cavaler singur să nu călărească spre acest castel." Chiar aceasta era însă osânda lui Balin: să fie un cavaler singur, şi a trăit un moment de teribilă premoniţie cât a stat în faţa acelei cruci de hotar. Apoi văzu un bătrân venerabil venindu-i în întâmpinare – un dublu sau o replică a vrăjitorului Merlin. „Balin le Savage", îl avertiză acest personaj, „ţi-ai întrecut măsura venind încoace. Fă deci cale-ntoarsă şi-o să-ţi fie bine." Şi se făcu nevăzut. Şi-n aceeaşi clipă, Balin auzi un sunet de corn, ca şi cum s-ar fi vestit moartea unei fiare. „Cântarea", spuse Balin, „se face auzită pentru mine, căci eu sunt trofeul, şi totuşi nu-s încă mort."

Era foarte viteaz. Acelaşi curaj ce-i îngăduise să scoată din teacă spada cu putere supraomenească îl reţinea acum pe drumul autodistrugerii pe care şi-l ştia desfăşurat în faţă. Nici gând să se întoarcă din drum. Aşa că se grăbi să treacă dincolo de crucea care marca interdicţia şi ajunse foarte curând la un castel măreţ ridicat pe o insulă şi păzit de un cavaler. Iar turnurile castelului erau pline de doamne – ca şi *Le Château Merveil* al lui Sir Gawain. Ajunsese astfel la Tărâmul Mumelor, în Ţara fără de întoarcere.

„Sir", spuse un cavaler aflat în faţa podului plutitor, „pare-mi-se că scutul domniei tale nu e bun; o să-ţi împrumut unul mai mare."

Scutul şi armele, în Evul Mediu, serveau la identificarea cavalerului care călărea şi se angaja în luptă cu viziera lăsată. Piesele acestea erau semnele şi simbolurile personalităţii sale, derivate fiind din câte o faptă a lui, foarte importantă şi celebrată, sau îi anunţau descendenţa şi, prin urmare, îi făceau cunoscute idealurile pentru care luptă. Ele reprezentau raţiunea de a fi a acţiunii sale conştiente, comportamentul eului său conştient, aspectul tangibil, vizibil al fiinţei lui, confruntată cu un prieten sau un duşman. Balin, renunţând la scutul său, devenea anonim exact în clipa când păşea în sfera puterilor supranaturale. Se lepăda acolo de caracterul şi de fiinţa sa conştientă personală.

Şi astfel Balin luă scutul necunoscut şi-l părăsi pe-al său, după care păşi împreună cu calul într-o barcă mare şi sosi călare pe insulă.

Şi când ajunse de cealaltă parte se întâlni cu o domnişoară care-i spuse: „O, cavalere Balin, de ce ţi-ai părăsit scutul? Vai, te expui unei mari primejdii, căci doar după scutul domniei tale ai fi putut fi recunoscut."

„Rău îmi pare", spuse Balin, „şi că am păşit în ţinutul acesta, dar mi-e ruşine să fac acum cale-ntoarsă, şi orice aventură mi s-ar ivi, de viaţă sau de moarte, voi primi-o aşa cum îmi va ieşi în cale." Şi apoi îşi măsură armura cu privirea şi-şi dădu seama că era bine înarmat, drept care îşi făcu semnul crucii şi se săltă în şa.

Apoi văzu că din castel ieşise călare şi venea în întâmpinarea lui un cavaler, cu calul acoperit de valtrapuri roşii, culoare în care şi acel cavaler era îmbrăcat. Era Balan, fratele lui Balin, dar nu-l recunoscu – „omul pe care-l iubea cel mai mult pe lumea asta", şi a cărui ucidere fecioara-zână i-o prorocise când Balin refuzase să-i restituie spada. Ca şi Owain la castelul Doamnei Fântânii, Balan îndeplinea aici rolul sacerdotal de stăpân şi captiv al Sanctuarului Vieţii. Şi la fel ca armura neagră a Cavalerului Negru, armura lui roşie reprezenta straiul lui oficial.

Balan, preotul şi paznicul Insulei Femeilor, nu şi-a recunoscut fratele, în ciuda faptului că Balin avea asupra sa cele două spade, „din pricină că nu-i cunoştea scutul". „Şi astfel ei îşi cumpăniră suliţele şi se avântară unul împotriva altuia cu uimitoare iuţeală, şi se izbiră în scuturi..." Erau întru totul la fel de puternici, două aspecte ale uneia şi aceleiaşi fiinţe: Balan era sinele care fusese Balin înainte de a fi scos şi de a-şi fi însuşit spada fermecată. Şi s-au luptat astfel acolo unul cu altul până ce li s-a tăiat răsuflarea. Şi tot locul unde se luptau se înroşise de sânge.

Balan, fratele mai tânăr, se retrase puţin şi depuse armele. Atunci Balin le Savage întrebă: „Ce fel de cavaler eşti tu? Căci eu n-am mai întâlnit un cavaler care să se poată măsura cu mine."

„Numele meu", zise el, „e Balan, fratele bunului cavaler Balin."

„Vai", spuse Balin, „n-aş mai fi apucat ziua asta." Şi căzu pe spate cuprins de leşin.

Atunci Balan se târî pe brânci către el şi-i scoase coiful, dar nu-l putu recunoaşte, atât îi era chipul de desfigurat şi plin de sânge.

Când Balin îşi veni în fire, spuse: „O, Balan, frate drag, tu m-ai ucis pe mine şi eu pe tine."

„Am ieşit amândoi din acelaşi mormânt, adică din pântecele aceleiaşi mame, şi vom zăcea amândoi în aceeaşi groapă."

Şi doamna din turn îi înmormântă pe amândoi chiar pe locul unde se dăduse lupta. Şi toate doamnele şi nobilele femei plânseră de mila lor. Şi doamna făcu o însemnare despre Balan şi cum fusese ucis de mâna fratelui său, fără a şti însă numele lui Balin.

Cele două laturi ale personalităţii scindate, cea demonică şi cea inocent omenească, după ce au înaintat prin viaţă de-a lungul unor trasee separate, fiecare năzuind după cealaltă, dar incapabile totuşi să se recunoască una pe alta, s-au îmbrăţişat doar încetând să mai existe, s-au reconciliat prin distrugere reciprocă şi s-au unit într-un mormânt comun.

Balin, datorită temerităţii sale adolescentine şi curajului său fără cusur, era înzestrat cu puteri supraomeneşti şi privilegiat să scoată din teacă spada fermecată. El îl reprezenta pe omul desăvârşit. A fost însă prins şi dominat de forţele care l-ar fi putut sluji, după refuzul său implacabil opus cererii zânei-mesager. Elementul extrapersonal, subuman, pe care-l poartă în sine fiecare muritor, s-a năpustit apoi împotriva personalității sale conștiente și i-a copleșit-o, târându-l, ca pe creasta unui val, către distrugere. După ce i-a fost luat scutul personalității cavalerești, el și-a pierdut chipul omenesc, și apoi, purtat anonim de mareea puterilor, a fost strivit de prezența la fel de anonimă, reciproc vrăjită, a fratelui său și, în actul uciderii între ei, fiecare s-a ucis pe sine însuși: Balin-Balan, cele două aspecte ale unei ființe unice, aspectul demonic și cel uman, s-au nimicit unul pe altul și s-au scufundat întru osânda lor mutuală.

Merlin a venit dimineața și a înscris numele lui Balin cu litere de aur pe mormânt: Aici zace Balin le Savage, care a fost Cavalerul cu două spade și a dat Lovitura Dureroasă. Și Merlin a luat spada lui Balin, i-a scos mânerul și i-a pus altul în loc. Apoi i-a cerut unui cavaler aflat în fața lui să mânuiască spada, el a încercat, dar nu a fost în stare să o facă. Atunci Merlin izbucni în râs.

„De ce râzi?“ întrebă cavalerul.

„Pricina este“, spuse Merlin, „că nici un om nu va putea mânui vreodată spada aceasta, fără numai cel mai bun cavaler din lume, iar acesta va fi Sir Lancelot sau Galahad, fiul său. Și Lancelot cu spada asta îl va ucide pe omul pe care-l iubește cel mai mult, și anume pe Sir Gawain.“ Și Merlin lăsă scrise toate acestea în mânerul spadei[1].

3

Fiecare lovitură dată de către Balin cu spada se dovedea, necugetat, o Lovitură Dureroasă, deoarece atunci când personalitatea e invadată de forțe extrapersonale, libertatea de judecată și puterea de a măsura acțiunea, caracteristici distinctive ale conștiinței raționale, sunt anihilate. Individul ajunge să fie robit unei fatalități irezistibile, victimă și agent totodată al presiunilor care au pus stăpânire pe el. Și astfel,

1. Malory, *Morte d'Arthur*, II.

Balin le Savage, deşi îşi cunoştea dinainte sfârşitul, a fost nevoit să-şi împlinească destinul funest.

La fel şi Lancelot. Ca şi Cavalerul cu două spade, a cărui armă fermecată a moştenit-o, Lancelot avea o natură scindată, pe de o parte uman, dar pe de alta un miracol al magiei „Lacului". Întreaga fiinţă îi era pătrunsă de vrăjitoria patroanei sale supranaturale şi, el însuşi vrăjit, vrăjea la rândul lui pe toţi cei care îl priveau – Regina Guinevere, Regele Arthur, până şi pe bieţii Paolo şi Francesca ai lui Dante. Această putere e însă şi un factor de izolare. Ca şi Balin, Lancelot era rupt de viaţa omenească normală şi de împlinirile din existenţa unui om real. Nu avea să devină niciodată soţ sau tată de familie, ci era osândit să rămână curtenitorul burlac. În acest rol fix de îndrăgostit perfect, dar nevirtuos, el era deopotrivă ceva mai mult şi ceva mai puţin decât omenesc. A dominat societatea Mesei Rotunde şi poate captiva imaginaţia până în zilele noastre. Chiar în marea sa înfrângere, Sir Lancelot a fost mai interesant, mai uman decât cavalerii cu inima pură.

O singură dată, şi atunci prin vrăjitorie, Lancelot a fost abătut de la credinţa faţă de doamna vieţii lui. Şi acesta a fost un episod umilitor, deşi, de pe urma lui, asupra comunităţii Mesei Rotunde a regelui s-a răsfrânt o glorie deosebită. Lancelot plecase călare în căutare de aventuri, curând după turnirul său cu marele iubit al Reginei Isolda, Sir Tristan, şi, după ce o salvase pe o doamnă recunoscătoare care fiersese vreme de cinci ani într-o încăpere „fierbinte ca o baie", pornise împotriva unui balaur ce trăia într-un mormânt din apropiere. Pe mormânt stătea scrisă cu litere de aur o profeţie: „Aici va veni un leopard de sânge regesc şi va ucide şarpele, iar acest leopard va zămisli un leu în această ţară străină, care leu îi va întrece pe toţi ceilalţi cavaleri." Nemaizăbovind să cugete asupra implicaţiilor, cavalerul Reginei Guinevere ridică lespedea şi de sub ea ieşi un balaur care scuipa flăcări. Lancelot îşi trase sabia din teacă şi luptă vreme îndelungată cu balaurul. După ce-l ucise, sosi şi regele acelei ţări, un cavaler bun şi nobil, care se arătă doritor să-i afle numele.

„Sir“, spuse Sir Lancelot, „află rogu-te că numele meu e Sir Lancelot.“

„Iar numele meu“, spuse regele, „este Pelles, regele țării străine și văr apropiat cu Iosif din Arimateea.“[1]

După aceea amândoi își arătară marea curtenie față de celălalt și merseră la castel unde-i aștepta ospățul de prânz. Și tare ar fi vrut Regele Pelles să găsească mijloacele de a-l face pe Sir Lancelot să se culce cu fiica lui, frumoasa Elaine, deoarece regele știa prea bine că Sir Lancelot trebuia să aibă un fiu de la fiica lui, pe care avea să-l cheme Sir Galahad preabunul cavaler, datorită căruia toată țara aceea străină urma să fie scăpată de primejdii și avea să fie găsit Sfântul Graal.

Veni atunci o doamnă pe care o chema Doamna Brisen, și ea îi spuse regelui: „Sire, află că Sir Lancelot nu iubește pe nici o altă doamnă din lume în afara Reginei Guinevere, așa că urmează-mi sfatul și eu am să-l fac să se culce cu fiica ta, lăsându-l să creadă că se culcă doar cu Regina Guinevere.“

„O, frumoasă Doamnă Brisen“, spuse regele, „tragi oare nădejde să faci așa ceva?“

---

1. Sursa lui Malory pentru această aventură e scrierea franceză *Lancelot în proză*, pe când sursa lui pentru povestea lui Balin a fost *Merlin în proză*. Aceste două mari producții ale secolului al XIII-lea și-au extras legendele în mod independent din vastul și nu totdeauna consecventul fond al tradiției arthuriene medievale. În povestirea despre Balin am văzut cum a fost distrus castelul Regelui Graalului; aici el va fi găsit încă intact, dar, aflat sub un blestem, el se află într-o anumită „primejdie“. Numele regelui în povestea lui Balin era Pellam („Pellean“ în izvorul francez al lui Malory), aici el e Pelles. Ambele texte descriu însă personajul regal ca pe o rudă apropiată a lui Iosif din Arimateea, care, potrivit legendei din secolul al XIII-lea, a adus cupa de la Cina cea de Taină (cupa care a primit sângele lui Cristos la Răstignire) și sulița care a străpuns coasta lui Cristos în această capelă relicvar a Graalului. Sfintele comori au fost păstrate și păzite aici de către Regele Graalului, Pellam-Pelles, pentru binele creștinătății.

Castelul Graalului e o creștinare a motivului celtic păgân al castelului Fântânii Vieții, izvorul bunăstării și belșugului lumii create. Pentru o discuție despre fondul celtic al legendei Graalului, *cf.* Roger S. Loomis, *op. cit.*, pp. 139–270.

„Sire“, spuse ea, „sub pedeapsa cu moartea lasă-mă să-ncerc“, căci această Doamnă Brisen era una din cele mai mari făcătoare de farmece din câte trăiau pe lume în vremurile acelea.

Atunci numaidecât, lui Sir Lancelot i s-a spus că Regina Guinevere vizitează un anumit castel al Întâmplării aflat la numai cinci leghe depărtare. Şi auzind asta, vă puteţi închipui că a fost cum nu se poate de încântat şi şi-a pus în gând să meargă acolo chiar în noaptea aceea. Iar apoi aceeaşi Doamnă Brisen s-a îngrijit ca Elaine să fie dusă la castelul Întâmplării, iar Sir Lancelot s-a dus călare în faptul serii la acelaşi castel, unde a fost numaidecât primit cu multă cinste.

După ce se vârî în pat, Sir Lancelot întrebă unde e regina. La care Doamna Brisen îi spuse că este în patul ei, iar Sir Lancelot fu condus la ea în iatac. Şi Doamna Brisen îi aduse lui Sir Lancelot o cupă de vin, şi numai ce bău vinul acesta că se simţi atât de încins şi de înnebunit, că nu mai suferi nici o întârziere şi se duse în pat, închipuindu-şi că fecioara Elaine este Regina Guinevere. Vă daţi seama ce fericit era Sir Lancelot, la fel cum era şi acea doamnă Elaine că-l putea primi pe Sir Lancelot în braţe. Căci ea ştia foarte bine că în noaptea aceea avea să i se zămislească în pântece Galahad, care avea să se dovedească cel mai bun cavaler din lume. Şi au rămas ei astfel culcaţi până s-a luminat de ziuă, şi toate ferestrele şi celelalte deschideri ale iatacului fuseseră astupate, ca să nu pătrundă nici o rază de lumină. Şi după ce şi-a venit în fire, Sir Lancelot s-a ridicat şi s-a dus la fereastră şi de îndată ce a deschis-o, vraja s-a risipit şi şi-a dat singur seama cum se înşelase.

„Vai“, spuse el, „după ce am trăit atâta vreme, am ajuns să mă văd dezonorat.“

Şi atunci îşi luă spada în mână şi spuse: „O, trădătoareo, cine eşti tu, cea cu care am petrecut toată noaptea? Ai să mori chiar aici de mâna mea.“

Atunci frumoasa doamnă Elaine sări din pat goală cum era şi căzu în genunchi înaintea lui Sir Lancelot, zicând: „Nobile şi curtenitorule cavaler, eşti de sânge regesc, aşa încât fie-ţi milă, rogu-te, de mine, şi întrucât eşti renumit drept cavalerul cel mai nobil din lume, fă bine şi nu mă ucide. Căci port acum în pântece de la tine pe cel ce va fi cel mai nobil cavaler din lume."

„Ah, trădătoare perfidă", spuse Sir Lancelot, „de ce m-ai înşelat? Spune-mi repede cine eşti."

„Sir", spuse ea, „sunt Elaine, fiica Regelui Pelles."

„Bine", zise Sir Lancelot, „am să te iert pentru ce-ai făcut." Şi o luă în braţe şi o sărută, căci era pe cât de frumoasă, înfloritoare şi tânără, pe-atât de înţeleaptă, cum nu mai găseai alta pe lume.

Iar apoi Sir Lancelot se îmbrăcă şi se înarmă. După care ea spuse: „Stăpâne Sir Lancelot, din tot sufletul te rog să mă vezi cât de curând mai poţi, pentru că eu n-am făcut decât să mă supun profeţiei despre care mi-a spus tatăl meu. Şi la porunca lui de a împlini această profeţie, am jertfit cea mai mare bogăţie şi cea mai mândră floare pe care am avut-o şi n-o să o mai am niciodată, şi anume fecioria mea. Aşa că, bunule cavaler, dăruieşte-mi toată bunăvoinţa ta."

Şi astfel, îmbrăcat şi înarmat, Sir Lancelot îşi luă cu blândeţe rămas-bun de la tânăra doamnă Elaine. Şi apoi plecă[1].

După naşterea lui Galahad şi răspândirea veştii, Lancelot a trebuit să domolească gelozia şi bănuielile doamnei sale. Marea criză s-a produs atunci când Elaine, cu douăzeci de cavaleri şi zece doamne şi nobile de la curte, toţi însoţiţi de o sută de cai, şi-a făcut apariţia la Camelot, curtea Regelui Arthur. Când a zărit-o, Sir Lancelot a fost atât de ruşinat, încât nu s-a îndemnat să o salute, nici să-i vorbească, gândind totuşi în sinea lui că era cea mai frumoasă femeie pe care-i fusese dat să o vadă.

Elaine a văzut că Sir Lancelot nu vrea să-i vorbească, şi inima îi era atât de grea, încât se temu să nu-i plesnească, căci vă daţi seama că-l iubea peste măsură. Şi-atunci Elaine îi spuse cameristei sale, Doamnei Brisen: „Răutatea lui Sir Lancelot aproape mă omoară."

---

1. Malory, *Morte d'Arthur*, XI, 1–3.

„Linişteşte-te, stăpână“, spuse Doamna Brisen. „Fac eu în aşa fel încât la noapte să doarmă cu tine, numai să-ţi ţii firea.“

„Asta mi-ar fi mai scump“, spuse Doamna Elaine, „decât tot aurul din lume.“

„Las’ pe mine“, spuse Doamna Brisen.

Când Elaine a fost condusă la Regina Guinevere, fiecare a încercat să arate cât mai bine dispusă, de dragul aparenţelor, dar nu din inimă. Toţi bărbaţii şi toate femeile vorbeau însă despre frumuseţea Doamnei Elaine şi despre marile ei bogăţii.

Pentru noapte, regina a poruncit ca Doamna Elaine să doarmă într-un iatac de lângă iatacul ei, sub acelaşi acoperiş. Şi s-a făcut întocmai după cum poruncise regina. Regina a trimis apoi după Sir Lancelot şi i-a cerut să vină la ea în iatac în noaptea aceea: „Căci altminteri“, spuse regina, „sunt sigură că o să te duci în patul doamnei tale Elaine, de la care îl ai pe Galahad.“

„Ah, doamnă“, făcu Lancelot, „să nu mai spui aşa ceva, căci ceea ce am făcut a fost împotriva voinţei mele.“

„Atunci“, spuse regina, „ai grijă să vii la mine când voi trimite după tine.“

„Doamnă“, zise Lancelot, „nu-ţi voi înşela aşteptările, ci voi fi gata la porunca ta.“

După ce au ajuns la înţelegerea aceasta, Doamna Brisen a aflat de ea prin meşteşugurile ei vrăjitoreşti. Ca atare, când s-a făcut timpul şi toată lumea se dusese la culcare, Doamna Brisen a venit la patul lui Sir Lancelot şi i-a spus: „Sir Lancelot du Lake, dormi? Stăpâna mea, Regina Guinevere, e în pat şi te aşteaptă.“

„O, buna mea doamnă“, spuse Sir Lancelot, „sunt gata să merg cu tine oriunde mă vei duce.“

Aşa că Sir Lancelot îşi aruncă pe umeri o haină lungă şi-şi luă spada în mână, iar Doamna Brisen îl apucă de un deget şi-l conduse la patul stăpânei sale, Doamna Elaine, după care plecă şi-i lăsă singuri în pat. Vă-nchipuiţi cât era doamna de bucuroasă, ca şi Sir Lancelot de altfel, întrucât el credea că strânge pe alta în braţe.

Să-i lăsăm acum sărutându-se şi îmbrăţişându-se, într-o îndeletnicire atât de plăcută, şi să vorbim despre Regina Guinevere, care o trimisese pe una din femeile ei la patul lui Sir Lancelot. Şi când aceasta ajunse acolo, găsi patul rece şi el nicăieri. Aşa că se întoarse la regină şi-i povesti totul.

„Vai", zise regina, „unde-o fi ajuns cavalerul acela mincinos?"

Regina îşi ieşi aproape din minţi, se zvârcoli şi se zbuciumă ca o nebună şi nu putu să adoarmă vreo patru, cinci ore.

Sir Lancelot avea însă un fel de-a fi care-i intrase în obicei: sporovăia în somn şi vorbea deseori despre doamna sa. Aşa încât, după ce stătu de veghe cât pofti, veni şi vremea să adoarmă, şi la fel şi Doamna Elaine. Şi în somn el a vorbit şi a sporovăit ca o gaiţă despre dragostea dintre Regina Guinevere şi el. Şi vorbind el atât de tare, îl auzi regina care stătea la ea în iatac. Şi când îl auzi cum mai sporovăieşte, fu cât pe ce să-şi piardă minţile, iar de supărare şi de durere nici nu mai ştia ce să facă.

Şi apoi ea tuşi atât de tare, încât Sir Lancelot se trezi şi o recunoscu după felul cum îşi dregea glasul. Şi-şi dădu numaidecât seama că nu dormise cu regina. Drept care sări din pat ca un nebun, în cămaşă, şi regina îl întâlni în pridvor, spunându-i: „Cavaler mincinos şi trădător ce eşti, să nu te mai prind la curte şi nu cumva să mai dai prin iatacul meu, şi să nu mai cutezi, cavaler mincinos şi trădător ce eşti, să mi te mai arăţi în faţa ochilor."

„Vai", făcu Sir Lancelot, şi cu asta simţi o durere în inimă, de se prăbuşi pe lespezi, leşinat. Dar Regina Guinevere îl lăsă acolo şi plecă. Iar când Sir Lancelot îşi reveni din leşin, sări prin arcada unei ferestre afară în parc, unde ghimpii îi zgâriară faţa şi trupul, dar el tot alergă înainte fără să-şi dea seama încotro se duce, apucat de o furie nebună cum nu mai fusese cuprins nicicând vreun om. Şi aşa a rătăcit pe drumuri doi ani încheiaţi şi nimeni nu l-a recunoscut în acest timp.

Când Doamna Elaine a auzit cum regina îl batjocorea pe Sir Lancelot şi când a văzut cum acesta leşinase şi apoi cum a sărit prin fereastra aceea arcuită, îi strigă Reginei Guinevere: „Doamnă, ai făptuit un mare păcat faţă de Sir Lancelot, căci l-ai nenorocit pentru totdeauna, deoarece din ce am văzut că a făcut şi din ce am auzit, mi-am dat seama că şi-a pierdut minţile pentru tot restul vieţii. Vai, doamnă, ai săvârşit un mare păcat, iar domnia ta însăţi te-ai acoperit de o mare ruşine, fiindcă ai un bărbat ca Regele Arthur care e numai al tău, prin urmare se cădea să-l iubeşti, căci nu mai ştiu altă regină pe lumea aceasta care să aibă ca soţ un asemenea rege, aşa cum ai domnia ta. Dacă n ai fi fost domnia ta la mijloc, m-aş fi bucurat din plin de dragostea iubitului meu Sir Lancelot, mai ales că eu am un temei foarte puternic să-l iubesc, căci el a avut parte de fecioria mea şi de la el am un prunc de toată frumuseţea şi al cărui nume este Galahad, iar când îi va veni vremea va fi cel mai bun cavaler din lume."

„Doamnă Elaine", spuse regina, „cum se luminează de ziuă, îţi poruncesc să-mi părăseşti curtea. Dar pentru dragostea pe care i-o porţi lui Sir Lancelot, nu da nimănui în vileag această taină a lui, căci, dacă ai face-o, de aici ar însemna să i se tragă moartea."

„Cât despre asta", spuse Doamna Elaine, „mi-e groază să mă gândesc că este acum un om sfârşit pentru totdeauna, şi numai din vina domniei tale, iar de aici încolo, nici domnia ta şi nici eu nu mai avem sorţi să ne mai bucurăm de dânsul, că eu l-am auzit scoţând nişte gemete atât de jalnice atunci când a sărit pe fereastră cum n-am mai auzit pe cineva până acum. „Vai", spuse frumoasa Elaine, şi „Vai", suspină şi regina Guinevere, „acum îmi dau seama că noi l-am pierdut pentru totdeauna." Aşadar, în aceeaşi dimineaţă, Doamna Elaine îşi luă rămas-bun, pregătindu-se de plecare, de altfel nici nu-i mai făcea plăcere să rămână[1].

---

1. *Ibid.*, XI, 7 9. [În ultimele patru paragrafe de mai sus am urmat, cu mici adaptări necesare, versiunea românească din ed. cit., pe care o vom utiliza, în aceleaşi condiţii, şi în finalul subcapitolului 3 – *n. t.*]

Sir Lancelot a fost nebun vreme de doi ani, a suferit şi a îndurat multe ploi dezlănţuite, hrănindu-se cu fructe şi cu ce mai putea găsi. Şi într-o bună zi ajunse din întâmplare în oraşul şi în grădina castelului Regelui Pelles şi acolo, în timp ce el adormise lângă o fântână, însoţitoarele Doamnei Elaine îl văzură şi-o duseră şi pe Elaine să-l vadă. Şi ea, de cum îl privi, îl recunoscu drept Sir Lancelot, drept care îndată izbucni într-un plâns atât de dureros, încât, leşinând, se prăbuşi la pământ. Şi după ce plânse ea aşa o bună bucată de vreme, se ridică şi, chemându-şi însoţitoarele, le spuse că nu se simte bine. Părăsiră deci îndată grădina, iar ea se duse la tatăl său.

„Sire" , spuse Doamna Brisen, „trebuie să dovedim mare înţelepciune în felul cum ne vom purta cu el, deoarece acest cavaler nu este în toate minţile, iar dacă îl vom trezi pe neaşteptate, atunci nici unul dintre noi n-o să ştim cum să ne descurcăm. De aceea vă rog să aveţi răbdare o clipă, iar eu voi arunca o vrajă asupra lui, în aşa fel, încât să nu se poată trezi mai devreme de o oră", şi chiar aşa a şi făcut.

Puţin după aceea, regele a poruncit ca toată lumea să se retragă şi să nu se afle nimeni pe aleea pe care va veni el. Toate acestea odată săvârşite, patru bărbaţi dintre cei mai de încredere oameni ai regelui, cu Doamna Elaine şi Doamna Brisen, puseră mâna şi-l ridicară pe Sir Lancelot şi astfel îl duseră într-un turn, iar acolo îl aşezară într-o cameră unde se găsea potirul sacru în care se afla Sfântul Graal. Pe Sir Lancelot îl aşezară culcat în faţa acestui sfânt potir. Şi curând după aceea veni acolo un om sfânt care descoperi potirul şi atunci, printr-un miracol şi prin puterea acelui sfânt potir, Sir Lancelot şi-a revenit, înzdrăvenindu-se. Şi îndată ce s-a trezit, el a început să geamă, să ofteze şi să se vaite foarte rău de toate cele câte le îndurase.

Iar după aceasta Sir Lancelot a zăcut mai bine de două săptămâni, nemaiputând nici să se mişte de atâta amărăciune. Dar mai târziu, într-o zi, el îi spuse Doamnei Elaine: „Doamnă Elaine, din vina domniei tale eu am avut de îndurat multe necazuri, suferind destule chinuri pe care nu mai e nevoie să le înşir, căci le cunoşti foarte bine. Mai ştiu, de asemenea, că m-am purtat urât atunci când am tras spada ca să te ucid, a doua zi dimineaţa, după ce mă culcasem cu domnia ta. Dar am făcut aceasta doar pentru că împreună cu Doamna Brisen m-aţi dus în păcat împotriva voinţei mele, iar după cum spui, Sir Galahad, fiul tău, a fost zămislit atunci."

„Acesta este adevărul", răspunse Doamna Elaine.

„Atunci ai vrea oare, din dragoste pentru mine", spuse Sir Lancelot, „să te duci la tatăl tău şi să-i ceri să-mi dea o casă în care să pot locui? Fiindcă la curtea Regelui Arthur nu mă voi mai putea întoarce nicicând."

„Sir", răspunse Doamna Elaine, „eu voi trăi şi voi muri numai pentru domnia ta. Iar tu, stăpânul meu, Sir Lancelot, oriunde te vei găsi, să n-ai nici o îndoială, acolo voi fi şi eu, cu tot ajutorul pe care ţi l-aş putea pune la îndemână."

„Ei bine, fiica mea", spuse regele, „dacă dorinţa lui este să rămână în ţinutul acesta, atunci să locuiască în castelul de la Bliant, unde vei locui şi tu cu el, împreună cu douăzeci dintre cele mai frumoase doamne din această ţară, alese de cea mai nobilă viţă; de asemenea vei lua cu tine şi douăzeci de cavaleri. Căci, draga mea fiică, eu vreau să ştii că noi toţi ne simţim onoraţi de încuscrirea cu Sir Lancelot."

Şi aşa se face că Sir Lancelot du Lac, acel celibatar model, cavalerul puterilor supranaturale, blestemat şi binecuvântat de necesitatea de a iubi în păcat şi pentru totdeauna pe singura femeie interzisă lui, s-a transformat pentru o vreme în ceea ce, pentru un bărbat normal, ar fi putut însemna momentul şi prilejul favorabil pentru eliberare. Cu Elaine, care, aşa cum o declarase ea însăşi, era soţia potrivită pentru el şi mama copilului său, a rămas timp de cincisprezece ani în castelul mândrului său socru, Regele Pelles, castelul Bliant, care se înălţa pe o insulă înconjurată de cele mai fermecătoare ape. Şi cât au stat acolo, Sir Lancelot a pus să fie numită Insula Fericită (*Joyous Isle*). Gândurile nu i-au fost însă niciodată abătute de la regina care-l surghiunise. O dată pe zi, în ciuda tuturor strădaniilor soţiei şi doamnelor de acolo de a-l înveseli, își pironea privirea către regatul Logres, unde se afla Regele Arthur cu Regina Guinevere, și plângea de parcă i se frânsese inima. Și renunță la numele său, alegându-și altul nou, care trebuia să-i adeverească în chip tainic vina de a-și fi trădat fără voia sa iubirea ce-i constituia dominanta existenței. „Le Chevaler Mal Fet" a fost numele ales acum ca să-l desemneze, cu alte cuvinte, „cavalerul care a încălcat legea". Și prin această denumire, asupra căreia a insistat riguros, el a anulat în mod tacit legătura maritală ce-l unea cu Elaine. Idila din Insula Fericită, în ciuda frumuseții ei, n-a avut astfel nici o valabilitate. În clipa când au sosit doi camarazi ai Mesei Rotunde, trimiși la el de către Regina Guinevere, care nu mai putea îndura dorul, el a încălecat pe cal și și-a luat rămas-bun în cea mai mare grabă[1].

„Un lucru îți lipsește", îi spuse odată o domnișoară. „Ești un cavaler necăsătorit, ce nu poate iubi nici o fecioară sau nobilă femeie, și e mare păcat. Dar se zvonește că o iubești pe Regina Guinevere și că ea a sorocit prin farmece să nu iubești niciodată pe altă femeie afară de ea." Așa a fost și așa a rămas chiar în anii ultimi ai vârstei lor mijlocii, când certurile dintre ei deveneau tot mai meschine și farmecul tinereții le abandonase de mult trupurile.

Nefericitul destin relatat în bine-cunoscuta poveste a fecioarei liliale de la Asolat, inocentă, însetată de dragoste, dar disperată – cea de-a doua Elaine din viața acestui bătrân războinic, acum diminuat și epuizat, trecut printr-un număr incalculabil de turnire – stă mărturie persistenței, mult peste termenul natural, a miraculoasei străluciri de tip animus și a farmecului său: ea a stat tot timpul în preajma lui Sir Lancelot, ori de câte ori i s-a îngăduit, și totdeauna l-a privit pe Sir Lancelot cu minunare. „Aș fi vrut să-mi fii soț", stărui ea pe lângă el în cele din urmă, „căci de nu te vei căsători cu mine sau măcar de nu-mi vei fi iubit, zilele mele bune se vor fi

1. *Ibid.*, XII, 1–9.

sfârşit." Şi s-a îndrăgostit atât de tare de Sir Lancelot, încât nu s-a mai putut scutura niciodată de dragostea ei, din pricina aceasta pierzându-şi viaţa[1].

Fidelitatea faţă de Guinevere, lunga sa viaţă cu şi fără ea, îi umpluse în asemenea măsură fiinţa cu magnetismele iubirii, încât el era ca o prezenţă demonică ce lua minţile. Dar şi el însuşi avea mintea rătăcită sub vraja pasiunii singulare ce-l poseda. Am putea spune că personalitatea lui Lancelot şi cea a Guineverei deveniseră, ambele, integral invadate şi subjugate de puterile „lacului" inconştientului, posedate şi asediate de un cuplaj animus-anima transpersonal, impulsiv, inexplicabil şi neguvernabil în mod raţional. Individualităţile lor conştiente fuseseră copleşite la prima vedere de o experienţă mai degrabă arhetipală decât personală. Fiecare descoperise în celălalt nu un tovarăş uman devotat, ci contraactorul perfect pe o scenă ideală, supraomenească, a unei pasiuni abstracte şi totuşi fatale. Fiecare era legat de celălalt nu ca de o fiinţă umană, ci ca de aflarea unei porţiuni pierdute, necesare şi separate, a sufletului. Ei erau nu doi, ci unul: fiecare o proiecţie a inconştientului celuilalt. Şi dacă biografiile lor omeneşti normale au ajuns să fie anihilate în vraja aceasta demonică, motivul este că atemporalitatea relaţiei lor lăsa în ei înşişi prea puţin timp. Farmecul lor ţinea sub aceeaşi vrajă şi lumea înconjurătoare. Şi chiar dacă el umplea scena cu dezastre şi nefericiri, cu toate acestea nici cei mai apropiaţi intimi ai lor nu şi-ar fi luat libertatea să le-o reproşeze. În prezenţa reprezentării de către ei a atemporalităţii celor două sexe în identitatea lor trăită, toate proprietăţile, convenţiile, idealurile şi virtuţile curţii deveneau nesemnificative. Simbolul Mesei Rotunde îşi pierdea puterea. Curtea regelui creştin a devenit templul unui conubiu care ignora total misiunea istorică a creştinismului: bucuria sacră a unui zeu şi a unei zeiţe necreştini în misterul unirii lor eterne – ceva asemănător cu unirea

1. *Ibid.*, XVIII, 9–20. Istorisirea despre cea de-a doua Elaine e repovestită în poemul lui Tennyson *Lancelot and Elaine*.

dintre indienii Shiva şi Satī, asupra căreia vom medita în capitolele noastre ulterioare despre Povestea Zeiţei[1].

4

Poeţii şi cronicarii din Evul Mediu par a fi avut o anume percepţie confuză despre sanctitatea precreştină, necreştină, a marelui păcat săvârşit de Lancelot şi regină. S-ar putea ca ei să nu fi recunoscut sau creditat interpretarea psihologică sugerată de noi pentru vraja exercitată asupra lumii de către dragostea lor vinovată, dar explicaţia supranaturală le era cunoscută. Ei au exprimat-o în termeni de basm şi vrăjire. Prin acest mecanism ei au răscumpărat vinovăţia nesăbuiţilor amanţi vrăjiţi, păstrându-le aurele de divinitate şi lăsând ca urmele strălucirii lor divine din alte vremuri să se menţină chiar şi în contextul dilemelor şi încercărilor legate de dragostea medievală, cavalerească şi creştină. Nu ca animus şi anima, ci ca un zeu şi o zeiţă în adoraţie mutuală, cei doi se vedeau justificaţi în greşeala lor olimpiană.

Câte ceva din vechea configuraţie mitică putem întrezări în cea mai faimoasă şi mai importantă dintre aventurile lui Lancelot şi ale reginei, acea poveste remarcabilă relatată în cea mai timpurie consemnare scrisă despre cavaler: romanul în versuri al lui Chrétien de Troyes, *Cavalerul cu cotiga*.

Or, Chrétien de Troyes era un poet de curte, un om extrem de versat în manierele vremii sale şi deloc interesat în arierplanurile mitice ale naraţiilor sale, ştiind însă cum să utilizeze materialele mitice pentru amuzamentul şi edificarea publicului curtenesc contemporan. Îşi începuse cariera cu o traducere din poetul latin Ovidiu în franceza secolului al XII-lea, inspirându-se din psihologia iubirii şi a pasiunii de factură lumească aşa cum apărea în versiunile ovidiene despre eroi şi eroine tradiţionali precum Piram şi Thisbe. Succesul lui Chrétien la curtea Mariei de Champagne şi în domeniul general

1. *Infra*, pp. 237 şi urm.

al literaturii medievale pare a se fi întemeiat mai cu seamă pe abilitatea lui de a transmite unui public cavaleresc ceva din complexitatea şi sentimentalismul modului elenistic de interpretare a pasiunii şi galanteriilor iubirii. Preluarea şi utilizarea elementelor supranaturale mai vechi era însă unul din rafinamentele acestei arte sofisticate. Aşa se face că în romanele lui Chrétien, întocmai ca şi în povestirile lui Ovidiu (deşi fără îndoială în mod mai voalat), sub faţa vestimentaţiei contemporane, a psihologismului şi problematizărilor etice contemporane, continuă să curgă, tăcut şi pe furiş, vechiul curent al tradiţiei mitice, aducând în noua eră simbolurile imemoriale ale încercărilor şi biruinţelor sufletului[1].

Romanul *Cavalerului cu cotiga* (*Le chevalier de la charrette*) al lui Chrétien, despre Lancelot, se deschide cu o apariţie şi o provocare la fel de sinistră ca şi aceea de la începutul povestirii despre Gawain şi Cavalerul Verde. Un bărbat necunoscut şi înveşmântat în armură, înarmat până-n dinţi, veni la curtea de la Camelot în timp ce Regele Arthur şi Regina Guinevere stăteau la masă şi sărbătoreau ziua Înălţării. Fără să salute în vreun fel, cavalerul i se adresă direct regelui.

„Rege Arthur, eu ţin în robie cavaleri, doamne şi domnişoare de pe domeniul şi de la curtea măriei tale, dar nu pentru că aş avea de gând să ţi-i înapoiez vorbesc acum despre ei, ci pentru că vreau să proclam şi să-ţi aduc la cunoştinţă că nu ai puterea şi mijloacele trebuincioase ca să ţi-i iei înapoi. Şi fii încredinţat că ai să mori înainte de a putea să le vii în ajutor."

Regele îi răspunse că era nevoit să îndure ceea ce nu-i stătea în putere să îndrepte, totuşi fu copleşit de mare mâhnire.

Apoi cavalerul se făcu că pleacă, dar, ajuns la uşa sălii, se opri şi, întorcându-se, vorbi iarăşi: „Rege, dacă la curtea ta

---

1. Vezi *Arthurian Romances by Chrétien de Troyes*, trad. de Wistar Comfort, Everyman's Library, no. 698, volum din care vom cita mai jos, de la pp. 270–359. Textul în franceză veche al romanului poate fi citit în ediţia Foerster, 1899. [În româneşte, vezi *Romanele Mesei Rotunde*, în prelucrarea modernă a lui Jacques Boulenger, traducere de Aurel Tita, Univers, 1976, pp. 243–272 – *n. t.*]

se află un cavaler în care ai putea avea o asemenea încredere, încât să cutezi a i-o încredința pe regină ca s-o însoțească pe urmele mele până în codrii în care mă duc, îți făgăduiesc să-l aștept acolo și să-i predau toți prizonierii pe care-i țin în surghiun în țara mea, dacă va fi în stare să o apere pe regină și dacă va izbuti s-o aducă înapoi."

Regina era însă viața și sufletul curții Regelui Arthur. Regele o câștigase, odată cu Masa Rotundă, prin mari fapte vitejești, la începutul carierei sale de cavaler, după ce-și dovedise dreptul la tronul regalității sale supreme. Pierderea ei ar fi însemnat pentru el un adevărat dezastru, deopotrivă simbolic și personal. Dar și refuzul provocării ar fi însemnat tot un dezastru, deoarece protejarea sexului slab și a inocenței împotriva agresiunii brutale constituia misiunea și sensul suprem al nobilei asociații din jurul Mesei Rotunde. Astfel, înalta confrerie se vedea amenințată acum cu o prăbușire iminentă. Mulți dintre cei ce se aflau atunci în palat auziseră provocarea și toată curtea era în fierbere.

Din nefericire, cavalerul care se ridică primul cu acest prilej era seneșalul Sir Kai. Era cel mai vârstnic dintre cavaleri și își compensa neîndoiosul sentiment de inferioritate față de isprăvile mai impetuoase ale viguroșilor tineri doar cultivându-și și afișând o înfumurare ridicolă. Sir Kai, printr-o lucrătură vicleană, îl sili pe rege să accepte că el însuși era cel mai potrivit ca să răspundă provocării. Pretinse mai întâi că vrea să se retragă din corporația dezonorată. Atât regele cât și regina îl implorară să rămână. Atunci puse condiția ca regele să-i facă o favoare și, după ce Arthur se legă prin jurământ, el își formulă cererea de a susține cauza curții. Și astfel, cu foarte mari ezitări, regina fu încredințată protecției sale, și porni la drum împreună cu ea, lăsând în urmă o jeluire generală, de parcă toți ar fi văzut-o moartă pe catafalc.

Sfătuiți de Sir Gawain, Regele Arthur și toți cavalerii, la puțin timp după aceea, porniră și ei pe urmele lor, ca să o salveze pe regină în caz că Sir Kai ar fi fost doborât. Când ajunseră însă în apropierea pădurii, zăriră calul lui Sir Kai ieșind în galop din ea şi, după ce se îndreptară călări în mare grabă spre locul luptei, constatară că nu numai regina şi misteriosul luptător dispăruseră, ci şi preacurajosul lor reprezentant. Sir Gawain o luă înaintea tuturora, cu cei doi cai pe care-i adusese pentru regină şi Kai, şi mergând aşa prin pustietate, se întâlni cu un cavaler necunoscut călare pe un cal rănit, ostenit cum nu se poate mai mult şi acoperit de sudoare. Cavalerul necunoscut îl salută şi-l rugă să-i împrumute unul din cei doi cai. De îndată ce-şi văzu împlinită rugămintea, sări în şaua calului celui mai apropiat şi se îndepărtă zorit. Calul abandonat căzu mort de sfârşeală.

Gawain dădu pinteni pornind după el şi, după o bucată de drum, găsi mort calul pe care tocmai i-l dăduse cavalerului şi observă că pământul era proaspăt călcat şi pe jos se aflau scuturi şi suliţe rupte, de parcă acolo avusese loc o bătălie înfricoşată. Sir Gawain îşi urmă numaidecât drumul, până când îl zări iarăşi pe cavalerul cel necunoscut pe jos, complet înarmat, cu coiful tras pe ochi, spada încinsă la brâu şi scutul atârnat la gât. Tocmai ajunsese din urmă o cotigă.

„Dar în vremea aceea“, explică poetul Chrétien, „o asemenea cotigă avea acelaşi rost pe care-l are acum un stâlp al ruşinii, şi-n fiecare oraş unde-n zilele noastre sunt peste trei mii de cotigi de felul acesta, în vremea aceea era una singură şi ea, ca şi stâlpul ruşinii la noi, trebuia să slujească celor care săvârşeau omoruri sau trădări, ca şi celor vinovaţi de orice delict, şi pentru hoţii care furaseră din bunurile altora sau jefuiseră la drumul mare. Toţi cei găsiţi vinovaţi de o crimă sau alta erau urcaţi într-o cotigă şi plimbaţi pe toate uliţele, pierzându-şi astfel toate drepturile legiuite şi nimeni nu le mai da ascultare, cinstire sau bună primire la vreo curte. Cotigile erau atât de temute în vremurile acelea, încât atunci a ieşit întâi zicala: «Dacă vezi şi-ntâlneşti o cotigă, fă-ţi cruce şi roagă-te lui Dumnezeu să nu se-abată vreun rău asupra ta».“

Cavalerul care mergea pe jos, fără lance, păşea în urma cotigii. Vizitiul, un pitic, şedea pe hulube, cu o strămurare lungă în mână.

„Piticule“, strigă cavalerul pedestru, „spune-mi, pentru numele Domnului, dacă ai văzut-o trecând pe aici pe doamna mea, regina.“

Piticul cel jalnic nu vru să-i dea nici o veste despre ea, mulţumindu-se să-i răspundă: „Dacă te urci în cotiga asta, mâine ai s-auzi ce i s-a-ntâmplat reginei.“ Apoi îşi văzu de drum, fără a-i mai acorda nici o atenţie.

Cavalerul nu şovăi mai mult de câţiva paşi şi se urcă în cotigă. „Şi totuşi a fost spre nenorocul lui“, observă Chrétien, „că s-a codit să-şi accepte nefericirea şi n-a sărit în ea numaidecât.“ E evident că acolo s-a întâlnit cu cea dintâi dintr-o serie de încercări menite să-i probeze capacitatea de-a o salva pe regină din ţara unde erau ţinuţi în captivitate atât de mulţi dintre foştii supuşi ai Regelui Arthur. Despre această ţară ni se spune că e „regatul de unde nici un străin nu se mai întoarce“:

Et si l'a el reaume mise
Don nus éstranges ne retorne,
Més par force el pais sejorne
An servitude et an essil[1]:

„ci, vrând-nevrând, călătorul trebuie să rămână în ţara aceasta, în robie şi-n surghiun“ – ceea ce e totuna cu a spune că Regina Guinevere, viaţa şi sufletul stăpânirii Regelui Arthur, a fost răpită şi dusă în împărăţia morţii. Asemenea zeiţei Persephone din bine-cunoscutul mit clasic, această Regină a Vieţii, muza şi sursa de inspiraţie a tuturor romanelor şi aventurilor cavalereşti, a fost dusă cu forţa în tărâmul de jos cel fără de întoarcere.

Porniţi să o scape, Sir Gawain şi cavalerul anonim (care, în timpul unei dramatice întâlniri ulterioare cu regina, avea să se vădească a fi nimeni altul decât Sir Lancelot) aveau să se înfrunte cu o succesiune de aventuri caracteristice în toate mitologiile coborârii în lumea de jos. „Sunt multe piedici şi

1. Chrétien de Troyes, *Le chevalier de la charrette*, ed. Foerster, p. 25, vv. 644–647.

treceri anevoioase“, spunea o domnişoară pe care au întâlnit-o mai târziu în drumul lor. „E cu putinţă totuşi să pătrunzi acolo pe două drumuri foarte primejdioase şi prin două pasuri cum nu se poate mai grele. Unul din ele se numeşte «podul din apă», deoarece podul se află sub apă, cu tot atâta apă deasupra ca şi dedesubtul lui, aşa încât podul se găseşte chiar la mijloc, şi e lat şi gros de numai un picior şi jumătate. Alegerea lui trebuie ocolită, desigur, cu toate că e cel mai puţin primejdios dintre cele două. Celălalt pod e încă şi mai de netrecut şi mult mai periculos, şi nici un om nu l-a străbătut vreodată. El e ca o spadă ascuţită şi ca atare oamenii îl numesc «podul spadei». Acum ţi-am spus tot adevărul ce-l ştiu.“

Încercarea cotigii, aşadar, a fost cea dintâi dintr-o serie tot mai dificilă. Lancelot a şovăit preţ de numai câţiva paşi, după care a sărit în ea, nepăsându-i de ocară, deoarece „iubirea era zăvorâtă-n inima lui“. Sir Gawain, pe de altă parte, când ajunse din urmă cotiga şi-l auzi pe pitic poftindu-l să urce-n ea dacă doreşte să afle ceva despre regină, a considerat poftirea drept o nebunie, răspunzând că nici nu se gândeşte, întrucât ar fi dezonorant să schimbe calul pe o cotigă[1]. Aşa încât se ţinu după cotiga în care se aflau Lancelot şi piticul, păstrându-şi neatinsă demnitatea de cavaler, în timp ce oamenii din târgul apropiat, uimiţi nespus la vederea celuilalt în cotigă, nu pregetară să-şi ascundă simţirea, ci-l acoperiră de huiduieli, cu mic, cu mare, bătrâni şi tineri, pe străzile pe unde treceau.

Piticul îl duse pe cavaler la un loc de mas, un turn ce se înălţa în afara oraşului la acelaşi nivel cu acesta, iar Gawain, ţinându-se de cotigă, descălecă şi intră şi el în turn. Lancelot

1. [Schimbul este o mare degradare reprezentând, din punct de vedere metafizic, schimbarea vehiculului solar cu trupul omenesc, acesta fiind o „cotigă“ în sensul acelui „simbolism al carului“ platonician şi indian. Acesta e momentul când Gawain, aşa cum face *o dată* orice erou solar, „ezită“ („Ia paharul acesta de la mine“; ezitarea lui Buddha de a predica etc.). De aici importanţa unui lucru care, pentru un cititor neatent, poate reprezenta ceva minor. – AKC]

şi Gawain îşi petrecură aici noaptea împreună, fiind supuşi la cea de-a doua încercare. Fiecăruia i s-a pregătit câte un pat, iar pe lângă cele două, mai era şi un al treilea pat, deosebit de bogat împodobit, care „avea toată desăvârşirea cu care te poţi gândi că ar putea fi înzestrat un pat", iar cavalerii fură avertizaţi să nu încerce a se culca în patul acela măreţ. „În cel de colo", le spuse îngrijitoarea turnului, care-i îndruma, „nu s-a culcat nimeni fără să o merite." Lancelot însă nu s-a dat înapoi. Se dezbrăcă numaidecât şi se urcă în pat ca să doarmă. Dar la miezul nopţii fu cât pe ce să-l lovească năpasta. Căci chiar în acea clipă coborî brusc din grinzile tavanului o lance, ca şi cum ar fi avut de gând să-l străpungă şi să-l ţintuiască de cearşafurile albe. Fanionul prins de ea era în flăcări şi tot patul luă foc imediat. Dar Lancelot scăpă de lance abia zgâriat, „ea îi crestă puţin pielea, fără a-l răni serios". Rămânând în pat, el stinse focul şi lancea o aruncă în mijlocul încăperii, după care se culcă iarăşi şi adormi din nou.

Patul acesta face parte, evident, din setul „paturilor fermecate", *lits merveils*, precum cel pe care l-a îmbunat şi l-a stăpânit Sir Gawain în aventura sa de pe „insula femeilor" – Tărâmul Mumelor – încă o manifestare a lumii celor duşi. Aventura din noaptea aceasta, aşadar, a reprezentat încercarea la care a fost supus curajul lui Lancelot. Cealaltă încercare necesară – încercarea din castelul plăcerii – avea să fie următoarea.

Sir Gawain însă, în tot acest timp, n-a făcut altceva decât să se odihnească în linişte.

De dimineaţă, cei doi cavaleri au fost preveniţi despre cele două poduri de către fata care-i îndruma, iar Lancelot îl lăsă pe tovarăşul său să aleagă primul. Sir Gawain alese varianta care-i fusese prezentată ca fiind mai puţin dificilă, drept care o luă pe drumul care ducea la podul din apă, în timp ce Sir Lancelot, de astă dată călare, o apucă pe cealaltă cărare indicată, ajungând la un vad pe al cărui paznic cavaler îl birui, continuându-şi apoi drumul. Calea era însă lungă. Şi spre sfârşitul după-amiezii, o domnişoară bogat gătită şi înveşmântată îl întâmpină cu sfială şi curtenie. „Domnule, casa mea e pregătită pentru domnia ta“, spuse ea, „dacă-mi primeşti ospeţia, dar nu te vei putea adăposti aici decât dacă te culci cu mine. Astea sunt condiţiile pe care ţi le propun şi-n care-ţi fac poftirea.“

„Nu puţini sunt cei care i-ar fi mulţumit de cinci sute de ori pentru un asemenea dar“, remarcă poetul, dar Lancelot a fost foarte nemulţumit şi i-a dat un răspuns cu totul diferit: „Domnişoară, îţi mulţumesc că mă pofteşti în casa domniei tale, şi-ţi preţuiesc mult gestul, dar, dacă nu ţi-e cu supărare, regret, nu mă pot culca cu domnia ta.“

„Pe ochii mei“, spuse domnişoara, „atunci îmi retrag poftirea.“

La care, văzând că n-are încotro, o lăsă să procedeze după voia ei, deşi inima lui tânjea să primească, iar domnişoara îl conduse acasă la ea.

Era o cetate măreaţă cu multe încăperi frumoase şi o sală de primire mare şi încăpătoare. Acolo era întinsă o masă; se spălară pe mâini şi se aşezară ca să mănânce. Chiar înainte de culcare, Sir Lancelot îşi dădu seama că trebuia să-şi salveze gazda de asaltul unui îndrăgostit nedorit şi violent, iar după ce trecu şi încercarea asta, ea îl conduse la un pat aşternut pentru ei în mijlocul sălii principale. Domnişoara se culcă prima, iar Sir Lancelot, conform înţelegerii, urmă după ea. Avu însă mare grijă să n-o atingă, şi după ce se urcă în pat, se trase cât mai departe de ea cu putinţă, neadresându-i nici un cuvânt, „ca un călugăr căruia îi e oprit să vorbească“.

Aşa încât, după câtva timp de tăcere, ea îi spuse: „Domnul meu, dacă nu te simţi jignit, eu am să plec şi am să mă duc în patul din iatacul meu, domnia ta rămânând să stai mai în larg. Nu cred că-ţi face plăcere tovărăşia şi societatea mea. Nu mă dispreţui dacă-ţi spun ce gândeşti. Şi acum vezi-ţi de odihnă în linişte toată noaptea, căci ţi-ai ţinut atât de bine făgăduiala, încât n-am dreptul să-ţi mai cer ceva. Aşa că îl rog pe Dumnezeu să te apere şi mă duc.“ Căci după cum pricepuse, el avea de îndeplinit o misiune mult mai primejdioasă şi mai grea decât îndeplinise un cavaler vreodată. „Şi deie Domnul", se rugă ea după ce se duse la ea în pat, „să izbândească în ce face."

Acestea nu fuseseră însă decât necazuri minore, inițieri preliminare, primele dintre probele prin care trebuie să treacă alesul în vederea realizării, manifestării și punerii în practică a perfecțiunii sale înnăscute. A doua zi, după două, trei schimburi relativ ușoare, eroul sosi la o biserică de un soi ciudat, cu multe morminte, la care fu călăuzit de un călugăr foarte bătrân. Acolo citi inscripțiile: „Aici zace Gawain, aici Ludovic, iar aici Yvain." Fără să-și dea seama, Lancelot intrase călare în Țara Morții, unde există câte un loc păstrat pentru fiecare dintre cei vii. Întorcându-se către călugăr, cavalerul întrebă: „La ce folosesc mormintele de aici?" Și călugărul răspunse: „Ai citit inscripțiile; dacă ai înțeles, trebuie să știi ce spun și care e înțelesul mormintelor." Trecând mai departe, ca într-un vis, Lancelot ajunse la „un foarte mare sarcofag, mai mare decât oricare altul făcut vreodată, nu se mai văzuse altul atât de bogat și de ales sculptat." El întrebă: „Spune-mi, rogu-te, acesta mare pentru ce e?" Și schivnicul răspunse: „Nu-ți bate capul cu asta, căci nu-ți poate aduce nimic bun, nu vei putea privi niciodată înăuntrul lui. Pe el stă scris că oricine va putea ridica lespedea singur și fără nici un ajutor îi va elibera pe toți bărbații și toate femeile ce sunt ținuți captivi în țara asta, de unde nimeni, nici rob, nici nobil nu mai iese decât dacă e băștinaș. Nimeni nu s-a întors vreodată de aici, ci zac în închisori străine." Pe loc, Lancelot merse și prinse lespedea în mâini, ridicând-o fără cea mai mică strădanie, mai lesne decât zece bărbați care și-ar fi sleit forțele. Și călugărul rămase uimit, gata să se prăbușească la vederea isprăvii. Evident, mormântul acesta îi era menit lui Lancelot însuși. Lancelot îl întrebă pe bătrânul paznic: „Și acum spune-mi, cine oare va zăcea în mormântul acesta?" „Domnule", răspunse călugărul, „cel care-i va elibera pe toți captivii din regatul acesta de unde nu mai scapă nimeni."

Curând după această ispravă, care i-a prezis triumful final, Lancelot a întâlnit în zona de frontieră pe cei dintâi locuitori captivi din regatul Regelui Moarte. Ei îl întâmpinară ca pe salvatorul lor şi-l sfătuiră cum să procedeze mai departe. Îl călăuziră către înfricoşătorul pod al spadei, ce apăra fortăreaţa centrală a regelui şi reprezenta încercarea lui supremă. Între timp îl proslăveau, alăturându-şi multele glasuri fericite:

„Iată-l", strigau ei, „pe cel ce ne va slobozi din întemniţarea şi jalea în care am fost ţinuţi vreme atât de-ndelungată. Suntem datori să-i arătăm mare cinstire de vreme ce, ca să ne elibereze pe noi, a trecut prin atât de multe primejdii şi e gata să-nfrunte multe altele." Lauda lor suna foarte asemănător cu psalmul cu care Adam şi Eva şi ceilalţi strămoşi ai omenirii l-au salutat pe Cristos în pragul iadului, între ceasul Răstignirii şi ziua Învierii, când El a coborât în Infern[1].

Căci în esenţă, în ciuda costumaţiei cavalereşti, Sir Lancelot, acest coborâtor în împărăţia morţii, e un salvator mitic. În locul „Celor două Lumi" ale Vieţii şi Morţii avem, în acest roman, regate feudale cu conflictele lor; în locul morţilor avem ostatici răpiţi; şi ca reprezentant suprem al sufletului o avem pe regină. Şi astfel, eliberând-o pe Guinevere, principiul feminin dătător de viaţă, cel mai înalt simbol al iubirii şi vieţii cavalereşti a Mesei Rotunde, forţa vitală în întruparea ei omenească vizibilă, cavalerul, Sir Lancelot, zdrobea autoritatea morţii asupra sufletului, adică era reîntemeietorul nemuririi noastre. Acesta era înţelesul ascuns al făgăduinţei făcute de către sinistrul cavaler când l-a provocat pe rege şi a luat-o cu el pe regină: dacă avea să fie înfrânt şi Regina Guinevere readusă, atunci el avea să-i elibereze pe toţi prizonierii din ţara Regelui Arthur ţinuţi captivi. Şi la fel şi acum, în persoana lui Sir Lancelot, eroul reîntemeietor îşi croia drumul triumfător trecând peste toate stavilele.

„Hadesul zicea, Cine este Împăratul Slavei? Şi îngerii Domnului spuneau, Domnul cel tare şi puternic, Domnul cel puternic în luptă. Şi numaidecât, la cuvântul acesta, porţile de bronz au fost sparte, şi drugii de fier fărâmaţi, şi toţi morţii

1. *Evanghelia după Nicodim*, II, „Coborârea în Iad", XXI.

care erau legaţi au fost sloboziţi din legăturile lor. Şi Împăratul Slavei a intrat în chip de om, şi toate locurile întunecate din Hades au fost luminate."[1]

După lupte şi încercări din care a ieşit victorios, Sir Lancelot a ajuns în cele din urmă la podul spadei. „Şi dacă cineva îmi cere să spun adevărul", scrie Chrétien, „n-a mai fost nicicând un pod atât de rău sau cu o podină atât de rea. Podul de peste râul cel rece era alcătuit dintr-o spadă strălucitoare şi lustruită, şi spada era tare şi tăioasă şi lungă cât două lăncii. La fiecare capăt era un trunchi de copac în care spada era înfiptă temeinic." Apa ce curgea vijelioasă pe dedesubt era „un râu ameninţător, iute şi turbat, negru şi umflat, sălbatic şi înspăimântător de parcă ar fi fost râul diavolului, şi era atât de primejdioasă şi de adâncă, încât orice ar fi căzut în ea ar fi fost pierdut fără scăpare ca şi cum ar fi căzut în marea cea sărată." Doi lei sau doi leoparzi erau legaţi de o stâncă mare la celălalt capăt al podului. Şi apa şi podul şi leii erau atât de îngrozitori la vedere, încât oricine stătea în faţa lor tremura de frică.

Acest pod sugerează o origine în tradiţiile mitice ale Răsăritului[2]. Tot o asemenea lamă lungă şi ascuţită de cuţit, traversând abisul damnaţiei, constituie unul din principalele instrumente de încercare în vechea mitologie persană a Judecăţii de pe Urmă. Sufletele sunt silite să treacă puntea aceasta şi păcătoşii vor cădea în prăpastie, dar pentru credincioşi, tăişul se lărgeşte sub forma unei cărări netede şi plăcute ce duce în Rai. „Leii sau cei doi leoparzi" sugerează tot Orientul.

În faţa acestui obstacol, Sir Lancelot se pregăti cât putu mai bine şi într-o manieră oarecum surprinzătoare: „Îşi scoate armura de la picioare şi mâini. Va fi-ntr-o stare jalnică odată ajuns de cealaltă parte. Pe sabia mai ascuţită decât o seceră are să se sprijine cu mâinile şi picioarele goale. Prefera să se

---

1. *Ibidem.*

2. *Cf.* D. L. Coomaraswamy, „The Perilous Bridge of Welfare", *Harvard Journal of Asiatic Studies*, 8, aug. 1944, pp. 196–213.

schilodească însă mai curând decât să cadă de pe pod şi să se cufunde-n apa de unde n-ar mai fi avut scăpare niciodată. Trece cu mare durere şi chinuri grozave[1]. Târându-se în mâini, picioare şi genunchi, merge aşa până când ajunge de cealaltă parte. Atunci îşi aduce aminte de cei doi lei pe care-şi închipuia că-i văzuse de pe malul opus, dar, privind în juru-i, nu zăreşte nici măcar o şopârlă sau altceva care i-ar putea face rău... nu era acolo nici o fiinţă vie." Ci sângele-i şiroia din răni pe cămaşă şi peste tot.

Văzu în faţa sa un castel atât de impunător cum nu mai văzuse altul. Acesta era Castelul Morţii. Regele şi fiul său, care priveau de la o fereastră, asistaseră la isprava lui. Întocmai ca şi în povestea despre Gawain şi Cavalerul Verde, Moartea nu e aici niciodată limpede dezvăluită şi numită. Moartea aici, ridicându-şi viziera, s-a prezentat simplu ca un anume „Bernlak de Hautdesert", un nobil, un om ca toţi oamenii. Şi aici, prin urmare, sfera mitică e acoperită cu o interpretare cavalerească. Regele Moarte e descris ca Regele Bademagu, „foarte scrupulos şi precis în probleme de onoare şi dreptate şi dornic să respecte şi să practice lealitatea mai presus de orice altceva". Aceasta semnifică imparţialitatea şi obiectivitatea suverană a Morţii, în faţa căreia toţi sunt egali, justiţia şi democraţia absolută a Morţii. Pe de altă parte, despre fiul Morţii, alter ego-ul său, Prinţul Meleagant, se spune că e exact opusul lui: „Căci îşi găsea plăcerea în nelealitate şi nu se sătura niciodată de mârşăvie, trădare şi felonie." Moartea e deci şi aşa – când îşi aplică lovitura neaşteptată, ucigându-i pe nevinovaţi, dând iama-n floarea tinereţii şi cruţându-l în acelaşi timp pe ticălos până la o vârstă destul de înaintată[2]. Acest Meleagant e cel ce o luase cu sine pe Regina Guinevere

---

1. „Tăişul ascuţit al unui brici, greu de trecut, / Un drum anevoios e-acesta" (*Katha Upanishad*, 3, 14).

2. De comparat cu fraţii Regele Pellam şi Garlon din povestea lui Balin. De comparat, de asemenea, în povestea lui Gawain cu cele două aspecte ale Cavalerului Verde, iar în povestea despre Owain, cu gazda binevoitoare de la Castelul Belşugului şi monstruosul Paznic al Pădurii.

şi cu care Lancelot avea să se angajeze în bătălia sa finală de mântuire. Meleagant urmează să fie învins într-un mare şi solemn turnir, regina izbăvită astfel şi toţi ceilalţi locuitori captivi ai regatului eliberaţi.

Nu ţin să insist asupra detaliilor luptei cavalereşti, asupra numeroaselor întâlniri mai mici ce i-au urmat sau asupra diverselor şiretlicuri murdare prin care Meleagant a încercat să zădărnicească plecarea finală a lui Lancelot, a reginei şi a celorlalţi supuşi către tărâmul celor vii. Ajunge să spunem că Sir Lancelot, printr-o viclenie, a fost întemniţat o vreme, astfel încât regina a trebuit să fie condusă la curtea lui Arthur de către primul său tovarăş de aventură, Sir Gawain. Acesta, în ciuda faptului că alesese cel mai puţin primejdios dintre cele două poduri, trecuse prin foarte mari necazuri. Căzând în timpul traversării, el fusese luat de torent: „Acum iese la suprafaţă, acum se cufundă, acum cei de pe mal îl zăresc, acum îl pierd din vedere." Salvatorii lui făcură însă tot posibilul şi izbutiră să-l scoată cu ajutorul unor crengi, prăjini şi căngi. N-avea pe el decât cămaşa de zale şi pe cap îşi pusese coiful şi mai purta şi jambierele de fier, ruginite detot de sudoarea lui, căci îndurase mari încercări şi trecuse victorios prin multe primejdii şi asalturi. Trupul îi era plin de apă şi până când nu i-au scos-o, nimeni nu l-a auzit rostind vreun cuvânt. După ce însă glasul şi vorbirea şi calea inimii i s-au degajat şi-ndată ce spusele i-au putut fi auzite şi înţelese, el s-a interesat de regină.

Sir Lancelot a fost curând eliberat din închisoare de către o tânără doamnă recunoscătoare căreia-i făcuse cândva un serviciu, şi s-a întors la Camelot, unde l-a întâlnit iarăşi pe prinţul morţii. De astă dată, într-o luptă finală în faţa întregii curţi măreţe de la Camelot, Meleagant a fost ucis. Şi astfel a fost desăvârşită epocala restituire a reginei către lumea vieţii.

Mai e un amănunt al poveştii pe care aş vrea să-l reamintesc, şi anume detaliul ciudat al cotigii care a dat numele întregii aventuri şi lui Lancelot însuşi, „Cavalerul cu cotiga". Publicul lui Chrétien trebuie să se fi cutremurat de groază şi de admiraţie pe când citea relatarea despre cavalerul cel fidel,

„căruia nu-i păsa de ruşine“ şi care s-a urcat într-un vehicul ce l-ar fi coborât pentru totdeauna în ochii lumii. Din punctul de vedere al nobililor domni şi doamne din veacurile cavaleriei, aceasta era o ispravă fără pereche. Iar urmarea ei a furnizat o lectură încă şi mai desfătătoare. Poetul a rezervat-o pentru marele moment din Castelul Morţii, când Sir Lancelot, după ce obţinuse eliberarea reginei, era pe cale să primească felicitările ei şi-i aştepta zâmbetul.

Regele Bademagu, bunul tată al Prinţului Meleagant, l-a condus în castel pe Sir Lancelot ţinându-l de mână. Dar când regina i-a văzut intrând, ea s-a ridicat în faţa regelui, cu nemulţumirea pe chip şi fără a scoate nici o vorbă.

„Doamnă, Lancelot a venit să te vadă“, zise regele, „ar trebui să fii mulţumită şi încântată.“

„Eu, sire? Nu are de ce să-mi placă. Nici nu mă gândesc să-l văd.“

„Cum se poate, doamnă“, spuse regele, care era foarte sincer şi curtenitor, „din ce pricină te porţi aşa? Eşti prea dispreţuitoare cu un om care te-a slujit cu atâta credinţă.“

„Sire, zău că şi-a folosit prost timpul. Nu voi tăgădui niciodată că nu simt nici o recunoştinţă faţă de el.“ Şi nemairostind nici un cuvânt, se întoarse în iatacul ei.

Lancelot era consternat. Încercă, la puţin timp după aceea, să-şi ia viaţa, şi regina, auzind că el murise, fu cât pe ce să sfârşească şi ea de durere. Urmară multe complicaţii, dar apoi, în cele din urmă, cei doi iubiţi de-o viaţă s-au reunit şi regina şi-a explicat atitudinea.

„N-ai şovăit oare de ruşine să te urci în cotigă? Ai arătat că nu ţi-ar plăcea să te sui, şovăind preţ de doi paşi. Iată motivul pentru care n-aş vrea nici să-ţi vorbesc, nici să mă uit la tine.“

„Să mă păzească Dumnezeu de o asemenea crimă iarăşi“, replică Lancelot, „şi Dumnezeu să mă bată dacă nu ai întru totul dreptate.“

Chrétien şi publicul său trebuie să fi gustat cu deosebire episodul acesta. El era foarte bine venit spre a ilustra extrema scrupulozitate ce guverna jocul curtenesc al iubirii. Cum însă, ne-am putea noi întreba, a putut oare cunoaşte regina că, în acea minimă împrejurare, cavalerul ei greşise, când nimeni altul decât Lancelot însuşi nu putea să fi fost pe deplin conştient de ea şi la care nu putuseră asista decât Sir Gawain şi piticul?

Evident, ea e omniscientă, aşa încât ceea ce a avut loc la o mare depărtare este prezent în cugetul său. Şi, asemenea unei veritabile zeiţe, ea se simte ofensată şi de cea mai măruntă lipsă de reverenţă şi de slujire cuvenită. Cel mai neînsemnat afront o umple de mânie. În clipa în care îşi dă seama că adoratorul ei nu a fost la înălţimea unei devoţiuni absolute, desăvârşite, ea e cuprinsă de furie şi ciudă. Acesta e comportamentul divinităţilor arhaice şi primitive de pretutindeni, ca şi al fiinţei şi mai primitive pe care o purtăm cu toţii în noi înşine. Zeiţa vieţii este, fireşte, geloasă şi exigentă, şi de la slujitorul pios căruia i-a acordat favorurile sale supreme nu va accepta nimic altceva decât supunere din toată inima şi totală. Pentru ea, el trebuie să sacrifice, fără să simtă măcar că face un sacrificiu, fleacuri precum valorile şi reputaţia sa socială. Nu e oare dator să-şi închine ei până şi propria viaţă? Chrétien şi auditoriul curtenesc au stăruit asupra acestui punct identic din codul lor rafinat şi din cultul destinat divinităţii iubirii. Împlinirea dragostei perfecte poate atrage după sine tot soiul de neplăceri sociale; ea era scopul care înnobila toate mijloacele.

Detaliul cotigii mai are însă şi altă încărcătură, şi mai plină de semnificaţii. După cum am spus, ajungând din urmă cotiga, cei doi cavaleri sunt puşi în faţa celei dintâi dintre încercările pe care au a le îndura în căutarea reginei. Lancelot şi-a demonstrat deja mai marele zel şi mai puternica devoţiune: a călărit până şi-a omorât un cal şi a dat o bătălie prealabilă, pe când Gawain a venit într-un ritm rapid, dar nu nebunesc. Gawain îl prinde din urmă doar când Lancelot e nevoit să meargă mai departe pe jos. Ambii cavaleri îl chestionează despre regină pe piticul zeflemitor, şi amândoi primesc răspunsuri identice: dacă doresc să afle ceva despre ea, li se impune să renunţe la calitatea lor de cavaleri, să-şi sacrifice standardul social atât de preţuit şi personalitatea lor conştientă. Acesta e idealul social pentru care au luptat în nenumărate bătălii şi turnire şi care constituie măsura vieţii lor, onoarea lor în rândul oamenilor şi faima lor nepieritoare. Li se cere acum să schimbe această valoare a vieţilor lor conştiente contra speranţei vagi de a da oarecum de urma reginei şi a inamicului necunoscut care a răpit-o. Gawain refuză să facă acest pas nebunesc şi de aceea dă greş în aventura supremă ulterioară. El rămâne doar cavalerul complet şi desăvârşit, nepregătit pentru misiunea superioară de a înfrunta şi învinge forţele demonice supraomeneşti din împărăţia morţii care au capturat-o pe zeiţa vieţii. Gawain, în această aventură, nu este supraeroul apt să coboare în Infern[1].

Sir Lancelot e un exemplu de figură arhetipală a „Mântuitorului“ care apare nu numai în tradiţia creştină, ci şi în numeroase tradiţii religioase precreştine. Isus a fost înfierat şi batjocorit ca un criminal înainte de a fi încredinţat spânzurătorii şi stâlpului infamiei pe care le reprezenta Crucea; El era considerat ca fiind mai rău decât Baraba, ucigaşul, care nu a fost executat în locul lui. Şi Isus a fost răstignit între doi tâlhari. Comparabil, Lancelot, acest „Mântuitor“ deghizat: el trebuie să abandoneze marca socială a cavalerismului nepătat şi să treacă prin umilirea stâlpului infamiei, înainte de a-şi putea continua căutarea în împărăţia morţii şi a salva acolo sufletul vieţii. Sir Lancelot trebuie să se supună, simbolic,

1. Această aventură supremă şi cosmică e tocmai cea tipică pentru Îndrăgostiţii divini din Antichitate. Zeiţa Ishtar din mitologia babiloniană a coborât în lumea de jos, trecând prin şapte porţi succesive, ca să-l salveze pe Tammuz (Adonis), iubitul ei decedat, din robia reginei infernului, Ereshkigal. Şi acum Lancelot, călătorul umil din cotigă, iar nu Gawain, călăreţul nepângărit, e cel care trebuie să întreprindă iarăşi teribila călătorie. Asemenea lui Cristos, aventurierul divin care a coborât în Iad şi i-a eliberat de moartea cea veşnică pe Adam şi Eva, ca şi pe toţi patriarhii şi profeţii, Sir Lancelot trebuie să coboare şi să izbăvească gheena.

morţii civile; după aceasta, şi tot simbolic, morţii fizice – când trece prin capela cimitirului unde găseşte mormintele goale ce-i aşteaptă pe prietenii săi şi e confruntat cu propriul său sarcofag. Aceste două etape, moartea socială şi cea fizică, par a reprezenta două etape într-un ritual de iniţiere ezoteric, care-i pretinde candidatului să renunţe treptat la întreaga-i personalitate terestră în schimbul înzestrării cu o natură spirituală superioară şi al acelui *summum bonum* care e experienţa nemuririi.

Acelaşi simbolism, destul de curios, pare a fi stat la baza – şi a le fi inspirat – imaginilor oarecum derutante ale cărţilor de joc franţuzeşti medievale: aşa-numitul Tarot. (*Tarot de Marseille* e cunoscut încă din secolul al XIV-lea cel puţin.) Pe lângă cele patru culori – „tobe“, „cupe“, „spatii“ şi „pică“ – această pereche de cărţi conţinea o serie superioară de douăzeci şi două de imagini. Una din acestea, „Nebunul“, nu purta nici un număr, fiind, pare-se, precursorul jokerului actual. Celelalte douăzeci şi una erau numerotate astfel încât să indice o serie crescătoare. Or, credinţa mea este că suita ilustrată a acestor cărţi cu figuri reprezenta treptele unui ordin iniţiatic ezoteric, utilizând în mare măsură semne creştine, dar mascând formulele doctrinei gnostice eretice care a cunoscut o atât de largă răspândire în sudul Franţei până în secolul al XV-lea[1]. Iniţiatul, trecând prin douăzeci şi două de trepte de iluminare gradual amplificată şi asaltat de tot atâtea tentaţii caracteristice, ajungea în cele din urmă la stadiul unei uniri mistice cu Sfânta Treime, tocmai acest fapt fiind simbolizat în imaginea culminantă a întregii serii, „Hermafroditul dansând“. Sufletul era mireasa Domnului; în figura Hermafroditului cei doi erau una. Figura sugerează nemijlocit pe Shiva dansând; Shiva uneşte în sine femininul şi masculinul[2]. Un atare simbol

---

1. S-au propus numeroase interpretări pentru simbolismul Tarotului. Cea de mai sus se pare însă că nu a fost întâlnită până acum.

2. Pentru o elucidare a simbolismului din Dansul lui Shiva, *cf.* Zimmer, *Myths and Symbols in Indian Art and Civilization*, Bollingen

bisexual reprezintă întruparea într-o formă unică a tuturor perechilor de contrarii, o transcendere a contrariilor fenomenalităţii, iar această Formă a formelor încarnată e concepută apoi ca Unul al cărui dans este lumea creată. Candidatul trebuie să conştientizeze şi să întruchipeze această atitudine ca pe un simbol efectiv al supremei sale realizări metafizice.

Ceva asemănător pare a fi indicat de patul divin al lui Sir Lancelot şi al reginei: cei doi îndrăgostiţi sunt una şi fiecare este amândoi. În realizarea de către ei a acestei identităţi, ei întrupează şi fac manifestă Forma formelor singulară care e dincolo de orice spaţiu şi timp; jocul lor erotic e dansul acelui Hermafrodit cosmic[1], iar reunirea lor în Castelul Morţii simbolizează momentul de înnoire ce restaurează viaţa lumii.

La jumătatea drumului primejdios către această realizare aşa cum e ea reprezentată în marea serie a pachetului de Tarot, şi anume în sinistra staţiune a cărţii XIII, ni se înfăţişează simbolul inechivoc al Morţii: scheletul cu coasa care taie florile de pe pajiştea vieţii. Şi acesta e precedat de figura „Spânzuratului", *Le Pendu* (cartea XII), unde iniţiatul atârnă suspendat de glezna stângă, cu capul în jos, osândit la cealaltă moarte a dizgraţiei sociale pe spânzurătoarea socială. Cartea XII e corespondentul iniţierii în cotigă a lui Sir Lancelot; cartea XIII corespunde trecerii sale pe la mormânt.

5

Pentru a încheia această prezentare mult prea sumară a celui mai interesant şi inspirator dintre personajele-animus ale tradiţiei occidentale, aş vrea să sugerez că atitudinea fascinată şi fascinantă a lui Lancelot, temeritatea lui parcă hipnotică provine din originile lui păgâne arhaice. El este legat indisolubil,

---

Series No. 6, 1946, pp. 151–175. [Vezi *Mituri şi simboluri în civilizaţia indiană*, Humanitas, 1994, pp. 145–167 – *n. t.*]

1. *Cf.* imaginile orientale ale zeului şi ale zeiţei, Zimmer, *op. cit.*, fig. 34, 35.

orbeşte şi pentru totdeauna de zeiţa forţei vitale pure, în rolul de adorator izbăvitor. Şi din aceleaşi origini trebuie să fi provenit şi trăsăturile care l-au făcut inapt să ducă la bun sfârşit aventura creştină a Graalului. „Sir Lancelot", a poruncit glasul care-l avertiza, „mai tare decât stânca şi mai amar decât lemnul şi mai gol şi mai despuiat decât frunza smochinului, prin urmare pleacă de-aici şi părăseşte locul acesta sfânt." Nu el era potrivit să joace rolul conducător într-o asemenea căutare pur spirituală. Putea asista la mister de la distanţă, dar nu-i era îngăduit să se apropie. Şi când şi-a dat seama de asta, atunci a înţeles, în fine, limitele unui închinător nu al Reginei Spiritului, ci al Reginei Vieţii Universale. Şi tânguirea lui am mai auzit-o: „Când am căutat aventuri lumeşti din dorinţe lumeşti, le-am dus întotdeauna la bun sfârşit şi n-am fost niciodată pus în încurcătură în nici o dispută, bună sau rea. Şi acum iau asupra mea aventurile celor sfinte, şi văd acum şi înţeleg că vechiul meu păcat mă împiedică, astfel că n-am avut putere să mă clintesc sau să vorbesc atunci când sângele cel sfânt mi s-a arătat în faţa ochilor."

Totuşi el n-a rămas mult timp nemângâiat. Căci glasul forţei vitale, dinamismul cosmosului, care-i saturaseră personalitatea cât timp locuise, în tinereţe, cu zeiţa-zână în apele „Lacului", l-au consolat foarte curând. „Astfel s-a mâhnit până când s-a luminat de ziuă", citim, „şi dacă a auzit păsările cântând, s-a simţit oarecum mângâiat."

Alter ego-ul lui Lancelot, fiul care poartă numele primit de către Lancelot însuşi la botez de la părintele său omenesc (înainte ca Doamna Lacului să-l fi separat, iniţiat şi numit din nou „Lancelot din Lac"), va realiza aventura sacră a Graalului; căci, ca în simbolismul viselor, copilul, fiul, conotează aici o transformare superioară a personalităţii. Copilul reprezintă sinele renăscut întru desăvârşirea originară, fiinţa perfectă aşa cum ar trebui să fim, cum ne străduim să devenim, şi cum am nădăjduit să devenim când am intrat, ca să spunem aşa, în corpul nostru actual. El e simbolul entelehiei, sau al modelului tainic, al destinaţiei noastre.

Astfel Sir Galahad, cel neprihănit, este ipostaza mântuită a tatălui ambiguu şi strălucit, al cărui nume „creştin" el îl reafirmă şi-l poartă. El reprezintă mântuirea deoarece el e reîntruparea tatălui. Virtuţile acestui triumfător fiu sfânt sunt cele ale esenţei tatălui însuşi. Şi astfel, acel tată – Sir Lancelot din Lac, dar Sir Galahad din Cristelniţă – se dovedeşte a fi combinat în el însuşi energiile celor două sfere, sfera mundană a dorinţelor şi cea superioară a aventurii pur spirituale. Iată secretul final al farmecului său.

IV. MERLIN

Dezvoltarea religiilor păgâne din Europa nordică a fost înăbuşită în germene atunci când popoarele care le practicaseră au intrat în sfera influenţei creştine. Biserica a făcut mai mult decât cultura romană pentru a priva mitologia celţilor, a teutonilor şi a populaţiei primitive preceltice din Insulele Britanice de vechiul crez în care trăise, se mişcase şi îşi aflase fiinţa. Şi totuşi ea a supravieţuit, fără temei sau punct de sprijin, nemaifiind un cult şi lipsită de ritualul ei străvechi. Ca pretutindeni în circumstanţe asemănătoare, mitologia s-a transformat în poezie şi legende, s-a laicizat şi şi-a pierdut forţa coezivă şi, întrucât sub forma aceasta Biserica nu mai avea de ce să o atace, ea a continuat să se dezvolte de-a lungul Evului Mediu, furnizându-i sufletului o hrană îmbelşugată ori de câte ori Biserica, cu teologia mântuirii, nu avea nimic comparabil să-i ofere. Omul medieval şi-a trăit în vis tinereţea frântă în imaginile şi figurile miturilor şi legendelor celtice şi preceltice, şi acestea, sub forma poveştilor din ciclul Graalului şi-al celorlalte naraţii arthuriene, au devenit romanele preferate în cercurile cavalereşti şi curteneşti din întreaga Europă.

În centrul acestui ciclu legendar stă figura lui Merlin. El reprezintă pentru Occident ceea ce în alte culturi constituie un personaj curent şi irezistibil: magicianul ca învăţător şi călăuzitor al sufletelor. El e comparabil, bunăoară, cu *gurul*, ca preot al casei şi conducător al ceremoniilor de iniţiere din India, sau cu vraciul, ca oracol şi lider spiritual al tribului primitiv. Merlin locuieşte în „pădurea fermecată", în „Valea fără întoarcere", care e Tărâmul Morţilor, aspectul întunecat al lumii. Pădurea magică e totdeauna plină de aventuri. Nimeni nu poate intra în ea fără să se rătăcească. Alesul însă, cel care iese teafăr din primejdiile ei de moarte, renaşte şi o părăseşte ca un om schimbat. Pădurea a fost întotdeauna un loc al iniţierii, deoarece acolo se revelează prezenţele demonice, spirituale ancestrale şi forţele naturii. Omul îşi întâlneşte acolo sinele superior, animalul său totem. Şi vraciul acolo îi conduce pe tinerii tribului ca să se poată naşte încă o dată prin rituri de iniţiere înspăimântătoare, ca războinici şi bărbaţi. Pădurea e antiteza casei şi a vetrei, a hotarului ce delimitează satul şi ogorul, unde predomnesc zeii domestici şi unde prevalează legile şi obiceiurile omeneşti. Ea conţine lucrurile obscure interzise – secrete, terori, care ameninţă viaţa protejată a lumii ordonate de toate zilele. În abisul ei terifiant, plin de forme stranii şi glasuri şuierătoare, ea ascunde secretul aventurii sufletului. Undeva în regiunea aceasta monstruoasă, în acest sălaş al întunericului, se înalţă castelul lui Merlin. Nenumăratele-i ferestre privesc înspre tainele ce-i dau târcoale, porţile sunt deschise călătorilor din toate colţurile globului pământesc şi de la castel pornesc drumuri către cele mai depărtate întinderi ale lumii. Castelul e inima întunericului, ochii lui nenumăraţi văd şi cunosc totul şi fiecăruia dintre aleşi el îi oferă o abordare diferită a misterului[1].

Merlin nu e însă numai stăpânul pădurii care-l momeşte pe cel ales în domeniul încercărilor primejdioase, el e şi înte-

---

1. Pentru descrieri ale pădurii lui Merlin, vezi Geoffrey of Monmouth, *Vita Merlini*, ed. John Jay Parry, University of Illinois Studies in Language and Literature, vol. X, no. 3, august 1925, în spec. rd. 77 şi urm., 347 şi urm., 533 şi urm. Casa cu şaptezeci de uşi şi ferestre e descrisă în rd. 555 şi urm.

meietorul şi îndrumătorul Mesei Rotunde cavalereşti şi învăţătorul Regelui Arthur, domnul acesteia. În lumea diurnă normală, cu alte cuvinte, el convoacă grupurile de aleşi şi apoi îi trimite, unul câte unul, în întuneric, ca să înfrunte încercările prin care ei înşişi vor deveni alţi oameni. Merlin e maestrul întregului ciclu – duhul proteiform, pedagogul misterios, binevoitor, dar şi înfricoşător, heraldul, administratorul încercărilor şi dispensatorul darului suprem, el este Meleagant şi Regele Bademagu, Bernlak de Hautdesert, gazda din Castelul Belşugului şi Paznicul Pădurii[1].

1. O relatare despre transformarea lui Merlin în Paznicul Pădurii apare în vechea scriere franceză *Livre d'Artus*, unde tânărul erou Calogrenant joacă rolul atribuit, în versiunea citată de noi, lui Kynon şi lui Owain (pp. 101 şi urm., *supra*) din *Red Book of Hergest* galez.

„I-a dat prin gând (lui Merlin) să meargă şi să petreacă în pădurea Brocéliande şi să facă ceva anume ca să se vorbească pe veci de el. Aşa că în ziua în care cei trei soli au plecat de la Calogrenant, el s-a prefăcut în ceva nemaivăzut şi nemaiauzit vreodată de oameni. A devenit un văcar, cu o măciucă mare în mână, înfăşurat într-o piele uriaşă cu părul mai lung decât lăţimea celei mai mari mâini cunoscute şi care nici negru, nici alb nu era, ci fumuriu şi castaniu, de părea blană de lup. Şi-a ales locul de şedere într-un iaz întins de lângă o râpă, chiar deasupra malului, sprijinit de un stejar bătrân acoperit de muşchi, ţinându-şi bâta jos, până-n fundul râpei, şi se proptea în ea. Era uriaş, încovoiat, negru, uscăţiv, păros, învechit în zile de bătrâneţe, cu picioarele vârâte în nişte jambiere de mai mare minunea, de-i ajungeau până la cingătoare. Se preschimbase în aşa fel, încât urechile-i atârnau până la brâu şi erau clăpăuge ca o vânturătoare. Ochii îi avea în cap, mari şi negri, şi un cap cât unul de bivol, şi plete atât de lungi că-i măturau cingătoarea, ghimpoase, sârmoase şi negre ca cerneala. Gura îi era mare şi lată ca de balaur şi i se căsca până la urechi; dinţii îi erau albi şi buzele groase îi rămâneau mereu desfăcute, aşa încât i se zăreau toţi dinţii. Avea o cocoaşă în spinare, mare cât o piuă. Picioarele îi erau acolo unde ar trebui să fie călcâiele la un om pământean, iar palmele mâinilor unde le-ar fi dosul. Era atât de pocit şi de slut la vedere, că nici un muritor nu l-ar fi putut privi fără mare spaimă, fără doar dacă ar fi fost curajos şi viteaz. Era atât de deşirat, că dacă se ridica în picioare, nu-l puteai ajunge nici cu o prăjină de optsprezece picioare şi, faţă de înălţime, avea lăţimea unui bărbat

În tradiția arthuriană din secolul al XII-lea, Merlin era înfățișat ca fiul unui demon-incub și al unei fecioare. Aceasta, desigur, era versiunea și raționalizarea creștină. Despre vechii zei ai briților, reduși la rangul de demoni, se spunea că zămisliseră un anticrist în încercarea lor de a-și susține puterea muri-

---

subțiriu. Glasul îi era atât de puternic când vorbea, că părea o trâmbiță dacă vorbea nițel mai tare. După ce luă înfățișarea asta și se puse în drumul pe unde călătorea Calogrenant, prin vrăjile sale făcu astfel încât să se adune în juru-i și să pască cerbi, căpriori, țapi și tot soiul de fiare sălbatice, și erau atât de multe, că nimeni nu le-ar fi putut număra. Le stăpânea în așa fel, încât, când o certa pe una din ele cu asprime, ea nu mai cuteza să bea sau să mănânce până când nu-i poruncea el.

Când Calogrenant îl zări pe acel «hom sauvage», luă o poziție de apărare, dar se întoarse către el ca să-l întrebe pe ce drum s-o apuce. La întrebarea lui, și anume ce fel de om este, văcarul răspunse: «Vasalule, ce-ai vrea oare? Sunt așa cum mă vezi, căci nu sunt niciodată altul, și păstoresc sălbăticiunile din codrii și pădurile acestea, și le sunt întru totul stăpân. Căci nu e fiară atât de îndrăzneață încât, dacă eu o mustru sau o dojenesc, să cuteze a mai mânca sau a bea până nu-i spun eu. Ele se duc să se adape la un izvor din apropiere, pe care-l păzește un prieten al meu.»" Urmează apoi o descriere a fântânii declanșatoare de furtuni și a păzitorului ei, Brun sans Pitié. „«Și-acum spune-mi, zise Calogrenant, cum îți duci zilele. Ai un conac în vecinătate unde dormi sau te adăpostești, unde mănânci sau ai cele de trebuință ca să trăiești?» El răspunse că nu mănâncă nimic altceva decât ierburi și rădăcini din pădure, întocmai ca și celelalte animale, «fiindcă nu duc dorul altor mâncăruri, și astea-mi sunt toate meșteșugurile, și nu doresc să am o locuință, ci doar un stejar des unde mă pot odihni noaptea, iar când e frig sau vijelie, mă-mbrac după cum vezi. Dacă e frig și simt nevoia să mă-ncălzesc, aprind un foc cât îmi place, iar dacă doresc să mănânc carne, am totdeauna cât poftesc.» «Zău, spuse Calogrenant, ești un domn dacă-ți împlinești astfel dorințele.» Acel «hom sauvage» îl îndrumă apoi pe Calogrenant către o sihăstrie, unde află găzduire bună înainte de a merge la fântână." (*Livre d'Artus*, ed. H. O. Sommer, *Vulgate Version of the Arthurian Romances* VII, pp. 124–126, citate în traducerea lui Roger S. Loomis, *op. cit.*, pp. 131–132.) Altă relatare despre Merlin în calitate de păzitor fioros al animalelor sălbatice poate fi găsită în *Roman de Merlin*, 20–28, ed. Sommer, pp. 38–40. Numeroase exemple de transformări ale lui Merlin se întâlnesc în *Vita Merlini*.

bundă împotriva autorităţii tot mai mari a Mântuitorului, şi astfel a fost imprimată o direcţie propagandistică motivului mitologic universal al Naşterii din Fecioară. Căci eroul menit să săvârşească minuni, să ucidă balaurul şi să creeze o nouă ordine universală nu poate avea un tată pământean. E cu neputinţă ca el să-şi aibă obârşia dintr-o căsătorie obişnuită în cercul confortabil al unor muritori de rând; sămânţa lui trebuie să fie semănată de puteri cereşti. Mama lui însă e pământeană, şi astfel el se naşte atât zeu, cât şi om. Întotdeauna alesul uneşte în acest fel în el însuşi cele două sfere. Perseu, de pildă, a fost rodul seminţei de aur turnate de către Zeus în pântecele prinţesei Danae. Învingând-o pe Meduza şi salvând-o pe Andromeda de balaurul marin, el a eliberat lumea oamenilor de dominaţia monştrilor. Indra, şi el omorâtor de balauri şi fiu al unei fecioare, în virtutea faptelor sale cosmice, s-a înălţat la rangul de zeu. Merlin însă, deşi înrudit prin originea sa supranaturală cu asemenea personaje, nu e, asemenea lor, un erou războinic, ci un magician; armele lui sunt mai degrabă magia şi cunoştinţa decât faptele. El nu creează singur, ca Indra, noua ordine cosmică, ci îl aduce la viaţă pe Arthur, regele hărăzit al lumii, iar apoi se ocupă de întemeierea Mesei Rotunde. Această formulă este o expresie a culturii precreştine din Insulele Britanice, o cultură în care druizii, preoţii şi vizionarii, în virtutea puterii şi ştiinţei lor magice, i-au eclipsat, instruit şi condus pe regi, aşa cum fac preoţii budişti astăzi în Tibetul lamaist.

Mama lui Merlin era o prinţesă. În deplină inocenţă, ea a cedat demonului şi, concepând pruncul miraculos, i-a dat naştere, proscrisă şi singură, într-o temniţă întunecoasă. Copilul însă şi-a alinat biata mamă în disperarea ei; el ştia de unde venise şi de ce anume. Şi nu e speriat de drumul pe care-l are de făcut. Şi-a dovedit descendenţa supranaturală în mai multe chipuri. Această „evanghelie a copilăriei“, cu minunile şi declaraţiile profetice atestând destinul superior al copilului, ţine de tradiţia carierei mitice a celui ales. În cazul lui Merlin, se spune povestea Regelui Vortigern, care, după cucerirea sângeroasă a tronului, şi-a durat un turn ca refugiu şi ascunzătoare. Dar turnul lui ameninţa să se prăbuşească şi cei doi magicieni de care dispunea erau incapabili să-l salveze. Aşa că regele, după ce-a aflat de existenţa băiatului versat în magie, a trimis după el. Merlin a revelat taina turnului: doi balauri se luptau între ei în adâncurile pământului chiar sub el, şi activităţile lor îi zguduiau necontenit temeliile. Asta i-a făcut de râs pe cei doi magicieni oficiali ai curţii. Şi apoi băiatul miraculos a profeţit mai departe că atunci când balaurul alb îl va învinge pe cel roşu, domnia lui Vortigern va lua sfârşit. Aceasta era prevestirea ordinii viitoare a Regelui Arthur, copilul însuşi născându-se ca să înfiinţeze acea ordine. Şi astfel el a triumfat nu numai asupra magicienilor, dar şi asupra regelui. Aceste forţe sigure de sine, care-şi înălţaseră capetele într-o autoafirmare trufaşă, erau sortite să treacă şi să moară. Masa Rotundă în toată splendoarea ei avea să fie opera mâinilor sale[1].

Prima problemă a lui Merlin era să reunească perechea regală a celor care aveau să devină părinţii lui Arthur, Regele Uther Pendragon şi Ingerne sau Igraine, care pe atunci era soţia Ducelui de Cornwall. A rezolvat-o cu ajutorul artelor magice[2]. Apoi a supravegheat el însuşi tinereţea lui Arthur, pregătindu-l în taină pentru ceasul destinului său. Merlin a creat Masa Rotundă (o copie a ei poate fi văzută încă la Winchester) şi a devenit îndrumătorul şi inspiratorul confreriei cavalereşti, un vizionar în accepţiunea druidică precreştină, consilierul şi magicianul regelui, ca un *guru* brahmanic de la curtea unui suveran indian.

După consumarea Evului Mediu, Merlin, din cuibul său din Ţara Galilor, a dăinuit în calitate de figură profetică a

1. Geoffrey of Monmouth, *Historia Britonum* VI-VII, Everyman's Library, vol. 577; de asemenea *Roman de Merlin* 1–23, ed. Sommer, pp. 1–34.

2. *Historia Britonum*, VIII, 19–20, *Roman de Merlin*, 50–72, ed. Sommer, pp. 57–71; de asemenea Malory, *Morte d'Arthur I*, 1–2.

lumii celtice. Un obicei răspândit printre popoarele din Evul Mediu era ca acestea să-şi formuleze gândurile despre epoca lor ca şi visele despre viitor într-un stil ce aducea a misterioase profeţii preistorice – un gen de revelaţie influenţat de profeţiile greceşti ale sibilei, de profeţii evrei ai *Vechiului Testament* şi de *Apocalipsă*. În Ţara Galilor, cântecele şi convorbirile lui Merlin cu sora lui au constituit un lanţ de enunţuri folclorice care s-au perpetuat vreme de sute de ani şi care, chiar şi în veacul al XVI-lea, exercitau o asemenea forţă, încât au fost incluse în *Index* de către Conciliul din Trento[1]. Şi astfel, sub masca vrăjitorului fără vârstă, geniul poporului celtic şi-a ridicat glasul împotriva forţelor politice şi condiţiilor contemporane. El era o reprezentare a spiritului profetic al rasei, asemenea acelor vizionari şi magicieni, druizi şi solomonari ai magiei climatologice, care visează visele propriului trib şi le interpretează, şi el rămâne pentru poporul său un personaj semnificativ ale cărui puteri de reconfortare şi vindecare supravieţuiesc mult timp anilor mitici ai vieţii lui pământeşti.

Merlin şi Arthur, Vortigern şi părinţii lui Arthur erau cu toţii personaje reale ale istoriei britanice din epoca sângeroasă când romanii au părăsit insula, când scoţii din nord şi irlandezii din vest au năvălit în Britania, iar anglii şi saxonii au invadat-o de pe continent. Vortigern a fost regele britanic care i-a chemat pe saxoni în ţara sa ca să-l ajute să se apere împotriva vecinilor, iar apoi s-a văzut înşelat şi poporul său a rămas subjugat de aliaţii invitaţi. O veche cronică galeză, *Brut Tysilio*, unul din izvoarele scrierii lui Geoffrey of Monmouth, *Historia Britonum*, spune cum Vortigern a încercat zadarnic să înalţe un castel împotriva duşmanilor săi, ca şi despre întâlnirea lui cu înţeleptul copil Merlin[2]. Arthur, fiul lui Uther,

1. Rabelais parodiază şi ridiculizează profeţiile lui Merlin în *Gargantua* şi în *Pantagruéline prognostication certaine, véritable et infaillible*, compusă pe la 1533.

2. O. Jones *et al.*, editori, *The Myvyrian Archaiology of Wales*, Denbigh, 1870, pp. 476–554.

spune cronica mai departe, a fost unul din marii conducători ai briţilor împotriva inamicilor străini. Într-o campanie peste mare încununată de succes a respins o invazie vikingă, a pătruns în Galia, a ameninţat acolo administraţia romană târzie şi chiar a plănuit o expediţie împotriva Romei înseşi, aspirând, ca şi Carol cel Mare trei veacuri mai târziu, la coroana imperială. Arthur a fost oprit însă de ştirile despre o trădare de acasă.

Acasă în Britania – continuă istorisirea – Modred, nepotul Regelui Arthur, se răsculase împotriva lui şi-i răpise regina. Arthur s-a întors, l-a ucis pe Modred şi i-a spulberat armata, dar a fost el însuşi rănit fatal în bătălie. Căutând o vindecare miraculoasă, el a vizitat fabulosul sanctuar insular de la Avalon, dar, ca şi vizita lui Sir Gawain la *Château Merveil*, aceasta a fost călătoria lui în Ţara fără de întoarcere. Călătoria de pe urmă în insula magică a fost întoarcerea acasă a eroului mitic, nicidecum voiajul unui rege istoric. Arthur a fost transportat în Insulele Fericite. „Trecerea lui Arthur“ reprezenta revenirea acasă a unui vechi zeu, care, la încheierea misiunii sale, se retrage din lume şi dispare în tărâmul de dincolo de unde a venit[1].

Ca şi personajele din povestirile lui E.T.A. Hoffmann, Merlin şi Arthur evoluează pe două planuri – cel al istoriei, aşa cum e consemnat în cronici, şi cel al universului mitologic atemporal. Trăsăturilor istorice li se adaugă fapte şi caracteristici supraomeneşti din marele tezaur universal de folclor şi mit, astfel încât eroul devine încă din lumea aceasta nemuritor, ca trupul transfigurat al unei idei. Caracteristicile vechilor zei dispăruţi copleşesc memoria istorică, şi personaje care în platitudinea cronicilor abia fac figură de biete nume inexpresive încep să vorbească în limbajul atemporal al visului.

Unul dintre cele mai însufleţite episoade mitice adăugate la istoria căpitanului celtic, Arthur, e cel al isprăvii prin care a fost dezvăluit ca rege predestinat. La îndemnul şi sfatul lui Merlin, s-a decis în cele din urmă ca dezlegarea complicatei

1. *Morte d'Arthur*, XXI.

probleme să fie lăsată în seama puterilor supranaturale. În faţa celei mai mari biserici din Londra apăruse o piatră în care era înfiptă o spadă, în jurul căreia stătea scris cu litere de aur că acela care va smulge spada din piatră va fi recunoscut ca rege. Mulţi au încercat în zadar. Apoi, în cele din urmă, acest tânăr necunoscut, Arthur, care fusese crescut în taină sub supravegherea lui Merlin, a venit călare în faţa bisericii şi, fără a fi conştient de semnificaţia magică a faptei sale, a scos spada din piatră[1].

Acest simbol frapant al elecţiunii şi al puterii sacre a eroului e derivat din perioada preistorică de la sfârşitul Epocii de piatra. Spadele au fost făurite abia după descoperirea bronzului şi a fierului; înainte existau numai suliţe, săgeţi şi securi. Aşadar, cine este acela care eliberează metalul din piatră? Eroul cultural, faurul magic, care a scos lumea din Epoca de piatră şi i-a învăţat pe oameni arta topirii bronzului şi fierului din minereu. Eroul care poate smulge spada de fier din piatră nu e neapărat un mare războinic, dar e întotdeauna un magician puternic, stăpân peste lucrurile spirituale şi materiale, un vizionar comparabil, în termenii Epocii fierului, cu inventatorul modern, chimist sau inginer, care creează noi arme pentru poporul său. Şi întocmai cum noi, astăzi, trăim în admiraţia – şi oarecum cu frica – omului de ştiinţă, e la fel de firesc ca şi poporul acelor vremuri foarte îndepărtate să-l fi considerat pe cel care scotea în folosul lor metalul din stâncă drept stăpânitorul ales al secretelor existenţei.

Eroul din vremurile acelea era producătorul propriilor sale arme, literal vorbind „făuritorul propriului destin“, aşa încât puterea şi prestigiul lui depindeau în mare măsură de priceperea lui de a-şi făuri o armă care să nu i se frângă în mâini. Ca să obţină victoria, războinicul atârna la fel de mult de magia spadei ca şi de curajul şi forţa sa: magia şi înzestrarea proprie erau astfel echivalente mitice, fiind în esenţă identice

---

1. *Roman de Merlin*, 88–99, ed. Sommer, pp. 84–92; *Morte d'Arthur*, I, I, 5–7.

cu secretul noului utilaj tehnic superior al omenirii. Miracolul şi semnul suprem era spada nepieritoare, arma miraculoasă dotată absolut. Şi marele vis al tinerei epoci era să posede lama aceasta nepieritoare, întocmai cum visul Epocii de piatră fusese acela de a poseda un proiectil magic care să se întoarcă în mâna care-l azvârlea, precum ciocanul lui Thor sau fulgerele lui Zeus şi Indra.

Virtutea armei făurite de către erou sau dăruite lui de zei e parte din el însuşi şi semnul puterii lui magice. Arma se duce cu el în mormânt sau poate fi primită din partea lui numai de cineva capabil să o mânuiască, deoarece ea este oarecum o replică a eroului însuşi. Aşa au stat lucrurile cu arcul lui Ulise, pe care nu l-a putut struni nici unul dintre peţitori. Aşa stau lucrurile şi cu spada lui Arthur înfiptă în stâncă. Arma s-a păstrat pentru moştenitorul ales, iar acesta îşi face apariţia, tânăr şi necunoscut, din mijlocul altor nume mai vârstnice şi mai vestite, iar apoi, după săvârşirea faptei care-i confirmă chemarea, se dovedeşte că el este fiul bătrânului rege.

Altă spadă a fost câştigată de Arthur în luptă cu un uriaş, Regele Rion[1]. Arma smulsă unui duşman învins reprezintă sub o formă tangibilă puterea celui biruit care e transferată apoi asupra învingătorului; omul care îl înfrânge pe un asemenea uriaş şi îşi însuşeşte spada lui e, ca atare, un „om uriaş", un suprauriaş, şi, când foloseşte arma în luptă, e înzestrat cu forţa uriaşului. O a treia spadă i-a fost înmânată lui Arthur de către o mână fermecată supranaturală care i-a întins-o din apa „Lacului" atunci când prima lui spadă a fost frântă într-o luptă. Aceasta a fost vestita Excalibur. Din pricină însă că prima spadă îl lăsase, fusese incapabil să-l învingă pe Regele Pellinor, şi, ca urmare, stăpânirea i-a fost sortită să rămână o vreme incompletă[2].

Masa Rotundă îi fusese încredinţată iniţial de către Merlin tatălui lui Arthur, iar la moartea lui ea încăpuse pe mâinile

---

1. *Roman de Merlin*, 308–314. Sommer, pp. 245–251.
2. *Morte d'Arthur*, I, 23–25.

unui anume Rege Leodogran din Camelot, care era tatăl frumoasei prinţese Guinevere. Arthur l-a ajutat pe Leodogran să scape de o armată de duşmani, a fost răsplătit cu mâna fiicei lui şi de ziua nunţii a intrat în posesia Mesei Rotunde. Membrii iniţiali ai confreriei erau cavaleri care se aflaseră în slujba Regelui Leodogran. Alţii au fost aleşi de către Arthur la îndemnul lui Merlin. Ultimul loc gol (cu excepţia „locului primejdios" sortit să rămână liber în aşteptarea unor viitoare întâmplări secrete) a fost asumat de nebiruitul Rege Pellinor, care acum s-a înclinat bucuros în faţa măreţiei lui Arthur. Şi astfel a fost desăvârşită stăpânirea regelui suprem al creştinătăţii celtice[1].

Soarele răsărise încă o dată. Arthur se căsătorise cu Guinevere, confreria Mesei Rotunde se întregise, iar membrii ei erau pregătiţi cu toţii pentru isprăvi miraculoase. Viaţa părea plină de sens şi făgăduinţe. Cavalerii adunaţi şi-au înălţat spadele şi au jurat pe cupa ce făcea ocolul mesei să schimbe nedreptatea în dreptate, să-i hrănească pe cei flămânzi şi să-i ajute pe cei neputincioşi, să respecte legile şi să nu refuze niciodată să ajute o femeie aflată în primejdie. Dar nici nu li se stinsese bine jurământul pe buze că au prins să se petreacă cele mai ciudate evenimente.

Într-o mare hămăială de câini şi în sunet misterios de corni, în sală se năpusti o sălbăticiune, un cerb alb urmărit îndeaproape de un mic copoi foarte iute şi după ei o haită de câini. Ceata alergă în jurul mesei şi deodată cerbul, disperat, sări peste Gawain, răsturnându-l pe spate. Copoiul cel mic se repezi şi el, dar Gawain îl prinse şi, parcă vrăjit şi el, se lăsă antrenat în vârtejul acela care ieşi vijelios din sală pe urmele cerbului.

Cavalerii Mesei Rotunde şedeau ca în vis. Când iată că o fată călare pe un buiestraş alb se arătă în uşă, jelindu-se după căţeluşul ei. „Nu cumva să mi-l ia", se tânguia fata. „Aminteşte-ţi de jurământul tău, Rege Arthur, sunt la ananghie şi ai jurat să nu refuzi niciodată să ajuţi o femeie aflată în primejdie."

---

1. *Roman de Merlin*, 48–54, 177–206, 289, 410–414, ed. Sommer, pp. 54–60, 150–169, 232–233, 320–324; *Morte d'Arthur*, III, 1–4.

Regele rămase tăcut, cu mâna pe mânerul spadei. Când depusese jurământul se gândise la cu totul alte fapte decât să înapoieze un cățel unei fete mâhnite. Nici nu apucă să-și adune gândurile, că în sală pătrunse călare un cavaler negru posomorât, prinse căpăstrul buiestrașului alb și, înainte ca vreun cavaler să schițeze vreun gest, o scoase afară pe fata înlăcrimată. De pe colinele îndepărtate încă se mai puteau auzi cornii misterioși.

Toți rămaseră ca trăzniți și, descumpănit, Arthur se întoarse către Merlin: „Ce înseamnă toate acestea, o, mare magician? S-au ivit din pădurea ta fermecată? Sunt oare duhuri?"

Merlin își dădu pe spate gluga ce-i ascundea chipul brăzdat și-n clipa când i se făcură văzute, trăsăturile i se transformară. Înfățișarea obișnuită, cu lunga-i barbă albă și cununa de vâsc druidic, devenise chipul strălucitor al unui bărbat fără vârstă, cu frunze de laur în părul bălai. Când vorbea, surâdea, iar glasul lui avea timbrul îndepărtaților corni de vânătoare. „N-a fost o vânătoare fermecată și o tânără zână?" spuse el. „Nu ești oare destul de bărbat ca să fii în căutare de aventuri cu duhurile și să pornești călare în urmărirea făpturilor năzdrăvane? De ce oare v-ați adunat aici laolaltă dacă nu ca să urmați pilda lui Gawain?" După care își acoperi iarăși fața și se făcu nevăzut[1].

Lui Arthur și cavalerilor săi nu le-a fost dat să se bucure mult de întregirea Mesei Rotunde sau de cununia mistică a regelui și a reginei, simbol și ea al atingerii unui anumit grad de perfecțiune. Un vânt adus de Merlin a suflat prin castel și totul s-a transformat, cavalerii și-au pierdut firea, și totuși nu avusese loc decât trecerea unui cerb alb hăituit și a unei fete plânse și neajutorate. Această replică ironică la jurământul lor solemn le-a torturat cugetele și le-a amărât inimile, deoarece pentru ei era un semn al deșertăciunii întregii lor străluciri.

Fiecare moment de realizare în viața celui ales e o treaptă ce poartă în ea germenele morții, deoarece în clipa când crede

1. *Suite du Merlin*, MS Huth, fol. 157–158, ed. Gaston, Paris, și Jacob Ulrich, Paris, 1886, vol. II, pp. 76–79.

că stadiul la care a ajuns reprezintă sfârşitul, rezultatul e o veştejire în banalitate, monotonie şi repetiţie. Lumea tangibilă, în măsura în care e cucerită, devine pustiită, în măsura în care e sigură şi bine ordonată, fără pericole şi aventuri reale, devine inertă. Şi atunci pericolele se ivesc din necunoscut, din pădurea vrăjită, din Castelul Primejdiilor, din Valea fără întoarcere. Cavalerii au înţeles acum acest lucru. Întreţinerea perfecţiunii cavalereşti poate deveni un joc, o rutină satisfăcută de sine, aşa cum se poate întâmpla cu orice fază a propăşirii spirituale pentru cel ales, dacă zăboveşte cumva de-a lungul drumului său – chiar dacă, la nivelul muritorului de rând acest mod de activitate poate fi suflul însuşi al vieţii, predestinat de natură. În cazul în care nu mai există şi alte aventuri în rezervă, lumea civilă nu mai are nimic de oferit alesului decât poziţia unui demnitar. Domeniul real al strădaniei trebuie să devină atunci aventura sufletului. Partenerul Mesei Rotunde trebuie să se înveşmânteze în vederea căutării de unul singur a supranaturalului.

Pădurea pâlpâie într-o fermecătoare lumină dublă, sunt noi primejdii, noi iniţieri. Pădurea celtică nu e o lume opusă, ca infernul teologiei creştine, ci un tărâm al sufletului însuşi, pe care sufletul poate hotărî să-l cunoască şi să-şi caute în cuprinsul lui cea mai intimă aventură. Asta a însemnat alegerea promptă a lui Gawain când s-a dus după căţeluş şi după cerbul cel alb. Există o putere neprihănită care-l apără pe erou, dar el nu se poate sustrage chemării abisului. Tot ceea ce în lume e întunecos şi ispititor urmează să fie regăsit în pădurea vrăjită, unde izvorăşte din cele mai adânci dorinţe ale noastre şi din cele mai străvechi vise ale sufletului.

În faţa cavalerilor stă acum adevărata lor misiune. Merlin, îndrumătorul lor, le-a dezvăluit semnificaţia vânătorii. Stau faţă-n faţă cu aventura în raport cu care orice altceva nu a fost decât un preludiu menit să consolideze cercul confreriei celor aleşi. Ca membri, toţi, ai Mesei Rotunde, ei sunt uniţi printr-o legătură comună, şi drumurile lor, deşi predestinate pentru fiecare dintre ei în parte, se vor întâlni, încrucişa şi împleti. Ele vor fi parcurse prin pericole similare către scopuri similare. Şi la fel ca şi isprăvile lui Heracles, ca expediţia Argonauţilor, ca viaţa eroică a lui Teseu şi călătoriile lui Ulise, poveştile lor vor reprezenta şi interpreta diferite căi de iniţiere, transformare, întru realizarea perfecţiunii.

Romanele din ciclul arthurian sunt corespondentele celtice ale marilor mituri ale civilizaţiei clasice. Ele au fost unul din principalele corective ale creştinismului medieval (altul a fost întâlnirea cu Islamul şi vechea lui tradiţie), înălţându-se din adâncurile celei mai îndepărtate antichităţi şi indicând drumul prin suferinţă şi iniţiere către o omenire superioară. Magia lor, magia druidicului Merlin, a inspirat şi a vrăjit inima omului european până în plină Renaştere, când profundul simbolism oniric al drumeţiilor şi căutărilor cavalereşti, total uzat în romanele populare, a fost ridiculizat de spiritul lui Rabelais şi a primit lovitura de graţie în figura lui Don Quijote. Merlin însă, în ce-l priveşte, se retrăsese de mult din lumea în care lucrase cu iniţiaţii săi, unindu-i mai întâi în cercul Mesei Rotunde, iar apoi împrăştiindu-i încă o dată pe drumurile transformărilor respective.

Sfârşitul lui Merlin e bine cunoscut. În pădure, într-o bună zi, a întâlnit-o pe frumoasa Niniane, despre care se spunea că era fiica, zămislită cu un nobil bogat pe nume Dyonas, a Dianei, sirena siciliană. Maică-sa o înzestrase cu numeroase daruri miraculoase şi, datorită acestora, fusese scris că ea avea să-l farmece pe Merlin. El a amuzat-o cu un joc magic. A rupt o nuia şi a desenat un cerc; şi-au făcut numaidecât apariţia o suită de cavaleri şi doamne, ţinându-se de mâini şi cântând cum nu se putea închipui mai frumos. Cântau şi menestreli la felurite instrumente, aşa încât ţi se părea că asculţi muzica îngerilor. Apoi, după ce soarele s-a urcat sus pe cer, jur-împrejur a răsărit un gard viu, răcoros şi umbratic, iar în iarba grasă au apărut flori şi plante felurite. Niniane nu se mai sătura de acea muzică, deşi n-a înţeles decât un vers din ea: „Amară suferinţă e sfârşitul dulcilor bucurii ale iubirii nou-născute."

Niniane i-a smuls lui Merlin făgăduinţa de a o învăţa arta lui şi şi-au jurat unul altuia iubire veşnică. S-au însoţit şi, în fericirea dragostei împărtăşite, Merlin a învăţat-o multe lucruri ciudate. Nu se îndurau să se despartă şi de fiecare dată când se întâlneau, vrăjitorul se simţea şi mai strâns legat de ea. Şi aşa a învăţat-o tot mai multe. Ştia foarte bine că avea să vină ziua când ea îl va vrăji total cu propria lui magie. Cu toate acestea a continuat, luându-şi adio de la Arthur şi de la lumea faimei lui.

După ce Merlin s-a întors din ultima sa vizită la Camelot şi a regăsit-o pe Niniane în pădurea magică, ea l-a întâmpinat mai atrăgătoare şi mai pătimaşă decât oricând. „Învaţă-mă“, l-a implorat ea, „cum, fără fiare sau ziduri de închisoare, aş putea înlănţui un bărbat, numai prin magie, şi în aşa fel, încât să nu mai poată scăpa niciodată decât dacă vreau eu să-l eliberez.“

Merlin suspină şi-şi plecă fruntea. Apoi, nemaiavând nici o reţinere, o învăţă toate procedeele şi elementele unei vrăji atât de puternice. Niniane îl ascultă bucuroasă şi-l împărtăşi cu atâta nestăpânire din dragostea ei, încât să nu mai cunoască niciodată altă fericire asemănătoare decât în tovărăşia ei.

Şi hoinăreau aşa mână-n mână prin pădurea Brocéliande şi, dacă oboseau, se aşezau sub câte un păducel încărcat de flori dulce-mirositoare. Acolo se desfătau cu vorbe duioase şi sărutări, şi-ntr-un târziu Merlin îşi puse capul în poala ei şi ea îl mângâie pe obraji şi-şi împleti degetele în părul lui până când îl fură somnul. De îndată ce se încredinţă că doarme adânc, ea se ridică binişor, îşi scoase vălul şi-l înfăşură pe tufa de păducel. Apoi, folosind vrăjile învăţate de la Merlin, făcu nouă paşi în jurul tufei, într-un cerc pe care-l desenase acolo, şopti de nouă ori cuvintele magice cuvenite şi ştiu că după asta vraja era de nedesfăcut. După care şezu iarăşi şi-i luă iarăşi în poală capul lui Merlin.

Vrăjitorul se trezi şi privi în jur; i se părea că zace pe un pat într-un turn incredibil de înalt. „Dacă nu rămâi cu mine pe veci“, spuse el, „înseamnă că m-ai trădat, căci nimeni afară de tine nu mă poate elibera din turnul acesta.“

„Iubirea mea“, răspunse Niniane, „o să mă odihnesc deseori în brațele tale.“

Și s-a ținut de cuvânt. Au trecut foarte puține zile sau nopți pe care să nu și le fi petrecut cu el. Și el nu se putea mișca de acolo, ea însă putea veni și pleca după plac. Cu vremea însă ea ar fi vrut bucuros să-i redea libertatea, căci o întrista să-l vadă pururi prizonier, dar vraja fusese mult prea puternică și era peste puterile ei s-o desfacă. Așa încât a rămas alături de el, cu inima grea de o veșnică mâhnire[1].

E o poveste sclipitoare, plină de blânda nostalgie a lui Tristan și umbrită de o melancolie duioasă – o poveste despre farmecul străvechi al vrăjii iubirii, colorată și retușată cu rococoul amoros al Franței medievale. Elementul curtenesc apare numai în stilizare, materialul mitic propriu-zis e străvechi.

Povestea are însă și o nuanță aparte. Vrăjitorul își dă în vileag știința magică. Dar nu și-o dezvăluie copiilor lui minune, cavalerilor Mesei Rotunde, și nici chiar domnului lor, protejatul său, Regele Arthur. Căci lumea nu trebuie condusă în ultimă instanță de un cerc de înțelepți, de un grup de mahatmași de dincolo de Himalaia, de niște Sarastro și Cagliostro din templele lor, sau de vreun alt grup de inițiați desăvârșiți. Merlin e prea înțelept să le împărtășească unora ca ei visul de a descâlci ghemul lumii, de a țese din el un covor al desăvârșirii după un model ideal. Ochii lui profetici pot vedea cum se desfășoară imaginile viitorului și cele ale prezentului deopotrivă și știe ce urmează să se întâmple. Așa încât el își lasă moștenire puterea înțelepciunii sale magice în mânuțele fascinante ale iubirii nebunești, ale iubitei lui fermecate. Ea reprezintă personificarea energiei captivante a vieții înseși și, în nesocotința ei, ea îi acceptă darul, a cărui putere depășește orice închipuire. Și ea nu se poate gândi să-i dea altă întrebuințare decât ca să-l vrăjească cu ajutorul ei pe însuși maestrul magiei. Astfel, stăpânul pădurii fermecate este legat prin vrajă, premeditat și voit, în propriul său domeniu, și încă de

1. *Roman de Merlin*, 277–280, 526, 554–557, ed. Sommer, pp. 223–226, 451–452, 482–484.

către o tânără făptură supranaturală ce reprezintă întruparea profunzimilor magice ale pădurii înseşi.

Merlin se retrage, cu alte cuvinte, în puterea care este el însuşi. Doar în aparenţă a pierit din cauza ei. El se întoarce de bunăvoie acasă, în existenţa ei pătrunsă de miresme, tăcut învoaltă, după ce atâta timp el a fost puterea ce a lucrat în lumea din afara ei. Merlin era chipul şi glasul pădurii; faţa e însă ascunsă acum, iar glasul s-a stins în tăcerea care i-a dat naştere, tăcerea din care a venit mesajul transmis de el în lumea spaţiului. La fel şi inconştientul, după ce o vreme s-a îmbrăcat în cuvinte şi gesturi, după ce o vreme a guvernat asemenea conştientului, se întoarce în tăcere în propriu-i somn. Viclenia Ninianei e o iluzie; acceptarea ei de către Merlin înseamnă cunoaştere. În ochii strălucitori ai fetei el îşi poate recunoaşte chintesenţa propriei fiinţe.

Abisul, în înţelepciunea şi suprema sa indiferenţă, e ceea ce l-a momit pe Merlin să se supună vrăjii care l-a scos din lucrarea şi triumfurile lumii. Merlin ieşise la iveală în lume, s-a întors acasă în pădure. Ce înseamnă lumea pentru pădure? Ce este conştientul pentru inconştient? Iată o întrebare pe care numai Merlin o poate pune, căreia numai el îi poate da un răspuns. Ce e oare istoria, în spaţiu şi timp, pentru abis? El însă ne-a dat răspunsul său. Răspunsul este că el îi îngăduie pădurii să-l reînghită şi că el redevine pădurea magică şi toţi copacii ei. Căci el e stăpânul pădurii şi esenţa ei, pe când cavalerii Mesei Rotunde sunt copii ai oamenilor, stăpâni peste castele şi eroi ai lumii. Inconştientul, prin Merlin, s-a manifestat în lumi prin simboluri revelatoare şi se cufundă iarăşi în propria-i tăcere primordială.

Abandonându-se artelor magice ale Ninianei, care sunt în chip ciudat ale lui însuşi, ştiind pas cu pas felul în care pierde şi care va să-i fie sfârşitul, Merlin se ridică la înălţimile unui zeu indian, care se retrage, după o perioadă de manifestare, înapoi în propria-i tăcere, ştiind că nu mai are de jucat nici un rol în salvarea sau judecarea lumii. Aceasta a fost acţiunea lui Shiva, atunci când, într-o devoţiune tăcută, el s-a abandonat vehemenţei erotice, nesaţului tandru al zeiţei sale şi, nemişcat în faţa ei, a încredinţat mâinilor ei creatoare drama universală a naşterii, împlinirii şi decăderii.

Arthur şi cavalerii săi au fost îndureraţi peste măsură la plecarea lui Merlin. Au aşteptat zadarnic, şi vreme de mulţi ani au rătăcit căutându-l prin lume. Odată, pe când călărea întristat prin pădurea Brocéliande, lui Gawain i s-a părut că aude un glas, era însă doar un foşnet slab şi nu şi-a putut da seama de unde venea. Şi l-a auzit încă o dată. „Nu fi trist, Gawain, tot ce trebuie să se întâmple se întâmplă."

„Cine oare eşti tu care îmi spui pe nume?" strigă Gawain.

„Nu mă cunoşti, Sir Gawain?" spuse glasul suav şi blând mustrător. „Odinioară mă cunoşteai bine. Se vede că e adevărată vechea zicală – dacă părăseşti curtea, te părăseşte şi ea pe tine. Când îl slujeam pe Regele Arthur eram cunoscut şi iubit de toată lumea. Acum sunt un străin, ci nu s-ar cădea, dacă pe pământ ar mai fi credinţă sau fidelitate."

Atunci Gawain strigă: „O Magistre Merlin, acum îţi recunosc glasul. Vino, să-ţi pot vedea faţa."

„Nu-mi vei vedea niciodată faţa", răspunse Merlin, „şi eşti ultimul care-mi auzi glasul; după tine, nu voi mai vorbi nici unui om. Nimeni nu va mai ajunge vreodată în locul acesta, chiar şi tu te afli aici pentru ultima dată. Nu voi putea niciodată să viu la tine, oricât m-ar durea că trebuie să rămân aici pentru totdeauna. Doar cea care mă ţine aici poate veni şi pleca după voie, ea e singura care mă poate vedea şi-mi poate vorbi."

„Cum, prietene drag", strigă Gawain, „eşti oare atât de înlănţuit, încât nu vei mai fi nicicând liber? Cum ţi s-a putut întâmpla una ca asta tocmai ţie, celui mai înţelept dintre oameni?"

„Sunt şi cel mai mare nebun", răspunse Merlin. „Iubesc pe altcineva mai mult decât pe mine însumi şi am învăţat-o pe iubita mea cum să mă lege de ea, şi acum nimeni nu mă mai poate elibera."

Mâhnit, Gawain întoarse calul şi-l părăsi, ca să ducă vestea la curte. Şi mare a fost jalea când le-a spus cavalerilor că nimeni nu-l va mai vedea vreodată pe Merlin şi nici nu-i va mai auzi glasul, şi când le spuse şi prin a cui putere era ţinut în captivitate. Şi plânseră auzind cum îi binecuvântase pe toţi, pe rege şi pe regină, pe nobili şi regatul[1].

Depozitată şi celebrată în această poveste despre sfârşitul lui Merlin este puterea copleşitoare a lumii supranaturale – motiv primordial în miturile şi legendele celţilor. Magia iubirii şi a simţurilor, puterea naturii şi a inconştientului constituie o forţă mai imperioasă decât voinţa şi renunţarea, conştiinţa şi raţiunea. E aici un cult nostalgic al disoluţiei, un sentiment tandru al coborârii misterioase în sânul puterilor zămislitoare: acea întoarcere la „Mume", pe care am identificat-o deja în poveştile mai vechi şi pe care Richard Wagner a celebrat-o în cântecul despre moartea din iubire, *Liebestod*, despre contopirea indisolubilă a lui Tristan şi a Isoldei. O temă miraculos de fascinantă, dar pe de altă parte plină şi de primejdii înspăimântătoare, deoarece această simpatie cu moartea poate fi trezită şi la chemarea unui rău demonic ce-l urmăreşte şi-l cuprinde pe oricine încearcă să scape din mrejele lui. În povestea despre sfârşitul lui Merlin, ca şi în cea despre Tristan şi Isolda, victoria şi-o celebrează moralitatea silfilor şi zânelor, a puterilor apei şi pădurii, vechea religie a naturii şi misticismul esenţial al triburilor celtice.

Cursul istorici universale s-a pronunţat împotriva moralităţii celţilor, împotriva divinei irosiri de sine a lui Merlin; împotriva abandonării lui în mâinile fiinţei amăgitoare căreia tot el i-a încredinţat funiile de aur ale propriei sale captivităţi. Englezii, nu irlandezii sau galezii, au întemeiat cel mai mare imperiu de după Roma, şi întreaga lume este favorabilă cârmuirii Mesei Rotunde, călătoriilor şi descoperirilor ca şi aventurii intervenţionismului bine intenţionat. Tufa de păducel înfloreşte însă indestructibil şi-n ea Merlin e încă viu. Poate oare vrăjitorul care se simte-n largul lui în veşnicie – vizionarul care vede viitorul ca pe un flux schimbător de imagini într-o sferă de cristal – poate el oare lupta împotriva talazurilor timpului?

Sunt multe motive de reflecţie în sfârşitul lui Merlin. Trupul şi sufletul pot avea parte de destine mai rele. A fi târât necontenit

1. *Roman de Merlin*, 558, 565–569, ed. Sommer, pp. 484–485, 492–496.

în jurul lumii în aventuri fără sfârşit, indiferent cât de variate ar fi ele, e până la urmă o monotonie la fel de îngustă şi limitativă ca şi cercul magic de sub spinul în floare. Ulise oboseşte în cele din urmă de toţi monştrii pe care i-a biruit, de dificultăţile asupra cărora a triumfat, de atâtea Circe şi Calypso alături de care şi-a înecat sufletul în uitare, oboseşte de ostroavele cu falezele şi porturile lor ce i s-au ivit în cale, prietenoase sau ostile, dizolvându-se apoi în amurgurile trecutului, oboseşte de marea neagră ca vinul şi de tăcerea înstelată, şi tânjeşte după repetiţia mai puţin bogată în evenimente a lucrurilor bine cunoscute de fiecare zi, tânjeşte după mica lui insulă, după casa şi soţia sa tot mai împovărată de ani. Căci inima omului e împărţită între două lumi. Pe de o parte, este codrul experienţei, deopotrivă exterior şi interior, lipsit de drumuri, plin de monştri şi de aventuri, zâne şi vrăjitoare, şi de fiinţe îndrăgostite supuse de vrăji, care cer să fie salvate, pentru ca apoi să-şi vrăjească la rându-le salvatorii. Şi, pe de altă parte, e hăţişul dulce mirositor de păducel, şi tot dorul de spaţii îndepărtate se întoarce acasă spre a-şi afla odihna sub norul lui de flori, dureros, dar fericit redat liniştii. Şarpele se încolăceşte în ultimu-i somn. Şi acesta-i ajunul zilei creaţiei, noaptea cea întunecoasă dinaintea clipei în care miriadele de forme şi de întâmplări ale universului vizibil vor izbucni din sanctuarul al cărui văl n-a fost niciodată ridicat de vreo mână.

Merlin şi Niniane par, în cele din urmă, a-şi fi schimbat sexele. El e mulţumit că a fost învins şi că se odihneşte în pace, pe când ea, cu ştiinţa pe care el i-a transmis-o, e liberă să vină şi să plece. Prezenţa ei îl subjugă şi-l desfată. Şi între timp, Masa Rotundă, care prin isprăvile ei măreţe şi ţelul ei nobil a dat naştere unei noi ordini a lumii, se cufundă în uitare, fiindcă Merlin, magistrul şi îndrumătorul, şi-a aruncat bagheta magică. Principiul interior care a conceput şi susţinut ideea confreriei Mesei Rotunde, care a ales şi a îndrumat şi a prezis destinul membrilor ei, s-a retras în el însuşi, dizolvat în crepusculul propriei sale fiinţe eterne.

Regele şi cadavrul

1

A fost remarcabil modul în care a fost antrenat regele în aventură. Vreme de zece ani, zi de zi, îşi făcuse apariţia în sala de audienţe, unde lua loc ca să asculte plângeri şi să împartă dreptate, un om sfânt în straie de ascet cerşetor, care, fără o vorbă, îi oferea un fruct. Şi faţa regească accepta neînsemnatul dar şi-l trecea vistiernicului său aflat în spatele tronului. Fără a formula nici o rugăminte, cerşetorul se pierdea apoi în mulţimea jălbarilor, nelăsând să se vadă nici cel mai mic semn de dezamăgire sau de nerăbdare.

S-a întâmplat apoi într-o zi, la vreo zece ani după cea dintâi apariţie a omului sfânt, ca o maimuţă domestică, scăpând din apartamentele femeilor situate în palatul interior, să vină ţopăind în sală şi să sară pe braţul tronului. Cerşetorul tocmai îşi prezentase darul şi regele i-l trecu în glumă maimuţei. Când animalul muşcă din el, căzu un giuvaier valoros care se rostogoli pe pardoseală.

Regele făcu ochii mari. Se întoarse cu demnitate către vistiernicul de lângă el. „Ce s-a întâmplat cu toate celelalte?" întrebă el. Vistiernicul azvârlise toate acele daruri modeste printr-o fereastră înaltă cu zăbrele în camera tezaurului, nebătându-şi capul nici măcar să descuie uşa. Aşa încât îşi ceru iertare şi se grăbi la vistierie. Deschizând-o, se îndreptă către partea de sub fereastră. Acolo, pe pardoseală, zăcea o grămadă de fructe putrezite în diferite faze de descompunere şi, în mijlocul gunoiului adunat în ani de zile, o grămadă de pietre scumpe fără de preț.

Regele a fost încântat și a dăruit toată grămada vistiernicului. Suflet mărinimos, el nu era lacom de bogății, dar i se trezise curiozitatea. Prin urmare, când ascetul s-a înfățișat a doua zi de dimineață și i-a întins tăcut aparent modesta ofrandă, regele refuză să o primească dacă nu zăbovește un timp ca să stea de vorbă. Omul cel sfânt declară că dorește o întrevedere particulară. Regele îi satisfăcu dorința și cerșetorul își expuse în fine cererea.

Avea nevoie, îi spuse el regelui, de ajutorul unui erou, al unui bărbat cu adevărat cutezător, care să-l asiste într-o operație de magie.

Regele fu interesat să afle mai multe amănunte.

Armele adevăraților eroi, explică magicianul, sunt renumite în analele magiei, pentru deosebita lor putere de exorcizare.

Regele îi îngădui solicitantului să continue.

Străinul îl invită atunci să vină, în următoarea noapte cu lună nouă, la marele teren funerar, unde erau incinerați morții orașului și spânzurați criminalii.

Regele, neînfricat, își dădu consimțământul, iar ascetul, care purta numele foarte potrivit de „Bogat-în-răbdare", își luă rămas-bun.

Sosi și noaptea stabilită: următoarea noapte cu lună nouă. Regele, singur, își încinse spada, se înfășură într-o mantie neagră și, înfofolit așa, o porni în îndoielnica aventură. Pe măsură ce se apropia de temutul câmp de îngropăciune, devenea tot mai conștient de tumultul spectrelor și al demonilor ce se învârteau prin locul acela ciudat înfruptându-se din morți și celebrându-și oribilele petreceri. Și merse mai departe netemător. Când păși în zona de incinerare, la lumina rugurilor funerare ce încă ardeau mocnit, ochii lui ageri distinseră, pe jumătate ghicind, devălmășia pârjolită de schelete și tigve înnegrite. Urechile îi bubuiau de urletul hidos al hienelor. Continuă să meargă până la locul de întâlnire și-l văzu pe vrăjitorul său cufundat în trasarea unui cerc magic pe pământ.

„Iată-mă“, spuse regele. „Ce pot face pentru tine?“

Celălalt nici nu catadicsi să ridice privirea. „Du-te de cealaltă parte a câmpului de incinerare“, spuse el, „şi vei găsi stârvul unui spânzurat bălăbănindu-se într-un copac. Taie-i funia şi adu-l aici.“

Regele se întoarse şi, după ce traversă încă o dată zona întinsă, ajunse la un copac uriaş. Noaptea fără lună era luminată numai de pâlpâirea rugurilor mistuite; demonii făceau un zgomot inuman. El însă era neînfricat şi, zărindu-l pe cel spânzurat care atârna acolo, se urcă în copac şi reteză funia cu sabia. Când căzu, cadavrul scoase un geamăt, ca şi cum s-ar fi lovit. Regele, crezând că încă mai erau urme de viaţă în el, începu să pipăie leşul înţepenit. Din gâtlejul acestuia ieşi un râs ascuţit, şi regele îşi dădu seama că trupul era locuit de un spirit.

„De ce râzi?“ întrebă el.

Cum vorbi, cadavrul zbură înapoi pe creanga copacului.

Regele se căţără iarăşi şi dădu jos leşul. Îl ridică fără să rostească de astă dată nici un cuvânt, îl puse pe umăr şi începu să meargă. Dar nu făcu mulţi paşi că glasul din stârv începu să vorbească. „O, rege, ia să-ţi scurtez eu drumul cu o poveste“, spuse el. Regele nu răspunse, aşa că spiritul îşi spuse povestea.

A fost odată un prinţ care s-a dus la vânătoare cu un prieten tânăr; prietenul era fiul cancelarului aflat în slujba regelui, tatăl prinţului. Şi pierzând legătura cu soţii lor, o porniră la întâmplare prin pădure, până când ajunseră la un lac încântător, unde se opriră să se odihnească. Prinţul zări o fată frumoasă care se scălda pe ţărmul dimpotrivă şi care, neobservată de însoţitoarele ei, îi şi făcu semne peste apă. El nu izbuti să înţeleagă semnele, dar fiul cancelarului le prinse foarte bine înţelesul. Ea îşi comunicase numele, pe cel al familiei sale şi al regatului în care trăia, împărtăşindu-i totodată dragostea ei. După ce ea le întoarse spatele şi dispăru în desiş, cei doi tineri se lăsară păgubaşi şi-o luară agale spre casă.

În altă zi, sub pretextul altei partide de vânătoare, cei doi prieteni plecară iarăşi în junglă, se desprinseră de ceilalţi şi se duseră în oraşul unde trăia fata. Găsiră găzduire în casa unei bătrâne pe care o plătiră ca să le slujească drept curier. Fata a fost atât de isteaţă, încât a ştiut să dea un răspuns de care bătrâna nu şi-a dat seama că e o înţelegere de întâlnire. Semnele au fost descifrate de fiul cel deştept al cancelarului. Apoi, din pricini lunare, întâlnirea a trebuit amânată, şi fata a descris, tot prin semne, cum să facă prinţul ca să ajungă în grădina tatălui ei şi să se caţere până în camera ei aflată la înălţime. El intră, după cum conveniseră, pe fereastră, şi cei doi îndrăgostiţi îşi găsiră desfătarea unul în braţele celuilalt.

Fata era deopotrivă pătimaşă şi vicleană. Aflând că semnele ei fuseseră descifrate nu de către prinţ, ci de prietenul lui, s-a temut numaidecât că o să fie trădată, astfel încât s-a hotărât să-l otrăvească pe interpret. Acesta însă nu era mai puţin viclean decât ea şi chiar prevăzuse ce avea să se întâmple. Născocise un plan care să o înveţe, o dată pentru totdeauna, că el ştie să aibă grijă şi de el, şi de prinţ.

Tânărul s-a deghizat într-un ascet cerşetor şi l-a convins pe prinţ să joace rolul de ucenic al ascetului, iar apoi, printr-un şiretlic ingenios, făcu astfel încât asupra fetei să cadă bănuiala că e vrăjitoare. L-a încredinţat pe regele acelei ţări că ea fusese pricina morţii neaşteptate a fiului său încă prunc şi a adus asemenea dovezi, încât ea a fost osândită la o moarte ruşinoasă. Expusă goală în afara oraşului, a fost lăsată pradă fiarelor din jungla înconjurătoare. Dar de îndată ce fata a fost părăsită acolo, cei doi tineri, după ce-şi făcuseră rost de cai iuţi pentru ei, o răpiră şi fugiră cu ea în regatul prinţului, unde ea îi deveni mireasă şi viitoare regină. Mâhnirea adăugată dizgraţiei şi pierderii i-a doborât pe părinţii bătrâni ai fetei; inimile li s-au frânt şi au murit.

„Ei bine, cine oare a fost vinovat de moartea acestora doi?" întrebă pe neaşteptate spectrul din stârv. „Dacă ştii răspunsul şi nu-l spui, capul ţi se va sfărâma în sute de bucăţi."

Regele credea că ştie răspunsul, dar se temea că dacă scotea o vorbă cadavrul avea să zboare înapoi în copac. Totuşi, nu ţinea câtuşi de puţin să-i explodeze capul.

„Nici fata, nici prinţul nu au fost vinovaţi“, spuse el, „fiindcă erau aprinşi de săgeţile iubirii. Vinovat nu a fost nici fiul cancelarului, deoarece nu acţiona în folos propriu, ci în slujba stăpânului său. Singurul vinovat a fost regele ţării aceleia, care a îngăduit să se petreacă asemenea lucruri în regatul său. El n-a văzut şiretlicul ce s-a bizuit pe durerea firească resimţită de el pentru pruncul său. N-a izbutit să observe că ţinuta cerşetorului ascet era de împrumut. Nu a luat nici o clipă cunoştinţă de cele puse la cale de către cei doi străini în capitala lui, nu ştia nici măcar de prezenţa lor acolo. Prin urmare, el trebuie să fie judecat ca vinovat de neîndeplinire a datoriei sale regeşti, care-l obligă să fie ochiul atotvăzător al regatului, protectorul şi cârmuitorul atotştiutor al poporului său.“

Când ultimul cuvânt al judecăţii s-a desprins de pe buzele vorbitorului, povara, izbucnind într-un hohot de râs batjocoritor, îi dispăru din spinare şi el ştiu că atârnă iarăşi de creanga copacului. Se întoarse, dădu jos cadavrul, luă sarcina în cârcă şi îşi mai încercă o dată norocul.

„Dragă domnule“, zise glasul, adresându-i-se iarăşi, „ai luat asupră-ţi o sarcină grea şi neobişnuită. Îngăduie-mi să-ţi omor timpul cu o poveste atrăgătoare.“

„Au fost odată ca niciodată trei brahmani tineri care trăiseră câţiva ani în casa învăţătorului lor spiritual. Tustrei se îndrăgostiseră de fata învăţătorului, dar el nu îndrăznea să o dea după nici unul dintre ei de teamă să nu le frângă inimile celorlalţi doi. Atunci însă fata a fost lovită de o boală grea şi a murit, şi cei trei tineri, la fel de disperaţi, i-au aşezat trupul pe un rug funerar. După ce a ars, primul s-a hotărât să-şi uşureze durerea rătăcind prin lume în chip de ascet cerşetor, al doilea a adunat oasele iubitei din cenuşă şi s-a dus cu ele la un sanctuar vestit de pe malul apelor dătătoare de viaţă ale Gangelui sfânt, în timp ce al treilea, rămânând acolo, a înălţat o colibă de schimnic pe locul focului şi s-a culcat pe cenuşa rămasă din trupul iubitei lui.

Cel care se hotărâse să colinde prin lume a fost într-o bună zi martorul unui eveniment extraordinar. Văzu cum un om, citind dintr-o carte un farmec magic, a readus la viață pe un copil al cărui trup fusese prefăcut în cenușă. După ce fură cartea tânărul îndrăgostit se întoarse zorit la locul incinerării și ajunse tocmai când cel care se dusese la Gange revenise și el, după ce scăldase oasele în fluviul dătător de viață. Scheletul a fost pus la loc în cenușă, farmecul din carte a fost citit și minunea s-a petrecut. Întreit iubita a reînviat, mai frumoasă ca oricând. Rivalitatea s-a redeșteptat și ea pe loc, de data asta în chip și mai aprins, deoarece acum fiecare pretindea că dobândise dreptul asupra ei: unul pentru că-i păstrase cenușa, altul pentru că-i cufundase oasele în Gange, iar cel de-al treilea pentru că rostise vraja.

„Așa încât cui oare îi aparține fata?“ spuse glasul din cadavru. Dacă știi răspunsul și nu-l spui, o să ți se facă fărâme țeasta.“

Regele crezu că știe, și astfel a fost nevoit să răspundă. „Cel care a readus-o la viață cu ajutorul formulei magice fără a-i fi greu s-o facă e tatăl ei“, spuse el, „iar cel ce-a arătat grijă pioasă față de osemintele ei și-a îndeplinit datoria de fiu. Dar cel care a dormit pe cenușă nu s-a despărțit de ea, ei și-a închinat viața, așa încât el poate fi numit drept soț al ei.“

O judecată foarte înțeleaptă – și totuși în clipa în care a fost rostită, cadavrul a dispărut. Cu încăpățânare, regele făcu cale-ntoarsă și-și reluă preumblarea cea păguboasă. Glasul se făcu iarăși auzit: Regelui i s-a cerut să rezolve altă enigmă, fiind încă o dată nevoit să refacă același drum. Și așa a continuat, iarăși și iarăși, neînduplecatul spectru din cadavru depănând poveste după poveste despre destine frânte și vieți încâlcite, în timp ce regele era târât de colo colo. I-au fost zugrăvite toate ale vieții, cu bucuriile și grozăviile ei. Și firele născocirilor se răsuceau mereu în noduri ale binelui și răului, în încâlceli de pretenții contradictorii.

Era o poveste, bunăoară, despre fiul postum al unui hoț, care a fost confruntat cu o problemă gingașă când s-a dus la un izvor sfânt să facă o ofrandă în cinstea răposatului său tată. Bunica lui rămăsese văduvă pe când era încă foarte tânără şi, deoarece rudele o deposedaseră de moştenire, fusese nevoită să plece în lume doar cu fetiţa ei. În noaptea din ajunul plecării din sat, ea dădu peste un hoţ care fusese tras în ţeapă şi se pregătea să-şi dea duhul. În agonia lui teribilă, abia izbutind să mai răsufle, el îşi exprimă dorinţa de a o lua de soţie pe fetiţă, acolo pe loc – cu gândul că acea căsătorie i-ar da drepturi spirituale asupra viitorului său fiu, chiar dacă acesta avea să fie zămislit de către altcineva, iar acest fiu va fi îndreptăţit apoi să facă ofrandele cuvenite pentru sufletul unui tată decedat. În schimb, el avea să spună unde ascunsese o anumită comoară furată.

Căsătoria a fost încheiată într-un mod neoficial, dar care crea toate obligaţiile, hoţul muri, iar mama şi fiica se bucurară de o avere considerabilă. Fata se îndrăgosti, când îi veni timpul, de un tânăr şi frumos brahman, acesta consimţi să-i devină iubit, dar stărui să primească şi o sumă de bani, deoarece dorea să poată plăti suma cuvenită unei prostituate. Tânăra femeie concepu un fiu şi, urmând îndrumările unui vis, depuse pruncul, împreună cu o mie de galbeni, pe pragul palatului unui anume rege. Or, regele care nu avea copii şi-şi dorea un moştenitor la tron, visase chiar în noaptea aceea că la uşa lui avea să fie lăsat un prunc. Regele acceptă semnul şi-l crescu pe copilul găsit ca pe fiul şi moştenitorul său.

Mulţi ani mai târziu, după ce bunul rege murise, tânărul prinţ, înainte de a se urca pe tron, se duse să facă o ofrandă pentru tatăl său plecat dintre vii. Merse la un izvor sfânt, unde era obiceiul ca răposaţii să-şi întindă mâinile din apă ca să-şi primească darurile aduse. În loc însă de o singură mână, apărură trei mâini ca să ia obolul: cea a hoţului tras în ţeapă, cea a brahmanului şi cea a regelui. Prinţul nu ştia ce să facă. Până şi preoţii care binecuvântau ofranda erau derutaţi. „Ei“, îl provocă spectrul din cadavru, „cărei mâini ar fi trebuit prinţul să-şi încredinţeze ofranda?“

Ameninţat iarăşi cu explozia ţestei, regele rosti judecata: „Obolul trebuia pus în mâna hoţului, deoarece nici brahmanul care a zămislit copilul şi nici regele care l-a crescut nu puteau formula vreo pretenţie valabilă. Brahmanul se vânduse. Regele şi-a primit compensaţia în banii de aur. Omul care a făcut cu putinţă naşterea prinţului a fost hoţul; comoara lui plătise atât zămislirea, cât şi adoptarea. Mai mult, hoţul avea un drept asupra copilului prin căsătorie." Imediat cadavrul s-a evaporat şi o nouă plimbare îl aduse pe rege înapoi la copacul cu pricina.

E apoi povestea ciudată despre capetele schimbate, povestea despre doi prieteni de o viaţă şi o fată. Fata s-a măritat cu unul din ei, dar căsnicia nu a fost prea fericită. Curând după nuntă, perechea, împreună cu prietenul lor burlac, plecă să-i viziteze pe părinţii miresei. Pe drum, ajunseră la un sanctuar al zeiţei Kāli, cea însetată de sânge, şi soţul se scuză pentru o clipă, intrând singur în templu. Acolo, într-un val brusc de emoţie, se hotărî să se ofere pe sine ca jertfă chipului zeiţei şi, cu o sabie sacrificială foarte ascuţită, care se afla acolo, îşi reteză capul de pe umeri şi se prăbuşi într-o baltă de sânge. Prietenul, aşteptând afară cu mireasa, intră în templu ca să vadă ce se întâmplase şi când văzu cele petrecute, se simţi îndemnat să-i urmeze exemplul. În cele din urmă intră şi mireasa, dar ieşi în fugă, hotărâtă să se spânzure de un copac. Glasul zeiţei îi porunci să se oprească însă şi o trimise înapoi ca să-i readucă la viaţă pe cei doi tineri, punându-le la loc capetele. Dar, cu gândul în altă parte, tânăra femeie făcu greşeala capitală de a pune capul prietenului pe trupul soţului, şi pe cel al soţului pe trupul prietenului. „Căruia dintre ei îi aparţine ea acum?" întrebă spectrul din cadavru, „celui cu trupul soţului sau celui cu capul soţului?"

Prinţul era încredinţat că ştie şi, ca nu cumva să i se facă ţăndări capul, dădu răspunsul: „Celui cu capul soţului, deoarece capul se află pe locul cel mai înalt printre mădulare, ca şi femeia printre desfătările vieţii."[1]

---

1. *Cf.* Thomas Mann, *Die vertauschten Köpfe*, 1940. Inspiraţia pentru această scurtă nuvelă a fost o versiune mai veche a eseului de faţă. „Die Geschichte vom indischen König mit dem Leichnam", apărută în

Stârvul iarăşi dispăru şi regele iarăşi îşi târî picioarele către copacul fatal.

2

Când avea să se termine calvarul? Era oare o încercare serioasă ori numai o glumă? Cu totul, sunt propuse douăzeci şi patru de enigme, şi regele poate oferi o dezlegare la toate, cu excepţia celei din urmă.

Aceasta din urmă se referă la cazul unui tată şi al unui fiu. Ei erau membrii unui trib de vânători dintr-o regiune de coline, tatăl fiind şeful tribului. Şi cei doi plecaseră la vânătoare, când se întâmplă să dea de urmele a două femei. Tatăl era văduv şi fiul încă necăsătorit, dar tatăl, în durerea sa după soţia decedată, respinsese orice propunere de a se recăsători. Urmele de paşi erau însă cu totul fermecătoare: ochii experimentaţi ai vânătorilor apreciau că ele fuseseră lăsate de o mamă şi o fiică nobile, fugite dintr-o casă aristocratică – poate chiar o regină şi o prinţesă. Urmele mai mari sugerau frumuseţea reginei, iar cele mai mici vraja prinţesei. Tânărul era stârnit de-a binelea. Dar tatăl a fost greu de convins. Fiul a propus ca tatăl să se căsătorească cu femeia ce lăsase urmele mai mari şi el cu cea cu urmele mai mici, aşa cum se cădea rangului şi vârstei lor. A trebuit să-şi susţină ideea o bună bucată de timp, dar şeful de trib a acceptat până la urmă şi amândoi s-au legat printr-un jurământ solemn că lucrurile aveau să decurgă potrivit înţelegerii.

Apoi o apucară de zor pe urmele găsite. Şi într-un târziu ajunseră din urmă două făpturi nefericite, o regină şi o prinţesă, într-adevăr – aşa cum presupuseseră cei doi membri ai tribului – fugind îngrozite de o împrejurare ce se ivise acasă odată cu moartea neaşteptată a regelui. Complicaţia dezamăgitoare

---

Volumul festiv în cinstea celei de a şaizecea aniversări a Dr. C.G. Jung, *Die kulturelle Bedeutung der komplexen Psychologie*, Verlag Julius Springer, Berlin, 1935.

era însă alta: fiica era cea cu piciorul mai mare. Potrivit jurământului lor, aşadar, fiul era nevoit să se însoare cu regina.

Tatăl şi fiul şi-au condus capturile în satul lor de munte, unde s-au căsătorit cu ele; fiica a devenit soţia şefului, iar mama soţia fiului. Apoi, cele două femei au rămas grele.

„Întrebarea e cum erau înrudiţi cei doi băieţi care s-au născut?" zise glasul spectrului din cadavru. „Ce anume era fiecare pentru celălalt şi ce anume nu era?"

Regele, cu povara în spinare, a fost incapabil să găsească vreun termen inechivoc pentru o asemenea înrudire complicată. În sfârşit, fusese găsită enigma care-l lăsase mut. Aşa încât el îşi urmă drumul cu pas deosebit de vioi, rumegând problema în tăcere. Copiii erau paradoxuri vii ale relaţiilor de rudenie, erau şi una, şi alta: unchi şi nepot, nepot şi unchi, din partea tatălui ca şi din partea mamei.

Dar nu se întâmplă oare la fel – cu toate lucrurile – din cine ştie ce perspectivă secretă? Nu e oare totul, în mod profund, propriul său contrariu? Chiar dacă intelectul discriminator, logica clasificatoare a limbajului şi a gândirii omeneşti ar refuza să accepte faptul paradoxal, cu toate acestea fiecare particularitate, fiecare moment al vieţii include oarecum calităţi diametral opuse celor aparent implicate. În persoana regală poate zăcea ascunsă o neregalitate tainică, o urmă de inadvertenţă, de pildă, care poate duce ocazional la supravegherea inadecvată a unor străini potenţial periculoşi, sau poate o tendinţă de a subestima darurile care se prezintă în ambalaje umile. La fel, lipsa de sfinţenie îşi poate avea sălaşul sub rasa unui cerşetor sfânt. Deşi a renunţat pare-se la lumea puterii şi ambiţiei, călugărul cerşetor se poate deda însă magiei negre şi-şi poate consacra nopţile practicilor sinistre ale necromanţiei.

Am găsit oare aici lecţia ascunsă a acestei culegeri frenetice alcătuite din cele douăzeci şi patru de poveşti ale spectrului din cadavru? Oare acesta e înţelesul bizarei iniţieri? Regele a fost oare mai înţelept în tăcerea decât în perspicacitatea răspunsurilor sale?

Readus la problema propriului caracter şi a dificilei sale situaţii prezente, el şi-a continuat drumul în tăcere, dar cu un pas de o sprinteneală admirabilă care ignora parcă lungul coşmar de o noapte. Iar spectrul a fost pare-se impresionat, căci atunci când a vorbit iarăşi, glasul era încărcat cu un ton de respect.

„Domnule", spuse el, „pari vesel, în ciuda acestui du-te-vino ciudat pe câmpul funerar; nimic nu te-a speriat. Îmi place să-ţi văd hotărârea. Aşa că poţi avea stârvul ăsta. Ia-l cu tine. Sunt gata să-l părăsesc."

Dar nu acesta a fost sfârşitul. Dacă ar fi fost, aventura n-ar fi fost de prea mare folos o încercare a curajului poate, dar mai degrabă o farsă de rând, în care caz toată daravera câmpului de incinerare şi a spectrului din cadavru n-ar fi însemnat mai mult decât un truc literar macabru destinat încadrării unui număr de povestiri fără legătură între ele. Culegerea e ingenioasă şi amuzantă, dar în acelaşi timp cu totul neobişnuită şi foarte profundă; regele şi spectrul său sunt legaţi de o enigmă a sufletului adânc ascunsă.

Înainte de a pleca, glasul l-a avertizat că proiectele magicianului ascet erau extrem de primejdioase pentru amândoi; sub aparenţa sfântă a renunţării clocotea o poftă nelimitată de putere şi sânge. Necromantul era pe cale să se folosească de rege într-o mare operaţie de magie neagră, mai întâi ca de un complice, iar apoi ca de o jertfă omenească vie.

„Ascultă, o, Rege", îl preveni spectrul, „ascultă cele ce am să-ţi destăinui şi, dacă ţii la binele tău, fă întocmai cum spun. Călugărul cerşetor e un impostor foarte primejdios. Cu vrăjile lui puternice, el e pe cale de a mă sili să reintru în cadavrul ăsta, pe care-l va folosi apoi ca pe un idol. El are de gând să-l aşeze în centrul cercului său magic, să mă adore acolo ca pe o divinitate şi, în cursul slujirii, să te ofere pe tine ca victimă. Ţi se va porunci să te prosternezi şi să mi te-nchini, mai întâi în genunchi, apoi să te întinzi în cea mai supusă atitudine de cucernicie, cu capul, mâinile şi umerii la pământ. El va încerca atunci să te decapiteze dintr-o singură lovitură dată chiar cu sabia ta.

E o singură cale de scăpare. Când ţi se va porunci să te întinzi pe jos, tu va trebui să spui: «Rogu-te, arată-mi felul acesta de prosternare supusă, pentru că eu, ca rege neobişnuit cu asemenea atitudini, să pot vedea cum să mă aşez într-o asemenea postură de rugăciune.» Şi când el va sta întins la pământ, tu taie-i capul cu o lovitură fulgerătoare de sabie. În clipa aceea, toată puterea supranaturală pe care vrăjitorul acesta încearcă să o conjure din sfera zeilor îţi va reveni ţie. Şi vei deveni cu adevărat un rege puternic!"

Zicând acestea, spectrul plecă şi regele îşi văzu de drum nestânjenit. Magicianul nu se arătă nerăbdător din pricina aşteptării ce-i fusese impusă, ci dimpotrivă, părea plin de admiraţie că o asemenea sarcină a putut fi dusă la bun sfârşit. Profitase de timp ca să-şi încheie pregătirea rituală a cercului său magic. Acesta era marcat cu tot felul de hidoşenii culese din imediata apropiere: un soi de cocă alcătuită din făină albicioasă de oase măcinate frământată cu sângele trupurilor moarte. Şi locul era luminat în chip neplăcut de pâlpâirea unor fitile ce ardeau cu grăsime de la stârvuri.

Vrăjitorul îi luă regelui povara de pe umeri, o spălă şi o împodobi cu ghirlande, ca şi cum ar fi fost o imagine sacră, apoi o aşeză în centrul cercului magic. Invocă spectrul cu ajutorul unei serii de incantaţii puternice şi-l obligă să intre în corpul astfel pregătit. Apoi începu să i se închine asemenea unui preot care se închină unei divinităţi invitate să sălăşluiască într-o imagine sacră în chip de oaspete venerat. Veni în fine şi timpul să-l pună pe rege să se aşeze mai întâi în genunchi, apoi cu faţa în jos, dar când rosti porunca, nobilul său acolit îi ceru să-l înveţe cum să se aşeze în postura aceea. Aşa încât groaznicul călugăr căzu în genunchi. Regele se uită şi aşteptă. Călugărul căzu cu faţa în jos, lipindu-şi mâinile, umerii şi chipul de pământ, iar regele, cu o lovitură iute, îi reteză capul. Sângele ţâşni. Regele întoarse trupul cu faţa în sus şi cu altă lovitură expertă îi despică pieptul. Scoase din el inima şi, împreună cu capul, ţinându-le sus, le oferi ca jertfă spectrului din cadavru.

Atunci se ridică un zvon puternic de triumf, ţâşnind în noapte din toate părţile, de la mulţimea de spirite înconjurătoare, suflete şi spectre, într-un tumult de aclamaţii adresate învingătorului. Prin fapta sa, el salvase puterile supranaturale de ameninţarea necromantului, care fusese cât pe ce să le înrobească pe toate prin magia sa.

Spectrul din cadavru îşi făcu auzit glasul nefiresc, de astă dată însă a bucurie şi laudă. „Necromantul căuta puterea absolută asupra sufletelor şi duhurilor“, spuse el, „şi asupra tuturor prezenţelor spirituale din domeniul supranatural. Acea putere va fi acum a ta, o, Rege, după ce ţi se va sfârşi viaţa de pe pământ. Până atunci ţi se dă autoritatea asupra întregului pământ. Te-am chinuit şi trebuie să ispăşesc. Ce-ţi doreşti, aşadar? Spune-ţi dorinţa şi-ţi va fi îndeplinită.“

Regele ceru, ca o compensaţie pentru ostenelile îndurate de el în timpul celei mai ciudate nopţi din câte îi fusese dat a cunoaşte, ca toate cele douăzeci şi patru de poveşti-ghicitori pe care i le istorisise spectrul, dimpreună cu povestea însăşi a acelei nopţi, să fie aduse la cunoştinţa întregii lumi şi să rămână veşnic faimoase printre oameni.

Spectrul i-o făgădui. „Şi mai mult încă“, afirmă glasul, „nu numai că cele douăzeci şi patru de poveşti vor fi celebrate pe tot pământul, dar Shiva însuşi, Marele Zeu, Stăpânul Suprem al tuturor Spectrelor şi Demonilor, Magistrul Ascet al Zeilor, le va cinsti şi el. Nici un spirit şi nici un demon nu vor avea putere ori de câte ori şi oriunde vor fi istorisite poveştile acestea. Şi oricine va recita cu credinţă sinceră fie şi numai una dintre ele va fi eliberat de păcat.“

Cu această mare promisiune, spiritul dispăru. Şi numaidecât Shiva, Stăpânul Universului, îşi făcu apariţia în slavă, escortat de o mulţime de zei. Îl salută pe rege şi-i mulţumi cu seninătate, cu înaltă laudă, că eliberase puterile spiritului din mâinile impure ale ascetului ambiţios. Zeul declară că puterile cosmice erau puse acum în slujba regelui ca răsplată pentru faptul de a fi împiedicat reaua lor folosinţă de către magicianul negru ce urmărise prin lucrarea lui dominaţia universală, regele urmând să intre în deplina lor posesie la încheierea carierei sale pământeşti, în timpul vieţii fiindu-i dată cârmuirea pământului. Shiva îi dărui, cu mâna sa, spada divină „Invincibila", care avea să-i confere suveranitatea lumii, iar apoi ridică vălul de ignoranţă care ţinuse ascunsă conştiinţei sale esenţa vieţii lui omeneşti.

Binecuvântat cu această iluminare, regele îşi putu lua în sfârşit bun-rămas de la înfiorătoarea zonă de încercare. Se crăpa de ziuă când se întoarse în încăperile spaţioase ale palatului său domnesc, asemenea cuiva care se trezeşte după o noapte cu somn agitat. Poveştile spectrului din cadavru fuseseră ca o succesiune de vise chinuitoare, parcă fără sfârşit, deşi comprimate într-o perioadă de timp relativ scurtă. Şi victima, prinsă în interminabila înşiruire, în acel du-te-vino prin câmpul de incinerare, pe scena vieţii consumate, fusese ca un om adormit zvârcolindu-se necontenit în pat. Şi aşa cum se întâmplă să descoperi, la trezire, că tot ceea ce, în ajun, fusese obscur a devenit acum limpede, şi că totul era cu mult mai încâlcit şi mai profund în obscuritatea dintâi decât ai fi putut bănui – la fel de obscur ca şi enigma vieţii înseşi –, la fel şi regele se întoarse din noaptea sa de încercări plin de ştiinţă şi transformat. În decursul următorilor ani s-a împlinit miraculoasa strălucire făgăduită, iar viaţa pământească i-a fost sporită în virtute şi glorie[1].

---

1. Sunt consemnate cinci versiuni sanscrite ale celor *Douăzeci şi cinci de poveşti ale spectrului din cadavru (Vetālapañcavinśati): Kathāsaritsāgara* a lui Somadeva, 75–99; *Brikatkathāmañjari* a lui Kshemendra, 9, 2, 19–1221; versiunea lui Jambhaladatta, editată de M. B. Emeneau, American Oriental Series, vol. 4; versiunea lui Sivadāsa, editată de H.Uhle, Sächsische Akademie der Wissenschaften, Berichte, Philologisch-historische Klasse, Bd. 66, Heft 1, Leipzig 1914, şi o mai veche versiune anonimă editată tot de Uhle. Există versiuni în aproape toate limbile indiene, ca şi în tamil şi telugu. Sunt numeroase şi traducerile în alte limbi. Regele din poveste este regele-erou indian Vikramāditya („Soarele curajului"), activ în jurul anului 50 î.Cr., şi despre care circulă nenumărate legende.

3

Visele semnificative sunt rememorate după trezire; la fel, poveştile acestea, înspăimântătoare, dar frumoase, au dăinuit în memoria poporului. Ce e oare atât de captivant în persoana acestui rege? Care e oare semnificaţia unui basm atât de ciudat despre sufletul omenesc?

Cât e de stranie comportarea acelui cerşetor obstinat, zi de zi, timp de zece ani! Şi cât de nesăbuit e răspunsul regelui, care i-a acceptat darurile modest oferite, îngăduindu-i să vină şi să plece, an după an, fără un cuvânt atent măcar! Dar şi noi înşine, în fiecare zi, nu primim oare şi noi, fiecare dintre noi, de la un cerşetor necunoscut câte un fruct fără însemnătate, pe care nu-l luăm în seamă şi-l aruncăm nepăsători într-un colţ? Viaţa însăşi, în fiecare dimineaţă, nu stă oare în faţa noastră, în haine de rând, ca un cerşetor, neanunţată şi neprezentată, neexigentă şi neostentativă, vizitându-ne cu darurile ei zilnice, zi de zi? Şi oare nu omitem şi noi îndeobşte să-i deschidem darurile obişnuite, fructele obişnuite din pomul ei obişnuit? Ar trebui desigur să întrebăm: „Ce conţine aceasta?" Ar trebui să bănuim că înăuntru e o sământă, preţioasă şi esenţială, şi ar trebui să secţionăm fructul ca s-o descoperim. Ar trebui să învăţăm cum să separăm sâmburele strălucitor şi nepieritor de partea care s-a copt doar ca să se veştejească, de partea care putrezeşte şi ajunge curând sub puterea morţii. Şi totuşi îngăduim ca fructul, cu giuvaier cu tot, să fie aruncat cât colo. Şi fructul cel valoros nu ne este prezentat continuu doar de mâna răbdătoare a vieţii externe, cu fiecare zi succesivă, cu fiecare clipă ce trece; el ne este oferit şi din interior. Fiecare dintre noi este un fruct de soiul preţios din această parabolă: reuşim însă oare – măcar încercăm oare – să eliberăm din pericarpul personalităţii noastre cotidiene giuvaierul strălucitor al seminţei noastre esenţiale?

Tot ceea ce relatează povestea despre regele neatent de pe tron şi cerşetorul tăcut ce vine zilnic în sala de primire, oferind acelaşi fruct, an după an, fără a se plânge niciodată, fără a-şi dezvălui scopul, mulţumindu-se să se facă nevăzut în mulţimea personajelor exigente şi ceremonioase, dispărând în mijlocul lor şi plecând – totul ne reprezintă pur şi simplu pe noi înşine şi viaţa noastră inscrutabilă. Acceptăm cu indiferenţă fructul existenţei noastre şi nu găsim nimic demn de atenţie în legătură cu el. Îl considerăm de la sine înţeles, cu politeţe şi orbeşte, şi-l trecem celui ce stă în spatele tronului nostru.

Căci avem mai multe euri, care ne administrează diferitele departamente ale vieţii. Nu suntem integral sau permanent personajul regesc pe care-l înfăţişăm privirii cercurilor oficiale, ci mai multe personalităţi uneori extraordinar de diverse, conform acelui aspect al naturii noastre chemat momentan pe scenă. Unul din aceste euri este „vistiernicul regal", administratorul bogăţiilor din care ne alimentăm. El stă chiar în spatele tronului nostru şi ne furnizează, la cerere, averea pe care o distribuim cu un aer atât de regal, îmbelşugarea din care trăim, comoara care face din noi micii sau marii regi ce suntem. Potrivit parabolei însă nici el nu e mai preocupat decât regele să cerceteze fructele simple pe care fiece zi le aduce în chip atât de misterios. El nici măcar nu descuie uşa vistieriei pentru nişte lucruri atât de neînsemnate, ci doar le azvârle în întuneric, printr-o fereastră deschisă. Şi ele zac neglijate, acolo, putrezind, împrăştiindu-şi frumuseţea preţioasă pe podeaua neîngrijită.

Printre numeroasele noastre euri avem însă şi altul – pesemne al nouălea sau al zecelea eu al nostru – căruia îi îngăduim să intre în joc când simţim nevoia să ne destindem după atitudinile pline de importanţă, după îndatoririle şi privilegiile noastre, după fastul oficial. Avem maimuţa noastră. Şi ea nu face parte din sala tronului, e nelalocul ei în camera regalităţii noastre. Bunii ei păzitori sunt adăpostiţi în apartamentele interioare ale fiinţei noastre, acele seraiuri încântătoare unde ne desfătăm în momentele de inactivitate regală cu femeile şi jocurile noastre. Cu toate acestea, roata vieţii se învârteşte neîncetat şi, tot învârtindu-se, amestecă totul cu fiecare şi pe fiecare cu toate. La timpul cuvenit până şi maimuţa scapă de acolo şi vine ţopăind neceremonios în sala oficială, sare pe tron şi-şi vâră mutrişoara grotescă în treburile regelui.

Maimuţa primeşte darul nespectaculos al cerşetorului. Regele nici nu se coboară până la el, dar maimuţa arde să vadă ce gust are. Cu o pornire neînfrânată şi o curiozitate pofticioasă, această promptitudine simiescă de a înhăţa lucrurile şi de a se juca cu ele până se sparg deschide în cele din urmă fructul şi-i dezvăluie secretul. Curiozitatea, dorinţa obişnuită de a demonta lucrurile, de a le folosi şi distruge, aduce la lumină nestemata din miez. Jucăuşul animal nu poate însă înţelege ce a făcut. Actul lui a fost doar unul de inocenţă amuzantă. Scoţând la iveală piatra scumpă, o leapădă pur şi simplu şi se angajează în altă tumbă maimuţească – şi iese de pe scena poveştii.

Soarta noastră se deschide brusc exact aşa, la o simplă atingere distrată, printr-un mic renghi al întâmplării, şi-şi revelează privirii noastre depozitul lăuntric. Ne dăm seama cu acel prilej că printr-o lungă şi până atunci neobservată istorie a modelării noastre, ne-am abandonat fără să ştim unei crize de mare însemnătate. Seminţele tuturor faptelor noastre săvârşite necugetat s-au acumulat tăcut într-un tezaur întunecos şi ascuns – subsolul, aşa-zicând, al vieţii noastre conştiente. Şi e ca şi cum un fir al destinului pe care-l torceam de mult ne-ar fi înfăşurat lent fără ştirea noastră şi acum, din întâmplare, s-ar întinde printr-o smucitură bruscă. Ne dăm seama că suntem prinşi într-o plasă inextricabilă în voia căreia ne-am abandonat în chip nesăbuit. Suntem implicaţi într-o aventură de proporţii necunoscute. Şi chiar dacă o întâmpinăm cu siguranţă de sine şi cu cea mai neclintită credinţă, vom constata inevitabil că ea e cu totul diferită, cu mult mai complicată, mai periculoasă şi mai dificilă decât ne-am fi aşteptat. De vreme ce i-am îngăduit să ne scape în întregime, nu se poate să nu ne surprindă acum în detaliile ei.

Făţarnicul cerşetor, cu siguranţa lui bine ascunsă întemeiată pe un drept tot mai mare câştigat asupra victimei sale inofensive şi neglijente, a aşteptat coacerea în timp, declicul prilejului, pentru a-şi pune în aplicare planul sinistru. Şi el e acolo, în cele din urmă, prezent la întâlnire, când a venit ceasul sacrificiului. Cine oare este acest „Bogat-în-răbdare“, capabil să aştepte un an, doi ani, trei ani, zece, cultivându-şi proiectul secret cu o stăruinţă implacabilă?

Garderoba Destinului e plină cu tot soiul de costume în care ne întâmpină el, şi tocmai acesta a fost ales pentru întâlnirea cu regele. Regele însuşi l-a ales; într-adevăr, el însuşi l-a ţesut şi l-a croit. L-a ţesut din substanţa invizibilă a propriului său interior, ca un păianjen propria plasă – ca Abu-Cassem papucii săi. Rasa acestui impostor a fost modelată din mătasea negativă a neregalităţii lui – absenţele privirii sale judicioase, complacerea lui în aspectul fastuos al propriului caracter public. Călugărul necălugăr vine în faţa regelui ca o analogie întrupată a propriei lui contrafaceri de înţelepciune omniscientă, vine în faţa lui zi de zi, şi prin asta dovedeşte starea de amăgire proprie şi generală. Provocarea are dimensiuni ameninţătoare în raport direct cu numărul anilor de eşec al regelui. Tocmai acest vrăjitor teribil de mincinos trebuie să se confrunte cu regele acesta mult prea naiv: cei doi erau unul. Regele însuşi a creat acest personaj. El este cel care l-a produs, i-a dat fiinţă ca unei contrapărţi a propriei sale orbiri spirituale.

Cum s-a exprimat William Blake: „Spectrul meu în juru-mi zi şi noapte.“ Oriunde ne întoarcem privirea ne descoperim propriile euri inevitabile. Oriunde ne îndreptăm paşii, o părticică din eul nostru necunoscut păşeşte înaintea noastră în chip semnificativ, plămădit şi proiectat misterios. Destinul nostru, mediul, duşmanii, însoţitorii – pe toţi noi ni i-am construit. Ei ies tiptil din adâncul nostru, vitali şi autogeneraţi. Aşa se explică faptul că, pentru o persoană iluminată, tot ceea ce îi iese în cale e o manifestare a preotului iniţiator, un îndrumător spiritual capabil să ofere cheia. Formele puterii iniţiatoare se schimbă, dar totdeauna în conformitate cu propria noastră necesitate şi vinovăţie; ele reflectă gradul neştiinţei sau maturităţii noastre spirituale. Şi prefigurează transformările ce ni se pretind, sarcinile pe care trebuie să le mai rezolvăm.

Aflat aparent în slujba altcuiva, regele se vede obligat să adune un cadavru: la fel şi noi. Sufletul viu e silit să rătăcească printr-un tărâm al morţii în căutarea a ceva mort. Nu e lună în această de două ori neagră noapte fumegoasă, pentru a-şi revărsa lumina blândă şi reconfortantă; toţi diavolii şi vampirii iadului s-au dezlănţuit, oribili, ameninţători şi batjocoritori, şi numai pâlpâirea flăcărilor înăbuşite ale cadavrelor arzând mocnit ne pot lumina cât de cât trudnica rătăcire, cu duhoarea lor de carne încinsă şi în descompunere. La fel, Dante a rătăcit prin abisurile infernale ale morţilor deoarece şi-a „pierdut dreapta cărare". El însă avea un sprijin. Deşi înfricoşat şi profund descumpănit, Dante se ştia la adăpost în mâinile călăuzei sale, sfântul Virgiliu, piosul maestru al marilor poeţi, care-i fusese trimis printr-un act de milostivire cerească. Regele cu cadavrul, pe de altă parte, era singur. La fel şi noi. Căci cine oare dintre noi poate pretinde astăzi o asemenea călăuzire cerească prin labirintul trecutului vieţii şi sufletului nostru?

Să aduni un trup mort: ce sarcină ciudată! Să dai jos cadavrul unui om necunoscut spânzurat şi apoi să duci în spinare trupul criminalului! Lucrarea regelui a fost săvârşită aparent în slujba altuia; în realitate însă povara, sarcina îi aparţineau. Căci el fusese legat de acel altcineva printr-o îndatorire involuntară, dar nu şi fără o anumită răspundere, întocmai cum noi toţi suntem personal răspunzători pentru extraordinara povară a anilor morţi care s-au îngrămădit pe viaţa vieţilor noastre. Şi cine dintre noi n-ar fi bucuros să aibă, fie şi măcar o dată, prilejul de a-şi recupera cine ştie ce clipă pierdută, de a dezgropa în taină şi noaptea – fie şi împresuraţi de urletele dezmăţurilor aprinse ale vampirilor infernali – ceva mort, ceva intrat de mult în putrefacţie?

În cadavrul recuperat există o viaţă spectrală. Din el se face auzită o vitalitate neliniştitoare, o insolenţă demonică, batjocoritoare, ameninţătoare. Vrăjitorul nu e numai personajul ce-şi impune tiranic voinţa în lumea nocturnă a regelui nechibzuit; între clipa în care se supune exigenţelor sale şi cea a săvârşirii sacrificiului, această prezenţă la fel de inevitabilă îi devine cunoscută. Şi ea îi pune în gât gheara, mâna ei spectrală.

Cine ar fi crezut vreodată că un trup mort, fruct straniu al copacului din cimitir, ar putea adăposti o sămânţă atât de locvace? Şi totuşi, fiecare dintre noi poartă pe umăr o atare încărcătură, o atare sarcină moartă din trecut. Acest cadavru, acest obiect în descompunere e şi el unul din eurile noastre (cât de multe sunt oare toate, cine mai ştie?) şi prin urmare o parte – o parte uitată, muribundă, stagnantă – a propriei noastre fiinţe. Şi duhul dinăuntrul lui e altul, cel mai straniu dintre toate eurile. El sălăşluieşte îndărăt, dincolo, în „Eul" regesc pe care-l considerăm în mod conştient că ne reprezintă şi, prefăcându-şi vocea într-un ecou al formelor moarte din jur, ne ameninţă cu moarte instantanee dacă refuzăm să ne supunem capriciilor sale. Ne impune sarcini şi ne împinge de colo colo, implicându-ne într-un joc hidos al vieţii şi al morţii.

Duhul, ca să treacă timpul, ca să ne amăgească şi, poate ca să ne încerce, începe să înşire poveşti enigmatice. Iar noi suntem obligaţi să propunem soluţii. Dacă ştim însă un răspuns, cadavrul recuperat ne fuge; suntem nevoiţi să facem cale-ntoarsă. Dacă ştim, dar păstrăm tăcere, suntem ameninţaţi să sărim în aer. Eul regesc al existenţei noastre diurne, personajul nobil şi puternic al cărui cuvânt, a cărui dorinţă e lege (poate porunci tuturora să stea sau să se ducă, să plece sau să rămână), e subjugat acum de o putere superioară insesizabilă şi forţat să rătăcească oriunde porunceşte acest spirit posesiv din afară, încolo şi încoace, înapoi şi iar înapoi la furcile omului spânzurat. E obligat să o ia mereu de la capăt, să adune iar şi să poarte povara acelui obiect neînsufleţit, acel incub al vieţii destrămate.

Noaptea pare fără sfârşit, ca şi cum timpul s-ar fi oprit pentru a face loc ritmului veşnic al acestei stranii damnaţii sisifice. Când oare vom redeveni liberi? Când oare se va sfârşi noaptea aceasta purgatorială a purificării noastre? Câte poveşti are pentru noi noaptea aceasta teribilă – poveşti seducătoare şi atractive, rău prevestitoare şi vrednice de milă, doldora de întâmplări uimitoare! Ele se derulează pe măsură ce spectrul cărat de noi în spinare vorbeşte întruna. Şi după fiecare vine provocarea: „Găseşte răspunsul la enigma pe care ţi-o propune aici viaţa. Despică pericarpul ce ascunde sâmburele strălucitor."

Vinovăţia şi inocenţa sunt rareori evidente. Ele sunt inaparente, intim întreţesute una cu alta într-un desen de o miraculoasă complicaţie. De pildă, cine a fost de vină că părinţii au murit de inimă rea văzându-şi fata calomniată şi răpită? Nu îndrăgostiţii sau isteţul lor sfătuitor, ci regele care a fost păcălit de prefăcătoria unui fals ascet! Era un rege foarte asemănător cu regele ce se spetea acum cu problema cadavrului, foarte asemănător cu acest cârmuitor de oameni care acceptase fruct după fruct, fără să le cerceteze, de la un impostor în strai virtuos. Evidentă e numai aparenţa; dedesubt zace ascuns ceva, realul. Şi oricine se opreşte doar la aparenţă va fi prins în mrejele ei înainte de a-şi da seama. Se va pomeni înghiţit într-un infern de duşmani inexplicabili, hărţuit ca frunza-n vânt fără nici un rezultat. Şi, asemenea unui cadavru, povara omisiunii sale îi va sări în spinare, îi va striga la ureche şi-şi va bate joc de el cu un râset spectral, ironizându-l că nu izbutise să discearnă realul când acesta îi stătea în faţă la lumina zilei.

Omul care, mulţumit cu înfăţişarea sa, îşi ia libertatea să se considere drept şi integru, un erou, un rege în scaunul judecăţii, se înşală, şi propria-i nereuşită se prezintă în faţa lui într-un deghizament de ireproşabilitate, dar cu o exigenţă nefirească. Personajul aparent inofensiv (corespunzând propriei sale bune păreri despre sine) îl duce într-o noapte care e exact contrariul zilei sale şi acolo îi impune obligaţia – neregească şi impură – de a căra cadavre ca un paria. Insul ales şi regesc e pus să facă munca unui paria, nu doar o dată, bine şi repede, aşa încât să poată uita numaidecât umilinţa, ci iarăşi şi iarăşi – de atâtea ori, de fapt, de câte ori păcătuise, de câte ori neglijase să cerceteze fructul oferit şi aruncase sâmburele. Fructul trebuie să-i pară, la urma urmelor, groaznic şi amar, la fel de amar ca o noapte infernală în contrast cu dulceaţa şi graţia unei zile regeşti.

Calvarul nu poate fi evitat. Vremea aparenţelor exterioare a trecut. Problema regelui e să devină cu adevărat şi pe de-a-ntregul el însuşi. Nu i-ar fi de nici un folos să protesteze că tot talmeş-balmeşul nefiresc ce izvorăşte din gura stârvului nu are nimic de-a face cu el, deoarece acesta a stat deja şi-a aşteptat în faţa lui de multe ori, în lumina plăcută a zilei din sala tronului, unde, în calitate de cârmuitor omniscient al regatului său, el ţinea judecată. Tot infernul şi confuzia aceasta reprezintă confuzia regatului său, regatul propriei sale vieţi – şi sunt şi ale noastre.

Nimic nu e departe de noi. Nimic nu poate fi tratat ca străin. Când punem distanţă între noi înşine şi altul ne înşelăm, şi urmările vor fi ale noastre. Aşa că du-te înapoi acum, du-te înapoi încă o dată; dă jos cadavrul trecutului din copacul-spânzurătoare la care tu însuţi l-ai osândit. Şi pleacă urechea la glasul demonului persecutor: nici o altă voce nu se va adresa nopţii tale, nici o altă voce nu te va învăţa sau salva. Căci, oarecum, noi înşine suntem toţi eroii, ticăloşii şi eroinele din istoriile încâlcite pe care ni le spune visul nostru infernal; şi, tot oarecum, noi suntem singura rezolvare a enigmelor pe care le va propune. Cadavrul e o închegare a propriului nostru trecut – cel neglijat, cel uitat. Neîmplinit, nesatisfăcut, totuşi încă nu mort, el ne va bântui până când, în noaptea aparent fără sfârşit, vom fi acceptat, recunoscut şi satisfăcut aspectul până atunci neadmis al propriei noastre existenţe.

Calitatea care în cele din urmă îl salvează pe personajul regal – firul Ariadnei ce-l călăuzeşte prin labirintul nopţii lăuntrice – e sinceritatea bunăvoinţei lui de a îndura munca aceasta, curajul lui în încercările cu care-l copleşesc puterile demonice. Asta îl susţine împotriva interogaţiilor enigmatice. Şi deoarece e pur, şi adevărat, şi capabil să depăşească limitările eului său regesc, fie şi înjugându-l în slujba puterilor întunericului, ce exaltare, ce consolare măreaţă îl aşteaptă! Drumul iniţierii noastre duce prin iadul încercării nedorite, dar autoimpuse, prin câmpul de incinerare al omisiunilor noastre muribunde, către acea realitate superioară care şi între timp ne-a fost imanentă şi aptă să fie împlinită. Erorile, culpabilităţile noastre înseşi sunt aripile care ne vor înălţa până la sediul puterilor zenitale, acestea urmând apoi să ne investească cu misiunea noastră. Dar între acele puteri şi eurile noastre prezente, între victoria noastră şi banalitatea mulţumirii noastre de sine, acolo ne aşteaptă să-i înfruntăm şi să-i satisfacem în mod absolut falsul ascet şi spectrul din cadavru.

Acesta din urmă e apărătorul, îndrumătorul, chiar dacă un simplu duh într-un corp lipsit de viaţă, nu un poet magistru ca acela care i-a călăuzit paşii poetului Dante, şi nici un înger păzitor ca acela ce i-ar fi putut sta alături unui copil. Căci regele acesta nu e nici poet, nici inocent. Cu toate acestea, glasul neaşteptat e de ajuns: în clipa când vorbeşte, omul care era nechibzuit câştigă dintr-odată ceea ce-i lipsea. Este adus la reflexivitate. Şi pe măsură ce poveştile se derulează, vechi şi totuşi mereu noi, regele este iniţiat într-o intuiţie largă şi pătrunzătoare. Nepăsătorul de altădată, inocentul ajunge să se poată măsura cu inamicul viclean, necinstit, perfect ascuns. Învăţat să înţeleagă realitatea în deplinătatea ei, ghemul încâlcit de lumină *şi* întuneric, devenit capabil să distingă personajul ascuns îndărătul măştii, el se vede în cele din urmă în situaţia de a-l bate pe ipocritul viclean chiar pe terenul simulărilor cinice, preferat de el, căci vicleanul nu şi-a închipuit niciodată că naivul ar putea deveni mai viclean decât el. Eroul devine acum în realitate ceea ce mai înainte doar şi-a imaginat a fi – un rege. Regele real poate anihila umbra proprie oriunde s-ar ivi ea ca să intimideze şi să ucidă. Dar o personalitate nu e întreagă şi reală, regele nu e un rege valabil, până când nu-şi recunoaşte antagonistul, până când nu-şi descoperă cadavrul, acel fruct spânzurat din pomul vieţii lui, şi până când nu învaţă lecţia glasului drăcesc lăuntric.

Spectrul din cadavru reprezintă înaltul judecător din noi înşine, care înregistrează totul şi, cu o profundă înţelepciune, ştie dinainte totul. Cu un semn, această putere ne poate îndepărta de prăpastia calamităţii către care, cu toată energia şi univocitatea naturii noastre conştiente, tindem orbeşte. Este un eu mai înţelept decât cel pe care-l cunoaştem. Este o putere mai puternică decât regele ce ne dorim cu toţii să fim. Când suntem la nevoie, el vine, vine la noi şi ne avertizează cu un râs dispreţuitor, apoi dispare. Şi încă o dată suntem singuri în noaptea cu vampiri şi cadavre, noaptea ce a produs glasul enigmatic. Nu putem face nimic ca să-l aducem înapoi. Suntem lipsiţi de apărare împotriva lui când decide să ne chinuiască; nu avem nici o cunoştinţă despre modul în care îi putem impune să se întoarcă.

O anumită relaţie s-a stabilit totuşi între rege şi spectru în timpul nopţii aceleia cu nesfârşita ei serie de enigme şi rătăcirea încoace şi încolo de pe câmpul morţii. A fost o comuniune de numai câteva ceasuri fugitive, şi cu toate acestea o întâlnire veşnică. Cei doi s-au apropiat în acel răstimp cumplit tot atât de mult cât s-ar fi apropiat sau ar fi putut să se apropie pe tărâmul cu sânge cald al vieţii. Chiar şi ca un „Eu" şi un „Tu" vii, ei erau strâns legaţi unul de altul printr-o primejdie comună, sudaţi prin aceeaşi soartă. Fiecare l-a salvat pe celălalt şi, în virtutea acestei izbăviri mutuale, întregului univers, inclusiv lumii spiritelor din înalturi, i s-a acordat mântuirea.

Regele corporal şi spectrul acorporal, domeniul tangibil şi cel invizibil, „Eul" regesc al luminii diurne şi vocea spectrală a adâncurilor întunecoase ale nopţii noastre (plină de ingeniozitate şi înţelepciune intuitivă) fac o pereche. Nici unul nu poate exista fără celălalt; separaţi, amândoi ar fi total neputincioşi; împreună, ei alcătuiesc o singură unitate vie. Şi, mai mult încă, dacă activităţile lor nu ar fi fost sincronizate, ei ar fi fost de asemenea pierduţi. Regelui îi revenea să pună în practică faptele, inspiraţia venea însă de la duhul adâncului ascuns. Şi în felul acesta, fiecare l-a salvat pe celălalt. Spectrul l-a izbăvit pe rege de osânda spre care era târât de cecitatea simplei conştiinţe, iar regele l-a eliberat pe duh de trecutul în descompunere. Relaţia a fost aceeaşi ca şi cea dintre Prinţul Conn-eda şi glasul alter ego-ului său fermecat din calul miţos.

Când, în sfârşit şi brusc, glasul a fost mulţumit că regele a atins punctul cunoaşterii, atunci a devenit binevoitor, i-a semnalat pericolul mortal către care se îndrepta şi l-a învăţat ce anume să facă, în acest al doisprezecelea ceas, ca să se salveze. Căci ursita infernală pregătită pentru noi e cu adevărat mai teribilă decât merităm de fapt. Dar, pe de altă parte, diavolul oficiant nu e foarte greu de păcălit. Se propune o stratagemă, cea mai simplă cu putinţă, şi totuşi suficientă. Maestrul înşelăciunii e anihilat, calvarul e preschimbat într-o sărbătoare a bucuriei, iar regele îşi capătă deplinătatea puterii.

E important să observăm cum se petrece izbăvirea. Urmând instrucţiunile îndrumătorului său, curajosul rege îi retează capul şi-i smulge inima vrăjitorului celui rău. Apoi acestea sunt oferite spectrului care e temporar zeificat şi instituit ca sălăşluitor în cadavrul pregătit, ca o divinitate într-o icoană. Cu aceasta, vraja ce-i leagă atât pe rege, cât şi pe spectru e ruptă. Celui dintâi, nemaisilit să rătăcească în noaptea fiinţei sale pe câmpul de execuţie şi locul de înmormântare ale trecutului său, i se îngăduie să se întoarcă la măreţul său palat; iar cel din urmă, nemaiosândit să bântuie cadavrul vieţii irevocabil duse ori să ridiculizeze cu enigme şi toane conştiinţa regală, e pus în libertate, îngăduindu-i-se să părăsească locul morţii. Şi rezultatul e obţinut deoarece prin această ofrandă partea personalităţii care fusese orgolioasă şi ostilă a fost smerită în sacrificiu – printr-un act deliberat al eului conştient – şi subordonată unei autorităţi lăuntrice, superioare şi invizibile. Capul, cu alte cuvinte, era tocmai centrul greşelii regale şi, prin pervertirea sa, implicase şi inima. Ambele centre viciate au fost acum sacrificate şi oferite ca jertfă autorităţii misterioase care se reafirmase în cele din urmă şi indicase drumul către actul de eliberare violent, dar inevitabil.

Prin urmare, la sfârşit, duhul, care păruse nu mai puţin viclean şi revoltător decât cadavrul sau magicianul, se dovedeşte a fi mântuitorul, spiritul oracular care ne vrea binele. Această chintesenţă invizibilă şi insesizabilă a neîmplinirii noastre, spectru vocal al vinovăţiei noastre inconştient acumulate, se vădeşte a fi singurul din întreaga lume, singurul călăuzitor în bezna nopţii fiinţei noastre, care ne poate salva din cercul magic al propriului nostru rău creat de noi înşine. Şi tocmai faptul că în cele din urmă ne-am supus capriciului şi voiei lui ne poate salva. Ne poate salva deoarece am dus la bun sfârşit cu răbdare sarcinile pe care ni le-a impus, ca încercare sau în deriziune. Dintre toate componentele noastre care ni se desfac exploziv din fiinţă şi apoi ne înconjoară, sub multiple şi variate forme, el este cel mai înţelept. El pare, într-adevăr, a şti totul, tot ce s-a întâmplat vreodată nu numai cu noi, ci cu toate fiinţele, indiferent care, regi, cerşetori, criminali şi femei mereu proaspete şi frumoase, din ţări foarte îndepărtate. Cu irezistibila forţă de convingere a viselor, vagi şi totuşi exacte, glasul spectrului extrage pentru noi aceste figuri, le ridică întâmplător din puţul trecutului – puţul în care nimic nu se pierde, puţul adânc al uitării şi rememorării – şi ni le aruncă batjocoritor pe suprafaţa mesei sticloase a conştiinţei noastre. Acolo suntem obligaţi să le examinăm. Suntem obligaţi să privim, să analizăm şi să înţelegem din nou.

O transformare semnificativă a duhului a avut loc în clipa în care regele a trecut prin încercarea întrebărilor enigmatice. După ce amândoi s-au descoperit unul pe altul şi după ce au fost uniţi prin lungul dialog în lucrarea comună de autosalvare mutuală, spectrul s-a despărţit de cadavru şi i-a permis regelui, care fusese înhămat exclusiv la îndeletnicirea cu copacul, să-şi vadă de drum. Apoi, cu un comportament modificat, spectrul s-a întors după ce cadavrul a fost aşezat în centrul cercului magic şi s-a instalat acolo ca un fel de zeitate, îndreptăţit fiind să i se aducă închinări şi cea mai înaltă jertfă, ofranda unei fiinţe omeneşti. Mai mult, prin aceasta o transformare a suferit apoi şi cadavrul. El a fost prefăcut din condiţia de stârv spânzurat de copac în aceea de idol sfinţit din centrul locului de cult înconjurat de făclii pâlpâitoare. Preschimbat din ceva demn de dispreţ în ceva îndreptăţit la adoraţie, ticăloşia devenise acum o zeitate, radiind de putere, elocventă în binecuvântare.

O „trăsătură importantă în multe basme", observă poetul filozof german Novalis, într-unul din aforismele sale inspirate şi inspiratoare, e aceea că „atunci când un lucru imposibil devine posibil, concomitent şi alt lucru imposibil devine pe neaşteptate posibil; atunci când omul se biruie pe sine, el biruie în acelaşi timp şi natura; atunci când se petrece o minune şi omului i se hărăzeşte plăcutul opus în chiar clipa în care ne plăcutul opus îi devine plăcut. Condiţiile vrăjii, de pildă prefacerea ursului în prinţ în clipa în care începe să fie iubit etc. Poate că o prefacere asemănătoare ar avea loc dacă omul ar îndrăgi *răul* din lume; în clipa în care ar iubi boala sau durerea, ar ţine în braţe cea mai atrăgătoare voluptate, cea mai înaltă şi mai reală plăcere i-ar inunda fiinţa."[1]

Această concepţie, pe cât de îndrăzneaţă şi paradoxală, pe-atât de profundă, expune o trăsătură foarte adâncă a alcătuirii noastre psihice. Novalis atinge aici un adevăr, un adevăr obscur, dar verificabil, al vieţii umane. Şi acesta e adevărul revelat în povestea indiană despre rege şi cadavrul său. Un triumf decisiv pe câmpul de luptă lăuntric al sufletului prilejuieşte o metamorfoză esenţială şi completă. Regele ia asupra sa atât spectrul, cât şi cadavrul, asumându-şi dubla povară. Şi prin aceasta îşi asumă aparent nesfârşita sarcină de a rezolva întrebările enigmatice care-i sunt puse de acea fantomă dublă a nopţii sale lăuntrice. Acceptându-le, le-a şi acordat atenţia cuvenită, şi ele se transformă pentru el într-o imagine sacră şi un salvator. În clipa în care ele se schimbă pentru el, se schimbă şi el însuşi. Până şi întunericul din jurul său se transformă într-o auroră, strălucind de lumină din Lumina Lumii.

1. Traducere de Viorica Nişcov – *n. t.*

Peisajul din această istorie suferă trei transformări radicale ca reflexe ale stărilor spirituale ale regelui. Căci noi, fiecare dintre noi, suntem propria noastră lume: lumea pe care o cunoaştem se revarsă din noi, ni se opune de jur-împrejur şi se răsfrânge asupra noastră din exterior. Fastuoasa sală a tronului şi tot ce se petrecea acolo era un reflex al conştiinţei regelui, slăbiciunea, orbirea şi apatia eului mulţumit de sine. Terenul funerar întunecos era miezul putred al acestei cruste strălucitoare. Întocmai cum magicianul asasin era adevăratul miez al ascetului ipocrit, „Bogat-în-răbdare“, aşa şi această noapte era miezul zilei amăgitoare. Era o noapte prin care regele a fost silit să bâjbâie şi să şovăie. Aici nu mai rămăsese nimic din orgolioasa lui siguranţă. Vrăjit, cu zilele ameninţate, împleticindu-se încoace şi încolo, se îndrepta dibuind, fără să ştie, către o moarte perfidă. Dar toate ameninţările şi apariţiile crunte se dizolvă la ivirea glorioasă a Zilei celei Noi: ziua ivirii supralumii a Zeului Suprem.

Schimbă-te (aceasta e lecţia) şi vei locui într-o lume înnoită. Oricum ar fi, maiestuos în sala splendorii, torturat printre duhurile şi cadavrele propriului trecut sau în comuniune cu puterile supreme ale existenţei, nimeni nu face niciodată nici măcar un pas dincolo de hotarul propriei circumferinţe şi al sinelui său. Lumea şi toate lumile superioare până la ceruri şi cele inferioare până la infern nu sunt decât ale noastre: sfere, exteriorizate, ale propriei noastre fiinţe; producţii, izbucniri ale atotputernicei Māyā creatoare ce ne determină forma existenţială şi ne ţine vrăjiţi în limitele vieţii noastre. Drumul regelui duce de la fastul regal terestru, prin tărâmurile morţii, la apogeul slavei. Atitudinea vidă a splendorii regale – fragilă şi osândită – cuprindea în sine sămânţa morţii; dar calea morţii este ea însăşi calea iniţierii. Demonii din mormânt îşi întind gheara spectrală către beregată, iar viaţa confiscată de moarte e supusă la cazne; totuşi deznodământul este viaţa renăscută, eliberată pentru totdeauna de moarte, întregirea de sine şi consacrarea.

Cine e atunci, printre noi, prinţul ales, binecuvântat de soartă, despre care doamnele zâne cântă:

„Iubirii de m-aş consacra,
Iubit pe-acest băiat l-aş vrea";

şi căruia dintre noi îi întinde Regina Nopţii, înveşmântată în mantia înstelată a firmamentului, Flautul fermecat care biruie furia focului şi-a apei şi alungă orice primejdie? Cine – asemenea lui Tamino, aşa cum îl descrie Sarastro – este „bogat în virtute, modest şi milos"? Cine „vrea să-şi sfâşie vălul nopţii de pe ochi şi să privească în sanctuarul luminii supreme"? Sau cine dintre noi e vrednic să fie întâmpinat în încăperile templului de marele preot al lui Isis şi Osiris – mistagogul care prin drept divin poartă pe piept Septuplul Cerc solar al Ştiutorului?

În basmul magnific al celor douăzeci şi cinci de poveşti despre rege şi spectrul din cadavru, drumul transformării l-a purtat pe rege dincolo de lumea simplei aparenţe în realitatea fiinţei sale regeşti. A învăţat să integreze în viaţa sa ceea ce ignorase până atunci. A înfruntat şi a dat satisfacţie ansamblului exigenţelor vieţii asupra lui. Şi, ca urmare, dacă mai înainte doar purtase diadema, pe când şedea pe tronul vieţii şi se bucura de privilegiile regalităţii, acum a meritat-o. A devenit regele autentic, atotpătrunzătorul ochi al înţelepciunii, administratorul şi adevăratul reprezentant al puterii justiţiei. Acesta e motivul pentru care i s-a dat sabia „Invincibila", corespondent al „Excaliburului" arthurian din lac.

4

Revelaţia supremă, care a adus la apogeu iniţierile acestei nopţi misterioase şi dezmărginitoare, a fost cea pe care regele a primit-o când Shiva, Zeul Suprem, a ridicat pentru el vălul ignoranţei. I s-a arătat că are o natură mai înaltă decât bănuise el. O scânteie din focul empireic coborâse pe pământ şi s-a încarnat într-însul, astfel încât el a devenit un „avatar", o manifestare în spaţiu şi timp a Fiinţei Infinite şi Nemuritoare. După ce avea să se bucure de răstimpul său de pe pământ, avea să preia stăpânirea asupra tărâmurilor zeilor şi să se întoarcă în cele din urmă la acel izvor de foc suprem al vieţii şi puterii din care provenea, căci, deşi avea formă omenească, el era în esenţă divin şi se afla, prin urmare, dincolo de orice servitute umană. Shiva, Stăpânul Cosmosului, sălăşluia în el. În cel mai profund strat al său el era veşnic una cu Cel Suprem. Acesta e adevărul adevărului. Acesta e faptul interior, ultim, cel mai intim, care centrează şi furnizează deopotrivă începutul şi sfârşitul tuturor celorlalte fapte ale existenţei şi experienţei existenţiale ale regelui. Giuvaierul strălucit şi fără de preţ din fructul trupului – închis în tecile cărnii, sentimentelor, raţiunii şi puterii de înţelegere – este identitatea esenţei vieţii muritoare cu Fiinţa Nemuritoare.

Shiva e Stăpânul Distrugerii: stăpân al dezintegrării pulpei fructului urmate de revelaţia sâmburelui nepieritor. Shiva e Stăpânul Creaţiei: stăpân al manifestării în cadrul spaţial şi temporal al puterii, al maiestăţii şi seninătăţii Transcendentalului. Shiva este Maestrul Yogăi: maestrul meditaţiei, al autoconcentrării şi al ochiului discernător; sabia lui sfâşie vălurile vieţii, deghizamentele mistagogului, aparenţele înşelătoare ale Māyei, pătrunzând în străfundurile Fiinţei. Shiva e Regele Dansului: lumile acţiunilor şi întâmplărilor sunt fulgerări ale membrelor lui avântate atunci când, într-un extaz de autosatisfacţie, el îşi dansează dansul crud, nemilos, delirant şi sublim al universului.

Şi regele omenesc e un avatar, o încarnare sau o formă în curs de vizualizare a esenţei acestui zeu. Cei doi sunt separaţi – aparent – în spaţiu; regele e limitat ca statură, zeul nelimitat; regele e muritor în forma lui de existenţă, zeul e nemuritor; regele e limitat în cunoaştere, zeul nelimitat; regele are caracteristici omeneşti, zeul divine. Cu toate acestea, spaţiul care-i separă pe cei doi este el însuşi doar iluzia necesară spectacolului efemer al creaţiei. Dincolo de el nu e loc pentru dualitate. Muritorul şi zeul, cunoscătorul şi cunoscutul, adoratorul şi imaginea sacră sunt una.

Ca şi regele, şi noi trebuie să devenim stăpâni asupra lumii înfricoşătoare a spiritelor, căci ele sunt înăuntrul ca şi în afara noastră. Orice lucru din exteriorul nostru, fie că îl cunoaştem în relaţia sa propriu-zisă cu noi, fie că rămâne pentru noi fără semnificaţie şi necorelat cu mintea şi inima noastră, în realitate ne reflectă şi ne oglindeşte eurile lăuntrice. Asta ni se propune să învăţăm. Şi ni se propune să ajungem pe această cale a învăţării la înţelegerea fundamentală, ultimă şi supremă: aceea a identităţii noastre divine cu substanţa, conştiinţa şi beatitudinea pe care o cunoaştem ca „Dumnezeu". Aceasta e înţelegerea naturii absolute a Sinelui. Asta înseamnă descoperirea giuvaierului din miez. Asta e ultima experienţă în îndelungatul proces de iniţiere-integrare. Şi odată cu ea vine şi cunoaşterea nemijlocită a faptului că noi, şi nu doar noi, ci şi toţi ceilalţi „tu", deopotrivă, ai nopţii şi zilei noastre înconjurătoare – suntem tot atâtea avataruri, deghizări, măşti şi autodedublări jucăuşe ale Sinelui lumii.

Aceasta e trezirea întru bucurie.

Regele însă, la împlinirea acestei iluminări, nu a renunţat numaidecât la temniţa cărnii sale. Dimpotrivă, s-a întors la tronul mundan din palatul „Eului" regesc. În chip asemănător, Conn-eda, eroul poveştii irlandeze, după ce a devenit membru al tărâmului Supranatural, s-a întors la rolul lui stabilit de pe pământ. Prinţul, prin iniţierea sa, a devenit capabil să exercite o cârmuire înţeleaptă în rândul oamenilor; la fel şi regele acesta hindus. Cunoscându-se pe sine ca încarnare a nemuritorului – lumină a celui suprem, scânteie sau rază din focul solar ceresc, central şi dătător de viaţă al universului – el a fost învestit ca purtător printre oameni al sabiei „Invincibila". Şi cei doi eroi au fost împăcaţi cu efemeritatea formelor lumii fenomenale; căci, deşi corpurile, deghizamentele, măştile şi costumele spectacolului vin şi pleacă, apar pe scenă, zăbovesc doar o clipă şi dispar pentru totdeauna, totuşi Sinele, miezul şi sâmburele diamantin al fiinţei lor, nu s-a născut niciodată şi nici nu va muri.

PARTEA A DOUA

Patru episoade din povestea de dragoste a Zeiței

I. CREAȚIA INVOLUNTARĂ

Implicarea zeilor în țesătura propriei lor creații, astfel încât ajung să fie, ca Abu-Cassem, victimele hărțuite ale creaturilor lor, încurcați în mrejele unei automanifestări nu întru totul voluntare, iar apoi batjocoriți de râsul avizat al propriului lor judecător lăuntric reflectat în exterior: iată miracolul universului. Aceasta e povestea tragicomică a lumii. Zeii, puterile supranaturale, sunt totdeauna amenințați să cadă în capcana propriei lor fascinații. Ca negustorul tezaurizator din bazarele Bagdadului, ca tânărul Narcis, ei ajung să se cramponeze de propriile lor imagini reflectate – refractari momentan la trecere odată cu trecerea timpului și având decisiv nevoie de lovitura șocantă și brutală a catastrofei izbăvitoare. Omul este micul creator al lumii; Dumnezeu, cel mare. Fiecare, împresurat de ficțiunile propriilor adâncuri reflectate, cunoaște și îndură autotortura cosmică. Și puterea fatală care-i fascinează pe amândoi e totdeauna marea zeiță, Māyā, amăgirea de sine, creatoarea supremă a tuturor lumilor.

În miturile populare din India, trei personificări masculine preeminente ale Divinității sunt stăpâne peste univers: Vishnu, Shiva și Brahmā. Cel dintâi, odihnindu-se într-o solitudine transmundană, dar cosmoconținătoare, menține întregul curs al istoriei lumii, îi asigură continuitatea și coboară periodic în vârtejul ei, ca salvator și eliberator, pentru a restabili justiția și ordinea. Cel de-al doilea, spre deosebire de el, este divin în starea de imobilitate absolut retrasă. Cu privirea întoarsă spre interior şi absorbit în vidul desăvârşit al propriei fiinţe, el îşi fereşte conştiinţa de confuzia perpetuă a spectacolului lumii, refuzând să privească acest ciclu autozămislitor şi autocaptiv de plăcere şi suferinţă până când vine timpul ca el să-l distrugă. Iar Brahmā este expresia creativă a totalităţii divine. Într-o activitate entuziastă, el desfăşoară jocul lumii din căldura lăuntrică a contemplaţiei absorbite în sine.

Vishnu poate fi privit ca aspectul care îmbrăţişează totalitatea, menţinând netulburat totul înlăuntrul lui, aşa cum un om cufundat paşnic în somn susţine incidentele năucitoare ale unui vis; pe când celelalte două figuri divine denotă momentele dramatice opuse ale distrugerii şi creaţiei. Dar tustrei, de vreme ce sunt doar aspecte sau manifestări ale unui Insondabil unic, sunt ei înşişi în ultimă analiză produsele Māyei – în substanţă unu, dar în formă şi funcţii trei, în virtutea trucului oglinzii care sparge Totul în Multiplu. Māyā este Mama. Māyā e farmecul cu ajutorul căruia viaţa se ispiteşte veşnic pe sine. Māyā e matricea, sânul nutritiv şi mormântul.

O biografie hinduistă a acestei mari Mame, Ţesătoarea Lumii, ne e furnizată de *Kālikā Purāna*, un document relativ târziu al tradiţiei indiene. Termenul *purāna* înseamnă „vechi învăţături şi povestiri transmise din vremuri imemoriale". Există mai multe Purāne. Ele sunt cărţi sacre, alcătuite din materiale ce au coborât pe apele vaste şi puternice ale fluviului înţelepciunii indiene din primele veacuri ale cântăreţilor şi vizionarilor vedici – mituri venerabile şi învăţături oraculare aduse de numeroşi afluenţi în albia principală. Ele sunt încărcate cu tot soiul de cunoştinţe populare. Şi toate încep prin a trata inepuizabila problemă a creaţiei, deşi în felurite moduri, din felurite puncte de vedere şi cu felurite manifestări ale semnificaţiei. Titlul *Kālikā Purāna* e derivat din Kālī, „Stăpâna Neagră", manifestarea indiană supremă a Zeiţei Mame. Ea e în mod vădit divinitatea dominantă a Indiei. Succinta lucrare dezvăluie în capitolele ei introductive o versiune a creaţiei şi a primelor zile ale universului care, pentru toţi cei familiarizaţi cu tendinţa generală a tradiţiei hinduiste, are un efect oarecum de surpriză[1].

Creatorul, Brahmā, aspectul demiurgic, producător de lumi, al Divinităţii, şedea într-o meditaţie senină, generând, din profunzimile însufleţite ale propriei sale substanţe divine şi atotconţinătoare, universul şi multitudinile lui de fiinţe. Un număr de apariţii izvorâseră deja în sfera timpului şi spaţiului din abisul stării sale yogice, viziuni de puritatea cristalului se precipitau brusc într-o formă întrupată. Şi acestea erau dispuse în jurul său într-un cerc liniştit, în timp ce el îşi continua transa creatoare. Îl înconjura grupul celor zece fii ai săi născuţi din cuget – acei preoţi şi vizionari supranaturali ce aveau să devină, mai târziu, strămoşii brahmanilor sfinţi. Şi pe lângă ei, mai stăteau acolo „Stăpânii Creaturilor", zece cópii ale lui, de mai mici dimensiuni, care aveau să-l ajute în stadiile ulterioare ale creaţiei şi să supravegheze atunci procesele naturale ale cosmosului. Brahmā, scufundându-se şi mai mult în întunericul limpede al lăuntrului său, atinse o nouă adâncime: brusc, din viziunea sa izvorî cea mai frumoasă femeie neagră, înfăţişându-se goală privirii tuturora.

Ea era Aurora şi strălucea de o tinereţe vie. Nimic asemenea ei nu mai apăruse printre zei şi nimic asemănător nu avea să se mai vadă vreodată nici printre oameni, nici în adâncurile apelor, în palatele de nestemate ale reginelor şi regilor-şerpi. Valurile părului ei negru-albăstrui scânteiau ca penele de păun, iar sprâncenele oacheşe clar boltite alcătuiau un arc numai bun pentru Zeul Iubirii. Ochii ei, ca nişte potire smede de lotus, aveau căutătura vioaie, interogativă, a gazdei speriate, iar faţa, rotundă ca luna, îi era ca o floare de lotus purpuriu.

---

1. Destul de curios, deşi textul sanscrit al *Kālikā Purāna* a fost făcut accesibil în 1892 de Shrivenkateshvaram Press (Gangāvishnu Khamarāja), publicat la Bombey după un manuscris mai vechi, el n-a reuşit până acum să atragă atenţia savanţilor occidentali. Paginile ce urmează constituie, după cât se pare, prima traducere publicată a acestui text într-o limbă europeană. [Manuscrisul traducerii Dr. Zimmer e în limba germană. – J. C.]

Sânii ei umflaţi, cu cele două sfârcuri negre, erau de-ajuns ca să ia minţile unui sfânt. Suleget ca mânerul unei lăncii i se înălţa trupul, şi picioarele-i netede semănau cu trompe întinse de elefanţi. Strălucea de micile perle fine de sudoare. Şi pomenindu-se în mijlocul audienţei înfiorate, îi măsură nesigură cu privirea, după care izbucni într-un râs blând şoptitor.

Brahmā a devenit conştient de prezenţa ei, s-a ridicat din postura yogică şi a fixat-o cu o privire lungă şi înfocată. Apoi, cu ochii fizici încă aţintiţi asupra ei, Creatorul i-a îngăduit viziunii lui spirituale să alunece iar în propria-i profunzime, căutând să afle – ca şi cei zece fii născuţi din mintea sa şi cei zece paznici ai erelor, „Stăpânii Creaturilor" – care avea să fie misiunea acestei apariţii în derularea ulterioară a operei de creaţie şi cui avea să-i aparţină ea.

Când, ce să vezi, o a doua surpriză: din căutarea lăuntrică a lui Brahmā izvorî altă fiinţă – de astă dată un tânăr, superb, smead şi viguros. Mădularele lui erau puternice şi frumos plăsmuite. Pieptul eroic, cu marii lui muşchi pectorali, semăna cu o tăblie de mahon; şoldurile îi erau graţioase şi zvelte; sprâncenele nervoase i se îmbinau deasupra nasului. Răspândea o mireasmă de flori şi era ca un elefant împuns de o dorinţă vehementă. Într-o mână purta un steag împodobit cu imaginea unui peşte. Cealaltă mână legăna un arc înflorit şi cinci săgeţi de flori. O uimire meditativă îi umplu pe cei zece fii născuţi din cuget şi pe cei zece paznici ai lumii când îl zăriră. În ei începu a se insinua dorinţa. Fiecare dintre ei simţea că începe a fi mânat de o tainică poftă arzătoare de a o poseda pe femeie. Şi aşa s-a ivit pentru prima oară dorinţa pe lume.

Noul venit, fermecător şi câtuşi de puţin sfios, îşi întoarse chipul frumos către Brahmā, făcu o plecăciune şi întrebă: „Ce trebuie să fac? Învaţă-mă, rogu-te. O fiinţă înfloreşte numai săvârşind lucrarea în vederea căreia a fost concepută. Atribuie-mi un nume potrivit. Dă-mi o locuinţă şi, de vreme ce tu eşti creatorul a toate, o soţie."

Brahmā rămase tăcut o clipă, uimit de propria-i lucrare. Ce se strecurase oare din el? Despre ce era vorba? Apoi se adună și-și puse sub control conștiința, concentrându-și încă o dată spiritul. Surprinderea a fost biruită. Stăpân iarăși pe sine, Creatorul Universului se adresă remarcabilei sale creaturi și-i prescrise domeniul de activitate.

„Ai să rătăcești pe tot pământul", spuse el, „stârnind tulburare în bărbați și femei cu arcul și săgețile tale de flori, făcând ca în felul acesta să se petreacă creația perpetuă a lumii. Nici un zeu, nici un spirit ceresc, fie el demon sau duh rău, divinitate-șarpe sau spiriduș, nici un om și nici un animal, nici făpturile zburătoare sau cele înotătoare, nimeni nu va fi ferit de ochirea ta. Și chiar și eu însumi, precum și atotdomnitorul Vishnu și Shiva însuși, ascetul nemișcat ca o stâncă și cufundat în meditație, noi trei vom fi de asemenea în puterea ta – ca să nu mai vorbim de alte existențe înzestrate cu răsuflare. Vei lucra, pe nesimțite, asupra inimii și vei trezi acolo plăcere, provocând astfel creația mereu reînnoită a lumii vii. Căci inima va să fie ținta arcului tău, iar săgețile tale vor aduce bucurie și beție tuturor ființelor însuflețite. Iată, așadar, sarcina ta. Prin ea vei duce mai departe clipa creației universului. Primește acum, o, Supremă Ființă, numele ce ți se potrivește."

Brahmā, întorcându-se către cei zece fii născuți din cugetul lui, își întrerupse vorbirea și-și reluă postura șezândă de pe lotus. Cei zece îi citiră pe chip și înțeleseră. Au știut, au fost unanimi în cunoștința lor și au vorbit. „De vreme ce, odată cu apariția ta, ai stârnit spiritul Creatorului, vei fi cunoscut în lume sub porecla de „Smântânitorul Spiritului"; iar numele îți va fi „Dorul Iubirii", din cauză că forma ta trezește dorința iubirii; ai să fii numit „Îmbătătorul", deoarece tu răspândești beția."

Apoi „Stăpânii Creaturilor" i-au atribuit o locuință și o soție. „Mai puternice decât săgețile lui Vishnu, Shiva și Brahmā", intonară ei, „sunt săgețile arcului tău de flori. Cerul și pământul, adâncurile abisului și empireul lui Brahmā îți vor fi locuința: tu ești Atotpătrunzătorul. Oriunde vor exista creaturi însuflețite, copaci sau livezi, chiar și pe tronul lui Brahmā din zenit[1], vei locui şi tu. Iar Stăpânul Daksha, cel dintâi „Stăpân al Creaturilor“, îţi va hărăzi soţia pe care ţi-o doreşti.“ Astfel îşi făcură cunoscută hotărârea, întorcându-se apoi, cu o plecăciune plină de respect, către înfăţişarea lui Brahmā.

Brahmā reprezintă conştiinţa originară a tot ceea ce e cuprins în univers, de unde rezultă că el e capabil să rostească numai adevărul. Chiar dacă adevărul îi cere să se indice pe sine ca una dintre victimele Zeului Iubirii, el o face fără ezitare sau constrângere. El e lumină pură, lumina spiritului – nu o fiinţă de tip semiomenesc, ca divinităţile homerice de pe Olimp, care se tem de riscuri şi îşi iau măsuri de precauţie. Brahmā este atotdivin, o personificare a luminii creatoare a conştiinţei, şi aşa rămâne, chiar şi atunci când e copleşit de dorinţă pentru femeia divină, care este întruparea farmecului irezistibil.

La fel, „Dorinţă“, Kāma, Zeul Iubirii, e o forţă pură, direct operativă, indiferent de consecinţele posibile. Auzind cuvintele rostite de Brahmā, de cei zece fii născuţi din cuget şi de cei zece paznici, el îşi ridică arcul de flori, asemănător cu sprâncenele unei femei frumoase, şi-şi pregăti cele cinci săgeţi de flori, numite „Stârnitoarea Paroxismului Dorinţei“, „Incendiatoarea“, „Înnebunitoarea“, „Pârjolitoarea“ şi, respectiv, „Aducătoarea Morţii“. Apoi se făcu nevăzut. „Chiar aici şi fără nici o clipă de întârziere“, gândi el, „voi încerca puterea supremă dată mie de Brahmā chiar pe sfinţii aceştia şi pe însuşi Creatorul. Iată-i pe ei toţi şi iat-o şi pe această femeie minunată, Aurora; îi voi face, unul după altul, victimele armei mele. Căci nu mi-a spus oare chiar Brahmā: «Eu, Vishnu şi chiar Shiva vom fi supuşi puterii săgeţilor tale?» Ceea ce Brahmā a făcut cunoscut, eu voi aduce la îndeplinire.“

Odată hotărât, luă poziţia unui arcaş, puse o săgeată-floare în struna-floare şi încordă arcul într-o mare curbă. Prinseră a sufla atunci adieri îmbătătoare, grele de miresmele florilor de primăvară, şi ele răspândiră extazul. De la Creator până

1. Brahmaloka, *cf. supra*, p. 87, nota 2.

la cel din urmă dintre fiii săi născuți din cuget, zeii au fost înnebuniți, unul după altul, de loviturile tulburătorului, firile lor suferind numaidecât o schimbare de mari proporții. Au continuat să se uite la Aurora, dar cu alți ochi, și vraja dragostei a sporit în ei. Frumusețea tinerei femei n-a făcut decât să ducă mai departe și să intensifice beția dezlănțuită. Aveau porniri sălbatice cu toții și simțurile lor erau invadate de poftă. Într-adevăr, încântarea era atât de puternică, încât atunci când cugetul pur al Creatorului o percepu pe fiica sa prin acest mediu perturbat, simțirile și impulsurile sale trezite i se deschiseră nemijlocit, cu toate atitudinile și manifestările fizice spontane, în văzul întregii lumi. Și-n vremea asta, femeia își arăta, pentru prima oară în lunga poveste de dragoste a universului, semnele propriei sale agitații. Simulările de sfiiciune alternau provocator în mijirea abia deslușită a acestei dimineți a lumii cu vădite eforturi de stimulare a admirației amoroase. Profund lovită de săgeata Zeului Iubirii, ea stătea tremurând sub toate privirile ce-i măsurau cu dorință crescândă trupul, când ascunzându-și rușinată chipul în brațe, când ridicându-și iar ochii ca să arunce ocheade. Și-o străbătu din creștet până-n tălpi un fior de agitație emoțională, ca unduirea valurilor pe curgerea fluviului sfânt Gange. Brahmā, privindu-i evoluția, începu a scoate aburi, pofta de ea îl birui cu totul. Iar cei zece fii născuți din cuget, precum și cei zece „Stăpâni ai Creaturilor" stăteau ca pe jăratic. Astfel și-au făcut intrarea în lume emoțiile, odată cu atitudinile adecvate și semnele lor naturale.

Zeul Iubirii observă totul și fu mulțumit că puterea dăruită lui era pe potriva misiunii ce-i fusese încredințată. „Pot îndeplini lucrarea ce mi-a fost atribuită de Brahmā", hotărî el, și o extraordinară mulțumire de sine îi inundă ființa.

Asistenței îi mai era însă rezervată încă o mare surpriză. În timp ce vraja dragostei îi subjugase pe Creator, pe Zeiță și întreaga adunare, iar Zeul Iubirii era încântat de eficacitatea puterii sale, Shiva, arhiascetul izolat și distant al zeilor, fusese smuls pe neștiute din liniștea autoabsorbirii sale. Așezat în postura sa yoga, el sosi plutind prin regiunile văzduhului. Și când ajunse aproape de locul pleiadei încinse de dragoste şi văzu situaţia penibilă în care se găseau Brahmā şi fidelii săi, izbucni de-a dreptul într-un hohot cascadat de râs dispreţuitor. Şi urmă să râdă, şi râse, şi râse şi, de parcă asta n-ar fi fost de ajuns, strigă batjocoritor: „Bravo, bravo, bravo!" Apoi îi făcu pe toţi de ruşine cu o mustrare: „Brahmā, ce se-ntâmplă de fapt aici? Ce te-a adus în starea asta? Vederea propriei tale fiice? Ci Creatorului nu-i şade bine să nesocotească preceptele Vedelor: «Sora va fi ca mama, iar fiica va fi ca sora!» Iată ce spun Vedele – legile revelate chiar de gura ta; şi-acum, dintr-un prisos de dorinţă, ai uitat totul? Brahmā, universul e întemeiat pe statornicie. Cum poţi oare să-ţi pierzi cumpăna în felul acesta doar din pricina unei biete dorinţe? Şi toţi yoginii aceştia de soi, fiii tăi născuţi din cuget şi «Stăpânii Creaturilor», sfinţii care sunt în stare să privească însăşi divinitatea fără să li se tulbure facultăţile, oare şi ei au fost copleşiţi de vederea unei femei? Cum de-a izbutit Zeul Iubirii să vă facă una ca asta, tocmai el, atât de lăsător şi lipsit de discernământ cum este? Blestemat fie el prin a cărui putere frumuseţea femeii ajunge să fure integritatea, iar spiritul e lăsat pradă talazurilor dorinţei!"

Când Brahmā auzi vorbele acestea, mintea i se despică în două: pe de o parte i se reafirmă natura originară, dar pe de alta rămase şi persoana dominată de concupiscenţă. Valuri de fierbinţeală i se revărsară în jos prin mădulare. O poftă de a poseda întruparea dorinţei sale vui în el, cu toate acestea îşi birui preschimbarea pătimaşă a firii sale şi izgoni icoana femeii. În aceeaşi clipă, o explozie de sudoare îi acoperi tot trupul, căci dorinţa, chiar alungată, nu poate fi nimicită. Şi din picăturile acestea s-au născut aşa-numitele „Spirite ale Răposaţilor".

Spiritele Răposaţilor aveau să devină strămoşii rasei omeneşti, prezenţele ancestrale care devorează ofrandele aduse morţilor. Ele şed pe paie. Trupurile lor sunt negre ca negreala pentru gene, iar ochii le sunt ca lotuşii albaştri-închis. Ele sunt Părinţii, ale căror forme carnale sunt distruse pe rugurile de la locul de incinerare. Totuşi ele rămân, tânjind după ofrandele funerare, fiindcă fără acestea şi fără cultul filial al descendenţilor, ar isprăvi detot cu existenţa, îndurând cea de-a doua moarte, pierzându-şi până şi lamentabila aparenţă fantasmatică de viaţă trupească de care se agaţă cu atâta tenacitate. Ele nu-şi doresc decât să se menţină, dar naşterea lor din picăturile de sudoare produse de Brahmā atunci când şi-a înăbuşit dorinţa denotă totuşi că, deşi năzuinţa aceasta e cea mai umilă şi mai sărăcăcioasă manifestare a pulsiunii vitale universale, ea este unica substanţă înzestrată cu forţa irezistibilă ce-i împinge pe îndrăgostiţi unul spre celălalt, aduce armăsarul la iapă şi i inspiră chiar şi pe zeii supramundani.

Pe când Creatorul, Brahmā, Cel-cu-patru-capete, îşi elimina pasiunea prin pori, celelalte divinităţi se străduiau şi ele să-şi limpezească simţurile. Transpiraţia lui Daksha, Îndemânaticul, cel mai vârstnic dintre „Stăpânii Creaturilor“, curse pe pământ şi din ea se ivi o femeie splendidă, lucind ca aurul lustruit, emanând fericire şi cu mădularele zvelte. Şase dintre fiii născuţi din cuget ai lui Brahmā au reuşit să-şi domine jocul simţurilor fără urmări, dar din ceilalţi s-a revărsat sudoare, şi aceasta s-a preschimbat în alte varietăţi de prezenţe ancestrale: cei aşa-zişi „care au murit când le-a venit sorocul“ şi cei „care mănâncă ofrandele“. Cu ei a fost întregită toată gama creaturilor create, provenite din Brahmā şi împlinind lumea. La drept vorbind, ele au fost aduse la viaţă prin intermediul celei pălite de iubire, Aurora, şi producerea lor fusese nepremeditată. Printr-un proces involuntar, creaţia parcursese încă o treaptă şi toată gama de fiinţe predestinate să umple lumea fusese completată prin adăugarea unei mulţimi de creaturi neconcepute până atunci – mulţimea morţilor. Numărul lor e mai mare decât cel al viilor. Ei sunt „marea majoritate“.

Brahmā se purificase de poftă, dar ghimpele vorbelor lui Shiva îl supără. Sprâncenele i se încruntară şi iritarea se îndreptă împotriva divinităţii cu arcul. Pricepând iute şi speriat atât de Brahmā, cât şi de Shiva, zvăpăiatul tânăr zeu îşi lepădă săgeţile. Brahmā însă îl şi blestema cu un glas pe care intensitatea mâniei i-l făcea şi mai teribil. „De vreme ce Zeul Iubirii, cu săgeţile lui de flori, m-a dezonorat în ochii tăi, o, Shiva“, spuse Brahmā, „să tragă atunci şi ponoasele faptei sale. Când înflăcărarea lui peste măsură va atinge într-o bună zi asemenea proporţii încât va slobozi o săgeată şi asupra ta, străbătându-ţi calmul de nepătruns, fie ca o privire a ochiului tău median să-l prefacă în cenuşă.“

Într-un moment critic dintr-un capitol ulterior al romanului lumii, blestemul acesta avea să se realizeze cu adevărat, determinând noi surprize în desfăşurarea intrigii imprevizibile, dar până una, alta, rămânea doar o ameninţare cumplită. Afurisit de Creator, şi încă de faţă cu Shiva, al cărui păr reprezintă vasta întindere a eterului, el se înspăimântă de-a binelea şi, ca să poată controla situaţia, se făcu din nou vizibil. „De ce mă blestemi“, protestă el, „cu un asemenea blestem? Nu-i oare adevărat că oricine îţi urmează hotărârea divină e slobod de vinovăţie? Tot ce am făcut e ceea ce tu însuţi ai spus că este în sarcina mea. Ai arătat că tu însuţi, Vishnu şi Shiva aveţi să fiţi victime ale arcului meu; n-am făcut decât să-ţi pun la încercare vorbele. Nu mă poţi învinui pentru asta. Aşa că îmblânzeşte-ţi grozavul blestem.“

Creatorul se arătă mai clement. „Fecioara, Aurora, este fiica mea“, explică el. „Te-am blestemat fiindcă m-ai ales drept ţintă în prezenţa ei. Acum mi s-a stins mânia şi-ţi voi spune ce sfârşit va avea blestemul tău. Ochiul lui Shiva te va preface în cenuşă cu o privire fulgerătoare, dar când Shiva, arhiascetul, îşi va lua o soţie, vei căpăta alt trup.“ Brahmā dispăru din faţa tuturor privirilor. În acelaşi timp, iute ca vântul, Shiva se întoarse la locul său de meditaţie. Daksha făcu semn către splendida femeie care ieşise din sudoarea propriului său acces de emoţie şi i-o dărui tânărului Zeu al Iubirii ca să-i fie tovarăşă de viaţă. Apoi îi spuse celui dintâi soţ de pe lume numele femeii lui; numele ei era Rati, „Desfătare“.

Ca fulgerul era de luminoasă, iar ochii îi erau de gazelă sperioasă. Zeul Iubirii îi privi arcul sprâncenelor şi, într-o clipă de incertitudine, se întrebă: „Oare Creatorul mi-a aşezat arcul,

„Stârnitorul Nebuniei", deasupra ochilor ei? Apoi își dădu seama că mișcările ei erau repezi și privirile pătrunzătoare, așa încât nu-și mai socotea săgețile foarte iuți sau ascuțite. Dulceața răsuflării ei îi zdruncină credința în puterea adierilor primăvăratice de miazăzi, grele de miresme, care stârneau în inimă dorul dragostei. Și sânii ei împungeau ca doi boboci de lotuși aurii; sfârcurile lor negre erau ca două gâze negre-albăstrii atârnându-le în vârf. De la jumătatea distanței dintre ei, ivindu-se imperceptibil și alcătuind o linie subțire până la buric, se desena un fir lucios de puf delicat ce-i reaminti zeului de coarda arcului său, care era făcută dintr-un șir de insecte zumzăitoare. Picioarele ei erau la fel de netede ca lemnul suliței lui. „Cum oare!" cugetă el, „mă orbește cu propriile-mi arme?"

Ciuruit astfel chiar de tirul săgeților lui, cu simțurile ademenite, uită de blestemul grozav pe care-l aruncase Brahmā asupra lui. „Cu femeia asta ca soție", îi spuse el lui Daksha, „cu femeia aceasta a cărei înfățișare este o vrajă absolută, aș fi în stare să-l scot din minți pe Shiva însuși, acest model de netulburare, ca să nu mai vorbesc de celelalte făpturi de pe lume. Oriunde mi se va încorda arcul către o țintă, această Māyā, această «Iluzie» – numită «Femeia» sau «Răpitoarea» – își va dezvălui fața frumoasă. Și chiar dacă urc în sălașele zeilor, cobor pe pământ sau mă cufund în cele mai adânci prăpăstii ale infernului, pretutindeni și totdeauna surâsul ei blând va fi cu mine. Ea îmi va fi însoțitoare, exercitându-și autoritatea asupra tuturor creaturilor universului – întocmai cum Lakshmī, Zeița Lotusului, e nedespărțită de Vishnu și cum șarpele de aur al fulgerului e legat de ființa norului."

Zeul Iubirii o luă lângă el pe Zeiță – așa cum Vishnu a adus-o la pieptul său pe frumoasa Lakshmī după ivirea ei din apele Oceanului Cosmic. Alături de ea, el arăta ca un nor scund de seară învăpăiat de razele soarelui. Întocmai cum un yogin atrage în sine puterea cunoașterii, la fel și tânărul Zeu al Iubirii, plin de o nemărginită bucurie, a atras-o pe Rati la pieptul lui, și ea era bucuroasă de îmbrățișarea copleșitoare a iubirii lui mărețe.

Aşa se desfăşoară creaţia, conform acestui mit remarcabil: prin surprize, acte involuntare şi răsturnări subite. Creaţia lumii nu este o lucrare săvârşită, încheiată într-un anumit interval de timp (să zicem şapte zile), ci un proces ce continuă de-a lungul întregului curs al istoriei, remodelând necontenit universul şi precipitându-l în fiecare clipă iarăşi. Asemenea corpului omenesc, cosmosul e parţial construit din nou, noapte de noapte, zi de zi, el rămânând viu printr-un proces de nesfârşită regenerare. Dezvoltarea lui se face însă prin evenimente abrupte, crize, întâmplări surprinzătoare şi chiar accidente traumatizante. Totul e pe veci sortit eşecului, dar tocmai aceasta e împrejurarea ce face cu putinţă dezvoltarea miraculoasă. Marea totalitate se hurducă dintr-o criză într-alta; acesta e modul propriu de deplasare, precar şi oripilant, cu ajutorul căruia se mişcă.

Interpretarea procesului universal drept o criză continuă era respinsă de generaţia anterioară ca o viziune despre viaţă nejustificată şi pesimistă; starea treburilor lumii însă aproape impune astăzi spiritului nostru o atare concepţie. Calamitatea e circumstanţa normală, pe ea se bizuie atât lupta noastră pentru ordine, cât şi iluzia încurajatoare că există o certitudine finală. „A fost uneori un paradox, dar acum timpul aduce dovezi în acest sens." Şi totuşi nu se poate spune că mitul hinduist este pesimist. Dimpotrivă, deşi îşi prezintă seria neîntreruptă de situaţii critice şi traumatizante ca pe ceva de la sine înţeles, mitul, în felul său, e în mare măsură optimist. Brahmā, în cunoaşterea sa atotcuprinzătoare, trebuie să fi fost conştient de riscul pe care şi-l asuma când l-a încunoştiinţat pe Zeul Iubirii de puterea arcului de flori, spunându-i că era capabil să-i copleşească chiar pe Shiva, Vishnu şi pe el însuşi, Creatorul Universului. Cu toate acestea, a fost absolut sincer. Nici n-ar fi putut fi altfel, deoarece jumătăţile de măsură nu-i stăteau în fire. Adevărul este însăşi fiinţa Creatorului. Brahmā (Realitatea transcendentală şi Adevărul întrupat) a fost adevărat, prin urmare, nu numai faţă de adevăr, ci şi faţă de sine atunci când a făcut cunoscut secretul primejdios al arcului.

Dorinţa şi umilinţa se puteau repercuta asupra lui ca urmări nepremeditate ale dezvăluirii, dar posibilitatea unor atare eventualităţi nu era de ajuns ca să-l reţină; căci tot atât de nepremeditat avea să survină ceva care să-l salveze. Cu alte cuvinte, până şi în dezordinea întâmplărilor naturale există o anumită siguranţă tainică, o putere ascunsă ce produce echilibrările surprinzătoare datorită cărora până la urmă vehiculul destinului nostru izbuteşte să nu fie răsturnat sau sfărâmat. Cu toate vexaţiunile îndurate cât timp creează lumea şi o menţin recreând-o pururi reînnoită, forţele divine rămân mereu fidele naturii lor esenţiale. Iată de ce ele nu sunt niciodată frustrate finalmente de către violenţa teribilă, inoportună şi sufocantă a evenimentelor.

Aşa cum sunt personificate în divinităţile miturilor indiene care le fac vizibil modul de acţiune, puterile ce modelează lumea sunt reprezentate ca bizuindu-se pe propria lor inteligenţă şi ca ştiind să piardă când le vine sorocul, totdeauna încredinţate că elementul neprevăzut, ce pare a le pune pentru moment în încurcătură, le va veni în ajutor curând şi va înclina balanţa în favoarea lor. Dar deşi în cele din urmă ele urmează a fi salvate, deocamdată sunt supuse celor mai grele încercări şi împovărate cu misiuni înfiorător de dificile, silite fiind să suporte cele mai surprinzătoare revelaţii despre ele însele şi chiar să treacă prin dislocarea personalităţii lor îndrăgite şi prin sacrificarea trupurilor lor vizibile sau, dacă nu, sunt obligate să îndeplinească sarcini neobişnuite până atunci pentru ele, ba chiar unele în dezacord cu rolul lor universal. Lui Brahmā bunăoară i se cere să realizeze şi să admită că nu este în exclusivitate ceea ce-şi imagina el însuşi a fi, şi anume o intuiţie divină şi universală, de limpezimea cristalului, o forţă vizionară pur spirituală şi o înţelegere atotcuprinzătoare. De fapt, puterea în temeiul căreia el plăsmuieşte lumea şi care îşi află proiecţia din el este exact contrariul. Ea se revelează pe neaşteptate ca fiind farmecul orbitor al sexului, libidoul întrupat în forma seducătoare a Femeii. Brahmā devine astfel conştient de propria-i capitulare profundă şi fără condiţii în faţa forţei oarbe ce propagă existenţa şi ridiculizează spiritul pur cufundat în meditaţie netulburată. Zeul acceptă această revelaţie, faptul acesta surprinzător referitor la natura propriei sale fiinţe, această parte a sa, neprevăzută, care se iveşte din adâncul său. El se împacă cu Zeul Iubirii. Şi, cu toate că acea divinitate urmează a fi şi ea supusă unor consecinţe chinuitoare, chiar şi morţii – deşi credea că este integral viaţă –, Zeul Iubirii, ca şi Brahmā însuşi, urmează a fi restaurat.

Interdependenţele ironice ale puterilor şi surprinzătoarele paradoxuri ale efectelor lor asupra celorlalţi ca şi asupra lor însele îşi găsesc o expresie vie în aventura imediat următoare a poveştii. Deşi împăcat cu Zeul Iubirii, Brahmā simte încă arsura înţepăturii pe care i-a produs-o inflexibilitatea lui Shiva. Brahmā se făcuse nevăzut, dar şi aşa, rana spirituală încă nu i se închisese. „De faţă cu cei sfinţi, cu fiii mei, Shiva m-a umilit socotindu-mă plin de dorinţa după femeie", cugetă Brahmā. „Dar este oare Shiva însuşi cu adevărat mai presus de o atare dorinţă, încât să fie cu neputinţă a crea o femeie care să-l mişte? Ce icoană feminină îi păstrează în adâncurile lui spiritul – acea femeie care să-l înveţe dispreţul pentru yoga sa, care să-l tulbure şi să-i devină mireasă? Cine o fi ea, dacă nici Zeul Iubirii nu-i poate zdruncina echilibrul? Cuvântul «femeie» e incompatibil cu yoga sa nemăsurată şi totuşi cum oare îşi poate lumea continua dezvoltarea, cum se poate ea împlini şi îndrepta către distrugerea pe care nimeni altul decât Shiva nu o poate face să se petreacă, dacă nu-şi ia el însuşi o soţie? Unii dintre cei mari de pe pământ urmează a fi ucişi de mâna mea, alţii de puterile lui Vishnu, mulţi însă de acţiunea lui Shiva. Dacă ar rămâne departe şi liber de orice pasiune, el ar fi inapt pentru orice altă lucrare în afară de yoga lui."

Cugetând astfel, Brahmā privi din înaltul său către pământ, unde încă se mai aflau Daksha şi ceilalţi şi unde-l zări şi pe tânărul Zeu al Iubirii, unit în bucurie cu Rati cea frumoasă şi fericită. Brahmā coborî în sfera inferioară, se făcu iarăşi vizibil, se îndreptă spre perechea împătimită şi i se adresă prevenitor zeului.

„Cum mai străluceşti, unit cu soaţa ta, şi cum străluceşte şi ea împreună cu tine! Ca luna şi noaptea, ca noaptea şi luna este unirea voastră luminoasă. Mărit prin această unire, tu ai să fii steagul tuturor lumilor şi al tuturor fiinţelor. Aşa că, pentru binele întregului univers, du-te acum la Shiva şi fă-l nebun de dorinţă, pentru ca astfel să-şi poată lua o soţie şi să-şi găsească fericirea într-însa. Du-te şi descumpăneşte-l, scoate-l din minţi, în pustietatea înverzită, printre piscurile şi cascadele munţilor unde trăieşte în singurătate. Nimeni altul decât tine nu o poate face. Renunţând la femei, el şi-a câştigat autocontrolul desăvârşit. Dar dacă i s-ar trezi vreodată înclinaţia de a iubi, el i-ar îngădui să crească, şi atunci ar lua sfârşit şi blestemul care te apasă."

Zeul Iubirii îi răspunse: „Cum porunceşti! O să mă duc la Shiva şi dorinţa o să-l tulbure. Arma principală însă e femeia; creează-mi o femeie care să poată stârni interesul lui Shiva de îndată ce i-l trezesc. Deşi pot stârni în zeu un dor nebun, nu văd nicăieri o femeie atât de răpitoare, încât să desăvârşească vraja. Zămisleşte-o pe cea de care avem nevoie."

Atunci, gândind în sinea lui: „O voi crea pe cea seducătoare", patriarhul Cosmosului, Brahmā, recăzu în lăuntrul său şi se cufundă într-o nouă stare de extaz productiv. Dar nu o zeiţă, ci un tânăr se închegă din suflarea ce i se revărsă prin nări – tânărul numit „Primăvară", însoţit de un vânt încărcat de flori. Zumzăiau albine-n jurul lui. Era împodobit cu mlădiţe de mango şi boboci de lotus. Era măreţ. Chipul îi era strălucitor ca luna, părul negru-albăstrui ca noaptea, ţinută somptuoasă şi puternică, mâinile neiertătoare. Şi-n clipa în care întruchiparea lui ţâşni în lumină, ca o inflorescenţă, vânturi înmiresmate suflară-n toate zările, toţi arborii înfloriră, iazurile şi lacurile se îmbrăcară-n lotuşi, iar păsările prinseră a cânta.

Brahmā, dându-şi seama de noua prezenţă, îl privi cu bunăvoinţă şi se adresă prietenos fiului său mai mare, Zeul

Iubirii. „El îți va fi de-a pururi prieten și însoțitor și, ca și tine, va aduce lumea într-o stare pătimașă. Cu el vor merge încă doi, Vântul de Miazăzi, încărcat de miresme, și Cheful de Dragoste. Cu Rati au să meargă toate Gesturile de Iubire, Răceala Provocatoare, Ispita fără Voie și celelalte, toate fiind la ordinele tale. Cu această mică oaste îl vei înfrânge pe Marele Zeu și prin această victorie vei prilejui creația necurmată a lumii. Du-te unde ți-e voia. Și între timp, eu mă voi scufunda încă o dată și-o voi aduce la viață pe femeia menită să desăvârșească lucrarea vrăjii tale."

După ce ascultă vorbirea celui mai vârstnic dintre zei, Zeul Iubirii, împreună cu mica lui oștire de ajutoare, se înclină respectuos și porni în căutarea lui Shiva; dar Brahmā oarecum îngrijorat, ținu sfat cu Daksha și ceilalți „Stăpâni ai Creaturilor" și cu cei zece fii născuți din cugetul său. „Cine ar putea fi", întrebă el, „viitoarea consoartă a lui Shiva? Ce femeie l-ar putea oare momi din adâncurile concentrării sale?" Căzu apoi pe gânduri și după un timp hotărî: „Aurora! Doar ea! Aurora! Māyā: Iluzia Cosmică a lui Vishnu însuși, care mă susține atât pe mine, cât și universul! Ea este principiul mișcător al lumii. Ea e singura care-l poate ademeni. Ea poate tulbura și cea mai adâncă viziune yogică. Ea e născătoarea atotființării. Daksha, trebuie să te duci și, cu ofrande și daruri potrivite, să o convingi pe Mama Universală să consimtă mai întâi să se nască în chip de fiică a ta, iar apoi să devină soția lui Shiva."

Daksha recunoscu înțelepciunea hotărârii și fu gata să-și joace rolul. Se duse pe țărmul opus al Oceanului Divin de Lapte, marea cea nesfârșită și nemuritoare a fericirii lui Vishnu – apa veșnică pe care zeul suprem, Vishnu, doarme și visează visul lumii. Și acolo se pregăti să-i aducă ofrande zeiței ce reprezintă esența și substanța visului lui Vishnu. Mai întâi își fixă imaginea ei în minte și-n inimă. Apoi se consacră unei perioade de aspră și îndelungată asceză, în scopul de a genera și concentra căldura spirituală ce i-ar da putința să însuflețească imaginea și să o poată vedea pe zeiță în carne și oase. Vreme de treizeci și șase de mii de ani, și încă trei mii de ani pe deasupra, el a rămas acolo, într-o concentrare prodigioasă, absolut unidirecționată, acumulând căldură în jurul viziunii zeiței și înăuntrul ei, dar propriul trup hrănindu-și-l între timp numai cu apă, frunze și aer. Complet abstras, a străbătut astfel lungile milenii din primii evi miraculoși ai zorilor lumii.

În acest mit, elementul neașteptat constituie principiul formativ al intrigii.

Creatorul, al cărui spirit este de fapt o mare cristalină de contemplație (o oglindă divină, perfect imobilă, cu suprafața netulburată nici de cea mai măruntă suflare a unui impuls creatural), devine brusc un vârtej de dorință. Toate modurile de simțire izvorăsc deodată din el – simultan cu expresiile lor fizice obligatorii de la suprafața corpului, întregind plinătatea lumii pe care o creează —, dar într-un chip pe care el nu l-a prevăzut. Ele provoacă șocul ce pune în mișcare teribila poveste a creației sale involuntare.

În aparență nu Brahmā, ci un chipeș și uimitor stăpân tânăr al oarbei porniri pătimașe – Zeul Iubirii, produs al lui Brahmā, dar nu mai puțin surprinzător și pentru el, își exercită autoritatea asupra tuturor ființelor, chiar și asupra Ființei Supreme din care provine. Poate fiindcă el e întruparea energiei productive a acelei ființe? Oare el reprezenta puterea tainic activă în ele mereu, în timp ce Creatorul, potrivit planului etern, dădea naștere lumii ca oglindire a conținuturilor propriului său interior?[1] Dar atunci de ce a apărut tânărul ca un adversar? Pur și simplu – așa cum Brahmā însuși înțelege numaidecât – pentru a determina, prin interacțiunea sexelor, continuarea creației lumii?

Zeul Iubirii n-ar fi avut nici o putere (de fapt, n-ar fi ieșit niciodată la iveală), dacă n-ar fi existat femeia divină ce-l precedase – Aurora, prima înflorire a zilei universale. Ea a fost începutul Creației Involuntare. Ea a fost cea dintâi surpriză.

---

1. [Kāma, Zeul Iubirii, e numit „primul născut“ din semințele lumii: *Rigveda*, 10, 129, 4. – AKC]

Atunci nu ea este oare, iar nu tânărul, forma vizibilă a energiei productive a Zeului, puterea pe care o slujeşte, puterea care-l susţine în lucrarea sa de creaţie? Seducătoare scânteind felurit îmbietor, ea e puterea primordială a existenţei, mama oblăduitoare a lumii, din care toate s-au născut. Ajunge să o vadă, şi Brahmā îşi abandonează automat postura yoga, iese din netulburarea sa concentrată, se ridică febril în picioare şi, autointerogativ, caută explicaţia enigmei lăuntrice. Căci unde oare altundeva ar putea-o găsi, de nu în cleştarul propriului său abis crepuscular? Răspunsul pe care-l primeşte e Zeul Iubirii, ispita pusă în slujba formei feminine, dorinţa oarbă ce împleteşte toate fiinţele în pânza ei subtilă:

A quell' amor che è palpito
Dell' universo intero,
Misterioso, altero,
Croce e delizia al cor[1].

După cât se pare, pasiunea nebunească nelimitată constituie manifestarea elementară a singurului mod posibil de relaţie cu forma femeiască divină.

Geniul protuberant al Înţelepciunii Creatoare s-a aventurat astfel doar o clipă dincolo de hotarele propriei sale imagini statornicite, că s-a şi pomenit confruntat cu contrariul – impulsul nesăbuit sub vraja frumoasei imagini a feminităţii – neintenţionalul incorigibil, farmecul spontan, fascinaţia fascinată de miracolul propriei naturi şi de inevitabilitatea propriei atracţii, fascinându-i pe rând şi pe toţi cei care concep şi dau naştere. Şi acest impuls acţionează contrar planurilor Creatorului pentru lume, asemenea unei suveici de-a curmezişul firelor întinse de pe un război. Dar numai aşa vor fi ţesute sub forma unei pânze firele. Zigzagul zburător furnizează materialul şi proiectul. Circulând neîncetat de-a curmezişul spiritului generator de proiecte, lumea este ţesută într-un

1. *La Traviata*, I, 5. [„Iubirea care-i pulsul / cosmosului întreg, / misterioasă, măreaţă / chin şi desfătare inimii" – *n. trad.*]

chip surprinzător. Împletirea celor două elemente ireconciliabile va constitui urzeala și bătătura de bază ale tapiseriei tuturor evenimentelor[1].

Cursul lumii se desfășoară anapoda, și totuși ea merge direct la țintă. Catastrofa neprevăzutului întrerupe propășirea lumii, și momentul în care catastrofa a ajuns să se petreacă pare a fi fost avut în vedere tot timpul. Căci ea este creativă într-un mod mai profund decât și-o închipuie spiritul creativ planificator. Ea transformă situația, impune o modificare spiritului creativ și-l aruncă într-un joc care-l proiectează dincolo de sine, îl proiectează cu alte cuvinte, realmente, în joc, și încă într-un joc ce antrenează totalitatea creației. Planificatorul, supraveghetorul, e silit să devină răbdătorul, pacientul. O atare metamorfoză în contrariu, în absolut altul, este ceea ce realizează nodurile care structurează năvodul totalității vii și prinde în țesătura ei individualul viu.

1. În aparență, Brahmā Creatorul nu-și cunoaște profunzimile propriei sale ființe. El nu manifestă nici naiva siguranță de sine a Creatorului lumii din *Vechiul Testament*, care desparte, în cea mai netulburată ordine, lumina de întuneric, uscatul de ape, iar apoi produce într-o cuvenită progresie vegetația și animalele: întâi, peștii și păsările, apoi hipopotamii, girafele și alte patrupede, iar la urmă, ca o slavă apoteotică, pe om în grădina sa. În cea de a șaptea zi, Iehova declară: *Plaudite amici, comoedia finita*, și se relaxează foarte mulțumit de lucrarea sa, ca să descopere însă, destul de curând, că *incipit tragoedia*, că totul merge rău. Adam se plictisește de unul singur în Paradis, iar Eva se plictisește cu Adam în Grădina Raiului; doar Șarpele mai dezmorțește nițel atmosfera. Câte însă din toate acestea fuseseră intenționate? Doi pomi și, firește, cuplul tocmai fructul celui rău îl culege. Lucrurile merg din rău în mai rău; Dumnezeu Însuși își distruge Raiul, și supărarea Lui e nețărmurită, temperată doar de o îndepărtată făgăduință eshatologică – partea argintie a unui nor cumplit. Apoi, El se retrage înciudat, reapărând însă brusc în creația Sa, cu alte izbucniri de furie, ori de câte ori ea își mai dezvăluie câte o greșeală a imperfecțiunii ei inerente. Ce mit grotesc, într-adevăr! Plin de interes omenesc, dar lipsit de orice concordanță sau legătură cu orice altceva. Asemenea discrepanțe îl costă până la urmă respectul unui cerc extrabisericesc considerabil și în rapidă expansiune. Dar în mitul hindus lucrurile stau cu totul altfel – mult mai consecvent.

Elementul alogen din rândul puterilor – deja întrupat prin Brahmā şi activ în mod creator în el, dar rămânând şi lucrând într-o umbră adâncă, nebănuit şi evitat – izbucneşte brusc, nedorit, în sfera operaţiilor calculate, pentru a lua în stăpânire scena. Dar răspunsul lui Brahmā – Înţelepciunea – dat acestei forţe îmbătătoare, ce ameninţă să-l copleşească cu orbire năucitoare, se dovedeşte măreţ. Înţelepciunea are de partea sa toată puterea cunoaşterii. Înţelepciunea face cunoscut impulsului ce anume este el şi exact ce poate face, deoarece în această privinţă impulsul e neputincios. El nu ştie nimic despre sine, în fapt nu e încă el însuşi, nu e nimic altceva decât un impuls către propria împlinire de sine. Şi ar fi incapabil să perceapă şi să realizeze acest potenţial dacă nu i-ar fi indicat şi dacă nu i-ar fi hărăzit un nume care să-i circumscrie puterea, un nume care să-i iniţieze astfel puterea, numele sub care să poată fi convocat şi onorat, invocat şi implorat. Înţelepciunea lui Brahmā îi atribuie un nume Zeului Iubirii, îi aduce la cunoştinţă cu sinceritate ce anume trebuie să facă pentru a deveni activ din străfundurile fiinţei lui, şi nu se ascunde, nici prin cea mai măruntă denaturare, de acţiunea acestei naşteri surprinzătoare. Frica, aşa cum e ea resimţită de orice creatură, îi e necunoscută înţelepciunii lui Brahmā. Nici o apărare nu se ridică împotriva vrăjii şi cufundării nefericite în vlăguiala voluptuoasă ce-l pândeşte atât pe el, cât şi întreaga lui creaţie. Discursul lui Brahmā nu-l amăgeşte pe celălalt şi nici nu-şi impune lui însuşi restricţii, deoarece cunoaşterea pură e intrinsec neînfricată. Ea e o flacără albă de lumină, o limbă de foc netulburată arzând într-un calm perfect, neînfiorată de nici o suflare de vânt. Înţelepciunea este lumina care se luminează singură şi revarsă lumină de jur-împrejur în întunericul ce se îndeseşte. Frica de adevărul produs şi iradiat de el însuşi e incompatibilă cu caracterul fundamental al lui Brahmā, întocmai cum mila e incompatibilă cu natura geniului dorinţei înarmat cu arc şi pe care numai frica îl poate împiedica să-şi lanseze săgeţile împotriva Fiinţei Supreme. Brahmā vesteşte întregul adevăr şi nu poate face nimic pentru a-i stăvili împlinirea asupra lui însuşi și lumii sale. El e în măsură să ridice în slăvi însăși forța care urmează să-i pună sub semnul întrebării propriul caracter și să i-l amenințe cu anihilarea. E chiar în măsură să facă această forță conștientă de sine prin virtutea cuvintelor sale neamăgitoare, în loc să o limiteze printr-o poruncă. Și tocmai acesta e semnul măreției lui Brahmā Creatorul.

În această situație mitologică, cele două principii antagoniste, Înțelepciunea și Dorința, se confruntă în simplitatea deplină a inumanității lor elementare, netransformate încă în personaje literare, amestecate cu trăsături divine și motive omenești, precum Zeus și Afrodita în sistemul grecesc, Wotan și Freya în cel germanic. Fiecare potență se află aici țintuită în sine, izolarea în propria natură furnizându-i atât motivația necondiționată, cât și propriul set de limitări restrictive. Asemenea stihiilor primitive, ele sunt departe de toate criteriile bunului-simț, ale avantajului politic și interesului împărțit, care guvernează conduita creaturilor compuse din aceste două principii și în care energiile în stare pură ajung să se exprime numai conflictual.

Brahmā, Creatorul, scoate lumea materiei din el însuși, prin mijloace spirituale, plonjând în propria-i adâncime într-o stare de meditație yogică, dar nu poate controla sau determina aparițiile pe care le produce astfel. Ele îl surprind, îl șochează și-l descumpănesc. Cu toate acestea le face față și-și ține firea în opoziție cu ele, sondându-le în chip dezinteresat adâncurile, căci, la urma urmelor, aparițiile acelea sunt producțiile propriei lui substanțe, oricât de antagonice și de străine ar putea părea – femeia ce stă înaintea lui ca o seducție veșnică întru zămislirea și dezvăluirea continuă a lumii, și Zeul Iubirii, care reprezintă întruparea fascinației ei. Cele două figuri își trezesc propria succesiune de efecte – o mulțime sălbatică de sentimente și agitații, împreună cu toate expresiile concomitente ale fizionomiei, impulsurile de gesticulații și formele de etalare carnală spontană[1]. Poate că Brahmā crezuse că lumea era

---

1. Yoga lui Brahmā este forma spirituală clarificată a aceleiași aspirații care, în sferele mai dense, mai posomorâte ale lumii naturale, își

completă fără aceste prezențe, dar el nu ar fi fost spiritualitate pură și dezinteresată, claritate atotstrăbătătoare, dacă nu le-ar fi înțeles numaidecât semnificația în continuarea jocului cosmic și dacă nu le-ar fi făcut conștiente de natura, câmpurile lor de acțiune și legile ființei. El e capabil să recunoască în totalitate (fie ea și alcătuită din discordanțe, al căror temei creativ primordial este însă, fără să știe, el însuși și pe care tot el, fără să vrea, le-a produs) o plenitudine de elemente bogat semnificative în contraacțiunile lor mutuale și menite inevitabil să traseze cursul lumii.

Această creație involuntară se deschide nestânjenit în direcția viitorului. Ea nu există ca o constelație de fapte, dispusă pentru totdeauna potrivit unor legi interioare definitive. Ea trăiește pe seama propriilor sale autosurprize. Căci Creația este un proces perpetuu care țese permanența universului, însoțind acțiunea lumii de la început până la sfârșit, făcând-o să înainteze cu ajutorul unor începuturi pururi noi. Creația și Păstrarea nu sunt, așadar, două faze distincte ale biografiei lumii, scrisă fiecare în stilul ei caracteristic. Efortul de plăsmuire de la început, surpriza ce-i taie calea în chip abrupt și înțelegerea dătătoare de sens ce reintroduce imprevizibilul în scenariu atribuindu-i locul cuvenit, iată elementele care intră în desfășurarea întregii continuități a cursului cosmic, „permanența“ cosmică deci, care înseamnă „creație perpetuă“. Fiecare pereche lovită de săgețile Zeului Iubirii reînnoiește „creația perpetuă a lumii“, acesta e motivul pentru care sentimentele îndrăgostiților, uneori, sunt atât de solemne, fierbinți și teribil de grave. Începutul perpetuu pulsează de-a lungul derulării progresive a întregului curs.

Dar, pe de altă parte, întregul curs este deja prezent în început: femeia divină și Zeul Iubirii sunt, din capul locului,

---

caută năvalnic expresia prin impulsurile generative ale animalelor și ale plantelor. Puterea vitală ce pune în mișcare toate lucrurile e una, fie aici în fericirea îndrăgostiților copleșiți de dorință, fie acolo, în viziunea cristalină a sfântului și a înțeleptului.

impalpabil vii în adâncul lui Brahmā. Ei sunt de fapt puterea lui creativă și i se arată în chip tangibil, tulburându-i repausul cufundării în sine numai când sunt proiectați întru formă din cleștarul lacului cosmic al yogăi sale. Totul există acolo jos dintotdeauna, lucrurile nu fac decât să devină vizibile, să-și asume și să-și schimbe formele. Ceea ce repauzase înlăuntrul lui Dumnezeu asemeni unui vis, închis în sine și atotînglobat, se ivește, îmbracă forme și se confruntă în chipuri diferite, producând efecte chiar asupra sa.

Fascinația Zeului Iubirii e împrăștiată de către Shiva cu un hohot de râs. Râsul marelui necapturat zdruncină tăcerea dilatată a puterilor cosmogeneratoare prinse în impulsul lor de a zămisli. Shiva reprezintă absorbirea în sine însuși a conducătorului transcendental, dincolo de orice evenimente și de orice posibilitate de eveniment. Întorcând spatele lumii, el meditează asupra sublimității sale; ca plenitudine a increatului, care e Vidul primordial, el privește încremenit infinitatea imobilă și, asemenea unei stânci, zace în contemplarea mării lăuntrice de nemișcare absolută. Se scutură de ea o singură clipă, atunci când puterile creative în avântul lor se lasă prinse stângaci într-un moment de presiuni excesive și, după ce pune lucrurile în ordine, se retrage din nou.

Ceea ce e cu adevărat admirabil în legătură cu puterea lui Brahmā e faptul că el poate desluși semnificația infinită a fiecăreia dintre formele și evenimentele ce ies la suprafață ca spuma din adâncul lui – Zeul Iubirii și asaltul lui, mulțimea simțirilor ce-l copleșesc și-l despoaie de măreție; el știe cum să valorizeze până și disprețul și mustrarea lui Shiva. Dar tot el înțelege și că amețeala ce-l cuprinde pe el trebuie să-l atingă și pe marele Solitar, pentru ca nu cumva să stagneze „creația perpetuă". Își dă seama că cea mai înaltă misiune și funcție a Zeului Iubirii e de a-l implica pe Shiva, cel splendid izolat, în hora universală, în dansul nebunesc ce biruie totul și-și țese pașii pe seama fiecărui zeu și-a fiecărei făpturi. Constată că e ușor să o atragă pe divinitatea cu săgețile de partea scopului său măreț; tânărul Zeu al Iubirii s-ar fi dus de bunăvoie, atât era de îmbătat de posesia pătimaşei lui zeiţe, Dorinţa. Unde însă – şi asta e acum cea mai importantă problemă a lui Brahmā – unde anume să găsească femeia capabilă să absoarbă şi să perpetueze dorinţa fierbinte a lui Shiva, odată trezită?

II. CĂSĂTORIA INVOLUNTARĂ

Vechea poveste spune mai departe că în timp ce Daksha şedea meditând încordat în munţii de pe celălalt ţărm al Oceanului de Lapte, strălucitor de căldură interioară şi hrănindu-se numai cu apă, frunze şi aer, puternicul Brahmā se duse şi el pe muntele sfânt Mandara, angajându-se şi el în teribila încercare a meditaţiei unidirecţionate şi, vreme de treizeci şi şase de mii de ani, rămase într-o stare de atenţie perfect concentrată, proslăvind-o cu rostiri puternice pe Mama nutritoare a Lumii. A invocat-o ca pe cea a cărei fiinţă esenţială e atât iluminare ce izbăveşte viaţa şi transcende lumea, cât şi ignoranţă a suferinţei vitale şi a seducţiei lumii aflată în fiecare creatură, Regina care nu vrea să audă de odihnă şi totuşi rămâne nemişcată în vecii vecilor, Doamna al cărei trup este atât tangibilitatea lumii, cât şi materialul subtil suprasensibil al cerurilor şi infernurilor. A numit-o „Veşnica Beţie Divină a Visului", adică stupoarea cosmică din care se trage materia întregii lumi vii, ca şi materia onirică a existenţei somnolente şi săvârşite, Vishnu; şi a mai numit-o: „Tot ce se odihneşte dincolo de Tărâmul-hărăzit-cu-formă al Vieţii". „Tu eşti spirit primordial", se ruga el, „a cărui natură e fericirea; tu eşti natura supremă şi lumina limpede a cerului, care iluminează şi risipeşte autohipnoza horei teribile a renaşterii, şi tu eşti cea care înăbuşi universul, pentru totdeauna, în propria ta întunecime absolută." Astfel a adus el laude farmecului Māyei – iluzia universală ce acţionează în toate creaturile, întemniţându-le în trupul lor şi legându-le prin cătuşele naşterii şi morţii de roata agoniei şi desfătării – vraja care săvârşeşte „creaţia perpetuă" a lumii.

Raza cunoştinţei care risipeşte farmecul Māyei e ştiută numai de ochiul spiritual al iniţiatului, şi chiar de către acesta numai în cele mai rare şi mai extraordinare momente ale vieţii sale. Fulgerarea ei îl transportă în slavă şi de unul singur în sferele cristaline, în timp ce lumea continuă să se agite în robia generală a transei ce înglobează toate domeniile spaţiului şi toate creaturile lumii, ca lume şi populaţie ale unui vis. Această forţă onirică – această stupoare cosmică, veşnica beţie divină a visului organismului universal – inundând tot şi toate, pricinuieşte desfăşurarea cosmosului, ca şi perpetuarea şi, în cele din urmă, sfârşitul lui. Aceasta este, în fapt, puterea ce acţionează în Trinitate – Brahmā, Vishnu şi Shiva, căci atât orice opoziţie, cât şi orice identitate îşi au originea în Māyā. Marea Māyā este înţelepciune şi augmentare, stabilitate şi disponibilitate de ajutorare, compasiune şi seninătate. Regină a Lumii, ea trăieşte în orice nuanţă de simţire şi percepţie; simţirile şi percepţiile sunt înfăţişări ale ei. Şi natura ei poate fi sesizată numai de către acela care a înţeles că ea reprezintă unitatea contrariilor. Regina produce hora amăgirii muritoare; dar aceeaşi putere deschide şi calea eliberării. Ea e înţelepciune şi ignoranţă în acelaşi timp – iluminare de sine într-o luminozitate intrinsecă. Şi toate femeile sunt manifestările ei, dar mai ales cele două mari zeiţe, Lakshm^, consoarta lui Vishnu şi stăpâna sorţii, şi Sāvitrī, zeiţa cuvintelor strălucite ale înţelepciunii revelaţiei şi tradiţiei divine – cea din urmă fiind soţia lui Brahmā. După ce Brahmā, singur şi înălţându-i rugăciunea, îşi vădi devoţiunea vreme de un întreg veac de ani cereşti (fiecare an ceresc însemnând trei sute şaizeci de ani după calculul omenesc), nelăsându-şi nici o clipă cugetul să şovăie în dificila meditaţie asupra naturii marii Māyā care-l învăluie pe Vishnu în stupoarea somnului şi trăieşte în văzul lui Vishnu ca vis al lumii, zeiţa îi apăru în sfârşit sub formă trupească, oacheşă şi zveltă, cu părul despletit şi stând pe spinarea leului ei roşcat. El o salută. Şi Kālī, „Cea neagră“, i se adresă cu glasul unui nor purtător de tunet: „De ce m-ai chemat? Adu-mi la cunoştinţă dorinţa ta. Chiar dacă ar fi irealizabilă, aparenţa mea îi poate chezăşui împlinirea.“

Brahmā spuse: „Stăpânul Universului, Stăpânul Spiritelor, Shiva, rămâne un singuratic. Într-însul nu-i nici o dorinţă de a avea o soţie. O, ademeneşte-l, rogu-te, aşa încât să poată fi îndemnat să-şi ia o femeie. Nu există nici o femeie capabilă să-i captiveze intelectul echilibrat, fără numai tu. Aşa cum sub forma Lakshmˆ-ei tu eşti bucuria lui Vishnu, fă în aşa fel încât, pentru izbăvirea universului, să-l încânţi acum pe Shiva. Dacă nu-şi va lua o soţie, cum oare îşi va continua creaţia lumii cursul? El, nepătimaşul, e cauza începutului, mijlocului şi sfârşitului ei. Puterea lui Vishnu nu e de ajuns ca să-l implice. Nici Lakshmˆ, nici Zeul Iubirii şi cu mine, împreună, nu-l putem atrage în joc. Prin urmare, binevoieşte tu, o, Mamă a Universului, să-l vrăjeşti. Şi aşa cum eşti iubita lui Vishnu, adu-l şi pe Shiva în robia ta."

Şi Kālī cea puternică prin magie îşi rosti răspunsul: „E adevărat ce spui. Sunt singura femeie ce poate tulbura acest model neîntrecut de pace, deşi nici mie nu-mi va fi uşor. Dar aşa cum Vishnu face cu mine ce vrea şi e în puterea mea, la fel se va întâmpla şi cu Shiva. Sub înfăţişarea unei femei frumoase, în chipul fiicei lui Daksha, mă voi duce la el şi voi face să fie al meu. Prin urmare zeii mă vor numi – pe mine care sunt Māyā şi beţia de vis a lui Vishnu, şi care de acum înainte am să devin mireasa lui Shiva – «Femeia Modelului Neîntrecut al Păcii». Întocmai cum îl prind în cursa vieţii pe pruncul nou-născut încă de la cea dintâi răsuflare a lui, aşa îl voi supune şi pe acest Zeu al zeilor. Şi aşa cum fiii pământului sunt sensibili la farmecul frumuseţii femeieşti, la fel se va întâmpla şi cu el. Căci atunci când, în meditaţia sa, el îşi sparge cel mai lăuntric sâmbure al inimii, mă va găsi acolo topită într-însa pe mine, care mă supun tuturor fiinţelor şi lumilor, şi, vrăjit, mă va aduce apoi la sine."

Se făcu nevăzută ochilor străbătători ai lui Brahmā care se consideră ajuns la capătul strădaniei sale. Încântat la culme, purcese către Zeul Iubirii, care încă îşi mai desfăşura îndelungata campanie în jurul lui Shiva şi-l informă că Divina Beţie a Visului Yogic era acum pregătită să fascineze obiectivul inexpugnabil. Zeul Iubirii vru să știe însă ce fel de ființă era noul lor aliat și întrebă în ce fel avea ea să ducă la bun sfârșit sarcina aceasta imposibilă. Atunci Brahmā se simți brusc descurajat. „Vai!“ oftă el din adâncul rărunchilor, „pesemne nimic nu-l poate mișca pe Shiva.“

Suflul suspinului lui Brahmā se condensă sub forma unei trupe de figuri înspăimântătoare, cu capete de elefanți și de cai, cu fălci de leu și de tigru. Altele aveau fețe de câini și pisici, capete sau boturi de măgari, chipuri de broaște și ciocuri de papagal. Uriașe și pitice, uscățive și pântecoase, cu multe membre și fără picioare, s-au înfățișat, cu fețe de vacă și forme de șarpe – toate plăsmuirile existenței animale, vădind cele mai nestăvilite încrucișări de forme și mădulare: cu mai mulți ochi și fără ochi, trupuri omenești cu fălci de crocodil, miriapode și aviforme, o viitură supraabundentă de vitalitate oarbă, monstruoasă și sfidătoare în fecunditatea ei imprevizibilă. Bătând tobe, agitând tot soiul de arme, aceste oști, a căror forță stătea în divina beție a visului, urlau: „Ucideți! Luptați!“

Brahmā vru să le vorbească, dar Zeul Iubirii îl asaltă cu o suită de întrebări: „La ce sunt buni toți aceștia? Ce nume or fi având? Ce le poți da de făcut înăuntrul creației?“ Brahmā răspunse: „De vreme ce urlă «Ucideți!» când nici nu s-au născut bine, se vor numi «Ucigașii», «Aducătorii Morții», și ei vor ucide ființele ce nu le arată respectul care li se cuvine. Să se alăture și ei trupei tale. Ei le vor lua mințile celor care cad victime săgeților tale. Și, mai mult, îi vor împiedica pe cei care caută iluminarea izbăvitoare, barând calea cea anevoioasă. Tu ești conducătorul lor. Cine le va măsura forța? Ei nu au nici soții, nici odrasle; lipsiți de dragoste, ei s-au lepădat de viață.“[1]

---

1. Aceasta e armata cu care Zeul Iubirii și al Morții (Kāma-Māra) a pornit împotriva lui Buddha (*cf.* pp. 80-81, *supra*). Acest ispititor și soția sa regină, „Desfătarea“, corespund Stăpânului și Stăpânei care l-au pus la încercare pe Sir Gawain. După cum spune Brahmā, chiar Zeii Supremi ai Creației (Brahmā, Vishnu, Shiva), ca să nu mai vorbim despre celelalte făpturi ale universului, sunt lipsiți de apărare împotriva

Brahmā prinse apoi să-i descrie Zeului Iubirii puterea miraculoasă a Vrăjitoarei Visului Universal, care își exercită dominația asupra lui Vishnu în calitate de Māyā a sa, cum anume ia sub autoritatea ei pe fiecare creatură de îndată ce aceasta iese din pântecele maicii sale, făcând-o să plângă după hrană și să se zbată de lăcomie și furie, cum o îmboldește apoi către dragoste, așa încât să se simtă zi și noapte zădărnicită de dorință și roasă de neîncredere, torturată de neliniște și voluptate. „Nenumărate îi sunt amăgirile. Toate formele sunt plămădite de ea. Pe Vishnu, susținătorul lumii, îl ademenește tot cu vorbe dulci și ispitește toate ființele, atrăgându-le în cursa întruchipărilor înșelătoare ale femininului. Se pregătește acum să-l seducă pe Shiva. Așa că dă-i zor împreună cu soția ta, Dorința, și cu minunata zeiță Primăvara, și cu toate oștirile tale, înduplecă-l s-o ceară pe zeiță de soție. Vom putea spune atunci că am biruit, și idila creației va continua fără întrerupere."

Zeul Iubirii mărturisi că strădaniile cu care îi dăduse târcoale lui Shiva rămăseseră, până atunci, fără nici un rezultat. Voluptățile Primăverii, cu toate grațioasele cupluri de îndrăgostiți care-și desfășuraseră gingașele hârjoane și bucuriile extatice sub ochii meditativului solitar – perechi ceresc transfigurate în îmbrățișări veșnice, gazele, păuni în dansul aprins de iubire – nu izbutiseră câtuși de puțin să scapere într-însul nici cea mai slabă scânteiere. Dominându-și simțurile, el rezista, orb la încântătoarea lor nebunie. „N-am putut descoperi niciodată în el vreo despicătură sau vreo eroare prin care să-mi trimit săgețile drept la țintă. Vorbele tale mă încurajează însă. Tot ce nu pot făptui oștile astea de diavoli aducători de moarte, amăgirea visului cosmic va fi cu siguranță în stare

zeului principal al creației perpetue. Ținându-le piept, Buddha (inițiatul suprem) a depășit nu numai creația, ci și pe Zeii Supremi ai Creației, și a dobândit izbăvirea de hora cea veșnică. E posibil ca incidentul celebrat al „Ispitirii lui Buddha" să fi fost influențat de mitul de față, aproape uitat. Marele arhetip vedic este conflictul zeului Indra cu titanul Vritra.

s-o facă. O să mai fac o încercare cu Shiva." Zicând acestea, îşi luă rămas-bun de la Brahmā, care-l povăţuise şi-l îndrumase să-şi consacre noaptea şi un sfert din zi tuturor celorlalte făpturi din univers, dar restul de trei sferturi din fiecare zi îndeletnicirii cu marea seducţie.

Între timp, Daksha, în depărtatele-i cetăţui, îşi concentrase forţele, prin eforturi inimaginabile, întru adoraţia zeiţei, care, în cele din urmă, i se arătă şi lui. Foarte negricioasă la trup şi cu sâni puternici, ea îşi făcu apariţia pe leul ei. Într-una din cele patru mâini ţinea lotusul, în alta o sabie, cea de-a treia făcea gestul „nu te teme", a patra ţinea palma deschisă în postura numită „împărţirea darurilor." Daksha se înclină şi, plin de fericire, aduse laudă marii Māyā, care, binecuvântată în esenţa ei, încântă lumea şi susţine pământul. Forţa primordială, a cărei inflorescenţă e universul însuşi, îi ceru să-şi spună dorinţa şi, după ce el făcu întocmai, ea îi făgădui: „Pentru binele creaţiei, voi deveni fiica ta şi dragostea lui Shiva. Dar dacă, fie o singură clipă, cucernicia faţă de mine îţi va slăbi, îmi voi părăsi numaidecât trupul, indiferent dacă m-aş simţi fericită sau nu în el. Pe Shiva îl voi seduce. Şi voi face asta pentru ca el să poată fi adus în urzeala idilei cosmice."

Dispăru de sub ochii lui Daksha, şi acesta se întoarse fericit acasă. Se puse apoi pe zămislit făpturi fără să recurgă la legătura cu femeile, ci plăsmuind în meditaţia sa profundă forme care ieşeau apoi în lume din adâncurile spiritului său – fii cu miile, brahmani ageri, meniţi să rătăcească pretutindeni, până la marginile pământului, la nesfârşit. După asta, îşi luă o nevastă, pentru a zămisli cu ajutorul ei alte progenituri. V^ran^ era numele ei, şi era fiica cea frumoasă a ierbii înmiresmate care se numeşte Virana. Când prima viziune-dorinţă a lui Daksha căzu asupră-i din sufletul lui, ea rămase grea, copilul fiind Zeiţa Māyā. Daksha ştia şi jubila. La naşterea fetiţei o ploaie de flori căzu din cer, ape neîncepute izvorâră din bolta cea limpede, iar zeii făcură să bubuie tobele lor de tunete. V^ran^ nu-şi dădu seama că soţul ei, cu toată ardoarea cucerniciei, saluta în copila lor pe Stăpâna Universului, pe

„Mama“ al cărei trup e lumea. Şi Marea Zeiţă îi înşelă în asemenea chip pe toţi cei de faţă, încât noua ei mamă şi prietenii veniţi în vizită nu auziră nimic atunci când ea ridică glasul şi-i vorbi tatălui ei. „Daksha“, spuse ea, „dorinţa pentru care te-ai străduit să-mi câştigi bunăvoinţa îţi este îndeplinită acum.“ După care, prin meşteşugul său, ea îşi reluă forma de prunc nou-născut, plângând la sânul maicii sale. Vīranī o aşeză mai bine şi-i dădu să sugă.

Mica zeiţă crescu văzând cu ochii în coliba părinţilor ei, împlinindu-se cu toate virtuţile ce se revărsau asupră-i, şi era asemenea secerii de lună nouă ce se rotunjeşte de la o noapte la alta până când se rotunjeşte deplin. Cea mai mare plăcere a ei, când se juca în mijlocul micilor săi prieteni, era să le deseneze chipul lui Shiva, zi de zi, şi, când îşi cânta cântecele copilăreşti, îi izvorau întotdeauna din pioşenia inimii poezii despre el. Daksha îi puse fiicei sale numele de Satī, „Cea care este“[1]. Brahmā o pândi într-o bună zi pe când stătea alături de tatăl ei, iar ea îl zări pe zeu şi-i făcu o plecăciune după cuviinţă. El îi dădu atunci binecuvântarea. „Cel care te iubeşte şi pe care tu îl şi iubeşti ca pe soţul tău îţi va fi dat ca mire – el, atotştiutorul Stăpân al Lumii. Cel care niciodată nu a posedat şi nici nu are să posede altă femeie va deveni bărbatul tău – Shiva Cel fără de asemănare.“

După ce ieşi din anii copilăriei, frumuseţea ei deveni de-a dreptul răpitoare, şi Daksha chibzui cum să facă să o mărite cu Shiva. Nici ea însăşi nu avea altă dorinţă şi, la îndemnul mamei sale, începu să înalţe rugăciuni deosebite domnului ei. Plecă de acasă pentru a medita în singurătate şi se consacră unor mari austerităţi. Trecură astfel douăsprezece luni. Potrivit legământului pe care-l făcuse, ea postise, veghease nopţile, adusese jertfe şi meditase necurmat, consacrându-i-se zeului cu toată înflăcărarea. Apoi, când perioada aceasta se apropia de sfârşit, Brahmā merse şi el, împreună cu soţia sa zeiţă, care

1. [*Cf.* „Cel care este“, considerat drept cel mai adevărat nume al lui Dumnezeu: *Katha Upanişad*, Ioan Damaschinul etc. – AKC]

era încarnarea divină a puterii sale, la locul de pace al lui Shiva, sus de tot, pe înălțimile munților Himālaya. Vishnu, și el, cu consoarta sa Lakshmī, se arătă în sălașul acela stâncos. Și, ca printr-o minune, când ascetul zeu deveni conștient de prezența celor două perechi radiind de fericire, cea mai slabă întinăciune a unei urme de dorință după o femeie și de căsătorie se făcu simțită în spiritul însinguratului din veac. Le salută pe cele două diade energetice și se interesă de pricina vizitei lor.

Brahmā răspunse: „De dragul divinităților, de dragul întregii creații am venit la tine. Eu sunt cauza creatoare a lumii; Vishnu e cauza continuității ei; tu însă ești cel ce pricinuiești anihilarea tuturor ființelor. Alăturându-mă vouă, eu sunt totdeauna capabil să înfăptuiesc actul creației, așa după cum Vishnu găsește în mine temei și reazem pentru funcția lui de păstrare. De asemenea, tu, fără noi doi, nu ai fi niciodată în măsură să produci sfârșitul. Prin urmare, în cumpănirea puterilor noastre, tustrei depindem unul de celălalt, reciproc, și trebuie să ne îndeplinim lucrările în colaborare, altminteri lumea nu poate exista. Pe o seamă de titani și antizei ce se războiesc veșnic cu zeitățile pentru dominația asupra cosmosului, amenințând să ne respingă rânduiala dumnezeiască, îi voi ucide eu; alții vor fi victimele lui Vishnu, alții victimele tale. Unii fii ai noștri, părți din întrupările fizice ale puterilor noastre, urmează să supună și pe alți membri ai hoardei diavolești și, în fine, alții sunt meniți să fie uciși de către Zeița Māyā. Dacă însă tu vei rămâne pe veci departe de cursul istoriei, înjugat la yoga ta, neatins de orice bucurie și mâhnire, nu-ți va fi cu putință să-ți joci rolul necesar în desfășurarea lucrării. Cum se vor îmbuca oare creația, păstrarea și distrugerea, dacă puterile diabolice adverse nu vor fi ținute în frâu? Și dacă noi trei, cu atitudinile noastre diferite, nu acționăm unul împotriva celuilalt, la ce bun avem atunci trei trupuri felurite, diferențiate așa cum au ieșit din Zeița Māyā? În esența originară a ființei noastre suntem una, deosebindu-ne numai în împrejurările acțiunii noastre. Suntem o divinitate identică distinsă în întreire, şi la fel este şi forţa divină care se mişcă în noi divizată întreit în cele trei zeiţe, Sāvitrī, Lakshm^ şi Aurora, fiecare potrivit lucrării pe care trebuie să o îndeplinească în desfacerea lumii.

Femeia e rădăcina din care încolţeşte nevoia; înflorind din posedarea femeii, se ivesc dorinţa şi mânia. Când nevoia care contribuie la dorinţă şi mânie precumpăneşte, creaturile se agită ca să se elibereze de ea. Ataşarea de lume este rodul arborelui pasiunii, care stârneşte deopotrivă dorinţa şi mânia; desprinderea de acest arbore şi eliberarea de lume urmează, aşadar, fie ca o reacţie împotriva suferinţei, fie sunt prezente de la sine, fiinţa individuală fiind în acest` din urmă caz absolut depărtată de orice aspect al lumii şi neataşată de nimic. Ea este atunci plină de milă şi de pace sufletească; nu face rău nici unei fiinţe create. Chemarea ei sunt asceza şi calea atenţiei impecabile. Tu, o, Shiva, îţi ai rădăcina într-o astfel de linişte yogică; nu eşti ataşat de nimic, eşti pătruns de milă. Partea ta va fi întotdeauna pacea sufletului, care nu pricinuieşte nici un rău nici unei fiinţe. Şi nu eşti silit să te preocupi de existenţe, atâta timp cât nu plăteşti tribut dorinţei. Şi totuşi vina ta, dacă stărui în refuzul de a colabora la lucrarea desfacerii lumii, va fi întocmai cum am descris-o adineauri. De dragul izbăvirii universului şi a zeilor, aşadar, însoară-te cu o femeie strălucită, precum Lakshmī cea de pe tronul de lotuşi, sau precum Sāvitrī, care e a mea.“[1]

Un surâs destinse unul din colţurile gurii lui Shiva şi zeul îşi oferi răspunsul. „Totul e precum spui. Dar dacă ar fi să mă retrag – nu pentru mine, ci pentru izbăvirea universului – din liniştea netulburatei contemplaţii a realităţii supreme, unde s-ar putea găsi femeia capabilă să-mi absoarbă puterea

1. În această mare expunere a lui Brahmā Creatorul către Shiva Distrugătorul, elementul distructiv e recunoscut ca indispensabil acţiunilor de creaţie şi prezervare; moartea perenă e atestată ca precondiţie a naşterii şi existenţei perene. Pe scurt, noi trei, Naşterea, Viaţa şi Moartea, suntem una – mădulare şi gesturi ale lui Unu.

incandescentă, izbucnire după izbucnire, yogina modelată după dorința mea și care mi-ar putea fi soție? Înăuntrul spiritului meu cristalin, eu voi privi în veci nepieritoarea eternitate supremă a Adevăratei Ființe, care e mărturisită de către înțelepți; prins pe veci în meditația ei, mi-o voi păstra reală în conștiință, și nici o femeie nu va putea fi acolo, stânjenindu-mă în zelul meu. Noi trei nu suntem în esență altceva decât această Unică Existență Supremă. Noi suntem mădularele ei, prin urmare trebuie să rămânem cu ea în concentrarea noastră. Arătați-mi deci femeia care se poate devota lucrării mele și care se poate împărtăși din viziunea mea cea mai înaltă."

Surâzând, Brahmā era în culmea fericirii. „Femeia pe care o cauți", spuse el, „există; ea este Satī, fiica lui Daksha. De dragul tău ea se mistuie în austerități incomparabile." La care Vishnu adăugă: „Fă precum te-a sfătuit Brahmā." Și cu aceasta, cei doi, împreună cu soțiile lor, plecară: iar Zeul Iubirii, împreună cu zeița sa Dorința și însuflețit de o nouă încredere (căci surprinsese vorbele lui Shiva), veni mai aproape. Și-i porunci Primăverii să înceapă operațiile pregătitoare.

Luna de toamnă a legământului Satī-ei se apropia de faza plină. În cea de-a opta noapte a creșterii ei, ea era în post și, cu credință nešovăitoare, îl adora neclintită pe Stăpânul Zeilor, când Shiva își făcu apariția. În clipa când își dădu seama că el se afla fizic în fața ei, o imensă bucurie îi înecă inima; ea își plecă fruntea cu modestie și i se închină la picioare. Satī își dusese la bun sfârșit legământul cel mai fierbinte, iar Zeul nu se opunea ideii de-a o lua de soție. Așadar, el vorbi: „Legământul tău mi-a plăcut, îți voi acorda ceea ce îmi ceri." El știa prea bine ce era în inima ei, dar îi spuse: „Acum vorbește"; căci dorea să-i audă glasul. Ea însă era copleșită de rușine și nu se putea hotărî să mărturisească ce-i îmboldise inima încă din anii copilăriei. Smerenia îi ținea taina sub obroc.

Acesta a fost momentul când Zeul Iubirii a descoperit o fisură în Shiva. Marele Zeu nu se opunea ideii de a-și căuta o soție și pornirea de a o face pe Satī să vorbească se explica prin dorința de a-i auzi glasul. Zeul cu arcul slobozi săgeata care stârnește tulburarea. Shiva o privi pe fecioară și se simți străbătut de fiori, uitând atunci de viziunea spirituală a Ființei Cerești. Zeul Iubirii slobozi săgeata care inspiră înflăcărare.

Fecioara, între timp, izbutise să-și înfrângă rușinea. „Fă-mi hatârul, o, tu, împărțitor de hatâruri..." începu ea, dar zeul, în al cărui stindard se află emblema taurului, nu mai putea zăbovi acum să asculte cum avea să i se încheie cererea. Strigă deodată: „Fii-mi soție!" Ea auzi și, datorită marii emoții ce-i răscoli inima la împlinirea tunătoare a dorinței sale, amuți iarăși. Doar un surâs fermecător și o atitudine cucernică îi făcură cunoscute simțămintele ei zeului ce-i stătea în față, inundat de dorință. Și amândoi erau mânați și scăldați de iubire. Satī se ridică în picioare, și era în fața lui Shiva asemeni unui nor de o flexibilă densitate, sub văpaia cristalină a lunii. „Trebuie să te duci", zise ea, „la tatăl meu și să mă primești din mâna lui." Se înclină, pe punctul de a pleca, dar el, lovit de focul săgeților arzătoare, rămase pe loc, repetând: „Fii-mi soție!"

Satī nu mai scoase nici un cuvânt. Cu cea mai adâncă plecăciune, se retrase și se grăbi să ajungă acasă la părinții ei, tremurând de fericire. Shiva se întoarse într-acestea la sihăstria lui și, suferind din pricina despărțirii de ea, își lăsă cugetul să-i contemple imaginea din inimă. Shiva își aminti de îndemnul lui Brahmā ca să se însoare. Îndreptă un gând către Brahmā și numaidecât Brahmā, cu soția sa, Sāvitrī, se înființară înaintea lui. Ajunseră, iute ca gândul, transportați prin spațiul eteric în carul tras de gâscanii sălbatici cerești. Brahmā simți că dorința cea mai adâncă îi era pe punctul de a se împlini și ținea să facă tot ce era de trebuință pentru ca ea să se realizeze.

„Îndemnul tău", îi mărturisi Shiva, „și anume să-mi iau o soție, mi se pare acuma plin de noimă. Pioasa fiică a lui Daksha m-a venerat cu o cucernicie fierbinte. Și când am apărut în fața ei ca să-i fac un hatâr, Zeul Iubirii m-a încolțit cu săgețile lui. De atunci, Māyā mi-a rătăcit detot simțurile și acum sunt fără putere. Cu inima Satī-ei așa cum e, știu că voi deveni bărbatul ei. Prin urmare, pentru binele universului, iar de astă dată şi pentru binele meu, spune-i tatălui ei să mă poftească la el acasă şi să-mi acorde mâna ei. Grăbeşte-te şi fă tot ce-ţi stă în putinţă ca să pui capăt despărţirii mele de ea." Aruncă o privire soţiei lui Brahmā şi suferinţa singurătăţii îi spori la vederea perechii unite.

Brahmā făgădui să îndeplinească misiunea şi zbură în carul său iute la Daksha. Acesta apucase să audă totul de la fata lui şi cugeta cum să facă faţă cu cât mai mult tact preliminariilor oarecum stânjenitoare. Marele Singuratic îi făcuse odată o vizită şi plecase binevoitor; ar mai vrea oare să vină încă o dată după fată? Sau să trimită Daksha un mesager Înaltului Zeu? Ar fi oarecum nepotrivit, deoarece se spune că peţitul trebuie pornit de către bărbat. Sau să înceapă iarăşi Daksha să invoce marea divinitate cu ajutorul unor meditaţii încordate, pentru ca apoi s-o implore să facă hatârul de a o lua pe Satī de soţie? Se părea însă că Zeul nici nu dorea altceva decât să o stăpânească pe fată.

Acesta era, aşadar, impasul în care l-a găsit Brahmā pe tatăl Satī-ei. Carul cel iute îl luă prin surprindere. Brahmā îi spuse încântat despre schimbarea radicală prin care trecuse Shiva. „Sfredelit de focul săgeţilor, a lăsat meditaţia de izbelişte. Singurul lucru la care se putea gândi era Satī. Şi era la fel de covârşit de vârtejul simţirilor ca şi o biată creatură în chinurile morţii. Sfânta Înţelepciune, care îi e lucrul cel mai intrinsec, i-a şi abandonat conştiinţa, şi tot ce poate spune, indiferent ce-ar sta să facă, este: «Unde e Satī?» – plin de tortura dorului. Ceea ce eu şi noi toţi am tot sperat se înfăptuieşte în sfârşit; fiica ta a găsit drumul către inima lui Shiva, el nu o vrea decât pe ea, vrea să o facă fericită. Întocmai cum ea, fidelă legămintelor sale, şi-a înălţat până la el adoraţia, la fel acum Shiva o adoră pe ea. Dă-i-o, aşadar, celui pentru care era menită şi s-a pregătit."

Daksha consimţi, plin de bucurie, de parcă prin vine i-ar fi curs torente de nectar. Pe loc Brahmā se şi întoarse iute la Shiva cu veştile cele fericite, în timp ce acesta îl căuta nerăbdător cu privirea din înaltul Himalāyei. De îndată ce-l zări, îi strigă lui Brahmā de departe: „Ce-a spus fiul tău? Vorbeşte, că de nu, Zeul acesta al Iubirii o să-mi sfarme inima! Durerea dorinţei din toate creaturile universului s-a scurs în mine şi acum eu singur, şi numai eu, sunt gata să plesnesc de chinul lor. Mă gândesc necontenit numai la Satī, orice-aş face. Aşa încât ajută-mă să fie a mea cât mai curând."

Brahmā îi împărtăşi lui Shiva veştile şi apoi, cu ajutorul unui gând, îl convocă pe Daksha, care sosi tot atât de iute, gata în orice clipă să-l însoţească pe mire la el acasă. Înveşmântat în jurul şalelor, ca yoginii, cu o piele de tigru, şi purtând în locul obişnuitei sfori brahmanice un şarpe viu pe umărul stâng, petrecut peste trup până pe şoldul drept, Shiva, zeul cel puternic, încălecă pe taurul său măreţ. Secera lunii noi care-i şedea în păr îi scălda fiinţa într-o lumină blândă. Şi oştirea spiritelor sale (duplicate mai mici şi groteşti ale lui, precipitate în atmosferă de uluitoarea putere a prezenţei lui electrice), cuprinse de o agitaţie triumfătoare, suflau în trompete de cochilii şi fluiere de trestie, loveau timpane şi tamburine, băteau din palme, marcau ritmul şi aplecau într-o parte şi-ntr-alta, cu strigăte pătrunzătoare de veselie, marea căruţă ce zbura prin văzduh. Toţi zeii, în alai de sărbătoare, sosiră ca să-l însoţească pe mire. Muzicieni divini şi dansatoare cereşti făceau văzduhul să răsune melodios. Zeul Iubirii se arătă vederii împreună cu ajutoarele sale, Simţirile, desfătându-l pe Shiva şi înnebunindu-l. Tot firmamentul era însufleţit şi strălucitor, fiecare făptură din creaţie trăgea în piept un aer sănătos, iar infirmităţile şi durerile fură tămăduite în timp ce Shiva, celebrat astfel de toţi zeii cu muzica lor, se îndrepta către casa lui Daksha. Lebede, gâşte sălbatice şi păuni, scoţând strigăte suave de bucurie, zburau în frunte.

Daksha se îndeletnicea cu uriaşa primire a distinşilor oaspeţi, poftindu-i să şadă, oferindu-le apă pentru spălarea picioarelor şi prezentându-le daruri ca să-i binedispună. S-a sfătuit cu cei zece fii ai lui Brahmā născuţi din cugetul lui, cu Cei Sfinţi, şi, urmându-le judecata întemeiată pe mersul stelelor, au stabilit ora favorabilă pentru căsătorie. Cu solemnitate, Shiva a primit mâna frumoasei lui fiice. Atunci zeii înălţară laude cu strofe, proverbe şi melodii din sfintele Vede; oastea lui Shiva îşi dezlănţui tumultul, iar dansatoarele cereşti prinseră a se roti; noian de nori se strânseră, lăsând să cadă o ploaie de flori din cer.

Vishnu şi consoarta sa Lakshmī sosiră acum din cele mai îndepărtate cotloane ale eterului, purtaţi iute de Garuda, Pasărea Soarelui cu pene de aur. Şi Vishnu îl salută pe Shiva: „Unit cu Satī", spuse el, „care sclipeşte de scăpărări negre-albăstrui, ca un fard negru pentru ochi, alcătuiţi şi voi acum o pereche asemănătoare – numai că invers – cu mine, negru-albăstrui, şi Lakshmī cea bălaie. Unit cu Satī, fii ocrotitor al zeilor şi-al oamenilor; fii de bun augur tuturor creaturilor prinse în fluxul rotitor al naşterii şi morţii. Îi vei ucide pe duşmani pe măsură ce se vor ivi în decursul istoriei. Dar dacă cineva îşi va lăsa vreodată dorinţa să zăbovească asupra Satī-ei, îl vei ucide pe loc, o, Stăpâne al Fiinţelor, fără să stai pe gânduri."

„Amin", spuse Shiva triumfător, „aşa să fie." Şi cu ochi voioşi îi zâmbi zeului fericit.

Atunci, Satī râse cu un râs fermecător şi faţa ei atrase privirea lui Brahmā. Ci Zeul Iubirii se strecurase în vinele lui Brahmā şi acesta, pierdut în contemplarea frumuseţii Satī-ei, întârzie cam prea mult cu ochii asupra ei. Atunci, o înrâurire tulburătoare se furişă într-însul şi se pomeni mişcat până-n adâncuri. Nu mai era stăpân peste ceea ce începea să se-nfiripe. O dogoare incandescentă a puterilor sale ţâşni din el, energie creativă i se revărsa din trup şi, izbucnind în flăcări, scălda pământul sub ochii sfintei adunări în întregul ei. Se prefăcu într-un nor negru tunător, încărcat de ploaie, asemeni norilor de la sfârşitul lumii ce urmează să se adune în vederea ciclonului distrugerii finale, sub forma unei mase apăsătoare plumburii, întunecate ca lotusul, din care ploaia curge cu găleata. Bubuind, norul se ridică şi se răspândi pe toată cupola cerească, până la marginile universului.

Shiva, umplut şi el cu emoţii de către Zeul Iubirii, o privi pe Satī şi-şi aminti de spusele lui Vishnu. Îşi înălţă brusc suliţa şi o cumpăni ca să o azvârle în Brahmā. Cei Sfinţi scoaseră strigăte de groază, iar Daksha sări între ei. Shiva urlă furios: „Mi-am însuşit sentinţa lui Vishnu: «Dacă cineva îşi lasă dorinţa să zăbovească asupra Satī-ei, îl voi ucide.» Acesta a fost întocmai legământul meu, şi-mi voi îndeplini legământul. De ce şi-a îngăduit Brahmā să o privească pe Satī cu privirea neruşinată a dorinţei? Din pricina asta, mă pregătesc să-l lovesc de moarte!"

Vishnu se repezi în faţa lui şi-i împinse braţul îndărăt. „Nu-l poţi ucide pe Creatorul Lumii", spuse el. „Dacă o stăpâneşti acum pe Satī, e pentru că el a pregătit-o pentru tine. Brahmā există în scopul desfăşurării cosmosului; dacă tu îl ucizi, nu va mai fi nimeni capabil să dezvolte lotusul universului din sămânţa lui. Creaţie, Păstrare, Distrugere – cum oare vor fi perpetuate cele trei fără noi trei? Dacă moare unul dintre noi, cine oare îi va prelua partea?"

Shiva însă stărui asupra legământului său. „Şi eu pot crea făpturi", urlă el, „sau pot crea alt creator din căldura mea incandescentă, şi el va deschide universul – o să-l învăţ eu cum să facă. Ci nimeni nu mă va opri să-mi ţin legământul. Am să vă creez alt Creator. Lăsaţi-mă! Ia mâna de pe mine!"

„Gata, gata", îl potoli Vishnu, „stai şi chibzuieşte un pic." Un surâs ştiutor îi lumină chipul blând. „Doar nu vrei să-ţi execuţi legământul asupra ta!"

„Cum aşa, asupra mea? Ce, Creatorul de colo este eu însumi? Toţi văd că el stă acolo, iar eu sunt aici, şi e limpede că el este cineva diferit de mine!"

Vishnu râse şi-l luă pe Shiva peste picior de faţă cu toţi Cei Sfinţi. „Brahmā nu e mai diferit de tine", spuse el, „decât sunt eu de tine şi de el. Tu şi cu el sunteţi părţi din mine însumi, şi eu sunt Lumina primordială şi supremă a Cerului, iar eu, cel din faţa voastră, sunt la rându-mi o parte din acel Absolut. Noi suntem trei ipostaze ale Divinităţii Unice, şi funcţionăm în chip diferit: creăm, păstrăm şi distrugem. Caută acea Divinitate în propria ta divinitate şi sălăşluieşte-ţi credinţa şi încrederea în ea. Aşa cum capul şi mădularele sunt una în viaţa unui trup creat, la fel şi noi trei suntem una în mine, care sunt Suprema Existenţă, Suprema Lumină, increată şi neprihănită. În acea unică Fiinţă Supremă noi trei nu suntem distincţi."

Shiva, fireşte, ştia bine despre Fiinţa Supremă unică, lipsită de orice distincţii, dar, amăgit de fascinaţiile Māyei, pierduse din vedere Realul veritabil; pe gândul lui pusese stăpânire altceva. Şi acesta era motivul pentru care Vishnu îl sili să vadă iarăşi deopotrivă Unul şi Multiplul, taina profundă a Realităţii, prin care cei Trei sunt identici, păstrându-şi totuşi diversele funcţii reciproc antagoniste de Desfacere, Susţinere şi Anihilare. „Cufundă-te în propriul tău lăuntru", spuse Vishnu, „şi contemplă, acolo înăuntru, acel Sine puternic, Suprema Existenţă, pura şi veşnica Lumină. Ai fost îndepărtat de la el de către Māyā mea, vraja care face să se deschidă lumea. Fascinat de frumuseţea unei femei, ai uitat acea Lumină divină şi te-ai încărcat de mânie. Nu mai poţi descoperi înlăuntrul propriei tale fiinţe Fiinţa Universală."

Figura lui Shiva prinse a străluci de bucurie. În prezenţa tuturor Celor Sfinţi, el se abstrase, absorbit, în viziunea introvertită. Se lăsă să alunece pe jos, cu picioarele încrucişate, închise ochii şi se cufundă în fiinţa sa până la nivelul Fiinţei Sublime. Trupul începu să-i strălucească, astfel încât le luă vederea tuturor Celor Sfinţi de faţă. Şi în clipa când atinse liniştea în această imersiune, Māyā lui Vishnu dispăru din jurul lui şi întregu-i trup emană o asemenea strălucire, încât nici oaspeţii lui nu mai erau în stare să-i suporte văpaia. Vishnu pătrunse în el, se revărsă în el ca pura Lumină a Cerului, şi dezvălui în trupul lui Shiva, pentru ochiul contemplaţiei lui lăuntrice, întregul spectacol-lotus al creaţiei şi purcederea lumii. Fericit şi senin, dincolo de simţuri şi de universurile lor de distincţii, singur şi pur, contemplând totul, cel abstras experimentă în propria-i fiinţă Fiinţa Supremă, Substratul tuturor Evoluţiilor. Văzu, cufundat în contemplaţie, cum Substanţa Unică se desface în toate delectările lumii.

Văzu întâi o întunecime, şi ea era atotprezentă şi goală de toate creaturile, şi era impenetrabilă, indiscernabilă, ca un somn fără vise, nevădind nici o diferenţă între zi şi noapte sau între firmament şi pământ, nici urmă de lumină, de apă, de vreo stihie. Doar o prezenţă se agită, imaterial, imperceptibil delicată: pură conştiinţă, încă neîmpărtăşită, şi nu exista nimic altceva. Anume, era ca şi cum cele două veşnice prezenţe dintâi, Materia originară şi Omul originar, zăceau contopiţi într-o încâlceală indisolubilă, perfect într-una. Dar Timpul era acolo: cauza formală a tot ceea ce trăieşte, substanţa primordială a Fiinţei Supreme. Şi din el ţâşneau necontenit suflete ca scânteile zburătoare dintr-un incendiu înspăimântător. Prin multiplicitatea acestora, Fiinţa Supremă se oferea pe Sine Sieşi de dragul savurării plăcerilor şi durerilor. Timpul se derula; el diferenţia, urzea Creaţia, Continuarea, Săvârşirea. Timpul îmbrăcă forma Māyei tuturor zeilor şi deveni Sāvitrī, energia activă a lui Brahmā, Lakshmī, tovarăşa lui Vishnu, şi de asemenea Satī. În persoana „Desfătării", el se uni cu Zeul Iubirii.

Oul Cosmic se plăsmui şi crescu în mijlocul apelor abisului, învelit în vânt, foc şi spaţiu. Apoi Shiva îl văzu pe Creator chiar înlăuntrul lui, alb ca un lotus alb, iradiind lumină, şi Creatorul făcea să se deschidă lumea. Forma Creatorului era una, devenea trei, şi totuşi rămânea ca una, persoana cea mai de sus cu patru capete şi braţe, albă precum corola unui lotus, fiind Brahmā; cea de la mijloc, neagră albăstruie, cu un singur cap şi patru braţe, Vishnu; cea mai de jos în schimb avea cinci chipuri aşezate pe un trup cristalin şi posedând patru braţe, acesta fiind Shiva. Cei trei se dezvoltau fiecare din ceilalţi şi curgeau toţi în unul. Cel din mijloc se topi acum în cel de sus, Brahmā, apoi în Shiva cel de jos, şi apoi Brahmā dispăru în Vishnu, Shiva curgând în el; apoi se contopiră iarăşi Brahmā şi Shiva. Acesta era felul de a se juca al figurărilor triune, diverse în unitatea lor, ele rămânând deopotrivă trei şi una.

Legănat de ape, de ape clătinat, Oul Cosmic plesni şi se deschise. Muntele Lumii se înălţă din el şi-n jurul acestuia se întinse pământul, plutind, şi înconjurat de şapte mări; coaja se prefăcu în munţi înlănţuiţi. Shiva deveni distinct de Brahmā şi pe lângă cei doi era Vishnu, înălţându-se în zbor pe Pasărea Soarelui aurie. Shiva îl zări pe Zeul Iubirii şi văzu toate zeităţile şi pe Cei Sfinţi, contemplă soarele, luna şi norii, ţestoasele, peştii şi monştrii din mare, văzu păsări şi insecte, fenomene atmosferice şi oameni.

Apoi, privirii sale interioare i se arătă o femeie frumoasă, şi era înlănţuită de braţe. Shiva văzu creaturile luând fiinţă, dezvoltându-se, dispărând. Le văzu pe unele râzând, în extazul dragostei, dar altele tânguindu-se, iar altele fugind grăbite. Mulţi erau înveşmântaţi măreţ, înfrumuseţaţi de ghirlande şi iruri de santal aromate, toţi aceştia fiind plăcut antrenaţi în jocuri. Mulţi alţii înălţau rugăciuni lui Brahmā şi lui Vishnu sau se închinau adorându-l pe Shiva. Alţii şedeau absorbiţi în meditaţie ascetică de-a lungul fluviilor sau în dumbrăvi consacrate. Shiva zări cele şapte mări, precum şi fluvii, lacuri şi munţi. Şi descoperi felul cum Māyā sub înfăţişarea Lakshmī-ei îl încânta pe Vishnu, chiar în timp ce el însuşi se lăsa amăgit de forma delectabilă a Satī-ei. Shiva se recunoscu pe sine însuşi singur cu Satī pe un vârf de munte măreţ. Erau îmbrăţişaţi într-o iubire frenetică. Crângul zeiesc înţepa nările cu aroma dorinţei lor.

Astfel, marele Zeu pătrunse cu privirea în viitor. O văzu pe Satī lepădându-şi trupul şi dispărând, apoi însă ea renăscu în chip de fiică a lui Himālaya, Regele Muntelui, şi, după o lungă despărţire, Shiva o regăsi. El îl ucise pe titanul numit „Cel Orb“ pentru că o dorise concupiscent, şi fiul lor, Zeul Războiului, veni pe lume ca să-l ucidă pe titanul tiran Taraka. Toate acestea Shiva le contemplă în cele mai mici amănunte. Şi asistă cum Vishnu, sub chipul Leului-Om, îl sfâşie în bucăţi pe marele titan Strai-de-Aur, contemplă toate strălucitele bătălii dintre titani şi zei, şi văzu povestea lumii alternând, de-a lungul acestor interminabile conflicte, între optimismul victoriei divine şi groaznicele neputinţe ale înfrângerii.

Iarăşi şi iarăşi şi încă şi încă, zări creaturile lumii, văzu toate formele fenomenale desfăşurându-se în conformitate cu calitățile lor intrinseci distincte, și se contemplă pe sine însuși, la sfârșit, cum vine să le suprime pe toate, luându-le în el însuși și anihilându-le înăuntrul său cu irezistibilă putere. Au rămas doar Brahmā, Vishnu și Shiva – nimic altceva, nici o altă existență. Lumea era iarăși goală. Brahmā se strămută în forma lui Vishnu și se topi în ea. Iar Shiva se contemplă apoi pe sine însuși curgând în Vishnu și dizolvându-se. Dar Vishnu se dezintegră în cele din urmă și fu inclus în Absolutul Divin, care este Lumină desăvârșită, Conștiință extatică.

Shiva văzuse astfel unicitatea și multiplicitatea universului în Ființa Supremă, și o văzuse înlăuntrul propriului său trup. Creație, Păstrare, Distrugere: toate trei fuseseră acolo. Nu era nimic mai mult, dar nici mai puțin decât propria-i existență, care era totuna cu ea și plină de imobilitate. Cine e Brahmā? Cine e Vishnu? Cine e Shiva? Shiva chibzui; nu era nici o speranță de răspuns. El însuși era Ființa Supremă – și asta era Totul.

După ce expuse în felul acesta unitatea și multiplicitatea Realității, Vishnu se retrase din trupul lui Shiva, și mirele meditativ ieși la suprafață din transa lui profundă. Māyā se îmbulzi numaidecât iarăși în jurul lui, el se descompuse din nou lăuntric, prin meșteșugul ei, și gândurile îi zburară înapoi drept la Satī. Ochii i se opriră atunci asupra ei, ca și cum s-ar fi dezmeticit din adâncurile unui vis, îi privi chipul ca de lotus în floare. Privirea, cuprinsă de minunare, i se mută la Daksha, apoi trecu în revistă societatea înconjurătoare a Celor Sfinți, se opri asupra lui Brahmā, zăbovi asupra lui Vishnu și se umplu de uimire.

Vishnu surâse. „Așadar“, spuse el, „ai văzut unitatea în multiplicitate, despre care te tot întrebi, ai descoperit Timpul și Māyā în trupul tău și ai redescoperit ce anume sunt ei. Ai contemplat Ființa unică în eterna-i nemișcare și ai văzut cum înflorește în multitudinile lumii.“

„Așa e, într-adevăr“, răspunse Shiva. „Am văzut Unul în liniștea și infinitatea lui, dincolo de care nimica nu mai este. Lumea pe care o susții tu nu e distinctă de ea. Acea Ființă este izvorul tuturor creaturilor şi zeilor. Iar noi, Persoane ale lui Dumnezeu, suntem părţile şi formele lui triune, manifestate pentru a pune la cale Creaţia, Dăinuirea şi Sfârşitul."

„Acesta e adevărul", încuviinţă Vishnu. „Noi suntem trei, dar în acea substanţă, una. Şi acesta e motivul pentru care nu-l poţi ucide pe Brahmā cu suliţa ta."

Şi aceasta e povestea care arată cum s-a întâmplat ca Shiva, recunoscând identitatea-în-esenţă a ceea ce e separat-în-formă, să nu mai trimită către Brahmā lovitura nimicitoare.

Virtutea specifică şi miraculoasă a zeilor indieni este faptul că ei săvârşesc necontenit, fiind covârşiţi de ele, lucruri absolut imposibile, care, din punctul de vedere al salonului creştin, ar fi (şi sunt) extrem de şocante. Cu toată demnitatea lor supranaturală, ei sunt încă pe de-a-ntregul Natură – personificări ale principiilor elementare ale jocului cosmic – nicidecum expresii urbanizate precum olimpienii grecilor. Adevărul profund esenţial al mitologiei indiene derivă din faptul că ea acţionează exclusiv în termenii unor atare absoluturi uimitoare, umplându-şi total şi golindu-şi total şi alternativ plămânii, obligându-ne şi permiţându-ne astfel să facem şi noi aidoma. Ajungând, tinzând întotdeauna (indiferent de direcţie) cât mai departe cu putinţă, ea reuneşte continuu extremele îndepărtate ale simbolului – ca în descrierea de mai sus a serbării nupţiale a lui Shiva. Un uriaş balans de pendul cu bătaie foarte lungă până în cele mai îndepărtate distanţe ale realităţii oscilează prin aceste aventuri sălbatice, precipitând contraacţiuni ale unor contrarii de la polii fiinţei.

Mai mult, în toate intemperanţele Marilor Zei e zugrăvit jocul copleşitor al Māyei. Atâta timp cât lumea merge înainte, divinităţile care fac posibile Desfăşurarea, Întreţinerea şi Încheierea ei sunt prinse toate în plasa propriei lor autoamăgiri. Prinse în ea, ele o şi ţes – iată sublimul paradox; deşi văd şi cunosc totul, deşi ştiu mai bine, cu toate acestea ele suferă şi făptuiesc din cauză că sunt pătrunse de magie. Aceasta e marea consolare înfăţişată minţii de către tiparul mitic, marele model necesar înţelegerii şi trăirii vieţii omeneşti. Marii Zei, în relaţia lor cu vraja Māyei, sunt deopotrivă exemplari, pe de o parte, pentru înţelepţii şi yoginii eliberaţi, ca şi, pe de altă parte, pentru Copiii Lumii captivi încă în mrejele speranţei şi fricii.

III. MOARTEA VOLUNTARĂ

În bubuitul de tunet al tobelor de nori Shiva îşi luă rămas-bun de la Vishnu. O urcă pe Satī, strălucitoare de fericire, pe spinarea puternicului său taur şi, în timp ce întreaga adunare de zei, demoni şi fiinţe create înălţă un vuiet de jubilaţie, perechea o porni la drum. Brahmā şi cei zece fii ai săi născuţi din cuget, şi Stăpânii Creaturilor, şi zeii, şi muzicienii cereşti, împreună cu dansatoarele, cu toţii îl însoţiră o scurtă bucată de drum, înainte de a se despărţi de cei doi cu o mare urare de drum bun şi a se împrăştia pe la nenumăratele lor sălaşuri. Întreaga creaţie exulta de bucurie deoarece Shiva îşi luase în sfârşit o consoartă.

Perechea ajunse la locuinţa lui Shiva, printre citadelele piscurilor himālayene, şi zeul o dădu jos pe mireasa lui de pe spinarea lui Nandī, taurul. Apoi îi dădu liber taurului, ca şi tumultuoasei companii a oştirii sale. „Lăsaţi-ne acum singuri. Ci când mă voi gândi la voi“, spuse el, „să-mi fiţi numaidecât la dispoziţie.“ Şi astfel, apoi, zeul şi zeiţa îşi desăvârşiră sărbătoarea în taina singurătăţii lor, şi stăruiră îndelung în dragostea lor unul cu altul, zi şi noapte.

Shiva culegea flori pentru Satī şi i le punea pe cap în chip de cunună; când ea îşi cerceta trăsăturile într-o oglindă, el venea în spatele ei şi chipurile amândouă li se contopeau în oglindă într-unul singur. El îi despletea părul negru ca noaptea, i-l lăsa să se reverse şi să-i fluture în jur, stârnit fiind şi el să se hârjonească. I-l împletea la loc, i-l despletea iarăşi, el însuşi implicându-se la nesfârşit în această îndeletnicire. Picioarele gingaşe i le vopsea cu lac stacojiu doar ca să i le poată ţine, în timp ce o făcea, în mâini. Îi şoptea la ureche ceva ce i-ar fi putut spune prea bine şi cu glas tare, doar ca să se apropie cât mai mult de obrazul ei. Şi dacă se-ndepărta de dânsa pentru o clipă, se-ntorcea cât mai grabnic înapoi. Dacă ea se ducea undeva cu câte o treabă, el n-o slăbea nicicând din ochi. Cu ajutorul ştiinţei sale magice, se făcea nevăzut, apoi o făcea să tresară pe neaşteptate cu o îmbrăţişare, şi-o ţinea într-o ameţitoare şi încordată înfricoşare. Punea o pată de mosc pe sânii ca lotuşii de frumoşi, sub forma unei albine în căutare de nectar, apoi îi desprindea coloanele de perle şi i le punea la loc în alt chip, doar ca să-i atingă moliciunea de lotus. Îi scotea brăţările de la încheieturi şi de pe braţe şi-i desfăcea nodurile veşmântului, i le prindea la loc şi-i punea iarăşi podoabele. „Uite o viespe", spunea el, „la fel de neagră ca şi tine, de aceea te urmăreşte..." Ea se-ntorcea să vadă, şi el îi ridica sânii în palme. O acoperea cu mormane de flori de lotus şi flori de pădure în zbenguielile dragostei, flori pe care le culesese pentru desfătarea ei. Şi oriunde s-ar fi dus, ar fi stat ori s-ar fi odihnit, n-ar fi fost fericit dacă ar fi rămas o clipă fără ea.

Perechea mirilor abia sosise în Himālaya când veni şi Zeul Iubirii, în chip sărbătoresc, împreună cu Primăvara şi Dorinţa. Măreaţa Primăvară îşi exercită magia: toţi arborii şi viţele dădură-n floare, feţele apelor erau acoperite cu potire de lotuşi năpădite de albine, adieri înmiresmate suflau din sud şi se ridicau arome ameţitoare, tulburând simţurile celor mai serioase matroane şi descumpănind extazul sfinţilor. Sub bolţi de verdeaţă şi pe malurile înaltelor şi năvalnicelor râuri de munte, Shiva şi Satī se savurau unul pe altul, iar dorinţa era atât de puternică în Satī, încât Shiva nu era niciodată lipsit de cea mai mare desfătare într-însa. Când ea i se dădea, era ca şi cum i s-ar fi topit în trup, înecându-se în focul lui. O acoperea toată cu ghirlande de flori şi o cerceta, glumea şi râdea şi stătea de vorbă cu ea; se pierdea într-însa, aşa cum un yogin în deplină autoconcentrare se cufundă în Sine, dizolvându-se acolo total. Shiva îi sorbea nectarul gurii şi, de parcă ar fi fost băutura divină a nemuririi băută din cupa lunii, trupul i se umplea de nestinsă dorinţă şi nu cunoştea epuizarea ştiută de oameni. Mireasma aerului ei de lotus, graţia şi nuanţele seducţiei sale îl legau ca nişte frânghii tari pe după încheieturile unui elefant mascul, aşa încât nu se putea desprinde niciodată de ea. Cu asemenea desfătări schimbătoare, perechea zeiască, în depărtatele singurătăţi muntoase ale Himālayei, petrecu nouăsprezece ani cereşti şi încă cinci (nouă mii două sute patruzeci de ani omeneşti), prin umbrare şi peşteri, neştiind altceva decât extazul dragostei.

O dată, în apropierea anotimpului secetos, zeiţa se plânse. „O să vină căldurile", spuse ea, „şi nu avem o casă în care să ne adăpostim." Shiva zâmbi. „Eu nu am casă", răspunse el, „ci rătăcesc prin pustietate fără nici un loc anume unde să stau." Astfel că anotimpul acela îl petrecură împreună pe sub copaci umbroşi. Şi apoi se apropie vremea ploilor. „Uite acolo, se adună norii", spuse Satī; „sunt ca o armată îngrămădindu-se într-o mulţime de culori, şi astupă toată rotunjimea cerului. Vânturile încep să fie vijelioase, puterea lor înfricoşează inima. Tunetul zgomotos al norilor care curând vor slobozi pânzele ploii, azvârlind trăsnetul ca pe o flamură grozavă, îmi întunecă bucuria. Zeul Soarelui nu va mai putea fi văzut şi nici Zeul Nopţii, deoarece ei sunt separaţi de văzul nostru de către îmbulzeala ameninţătoare a norilor de furtună. Ziua şi noaptea sunt una. Cerurile bubuie pretutindeni. Şfichiuită de vijelie, întreaga lume pare a sta să se răstoarne peste noi, şi ditamai copacii, dezrădăcinaţi de vântul furios, dănţuie prin văzduh. E un anotimp greu de îndurat. Ascultă-mă, rogu-te, durează o colibă pentru noi, unde să putem găsi puţin adăpost şi odihnă." Dar Shiva zâmbi iarăşi. „Eu nu am nimic al meu", spuse el, „ca să pot construi un cămin. O piele de tigru îmi acoperă şalele şi, în loc de podoabe, şerpi vii îmi împodobesc braţele, grumazul şi capul." Satī oftă. De astă dată îi era ruşine de el. Îşi aţinti ochii în pământ şi răspunse cu nerăbdare: „Sunt oare silită să petrec tot anotimpul ploios aici, căutând să mă adăpostesc pe sub rădăcinile arborilor?" Shiva râse. „Anotimpul ploios va trece“, spuse el, „și tu vei ședea mult deasupra lui, neatinsă de nici o picătură de ploaie.“ O ridică sus pe spinarea unui nor și se-nălțară și se uni cu ea în dragoste, și rămaseră acolo până când sosiră zilele limpezi și strălucitoare ale toamnei însorite, când coborâră și hălăduiră iarăși prin munții de pe pământ.

Când anotimpul ploilor se arătă iarăși amenințător și Satī ceru din nou o casă, Shiva răspunse voios și fața îi era luminată de lumina lunii din păr: „Acolo unde ne vom duce, iubita mea, ca să ne bucurăm de dragostea noastră, nu va fi nici urmă de nori. Norii ajung doar până la brâul marilor munți; creștetele munților sunt ținuturi cu zăpezi eterne, neatinse de ploile anotimpului. Ce vârf alegi? Vrei falnicul munte Himālaya, unde te așteaptă Menakā, soția-regină a Regelui Munților, care te va întâmpina cu bucurie și-ți va purta de grijă ca o mamă? Fiarele sălbatice de acolo sunt îmblânzite de prezența sfântă a tuturor sfinților și înțelepților sihaștri ce meditează prin preajmă. Ai să-ntâlnești acolo fecioare cerești și fiice ale piscurilor, cu care să-ți petreci timpul, pe sfintele soții ale fericiților, precum și prințese-șerpoaice. Ne putem gândi însă, pe de altă parte, și la Osia Lumii, muntele Meru; pantele lui strălucesc de pietre scumpe, iar vârful îi poartă palatele Regilor Zeilor și Paznicilor Lumii. Acolo prietenă îți va fi soția lui Indra. Ori poate preferi, ce zici, marele munte Kailāsa? Acolo Zeul Bogăției șade pe tron înconjurat de spirite ale pământului care păzesc comorile minelor.“

Sat^ răspunse: „Aș prefera muntele Himālaya.“ Și purceseră drept către vârful lui, unde nici o pasăre nu poate zbura, unde nu se adună nori și unde se joacă soațele fericiților. Shiva și Satī rămaseră acolo vreme de trei mii șase sute de ani. Deseori se duceau în vizită pe Kailāsa; o dată s-au dus pe muntele Meru și s-au bucurat unul de celălalt prin grădinile Regelui Zeilor, păzitorul lumii. Inima lui Shiva era pe de-a-ntregul stăpânită de Satī, și el nu mai ostenea să-i aducă prinosuri de dragoste. Zi și noapte nu mai avea altă bucurie, nu mai știa acum nimic despre senina Esență a Ființei, nu-și adâncea conştiinţa în arzătorul punct viu al cufundării în sine. Căci privirea Satī-ei nu se dezlipea de pe chipul lui, iar ochii lui, la rându-le, nu părăseau niciodată frumuseţea trăsăturilor ei. Izvorul nesecat al pasiunii lor le uda din belşug la rădăcină pomul iubirii, şi pomul creştea necontenit.

La un moment dat, Daksha, tatăl Satī-ei, începu să facă pregătiri pentru o prodigioasă ceremonie sacrificială, menită să contribuie la bunăstarea tuturor lumilor şi făpturilor. Angajă optzeci şi opt de mii de preoţi ca să aducă jertfe, şaizeci de mii de înţelepţi şi sfinţi ca să intoneze, într-un murmur neîntrerupt, proverbe şi strofe aforistice pline de eficacitate. Vishnu însuşi se obligă să supravegheze evenimentul, iar Brahmā oferi consultaţii despre toate amănuntele cele mai subtile ale sfintelor legi vedice. Paznicii cosmici divini, care ţin sub observaţie Cele Patru Sferturi de pe pantele Muntelui Lumii, erau paznici ai porţilor la intrările împrejmuirii consacrate. Glia se oferi şi ea să fie altarul jertfelor. Zeul Focului şi-a împărţit trupul la o mie de ruguri sacrificiale. Şi însuşi personajul sfânt, „Sacrificiul“, era de faţă spre a fi oferit pentru izbăvirea lumii.

Au fost poftite să ia parte toate vietăţile din toate cotloanele spaţiului, zei şi vizionari, oameni, păsări, arbori şi ierburi. Au început să sosească – animale sălbatice şi domestice, toţi sălăşluitorii regiunilor superioare, sfinţi şi înţelepţi, şi locuitorii adâncurilor, bogaţi demoni subpământeni şi regi şi regine-şerpi. Au fost poftiţi nori şi munţi, fluvii şi oceane; maimuţe şi tot soiul de fiinţe au venit să se împărtăşească după cuviinţă din ale serbării. Regii pământului au sosit cu tot ceremonialul împreună cu fiii lor şi urmaţi de sfetnici şi trupe. Şi-au făcut apariţia toate existenţele vii din toate regiunile universului, indiferent că erau mişcătoare sau fixe; au fost poftite deopotrivă făpturile conştiente şi cele inconştiente. Şi Daksha şi-a cheltuit toată averea pe onorariile preoţilor. În toate ţinuturile vaste, întinse, zenitale şi abisale, ale lumii, era o singură fiinţă pe care Daksha nu o invitase, şi anume pe Shiva, ginerele său, împreună cu Satī, fiica lui iubită. Ei nu fuseseră invitaţi deoarece erau socotiţi a fi impuri din punct de vedere ceremonial. „El e un ascet cerşetor şi nu e vrednic să asiste la sacrificiu", spuse Daksha; „meditează în mijlocul leşurilor şi duce cu el un craniu drept vas de cerşit. Nici Satī nu e îndreptăţită, e soţia lui şi s-a impurificat prin alăturare."

Vijayā, fiica unei surori a Satī-ei, vizita muntele chiar în momentele când toate creaturile lumilor începuseră să se scurgă din baştinile lor îndepărtate către incinta sărbătorii universale. O găsi pe Satī singură, Shiva plecase pe taurul său, Nandī, ca să-şi facă meditaţiile de seară pe malul lacului Manasa, tocmai în vârful muntelui Kailāsa. „Ai venit singură?" întrebă Satī. „Unde sunt surorile tale?"

Vijayā îi aduse la cunoştinţă că toate femeile din univers erau în drum către marea petrecere dată de bunicul ei, Daksha. „Am venit să te aduc şi pe tine", spuse ea. „Tu şi cu Shiva nu veniţi?"

Încremenită de uimire, pe ochii Satī-ei se aşternu o ceaţă.

„Voi nu aţi fost invitaţi?" exclamă Vijayā. „Cum, toţi sfinţii şi vizionarii merg acolo! Stăpânul Lunii şi soţiile lui! Toţi din toate lumile au fost poftiţi. Voi nu?"

Satī rămase ca trăsnită. În ea începu să fiarbă mânia, privirea îi împietri. Înţelesese imediat, şi furia crescu în ea nemaizăgăzuită de nimic. „N-am fost invitaţi", spuse ea, „din pricină că soţul meu umblă cu un craniu în mână, în chip de vas de cerşit." Stătu o clipă pe gânduri, dacă să nu-l preschimbe pe Daksha în cenuşă cu un blestem, dar dintr-odată îşi aminti vorbele pe care i le spusese când, îndurătoare, îi făcuse marele hatâr de a se încarna în starea pământească de fiică a lui: „Dacă fie şi pentru o clipă te va părăsi cucernicia faţă de mine, îmi voi părăsi pe loc trupul, indiferent dacă sunt fericită sau nu în el." Şi atunci, propria-i formă eternă deveni vizibilă ochiului ei spiritual, completă şi neasemuit de cumplită, forma din care e alcătuit universul. Se adânci în contemplarea acesteia, a caracteristicii ei primare, care este Māyā, cunoscută şi ca „Beţia onirică creatoare de lumi a Păstrătorului Cosmosului", şi medită: „Perioada cosmică a distrugerii universale nu a sosit încă, e adevărat; Shiva încă nu are un fiu. Marea dorinţă ce i-a neliniştit pe toţi zeii a fost împlinită pentru ei: Shiva, prins în vraja mea, şi-a găsit bucuria în femeie. Dar la ce le-a folosit asta? Nu există nici o altă femeie în toate lumile care să poată trezi şi satisface pasiunea lui Shiva, el nu se va însura niciodată cu alta. Nu asta mă va opri însă. Voi părăsi acest trup, întocmai cum am declarat că o voi face. Altcândva, voi putea reapărea pentru izbăvirea lumii, aici pe Himālaya, unde am trăit vreme atât de îndelungată fericită împreună cu Shiva. Am venit să o cunosc pe draga de Menakā, blânda şi curata soţie a Regelui Himālaya. Ea a fost cu mine dulce şi bună ca o mamă. Am ajuns s-o îndrăgesc tare mult. Ea-mi va fi următoarea mamă. Şi voi creşte jucându-mă cu fiicele piscurilor, iarăşi fetiţă, şi voi fi desfătarea Menakei. Mă voi mărita iarăşi cu Shiva, voi sta iarăşi cu el şi voi desăvârşi lucrarea pe care o au în vedere toate divinităţile."

Astfel medita Satī. Apoi o copleşi mânia. Îşi închise cele două porţi ale simţurilor în yoga, îşi opri respiraţia şi-şi adună toate puterile. Suflul vieţii se strecură prin sutura coronală a craniului ei, pe cea de-a zecea poartă (aşa-numita fisură a lui Brahmā) şi-i ţâşni afară din cap. Trupul se prăbuşi neînsufleţit la pământ.

Când zeii de sus îi zăriră vântul vieţii, scoaseră un strigăt universal de jale. Vijayā se azvârli peste forma fără viaţă şi izbucni într-un plâns disperat. „Satī, Satī!" striga ea, „ce s-a-ntâmplat cu tine? Unde te-ai dus? O, soră iubită a mamei mele, oare ţi-ai părăsit trupul doar fiindcă ai auzit ceva ce te-a rănit? Cum să mai trăiesc după ce ochii mei au fost martorii unei întâmplări atât de groaznice." Îi atinse obrajii morţi, îi sărută gura şi-i scăldă în lacrimi pieptul şi faţa, îşi trecu degetele prin părul negru şi lucios şi-şi aţinti privirea asupra trăsăturilor acum încremenite. Începu să se izbească în piept şi în cap cu amândouă mâinile, ţipând cu glasul pe jumătate înecat de plâns, aruncându-şi capul pe spate într-un gest de durere ieşită din minţi, şi izbindu-şi-l apoi în faţă de pământ.

„Suferinţa“, striga ea, „o s-o zdruncine pe sărmana ta mamă, şi ea o să-şi dea duhul de mâhnire. Şi cum o să mai rămână în viaţă fie şi doar o clipă tatăl tău lipsit de inimă, după ce va afla că ai murit? Oh, ce nefericire, ce remuşcare îl vor năpădi când îşi va da seama cât de rău s-a purtat cu tine! Învăţat cum este în cele trebuincioase sacrificiului, strălucit în datinile lui, cum o să-şi mai poată aduna gândurile asupra amănuntelor uriaşei lui jertfe, după ce încrederea în toată înţelepciunea lui se va prăbuşi? O, Mamă iubită, mai spune-mi măcar o vorbă. Plâng aici ca un copil mic. Îţi aduci aminte cum l-am sâcâit pe Shiva cu pisălogeala mea, atunci când te-ai supărat şi tu pe mine? O, Mamă, Mamă! De ce nu-mi răspunzi? Uite-ţi faţa, uite-ţi ochii şi uite-ţi gura: a dispărut din ele orice urmă de viaţă? Cum o să îndure Shiva să-ţi vadă orbi şi ţepeni ochii jucăuşi, iar obrazul fără nici un zâmbet? Cine oare o să mă mai întâmpine cu vorbe pline de iubire şi săritoare, aşa cum obişnuiai s-o faci când veneam în sihăstrie? Unde se va mai găsi altă femeie la fel de atentă cu soţul ei ca tine şi înzestrată cu toate darurile bucuriei? Shiva fără tine o să fie chinuit de durere, ros de suferinţă, o să fie lipsit de orice putere de a mai face ceva şi de orice putinţă de simţire!“

Vijayā bocea în gura mare, nefericită, se uita pierdută la cadavrul inert, după care, înălţându-şi braţele cu un strigăt, se prăbuşi fără cunoştinţă.

Amăgire, vrăjitorie, Māyā pretutindeni, printre zei, ca şi în lumea făpturilor – altminteri lumea nu s-ar mişca deloc, n-ar exista creaţie perpetuă. Acelaşi Daksha care se străduise să o aducă pe Satī în lume şi să o mărite cu Shiva o alungă din ea şi distruge însăşi unirea care-l costase o concentrare atât de teribilă. În plus, toţi zeii şi creaturile celelalte care luaseră parte cu cel mai mare entuziasm la celebrarea fericitei, dar dificilei împliniri a acestei uniri, i se alătură lui Daksha în uriaşa lui ceremonie sacrificială şi nici măcar nu întreabă unde poate fi Marele Zeu – negândindu-se că absenţa lui ar fi în măsură să pricinuiască retragerea Zeiţei de pe scena fenomenală şi dizolvarea căsătoriei de care depindea întreaga continuitate cosmică.

Succesiunea aceasta, creaţie involuntară, căsătorie involuntară, moarte voluntară, ar părea să sugereze că aici, în marele nostru teatru al vieţii în spaţiu şi timp, singurul gest întemeiat pe liberă voinţă posibil oricărui actor – fie el doar om sau cel mai înalt zeu – este acela de a ieşi din scenă. Din când în când, artiştii individuali îşi pot imagina că-şi exercită puterile în mod voluntar, dar nu ei decid ce fel de puteri sunt acestea şi nici nu au nici cea mai vagă bănuială despre ceea ce ar fi să apară ca urmare a acţiunilor lor. Şi, pe de altă parte, situaţiile care-i obligă pe actori să joace ţâşnesc cu asemenea forţă din nicăieri în Prezenţa nemijlocită, încât izbesc spiritul cu şocul brutal al unei lovituri. Răspunsurile ce decurg nu reprezintă măsuri decise în cunoştinţă de cauză, ci o reacţie spontană. Şi cu toate că între marile crize ale actului irevocabil, creator de lumi, şi decizia pulverizatoare de limite se pot instala lungi perioade de acalmie – îngăduind, o vreme, o desfăşurare mai paşnică a relaţiilor umane lipsite de constrângeri, întreţinând astfel iluzia unei anume libertăţi – cu toate acestea, ori de câte ori secunda catastrofală se coace în cele din urmă şi, în fine, explodează, oameni, zei şi demoni sunt pulverizaţi de un vânt puternic.

Până şi acea ultimă soluţie, moartea voluntară, este redusă în cele din urmă la zero. Satī, zeiţa umilită şi insultată, părăseşte scena, dar dispariţia ei n-a avut nici o consecinţă cosmică reală. Avea să se nască altă femeie – Pārvatī – ca să-i preia rolul, şi ea avea să fie în esenţă aceeaşi ca şi Satī, deşi diferită ca nume şi frumuseţe. Şi situaţia, împreună cu misiunea respectivă, se va construi din nou – lent şi pe căi ocolite, prin progresările irezistibile ale evenimentului. Astfel încât actul voluntar va apărea până la urmă drept o explozie emoţională momentană, oarbă şi impetuoasă, care a scurtcircuitat curenţii vitali şi a precipitat în juru-i confuzie, poticnire şi dezolare, fără a distruge sau a rezolva însă ceva. Cine a murit? Cine s-a stins oare din viaţă?

Sinuciderea şi asasinatul sunt mecanismele unei dezorientări-Māyā, expresii ale unei absorbiri abjecte în eu. A sfărâma cochilia carnală fie a propriului sine, fie a altuia străin, sub iluzia că prin această violenţă săvârşeşti ceva decisiv, înseamnă a fi cu adevărat şi flagrant înşelat de cochilie. În condiţiile umane concrete, indiferent ce explicaţie fizică i-ar putea fi atribuită, iniţial există proiecţia unei constelaţii de complicaţii interne de natură psihologică – lumea reacţionează prin semnificaţie la nebunia locuitorului ei. Victima disperată a suferinţei îşi imaginează că poate elimina labirinturile obscure ale zidurilor interioare printr-o scurtare exterioară şi arbitrară a drumului, efectuată într-un acces de furie. Ar face mai bine să se dezlege însă de eul său turbulent şi, câştigând astfel o perspectivă modificată, să se desprindă de lucrul care o imobiliza, realizându-i pur şi simplu irealitatea.

Amorul propriu rănit şi decesul Satī-ei sunt semnele prinderii ei în mrejele propriei sale iluzii; şi totuşi mrejele ei sunt o ţesătură de paradoxuri. Ea ştie că va trebui să se întoarcă. Va fi născută ca Pārvatī, fiica Regelui Munţilor, şi, prin îndelungate şi anevoioase austerităţi, îl va câştiga din nou pe iubitul ei Shiva. Şi de astă dată, când Zeul Iubirii îşi va trimite săgeţile în inima lui Shiva, marele zeu al yogăi îşi va deschide asupra lui ochiul median, orbita numită „Lotusul Poruncii", şi exuberanta, frumoasa divinitate a arcului cu flori, atât de încântată de sine, va fi prefăcută, ca sub o lovitură de trăsnet, în cenuşă. Astfel se va împlini profeţia primordială a lui Brahmā; sau, cu alte cuvinte, calamitatea şi tot ce a dus la ea se va dovedi că sunt predestinate dintotdeauna. Şi ca atare va trebui să cumpănim atent întrebarea dacă moartea voluntară a fost în definitiv voluntară. Unde e începutul sau sfârşitul caracterului faceţios al jocului Māyei?

IV. SHIVA NEBUN

Satī murise, Vijayā se prăbuşise fără cunoştinţă de durere. Vechea poveste spune mai departe cum Shiva, după ce-şi întregi meditaţia de seară cu o baie în apele radiante ale frumosului lac Manasa, încălecă iarăşi pe Nandī, splendidul său taur alb, şi se întorcea acasă într-un galop mic pe drumurile cereşti. Şi pe când mai era la o oarecare depărtare, auzi un ţipăt de-i îngheţă sângele în vine. Vijayā îşi venise-n fire şi bocetele ei se înălţau de pe vârful înalt al Himālayei, ca nişte semnale, prin liniştea aerului vesperal.

Într-o clipită, Nandī îşi acceleră pasul şi-l purtă pe Shiva către sihăstrie cu iuţeala vântului. Acolo zeul o descoperi pe Satī, iubita sa, moartă. Şi datorită puterii dragostei, a fost incapabil în primele momente să-şi creadă ochilor. Aplecându-se, o mângâie şi-o lovi cu blândeţe pe obrazul inert. „Eşti adormită?" întrebă el. „Ce te-a făcut să adormi?"

Apoi Vijayā îi spuse ce se întâmplase, începând cu ştirile despre sacrificiul lui Daksha la care fuseseră poftiţi toţi zeii şi lucrurile create din toate lumile. „Nu e lucru viu", repetă ea, „care să nu fi fost invitat!" Şi aici se pierdu cu firea, izbucnind în hohote de plâns. Printre suspine, îi relată lui Shiva cum venise să întrebe de Satī şi de el însuşi şi cum primise soţia lui veştile despre sacrificiu. Ea îi mărturisi că Satī înţelesese numaidecât de ce se abţinuse tatăl ei să-i invite. „Chipul Satī-ei", îi povesti Vijayā, „s-a înăsprit. N-a ştiut niciodată că poate arăta atât de înspăimântător. O culoare înfricoşătoare i-a invadat trăsăturile şi era atât de furioasă, încât nu mai putea scoate o vorbă. Sprâncenele i s-au alăturat şi chipul i-a devenit de nepătruns, s-a întunecat ca un cer acoperit de un fum gros. Apoi, după ce şezu o vreme aşa, trupul i-a plesnit dintr-odată şi mi s-a părut că Satī iese chiar prin creştetul capului ei, lăsându-şi trupul să se prăbuşească."

Shiva se ridică mânios. Pe măsură ce asculta vorbele fetei, mânia sa lua proporţii uluitoare. Se transformase într-o conflagraţie interioară atotmistuitoare: începură a-i ţâşni flăcări din gură, urechi, nas şi ochi; izbucneau din el meteori incendiari, şuierând şi semănând moarte, precum cei şapte sori de la sfârşitul lumii. Într-o clipă se strămută în locul de jertfă al lui Daksha. Rămase la marginea lui şi măsură cu ochi teribili adunarea atât de numeroasă. Îl copleși o furie nelimitată când văzu întrunită acolo întreaga creație – oaspeți din toate colțurile lumii, din fiecare sfert al cerului – zei, plante, animale sălbatice, sfinți, toate formele imaginabile de existență, superioare și inferioare: pești, viermi, anotimpurile, erele lumii, toate sub formele lor fizice; oameni și plante, fiecare în poziția sa cuvenită, potrivit diferitelor roluri îndeplinite în alcătuirea lumii. Văzându-i pe toți adunați cu atâta solemnitate, fiecare urmând înaintarea ceremonialului și jucându-și cu deplină cucernicie rolul atribuit, lăsă pe neașteptate să iasă din el un monstru oribil, născut din explozia lui de furie: Virabhadra îi era numele și era un înspăimântător „Stăpân al Oștilor" cu cap de leu. Virabhadra avea să tulbure destul de curând desfășurarea cuviincioasă a ritului.

Cu un mănunchi de săgeți într-una din mâini, cu un arc masiv în alta, cu măciuca în a treia și o suliță lungă în cea de-a patra, Virabhadra îi dădu lesne la o parte pe Paznicii Porților și năvăli cu un răget și o revărsare a coamei de leu în centrul locului sacru. Zeii și toți regii de pe pământ se ridicară scăpărându-și amenințător armele, dar monstrul vârî frica în ei și-i făcu să dea îndărăt sub iuțeala răpăielii dese a săgeților sale. Apoi se năpusti către altar, unde preoții și înțelepții se îndeletniceau cu turnarea ofrandelor. Toți părăsiră în grabă vasele și se refugiară în Vishnu, care stătea la mijloc, supraveghind întregul ceremonial. Vishnu îi ieși în întâmpinare și atunci între Zeul Universal și Virabhadra începu o bătălie de proporții uluitoare. Fiecare îl atacă pe celălalt cu arme magice și se întreceau necurmat unul pe altul în invenții miraculoase, eschive și lovituri. Dar în cele din urmă Vishnu îl apucă pe slujitorul războinic cu mâinile goale, îl roti în văzduh, dădu cu el de pământ și-l călcă apoi cu picioarele goale până-i țâșni sângele din cap. Șiroind de sânge, Virabhadra se ridică cu chiu cu vai și se întoarse pleoștit la stăpânul său.

Shiva intră personal în arenă, mânios și cu ochii roșii, și toți cei sfinți încremeniră de groază. Vishnu dispăru; se făcuse invizibil. Iar Shiva, în furia sa, se dezlănțui orbește, răsturnă vasele sfinte, răvăşi altarele cu lovituri de picior şi răspândi ţăndări peste tot; toată adunarea cosmică se retrase cuprinsă de frică, mulţi se îndepărtară şi-o rupseră la fugă, urlând de spaimă să nu-şi piardă viaţa. Un zeu indignat îşi luă inima-n dinţi şi-i ţinu piept Distrugătorului cu o privire sfidătoare şi mânioasă; Shiva îi scoase amândoi ochii cu un dos de palmă. Zeul Soarelui, cu braţele imens deschise, încercă s-o oprească pe divinitatea sălbatică zâmbindu-i în acest timp şi dezvelindu-şi dinţii strălucitor de prietenoşi. Dar un pumn neaşteptat al lui Shiva îl făcu pe Zeul Soarelui să-şi înghită dinţii lucioşi. Shiva îl apucă, îl zgâlţâi la fel de uşor cum ar fi făcut un leu cu o tânără gazelă şi-l roti deasupra capului până-i ţâşni sângele prin vârful degetelor şi-i plesniră vinele.

După ce Shiva îl lăsă să cadă pe Zeul Soarelui, frânt şi scăldat în sânge, zeii şi creaturile universului făcură stânga-mprejur şi-o rupseră la fugă. Fugeau cu strigăte şi zarvă, se-mprăştiau în toate zările şi dădeau zor să se ascundă pe unde apucau. Mulţi erau ucişi de privirea lui. Ochii lui Shiva mistuiră tot câmpul de jertfe şi-l prefăcură în cenuşă, îl lăsară pustiu şi risipiră toate focurile. „Jertfitorul", speriat ca de moarte, se prefăcu într-o gazelă şi-o luă disperat la goană în ceruri. Shiva o porni pe urmele lui cu arcul şi săgeţile. Gazela sări în tărâmul lui Brahmā, ca să se ascundă acolo, dar Shiva o hăitui chiar şi în cuprinsul lui. Animalul speriat făcu cale-ntoarsă şi-o apucă spre pământ, unde se grăbi să găsească un adăpost, cu Shiva neslăbit pe urmele sale. Ascunzătoarea pe care o descoperi în cele din urmă animalul fu leşul Satī-ei, în care dispăru: tot ce ştia Shiva era că dintr-odată se făcuse nevăzută şi că acum se afla în faţa trupului neînsufleţit al iubitei sale Satī. Când o zări, uită de gazelă. Rămase absolut nemişcat. Apoi din piept îi izbucni un mare urlet de durere. Amintirea frumuseţii şi a bunătăţii ei i se învârtejeau în minte în timp ce privea miracolul ca de lotus al chipului ei, linia sprâncenelor desăvârşite, buzele. Şi durerea pierderii ireparabile covârşindu-l, izbucni, ca un muritor de rând, într-un zbucium îndurerat.

Zeul Iubirii auzi hohotul sălbatic şi apăsător şi se apropie însoţit de Dorinţă şi de Zeul Primăverii. Ajuns lângă Shiva şi văzându-l distrus de emoţie şi plângând de parcă şi-ar fi pierdut minţile, Zeul Iubirii zâmbi, puse o săgeată în arc, trase şi-şi trimise toate cele cinci aducătoare de rătăcire în inima lui Shiva. Zeul se simţi opărit de o fiertură fierbinte. Zdruncinat de durere, el se simţi totuşi stârnit în chip insidios, iar demenţa spori într-însul până când mintea îi plesni şi fu cuprins de nebunie într-o teribilă învălmăşeală de frustrare şi nevoie. Se azvârli la pământ. Se ridică şi fugi. Se întoarse şi se chirci, cu privirea fixă, lângă cadavru. Surâse blând, se întinse şi luă trupul în braţe, chemându-l ca să-i reînsufleţească vidul. „Satī, Satī, Satī, Satī! Lasă-ţi supărarea şi vino, Satī, Satī!“ Corpul îi era ţeapăn şi încremenit. Şi-i mângâie fruntea şi obrajii. Începu să se joace cu mulţimea podoabelor, scoţându-le într-o doară, una câte una, şi punându-le la loc, diferit aranjate însă. O ridică, o strânse în braţe, lăsă apoi cadavrul să cadă, se prăbuşi pe spate şi plânse.

Brahmā şi lumile de divinităţi s-au neliniştit şi s-au speriat extrem de mult la vederea şuvoiului ce curgea din ochii lui Shiva. „Dacă lacrimile acelea ajung pe pământ“, ziceau ei, „pământul va arde. Oare ce putem face?“ Îl chemară atunci numaidecât pe Drumeţul Tacticos al cerurilor, planeta Saturn, fiul Zeului Soare, pe al cărui steag figurează ca blazon Vulturul. Această putere salvase odată pământul de un potop sugând ploaia şi înghiţind-o pe măsură ce cădea – şi asta vreme de o sută de ani cereşti. „Nimeni altul decât tine nu poate opri aceste lacrimi înainte ca ele să atingă pământul“, îi spuseră zeii. „Dacă ia foc pământul, se vor aprinde şi cerurile, iar apoi toţi zeii.“ Drumeţul Tacticos se împotrivea însă. „Dacă Shiva observă ce fac“, susţinu el, „o să-mi prefacă trupul într-o coajă uscată.“ Zeii ţinură sfat. Îi făgăduiră îndată să-i abată cu mijloacele lor atenţia lui Shiva cel înnebunit de durere, aşa încât să nu observe că Drumeţul Tacticos se apropie de el şi-i prinde lacrimile arzătoare în căuşul palmelor.

Shiva zăcea încă pe spate. Drumețul Tacticos constată că lacrimile îi erau atât de fierbinți, încât era incapabil să i le țină. Și ele începuseră să țâșnească într-un adevărat șuvoi. Tot ce-a putut face a fost să strângă viitura în mâini pe măsură ce cădea și să o azvârle neîntârziat pe cel mai îndepărtat munte din univers, departe, departe detot, la marginea cea mai din afară a lumii, unde se cască Vidul și unde ceea-ce-este se lovește de ceea-ce-nu-este. Muntele nu era mai puțin puternic decât muntele zeilor, muntele Meru, din centrul lumii, și totuși nu era făcut să reziste la căldura lacrimilor lui Shiva. El plesni și se despică la mijloc, astfel încât fluxul arzător se scurse în Oceanul Cosmic care susține și încercuiește lumea. Amestecate cu apele oceanului, lacrimile fierbinți ale lui Shiva își mai pierdură oleacă din focul lor, așa încât universul nu a fost incendiat, dar nu s-au dizolvat complet în ape. Ele au început să se rotească la răsărit sub forma unui curent care curge și în zilele noastre și care se numește Vaitarani, „De netraversat", și care mărginește împărăția Stăpânului Morților[1]. Când trece pe sub porțile cele înalte ale castelului Regelui Morții, el atinge o lățime de două leghe, e foarte adânc și agitat de ape năvalnice. Nici o barcă, nici un bac nu-i poate traversa cursul arzător. Și zeii nu cutează a trece peste el în carele lor, nici măcar pe sus detot, prin văzduh, deoarece, din pricina grozavei învolburări, lacrimile sunt împroșcate până în slava cerului.

Shiva se ridică de jos; era orb de suferință. Se aplecă, luă cadavrul pe umăr și, rătăcind nebunește, într-o doară, fără țintă, se îndreptă spre răsărit, bolborosind de unul singur cu mințile duse. Zeii observară ce făcea și iarăși fură cuprinși de îngrijorare. Se avertizară unii pe alții, în repetate rânduri. „Cadavrul Satī-ei nu va putrezi", strigau ei, „atâta timp cât este în contact cu trupul lui Shiva." Și începură să se țină după el. Brahmā, Vishnu și Drumețul Tacticos, după ce se făcură invizibili cu ajutorul puterii lor Māyā, se strecurară în leș. Și apoi, în timp ce Shiva mergea împleticindu-se în rătă-

1. De comparat cu râul traversat de către Lancelot pe „podul-sabie".

cirea lui oarbă, ei dezmembrau trupul, fragmentele lăsându-le să cadă, unul câte unul, pe pământ. Labele picioarelor au căzut pe „Muntele Zeiței“, cele două glezne ceva mai încolo; ceva mai departe spre răsărit, în ținutul numit Kāmarūpa, „Forma Dragostei“, pântecele ei căzu pe „Muntele Zeului Iubirii“ și chiar alături potirul delicat al buricului ei. Urmară cei doi sâni, împreună cu un colier, după aceea umerii, apoi gâtul. Tot traseul preumblării lui Shiva a fost presărat cu rămășițele trupului binecuvântat, iar drumul acesta al mâhnirilor sale este privit de către popoarele acelor ținuturi răsăritene ca pământ sacru. Oriunde a căzut câte o parte din trup, se înălța un templu, iar Sati e venerată acolo sub unul din numeroasele ei nume. Ea e chemată să-și exercite, pentru binele omenirii, una sau alta dintre puterile ei miraculoase. Și astfel, teribila dezmembrare s-a săvârșit spre folosul copiilor lumii[1]. Brahmā, Vishnu și Drumețul Tacticos au tăiat unele părți ale cadavrului în mici fâșii care au fost purtate de vânturi prin spațiu și duse sus, în câmpiile unde Gangele Ceresc curge printre stele. Acolo ele au căzut în fluviul sacru. În locul însă unde a căzut pe pământ capul, Shiva s-a oprit din trecerea lui inconștientă, a stat și a privit, a îngenuncheat și a izbucnit într-un geamăt de suferință.

Zeii se strânseră în jurul lui. Doreau să-i aducă mângâiere, dar încă mai erau speriați. Rămaseră la oarecare distanță, dar curând el îi văzu. În clipa aceea, fu atât de rușinat, încât se transformă sub ochii lor într-un lingam de piatră, compact, rigid și prodigios, în chinurile dragostei lui. Zeii se înclinară plini de respect. Toți într-un glas aduseră slavă Celui Veșnic. Prin această slăvire au căutat să-l readucă pe Shiva la rațiune. Doreau să redeștepte în el conștiința naturii Adevăratei lui Ființe, astfel încât el să poată ajunge iarăși să cunoască lumina

---

1. Această legendă, bine-cunoscută în tradiția populară din India, explică larga distribuție a așa-numitelor „Cincizeci și două de locuri sacre“ – locuri sfinte de pelerinaj înălțate în cinstea Satī-ei, modelul suprem al feminității indiene tradiționale.

conştiinţei lui eterne. „Eşti îmbelşugat de nectarul Iluminării", se rugau ei. „Eşti Fiinţa Supremă sub forma aceasta a ta, lingamul. Înţelepciune, tu, tu înţelegi nestatornicia lucrurilor timpului. O, tu, punct central al mării anihilării, cauză primă deopotrivă a continuării şi a decăderii, lumină şi pe de-a-ntregul lumină, scăpărător în strălucirea existenţei tale, tu eşti Fiinţa Supremă, sub forma aceasta a ta, lingamul. Toţi zeii tremură când în furia durerii tale tu te arăţi în faţa lor. Fii deci îndurător cu ei şi lasă-ţi clipa de suferinţă să treacă."

Zeul, pe parcursul rugăciunii lor, îşi reluă sub ochii lor forma familiară, dar clătinându-se încă de suferinţă. Brahmā i se adresă cu blândeţe, pentru a-l ajuta să-şi reamintească fiinţa:

„O, tu, Doamne, cei care doresc eliberarea de întristarea lumii ţi se adresează ţie în adoraţie şi sunt eliberaţi. Şi cei care sunt pe deplin înţelepţi – neîntinaţi de dorinţă trupească, răutate şi patimi de orice fel, care şi-au întors feţele de la câmpurile întristării şi odihnesc fericiţi în linişte – meditează asupra ta. Ei contemplă neîntrerupt, cu vederea lor lăuntrică, al treilea ochi din mijlocul frunţii tale, căci el e înălţat deasupra celor cinci elemente, înrudit cu soarele şi cu luna, şi luminează trecerea către iluminare. Acel ochi este realitatea supremă şi imaculată, floarea fără cusur ce încununează măreţul şi felurit ramificatul arbore al existenţei tale, iar hrana lui e licoarea contemplaţiei netulburate pecetluite în strălucirea fervorii ascetice. Aceasta îţi dăruie ţie puterea ta, în veci de veci.

O, tu, Doamne, în lotusul inimii tale priveşte, neclintită, flacăra luminii neprihănite; ea este senină, departe de tulburarea patimilor care acum, asemeni unui nor de praf în faţa soarelui, o învăluiesc şi o întunecă. Invizibil vizibil yoginului ajuns la înţelegere, acel suprem, indestructibil, unu Etern este, a fost şi va fi pururi Sinele tău. El este impalpabil plăpând, şi totuşi pătrunde tot cosmosul. El e greu de putere, iar înţelepţii se află-n căutarea lui. El e drumul şi totodată capătul drumului. Nimeni nu-l păzeşte, nimeni nu-l fură. El e comoara ta; el e lipsit de formă pipăibilă.

O, tu, Doamne, rătăcit de meşteşugurile înşelătoare ale Māyei, tu nu vezi acum ce trăieşte în iatacul inimii tale. Dă-ţi seama de caracterul amăgitor al omniprezentei aparenţe, spulber-o, topeşte-o. Vino-ţi în fire, uneşte-te cu propria ta fiinţă esenţială şi alătură-te astfel Supremului şi rămâi acolo, ferm, sinele tău ca Sinele. Toată durerea – leapăd-o. Ea nu-ţi atinge sâmburele fiinţei."

Shiva asculta în tăcere. Îşi amintea Sinele Suprem care fusese totdeauna tema şi obiectul meditaţiei sale; acum însă era incapabil să se adune şi să-şi concentreze puterile, atât de mult îl răvăşise durerea pricinuită de pierderea Satī-ei. Cu capul plecat, rămase o vreme fără să scoată un cuvânt. Apoi îşi întoarse ochii către Brahmā. „Ce trebuie să fac?"

Brahmā răspunse. „Atotputernice Zeu, desprinde-ţi spiritul de talazurile suferinţei tale şi îndreaptă-ţi tot gândul către Fiinţa Supremă. Centrul existenţei tale se află dincolo de marea aceasta de chinuri. Deoarece durerea timpului îţi umple acum conştiinţa, zeii sunt uluiţi şi derutaţi. Patima ta pulverizează universul; fierbinţeala mâniei tale arde orice viaţă; lacrimile tale ar fi despicat pământul, dar au fost prinse-n mâini de către Drumeţul Tacticos, şi l-au înnegrit. Măreţul munte unde sălăşluiesc zeii şi sfinţii şi unde norii din văzduh se-afundă să bea a fost despicat de ele, peştii din marea universală au fost ucişi de ele, şi fluviul lor arzător silniceşte trupul lumii. Palele dogorâtoare ale suspinelor tale au şi dezrădăcinat munţi, au uscat păduri, silindu-i pe tigrii astfel lipsiţi de toate şi pe elefanţii rămaşi fără sălaşuri şi înnebuniţi să cutreiere pământul, neizbutind să se aşeze. Toate creaturile vii au devenit nomade prin pierderea de către tine a centrului. Şi pe unde ai umblat cu leşul Satī-ei pe umăr, acolo pământul a crăpat sub tălpile tale şi încă tremură. Nu e creatură prin toate cerurile şi iadurile care să nu fi fost supusă la grea încercare de încleştările deznădejdii tale. O, leapădă, aşadar, această clipă de deznădejde şi suferinţă, îngăduie-i mâniei tale să-şi caute de drum, dă-ne nouă pacea ta! Căci tu ştii într-adevăr, în propria-ţi fiinţă ceea ce eşti – Suprema Fiinţă şi Conştiinţă a fericirii; păstrează acea Fiinţă şi Conştiinţă, acea Fericire, în nemişcarea profundă. Trei mii şase sute de ani vor trece (o sută de ani cereşti) şi în hora îndelung rotitoare a timpului zeiţa va fi iarăşi soţia ta; între timp..."

Shiva, cu capul plecat, rămase tăcut, scufundat în sine, total absent. Când deodată i se făcu auzit glasul. „Până ce mă va părăsi suferinţa, până când mă voi ridica iar din oceanul pierderii iubitei mele Satī, o, Brahmā", spuse zeul, „trebuie să rămâi alături de mine şi să mă sprijini. Oriunde mă voi duce, tu trebuie să rămâi alături de mine şi să mă sprijini."

„Aşa va fi", răspunse Brahmā.

Şi când se pregătiră apoi să plece, se adunară în jurul lor oştirile lui Shiva, veni şi măreţul lui taur alb, Nandī; şi Nandī aşteptă ca zeul să încalece. Veniră regi-şerpi şi se încolăciră de-a lungul trupului lui Shiva, aşezându-se, în chip de podoabe, în jurul gâtului şi-al membrelor. Slujit şi însoţit de toate personajele divine ale universului, el se întoarse înapoi pe Himālaya, unde uneori îşi avea sălaşul. Şi acolo Regele Muntelui îi ieşi în întâmpinare pe porţile palatului său muntos, urându-i bun-venit lui Shiva.

Acolo era şi tânăra fată, Vijayā. Ea se înclină în faţa zeului întors, izbucnind, la vederea lui, într-un plâns sfâşietor. „O, Mare Zeu", strigă ea, „unde-ţi este iubita Satī? Fără ea, eşti lipsit de strălucire. Mare Zeu, dacă tu poate nu te vei mai gândi niciodată la ea, în sufletul meu ea va dăinui de-a pururi, din inima mea ea nu va pleca niciodată. Din clipa în care, sub ochii mei, ea şi-a părăsit trupul, nici o altă imagine n-a mai fost în cugetul meu; săgeata suferinţei m-a ţintuit, şi nu voi mai cunoaşte vreodată desfătările bucuriei."

Îşi acoperi faţa cu un colţ al vălului ei şi se prăbuşi fără cunoştinţă la pământ. Când o văzu căzând, îl asaltară şi pe Shiva amintirile şi rămase nemişcat, înlănţuit de chinuri. Ochii îi înotau în lacrimi. Zeii se neliniştiră din nou. Brahmā se aplecă spre a o încuraja pe Vijayā cea zdruncinată de mâhnire, apoi i se adresă cu blândeţe zeului.

„O tu, yogin de dinaintea începutului, suferința nu ți se potrivește. Obiectul cuvenit privirii tale lăuntrice este Lumina Dumnezeiască, Deplina Măreție. De ce oare privirea aceea se oprește acum asupra unei femei? Ființa ta înseamnă supremă imobilitate, forță indestructibilă nepângărită de schimbare. Cum de-i atinsă atunci de suferință? Pacea atotprezentă în univers este realitatea ta, pricepe-o cu înțelepciunea sufletului tău. Sub forma lui Vishnu yoginii te cunosc ca pe Păstrătorul Lumii. Aceeași Satī care te-a amăgit pe tine e Māyā, fermecătoarea lumii. Ea îi răpește pruncului nenăscut, pe când acesta încă trăiește în pântecele maicii sale, orice amintire despre ființarea lui anterioară, și la fel te-a indus și pe tine în eroare, așa încât să fii torturat de suferință. De o mie de ori până acum Satī ți-a răpit mințile și-n fiecare eon ai pierdut-o întocmai ca și acum. Dar așa cum Satī s-a întors întotdeauna la tine, o vei cunoaște iar pe ea așa cum ai cunoscut-o, și iar te vei rupe de ea. Adună-ți aducerile aminte și contemplă-le pe cele o mie de Satī, cum ți-au fost ele smulse de către moarte, astfel încât ai fost părăsit de ele de o mie de ori, și iarăși vezi cum ele se nasc iar, și iar ajung la tine, care ești aproape inaccesibil chiar și meditațiilor zeilor. Privește în vederea ta lăuntrică felul cum Satī îți va fi din nou mireasă."

Orbit de suferința sa, Shiva acceptă mâna întinsă de Brahmā, și cei doi părăsiră cetatea stăpânită de Regele Muntelui. O porniră spre soare-apune și se făcură nevăzuți în singurătatea crestelor[1].

1. Creația involuntară, *Kālikā Purāna*, 1, 1–5, 10; Căsătoria involuntară, *ibid.*, 5, 11–13, 53, Moartea involuntară, *ibid.*, 14, 1–16, 70; Shiva nebun, *ibid.*, 17, 1–19, 13. Descrierea din capitolul următor, „Pe malul lacului Siprā", reprezintă o abreviere din *Kālikā Purāna*, 19, 13–33.

După ce-l aduce pe Shiva la lacul Siprā, narația *Purānei* se orientează spre alte teme, îndeosebi încarnarea lui Vishnu ca mistreț, dar reia povestea despre Shiva și Parvatī la începutul Adhyaya-lui 42. Arderea Zeului Iubirii și prefacerea lui în scrum e descrisă în 44, 125.

Pe malul lacului Siprā

Viaţa e mult prea oribilă prin posibilităţile ei de durere, inevitabile, nemeritate şi de nejustificat, pentru a fi numită „tragică". Viziunea tragică este, ca să spunem aşa, doar o viziune de prim-plan, susţinută de oameni care încă se miră, incapabili să conceapă că viaţa este ceea ce este. Tragedia greacă însăşi, care şi-a dat numele acestei viziuni, e, paradoxal, mai presus de reproş, întrucât ea se delectează în monstruos. Totuşi delectarea tragediei atice constă în deplasarea accentului asupra sensibilităţii proprii, într-un vârtej de milă şi groază, rămânând totodată într-o atitudine de sfidare triumfătoare la adresa monstruozităţii, chiar când proiectilul incendiar se înfige şuierând în inimă, pentru a o preface în scrum – ceea ce e totuşi o atitudine prea senzaţională. Singura comportare adecvată este cea a dansului ceremonial solemn al lui Shiva în nebunia lui, cu bătăile ca de aripi, cumpănite, ale mâinilor şi braţelor în balans şi bubuitul inexorabil al tălpilor goale, în ritmul inelelor zornăitoare de la glezne, şi peste toate surâsul ca de mască.

Termenul *mythos* e grecesc şi, în ciuda tuturor vestigiilor de mitologie celtică şi germanică ce ne-au rămas, ori de câte ori e menţionat cuvântul acesta încă ne gândim în primul rând la miturile Greciei, aşa cum au fost ele păstrate şi transmise de către Homer, Hesiod şi poeţii tragici. Dar aceste producţii supreme ale imaginaţiei creatoare au fost rupte de fluxul comun al învăţăturii populare şi clericale şi au fost transformate în expresii ale problemelor specifice, personale şi contemporan istorice, ale lumii ionice, beoţiene şi atice. Ele nu redau calitatea surselor lor arhaice din mai vechile epoci orfice, irevocabil pierdute, când materialele, încă obscur contopite, întrepătrunse şi grandios voalate în semnificaţiile lor, treceau dintr-o mână într-alta în marele curent general al tradiţiei folclorice.

Această modalitate arhaică, mai veche, a mitului supravieţuieşte până în zilele noastre în tradiţiile mitice populare ale Indiei. Tocmai din acest motiv, pentru răsfăţatul cititor occidental modern, bine şcolit în materie de clasici şi dorind, aşa cum remarca platonizantul Schiller, să ajungă „în ţara cunoaşterii numai prin poarta aurorală a frumuseţii", meniul hinduist e uneori ceva mai greu de savurat. Căci deşi tradiţia clericală brahmanică nu a dispreţuit niciodată, în nici o perioadă a dezvoltării sale, tehnicile artei contemporane laice, extrem de rafinate, a poeziei, cu toate acestea stiliştii de sorginte preoţească erau foarte departe de a fi poeţi. În general, miturile lor rămân la nivelul popular relativ brut şi nu sunt transmutate în imagini poetice cu ajutorul forţei însufleţitoare a unei noi economii, structuri şi consecvenţe, în slujba unei replăsmuiri proaspete şi originale, aşa cum sunt miturile din *Iliada* sau din tragediile lui Sofocle. „Poeticul" e folosit, în fapt, ca decoraţie, şi în pasaje retorice declamatoare, dar în general în mod nercuşit şi neatractiv, fără gust sau măsură, aşa cum stau întotdeauna lucrurile când dau din aripi oameni care nu sunt poeţi autentici. Ca urmare, conţinutul mitic apare deseori mai curând ca o frumuseţe îmbătrânită, fardată şi dichisită excesiv. Sub toate zorzoanele nu e nimic din prospeţimea renăscută a unui personaj tânăr cu chip strălucitor, ci doar o vechitură ridată şi stafidită, cu faţa prelucrată. Cu toate acestea tocmai asemenea bătrâne frumuseţi răscoapte sunt cele mai în măsură să istorisească cel mai bine vechile poveşti ale vieţii, ele sunt cu mult mai bune în această privinţă decât tinerele şi atractivele vrăjitoare. Singura problemă e să nu ne cutremurăm la vederea lor în timp ce le ascultăm.

Oricum, forma tradiţională în care ne-au fost transmise miturile indiene are marele avantaj al anonimatului. Aici nu vorbeşte un individ aparte, ci un întreg popor – poate în limbajul vreunei secte, având anumite prejudecăţi specifice în favoarea unei divinităţi sau alteia, şi cu coloratura unui veac şi peisaj local anume, dar totdeauna un popor – o majoritate, larg valabilă şi recunoscută, şi liberă de orice pretenţie la vreun geniu sau vreo sensibilitate specială. Ceea ce auzim când ne plecăm urechea la aceste povestiri nu e glasul vreunei personalităţi, ci un consens la care au ajuns brahmani învăţători din nenumărate temple şi sanctuare de pelerinaj, sfinţi şi înţelepţi din sihăstrii silvestre şi îndrumători spirituali din sate şi cămine. Un mare grup, în calitate de clasă educatoare, vorbeşte prin aceste povestiri altui mare grup, celui pios, fiecare dintre ele controlându-l necontenit pe celălalt şi depinzând de el. Ascultătorului nativ i se spune ceea ce este şi simte el, fără să o ştie însă. El intră mai temeinic în stăpânirea profunzimilor şi înălţimilor comune ale vieţii şi culturii spirituale şi religioase universale cu ajutorul imaginilor, personajelor slăvite şi incidentelor *mythos*-ului.

Nicăieri altundeva nu poţi ajunge atât de aproape de posibilitatea de a te adăpa la însuşi izvorul fiinţei culturii, de a bea însăşi esenţa originară a sevei ei vitale. E ca şi cum ai fi făcut o incizie în mesteacăn în punctul unde se înalţă seva ce-i construieşte trunchiul şi coroana – sau, şi mai bine, ca şi cum ai fi făcut o incizie în palmier, a cărui sevă produce o băutură ameţitoare, căci ameţeala este unul din principalele efecte ale *mythos*-ului. Culturile care nu o mai cunosc sunt prozaice şi epuizate. Şi foamea de mit este pofta după o băutură ameţitoare care va stimula şi însufleţi, aşa cum principiul ameţitor din băutura sacramentală soma îl stimulează pe zeul indian al războiului şi al tunetului, care soarbe din ea de trei ori pe zi la sacrificiile brahmanilor şi se fortifică astfel în vederea faptelor sale de cârmuire universală, ca şi pentru lucrarea de curăţare a drumului cu ajutorul trăsnetelor sale cereşti pentru marşurile victorioase ale poporului său ales, arienii vedici.

Printre alimentele spirituale mitul este ceea ce e băutura zeilor (soma, ambrozia) în miturile propriu-zise; prin el comunici cu ființele și puterile supraomenești. Mitul ignoră – nici măcar nu-l cunoaște – individul. Așa cum membrii comunității se împărtășesc din el într-un mod asemănător, dând și primind și subzistând astfel, tot așa el îl pune pe om în legătură cu ființa supraomului[1]. Acesta e motivul pentru care vechile mituri ale unor popoare îndepărtate și necunoscute au devenit atât de fascinante pentru noi în vremurile din urmă. Odată cu zorile gândirii critice occidentale, legătura cu puterile divine împletită pentru noi de propriile noastre sacramente și dogme și-a pierdut ascendentul, și totuși azi un nivel mai primitiv al mitului, plin de adevăr etern, care timp de aproape două milenii a fost acoperit și desfigurat de dogmele și sacramentele aduse de religia revelației ulterioare, pare dintr-odată că are să ne spună ceva foarte profund[2]. Această întoarcere a

1. „Nu este adevărat“, spune Nietzsche, „că la baza mitului există un gând sau o idee ascunsă, așa cum au susținut unii într-o perioadă de civilizație devenită artificială, ci mitul însuși este un fel sau un stil de gândire. El dezvăluie o idee despre univers, dar o face în succesiunea unor evenimente, acțiuni și suferințe.“ Tocmai de aceea trebuie să privim în el ca într-o oglindă sau fântână plină de semne și profeții, ce ne spun ce suntem și cum trebuie să ne comportăm prinși în succesiunile derutante de evenimente și întâmplări surprinzătoare sortite nouă în mod obștesc. Cel puțin, acesta e felul în care poporul hindus a privit întotdeauna faptele și suferințele zeilor și eroilor din miturile și legendele lor.

Mitul e imaginea unică și spontană a vieții înseși în armonia ei fluidă și contrariile reciproc ostile, în toată armonia și polifonia contradicțiilor lor. În aceasta rezidă inepuizabila sa putere.

2. Vârste și atitudini omenești de mult apuse supraviețuiesc încă în straturile inconștiente ale sufletului nostru. Moștenirea spirituală a omului arhaic (ritualul și mitologia ce i-au condus cândva în mod vizibil viața conștientă) a dispărut într-o mare măsură de la suprafața tărâmului tangibil și conștient, dar supraviețuiește totuși și rămâne de-a pururea prezentă în straturile subterane ale inconștientului. Ea e acea parte a ființei noastre care ne ține în legătură cu o ascendență îndepărtată și constituie înrudirea noastră involuntară cu omul arhaic și cu civilizații și tradiții străvechi. Ocupându-ne de simboluri și mituri din spații îndepărtate,

ceea ce era de mult pierdut pentru înţelegerea şi interesul nostru contemporan e o compensare necesară, la o scară universală, pentru declinul ei simultan în cultura indiană şi în alte culturi străvechi sub impactul erei tehnologice moderne. Pentru a ne putea măsura cu noua dezvoltare, chiar în propria noastră sferă limitată, trebuie să căutăm a pătrunde conţinuturile mitice ale tuturor tradiţiilor vechi accesibile, deoarece schimbarea e atât de cuprinzătoare, încât nimic din faptele cu respiraţie scurtă apărute în epocile mai recente nu e în stare să ne înzestreze cu puterea de a îndura forţa veacului nostru terifiant şi de a-i suporta focurile transmutative.

Zeiţa Universală, Mama Cosmică, se numără printre cele mai vechi şi „cu cea mai lungă respiraţie" dintre divinităţile susţinătoare cunoscute miturilor lumii. Ea este reprezentată pretutindeni în sanctuare închinate zeiţelor-mame locale; nenumărate imagini au fost găsite din perioada neolitică, unele chiar din paleolitic; ea a fost cunoscută culturilor mediteraneene sub multe nume – Cybele, Isis, Ishtar, Astarte, Diana; ea era Magna Mater. Şi dacă ne interesăm de originea ei, cele mai vechi texte şi imagini păstrate ne pot duce înapoi în timp doar atât cât să ne îngăduie a spune: „Astfel ea a apărut în acele vremuri timpurii; a putut purta cutare şi cutare nume şi pare a fi fost adorată în cutare şi cutare fel." Cu aceasta am ajuns însă la capătul a ceea ce putem spune; cu aceasta am ajuns la problema primară a cuprinderii şi fiinţei sale. Căci tocmai pentru că ea e Marea Mamă, ea s-a aflat ca atare acolo înainte de orice altceva. Ea este *primum mobile*, începutul prim, matricea materială din care a izvorât totul. A-i investiga dincolo de ea antecedentele şi originea înseamnă a nu o înţelege, înseamnă de fapt a o răstălmăci şi subestima, în fapt a

---

conversăm de fapt oarecum cu noi înşine – cu o parte din noi înşine, care însă e la fel de nefamiliară fiinţei noastre conştiente întocmai cum interiorul pământului le e cercetătorilor în geologie. Tradiţia mitică ne înzestrează, aşadar, cu un soi de hartă necesară pentru explorarea şi identificarea unor conţinuturi ale fiinţei noastre lăuntrice de care în mod conştient ne simţim prea puţin legaţi.

o insulta. Şi oricine ar cuteza să facă una ca asta ar putea fi lovit de nenorocirea de care a avut parte acel tânăr adept iscusit hotărât să ridice vălul de pe imaginea acoperită a Zeiţei din templul egiptean antic de la Sais şi a cărui limbă a fost definitiv paralizată de cele văzute. Potrivit tradiţiei greceşti, Zeiţa a declarat despre sine însăşi: οὐδεὶς ἐμὸν πεπλον ἀνετλε „nimeni nu mi-a ridicat vălul“. Nu este vorba de fapt despre văl, ci despre veşmântul care-i acoperă nuditatea feminină – vălul e o interpretare greşită ulterioară în beneficiul decenţei. Semnificaţia este: eu sunt Mama fără soţ, Mama Originară; toţi sunt copiii mei, şi ca atare, nimeni nu a îndrăznit vreodată să se apropie de mine; neruşinatul care ar încerca s-o facă o necinsteşte pe Mamă – iată raţiunea blestemului.

Aceasta e, prin urmare, Zeiţa care a apărut din autocontemplaţia incubatoare creatoare de lumi a Creatorului Brahmā. Aceasta însă nu reprezintă propriu-zis crearea ei, ci pur şi simplu istorisirea modului cum a păşit întru manifestare. Nu poate fi vorba de o descriere sau discutare a creării ei, pentru că din ea însăşi a luat fiinţă totul, şi în mrejele vrăjii ei rămân prinse toate, şi la ea trebuie totul să se întoarcă.

Tâlcul mitului din Povestea Zeiţei pare a fi acela că nimănui nu-i este îngăduit mult timp să rămână ceea ce este. Aceasta e circumstanţa prin care lumea merge înainte ca o creaţie perpetuă. Nici unul dintre Locuitorii Cerurilor nu poate rămâne ceea ce a fost la început, ceea ce s-a considerat a fi şi ceea ce i-ar fi plăcut să continue a fi neschimbat[1]. Brahmā devine ridicol. Brahmā şi Vishnu ajung să implore. Zeul Iubirii se pomeneşte în fruntea unei armate a Urii. Iar Shiva, ascetul retras şi de nimic legat, nici nu apucă bine să declare că

1. Această semnificaţie, aproape neexplicată, dar dezvăluită şi reiterată în succesiunea evenimentelor, seamănă oarecum cu scopul principal al psihologiei analitice, şi anume de a pune în contact, cu preţul unor experienţe dureroase, alarmante şi chiar umilitoare, acele forţe şi sfere ale fiinţei noastre lăuntrice care au tins să rămână izolate una de cealaltă, estropiate deci şi frustrate, şi de a menţine prin aceste crize energiile psihismului într-un flux creativ.

nu va putea renunţa niciodată la contemplarea Fiinţei Supreme, că se şi vede prins în vraja Satī-ei, şi puterile lui suprem concentrate sunt măturate de concupiscenţă şi furie – furie cu prilejul indiscreţiei lui Brahmā; deznădejde sălbatică după moartea Satī-ei. Cel mai liber şi cel mai independent dintre zei devine un ginere dispreţuit şi insultat, implicat emoţional într-un asemenea grad, încât mintea i se întunecă! E aici o condescendenţă a principiului divin suprem analoagă cu cea pe care Sfântul Pavel, în epistola sa pastorală către Filipeni, a recunoscut-o în Isus Cristos, „Cel ce dintru-nceput fiind în chipul lui Dumnezeu a socotit că a fi El întocmai cu Dumnezeu nu e o prădare, dar S-a golit pe Sine luând chip de rob, devenind asemenea oamenilor şi la înfăţişare aflându-Se ca un om; S-a smerit pe Sine făcându-Se ascultător până la moarte – şi încă moarte de cruce!“ (*Fil.*2, 6-8.) Atotconţinătoarea Mamă a Universului, într-o atitudine similară de supremă umilinţă, nu consideră o diminuare aducerea ei în sfera fenomenală ca fiică a unei puteri demiurgice de rang secundar, pentru ca apoi să se străduiască într-o prelungită supunere spre a câştiga mâna lui Shiva, care i-a aparţinut de fapt, ca nemuritor consort, dintru eternitate şi, mai mult, nu reprezintă decât o putere bazală, un aspect major al propriei ei fiinţe.

Simultaneitatea mascaradei epice terestre cu interfuziunea distantă a tuturor personajelor, care capătă formă pe scenă mai presus de fiecare dintre participanţi şi în opoziţie mutuală, constituie sensul superior al acestui mit, a cărui forţă şi figură centrală e marea Māyā, autoiluzionarea care maschează totul şi se desfăşoară în toate. Că tot ce se întâmplă nu trebuia de fapt să se întâmple, sau nu se întâmplă, şi totuşi se întâmplă cu o decizie fermă în cadrul oferit de Māyā, şi tocmai în scopul de a crea perpetuu această Māyā şi de-a o zori – iată semnificaţia, marele tâlc.

Latura glumeaţă a mitului e modul în care personajele sunt toate deopotrivă prinse de trucurile jocului universal; nici n-a început bine povestea, şi fiecare dintre ele cade în cursă, fiecare într-un fel propriu, dar la fel de paradoxal.

Imnul lui Brahmā către zeiță (*Shakti* sau „puterea“ lui însuși ca și a întregului panteon) acceptă viața ca *totalitate*, cum și este, într-o deplină supunere față de toate contrariile ce tulbură pacea. „Tu ești una *și* cealaltă.“ El spune mereu „și“, ceea ce înseamnă: „Tu ești totul în integralitatea sa, în realitate nu e nimic de făcut.“ Asta echivalează cu o acceptare colosală, un aproape incredibil *laissez-faire* în fața vieții. Brahmā a fost la fel de uimit la prima apariție a lui Kāma în fața lui. Principiul creator îi acordă fiecăruia drepturile și exigențele proprii, recunoscând totalitatea creației ca suma incalculabilă a diversității nenumăratelor puteri care, cu necesitate și în mod continuu, acționează aici una împotriva alteia. Surpriza, perplexitatea, catastrofa sunt categoriile oricărei întâmplări semnificative. Creația involuntară, procesul și zămislirea vieții, e în sine involuntară, accidentală. Și ea triumfă necontenit asupra planificării. Alcătuirea unor planuri nu slujește, într-adevăr, decât să-i potențeze efectele copleșitoare.

Mitul Zeiței arată cu gesturi magnifice cum să-ți ajustezi propriul sine la această circumstanță universală – liniștit, fără frică, pentru că accepți și ești fundamental de acord. Prin urmare, această poveste despre creație nu cunoaște deloc motivul căderii omului care lucrează împotriva voinței lui Dumnezeu, nu cunoaște în fapt câtuși de puțin mânia lui Dumnezeu. Individul – Dumnezeu însuși – trebuie să coopereze în mereu noi improvizații, și tocmai în felul acesta decurge evoluția precară a universului. Creația devine cu putință prin supunerea de sine a actorilor divini și umani unor roluri nefamiliare lor, care le sunt însă impuse de situațiile pururi noi și surprinzătoare. Fiecare, acum sau altcândva, va fi obligat să își dea seama că „celălalt ins“, care la prima vedere pare totdeauna că tulbură cursul normal al evenimentelor, e cu adevărat un instrument indispensabil pentru evoluția lumii. Ceea ce pare la început producător de dezordine și derutant se dovedește în timp a fi fost chiar factorul benefic și necesar. Important este ca procesul creației perpetue să nu se rigidizeze în nici o postură trecătoare. El este totdeauna pe punctul de a se opri, iar următorul eveniment aşteptat este totdeauna cel sinistru, surprinzător şi greu de îndurat – la fel ca modificările produse de înaintarea în vârstă şi conştiinţa treptată a faptului că îmbătrâneşti. În procesiune e însă revelată totalitatea formei sublime a stării Nepieritorului, care transcende, supravieţuieşte şi totuşi se revelează peren pe sine însuşi în câştigurile şi pierderile existenţei noastre fenomenale. În recunoaşterea acestei conştiinţe vii unice şi exclusive stă fericirea şi înţelepciunea crucificării fără de sfârşit.

Shiva, îndurerat, distras, a fost condus cu blândeţe de către gurul său, Brahmā, dincolo de porţile cetăţii ce i-a adăpostit pierderea vieţii către înzăpezitele piscuri himālayene. Acolo, păşind alături, cei doi au ajuns la un mic lac singuratic, limpede şi desfătător pentru spirit. Cel dintâi l-a zărit Brahmā.

Şi, aşezaţi din loc în loc în jurul malurilor liniştite, se aflau sfinţi şi înţelepţi în meditaţie absolută; doi, trei se scăldau în apele reci şi cristaline, încreţindu-le suprafaţa în care se oglindea cerul de munte, înalt, albastru şi nemişcat. Numeroase păsări călătoare, cu ţipete ascuţite, veneau din toate zările ca să se zburătăcească în apele lacului împrejmuite de lotuşi – perechi de gâşte roşcate splendide, desfăcându-şi triumfător amplele aripi, cormorani cu ciocurile încârligate, gâşte cu aripile cenuşii şi cocori siberieni păşind tacticos pe ţărmuri, plutind la suprafaţa lacului, scrutând adâncul apei, ele însele superb răsfrânte – şi, din când în când, cu o bruscă bătaie ca de tunet a sute de aripi, înălţându-se cu toatele de pe lac în cer, ca să dea roată în stoluri multe şi după aceea să se aşeze iarăşi, să se zburătăcească şi să-şi cureţe penele cu ciocul. Şi dedesubtul lor, în adâncurile cristaline înotau peşti de nenumărate nuanţe strălucitoare, vizibili când ţâşneau la faţa apei printre tijele lotuşilor. Muguri de lotuşi, corole de lotuşi, lotuşi albaştri şi albi se găseau acolo din belşug, şi pe ţărmuri vegetaţia era luxuriantă şi umbra ei era rece.

Când zări lacul, Shiva se simţi mişcat; şi zări râul Siprā care izvorăşte din el, precum Gangele din discul lunii. Lacul acesta nu seacă niciodată în arşiţa verii. Cei care s-au scăldat în el şi au băut din apele lui dobândesc, potrivit rânduielii zeilor, darul nemuririi şi, rămânând veşnic tineri, străbat prin ani cu facultăţile neslăbite. Cei care se scaldă în el în noaptea cu lună plină din octombrie-noiembrie sunt purtaţi într-un car sclipitor către sălaşul ceresc al lui Vishnu. Iar cei care se scaldă-n el toată luna aceea se duc la sălaşul lui Brahmā şi apoi sunt eliberaţi pe deplin de toate lumile formei.

Lângă apele acestui lac al păcii şi-a regăsit Shiva odihna şi măreţia, contemplând supremul, neschimbătorul, atotpătrunzătorul izvor şi sfârşit al fiinţei, care este substratul, viaţa şi conştiinţa tuturor formelor existenţei. Astfel s-a eliberat Shiva de fixaţia sa nebunească ce ameninţase să dezechilibreze procesul cosmic. El s-a concentrat în meditaţia diamantină. Şi aşa a rămas până când Zeiţa, luând iarăşi formă sub chipul fecioarei Pārvatī, fiica lui Himālaya, Regele Muntelui, şi a soţiei lui, Menakā, l-a smuls iarăşi din înalta-i solitudine, cu ajutorul austerităţilor ei spirituale şi fizice îndelungi, şi şi-au reluat viaţa împreună.

Cuprins